나의 갈보리
언덕

로이 헷숀 지음 | 조상원 옮김

기독교문서선교회

기독교문서선교회(Christian Literature Crusade: 약칭 **CLC**)는
1941년 영국 콜체스터에서 켄 아담스에 의해 시작되었으며
국제 본부는 영국의 쉐필드에 있습니다.
국제 CLC는 59개 나라에서 180개의 본부를 두고, 약 650여 명의
선교사들이 이동도서차량 40대를 이용하여 문서 보급에 힘쓰고 있으며
이메일 주문을 통해 130여 국으로 책을 공급하고 있습니다.
한국 CLC는 청교도적 복음주의 신학과 신앙서적을 출판하는
문서선교기관으로서, 한 영혼이라도 구원되길 소망하면서
주님이 오시는 그 날까지 최선을 다할 것입니다.

My Calvary Road

Written by
Roy Hession

Translated by
Sangwon Cho

Copyright © by Roy Hession Book Trust U.K.
Originally published in English under the title as
My Calvary Road
by Roy Hession.

Translated and used by the permission of
The Roy Hession Book Trust, 3 Florence Road,
BROMLEY, Kent BR1 3NU, England.

All rights reserved.

Korean Edition
Copyright © 2014 by Christian Literature Crusade
Seoul, Korea

로이 헷손 저서

갈보리 언덕	Calvary Road
예수님을 바라보라	We Would See Jesus
지금 충만을 받으라	Be Filled Now
주를 뵈올 때	When I Saw Him
당신의 옷자락으로 나를 덮으소서	Our Nearest Kinsman
나는 죽고 그리스도만	Not I, But Christ
더 깊은 회개	Forgotten Factors
나의 갈보리 언덕	My Calvary Road
죄인들을 위한 복음	Good News for Bad People
그림자에서 실체로	From Shadow to Substance

추 | 천 | 사

조 처치 (Joe Church, 의학박사)

내가 로이 헷숀(Roy Hession)을 처음 만난 것은 1962년 여름이었다. 그때 로이는 잉글랜드 동부에 위치한 사우스올드(Southwold) 해변의 수련원에서 개최될 여름방학 청소년캠프를 기획하고 있었는데, 나에게 이 행사에 함께 동참할 것을 제안했다. 사실 나는 혈기왕성한 젊은이들이 이렇게 모인 것을 볼 기회가 거의 없었다. 이 행사를 위해 로이와 나는 날마다 기발하고 엉뚱한 프로그램을 생각해냈다. 그 중에 하나가 사우스올드 방파제 주변을 수영으로 한 바퀴 도는 것이었다. 당시의 그 방파제는 지금의 것보다 약 두 배나 길었다. 열다섯 명에 달하는 소년들이 해변에 있는 탈의실에서 모두 수영복으로 갈아입자, 겨우 열여덟 살밖에 안 된 로이와 그의 동생 브라이언이 이 소년들을 이끌고 바다로 쏜살같이 들어가갔다. 이 소년들을 이끌고 방파제 주위를 도는 수영코스를 주도한 사람은 바로 자유형 수영의 전문가인 로이였다.

우리의 아침과 저녁 기도집회는 말씀공부로 심령이 뜨거워지는 시간이었다. 갈릴리 호숫가에서 제자들을 부르신 예수님에 관한 말씀과 여호수아에게 나타났던 여호와의 군대장관에 관한 말씀을 들을 때는 분위기가 한껏 고조되었다. 우리는 열다섯 명의 소년 각자가 하나님의 부르심에 반응하도록 간절히 마음으로 하나님께 기도했다. 또한, 우리는 그 소년들 모두가 하나님의 영광을 위하여 개인적으로 하나님의 부르심에 반응했다고 확신했다. 그 소년들을 이끌었던 로이와 그의 동생 브라이언은 믿음에 있어서 결코 물러서는 일이 없었다. 로이는 나를 자신의 형처럼 생각하는 것 같았으며, 우리의 우정은 해가 갈수록 더욱 깊어졌다.

그 이후로 우리는 우리가 선택한 다양한 길을 따라 흩어졌고, 20여 년간을 서로 얼굴을 보지 못하고 지냈다. 로이는 런던으로 가서 복음주의 전문예배사역자로 하나님께 헌신하였으며, 나는 동부 아프리카에서 의료선교사의 삶을 살았다. 나는 매 4년마다 고국으로 돌아와서 그동안 하나님이 아프리카에서 베푸신 놀라운 부흥에 관한 내용을 보고하였다. 참으로 감사하게도 하나님은 이 놀라운 부흥을 통하여 아프리카 사람들과 우리 의료선교사들 모두가 하나님을 체험하도록 하셨다. 1947년에 소수로 구성된 우리 의료선교팀은 그간 동부 아프리카에서 경험한 부흥을 잉글랜드의 기독교인들과 함께 공유하고 싶어서 확고한 비전을 가지고 고국으로 돌아왔다.

그토록 오랜 세월이 흐른 후에 로이로부터 한 통화의 전화가 걸려왔는데, 로이는 우리 의료선교팀을 그가 주최하는 말씀사경회에 초청했다. 로이가 인도하는 말씀사경회는 잉글랜드 중부에 위치한 매틀록(Matlock)이란 지역이었다. 이 매틀록 집회에서 우리는 서 우간다 지역의 부흥집회에서 일어났던 일들을 생생하게 간증했다. 로이는 이 간증을 듣고 『갈보리 언덕』(*The Calvary Road*)이라는 책을 집필했는데, 이 책은 서 우간다 부흥집회에서 일어났던 생생한 사건들과 함께 잉글랜드에서 로이와 여러 사람들이 예수님을 경험한 내용들로 구성되어 있다. 그 시간 이후로 이 책은 전 세계로 퍼져나갔으며, 영문판으로 무려 50만 부 이상이 팔렸다. 뿐만 아니라, 여러 가지 언어로 다양하게 출판되어 읽혀졌다.

이 부흥의 메시지는 영국 전역에 있는 사람들에게만이 아니라 동시에 세계 곳곳에까지 전해졌는데, 북아메리카, 브라질, 인도, 유럽 그리고 아프리카까지 퍼져나갔다. 이 부흥의 메시지가 전해진 곳마다 성령의 바람이 거세게 일어났다. 로이의 부흥의 열정은 언제나 전염성이 있었으며, 로이가 말씀을 전한 모든 곳에서 하나님을 만난 사람들이 생겨났다.

로이와 그의 책들을 통하여 하나님이 행하신 모든 일들을 기억하면서 하나님께 영광을 돌린다. 아무쪼록, 하나님을 개인적으로 만난 경험들을 기록한 로이의 책을 읽는 모든 분들이 성령께서 부르시는 음성을 듣고 영광의 주님이 '촛대 가운데서' 역사하셨던 그 비전을 다시 볼 수 있기를 바라고, 또한 우리의 부흥을 향한 '처음사랑'이 모두에게 다시 전해질 수 있기를 소망한다.

1974년 7월
케임브리지 리틀 셸포드(Little Shelford)

저 | 자 | 서 | 문

이 책이 출간되어 빛을 보기까지는 호더 앤 스토튼(Hodder and Stoughton) 출판사 종교서적 부서장인 에드워드 잉글랜드(Edward England) 씨의 공이 크다.

나는 1950년에 부흥회에서 나의 심령을 만져주신 하나님께 감사하면서 63페이지 밖에 안 되는 이 작은 책을 『갈보리 언덕』이라는 제목으로 발간했다. 책이 발간되고 나서 몇 년 사이에 이 책은 영어권 국가로 광범위하게 퍼져나가서 나를 놀라게 했으며, 동시에 겸손한 마음까지 들게 했다. 오십만 부가 넘는 책이 팔려 나갔으며 해가 거듭할수록 보급률이 떨어지기보다는 오히려 증가했다. 이 책은 40여 종류의 언어로 번역되었다. 하나님은 부흥이 필요한 곳에 이 책이 사용되는 것을 기뻐하셨으며 이 책이 읽혀지는 모든 곳 즉, 영적인 삶의 부흥이 필요한 모든 그리스도인들이나 혹은 그들이 함께 모이는 집회에서 유용하게 사용되는 것을 기뻐하신다. 나는 이 문서사역을 통하여 많은 사람에게 변화가 생겨나고, 가정이 회복되고, 또한 교회가 부흥되는 놀랍고도 신기한 이야기들을 듣고 있다.

1976년 어느 날 에드워드 잉글랜드 씨가 나에게 말했다.

"로이, 당신은 『갈보리 언덕』이라는 책이 당신보다 훨씬 더 세상에 알려져 있다는 것을 아직도 모르고 있습니까? 사람들이 당신 책 뒤에 숨겨진 당신이 경험한 일들을 안다면 그들에게 큰 도움이 될 것입니다. 그러니 『나의 갈보리 언덕』(My Calvary Road)이라는 다른 제목으로 당신이 직접 경험한 이야기를 저술해 주실 것을 제안합니다."

나는 이 제안에 대해 처음에 부정적으로 반응하였지만 곰곰이 생각해 보니 내가 경험한 그러한 일들을 나누는 것이 하나님이 자기 백성을 어떻게 다루시는지에 대한 실례를 알리는 수단이 될 수 있다는 생각을 하게 되었다. 어떤 사람이 직접 경험한 간증적인 이야기가 자신이 살아온 삶의 이야기와 일치한다면 그 이야기 속에 깊이 빠져들 수밖에 없다는 것을 사람들은 안다.

나 역시 인생을 살아오면서 그러한 이야기를 책으로 펴내는 것이 가능한 때가 찾아온다는 것을 깨달았다. 나의 인생여정이 절반도 채 지나지 않은 상태에서 그러한 책을 펴낸다는 것은 아마도 시기상조이고 불가능했을 것이다. 그러나 이제 내 나이가 칠십을 바라보고 있고, 내가 주님을 안지도 52년이나 되었고, 또한 52년 중에 40년 이상을 영국 전역과 해외 12개국 이상의 나라들을 넘나들면서 말씀사역에 전념해 왔다. 이렇게 오랫동안 주님과 함께 해온 세월의 관록이 나로 하여금 살아온 길을 되돌아보게 하였고, 『나의 갈보리 언덕』을 펴낼 수 있는 안목을 갖게 해주었다.

다시 말하면, 넓은 안목으로 볼 때 내가 경험한 이야기를 통하여 사람들이 하나님의 행하심을 충분히 이해할 수 있게 되고, 또한 그것들을 바르게 해석하여 그들의 신앙생활에 유익을 주기 위함이다. 이러한 간증적인 이야기를 대할 때는 내 생각을 내려놓고 일어난 사건들을 서로 연관시켜 이해할 수 있어야 한다. 그렇지 않고서는 그것들을 수용하기가 힘들 것이다.

이제 한 사람의 순례이야기, 곧 『나의 갈보리 언덕』을 소개하려고 한다. 지금까지 내가 경험한 모든 것에 대해 감사드리지만, 반면에 그러한 경험들은 거의 다 나의 실수를 통해 얻어진 것이라는 것을 고백할 수밖에 없다. 그러니까 내가 그러한 경험들을 하게 된 것은 마치 앞문으로 찾아온 당당한 방문자가 아닌 뒷문에 서서 머리를 조아리고 구걸하는 걸인 같은 경우라고 비유할 수 있다.

다시 말해, 내가 부정적인 것을 고백하였을 때 나는 긍정적인 세계로 들어갈 수 있었으며, 내가 부정적인 것들을 행하였을 때에도 예수님은 긍정적인 축복의 세계로 나를 바르게 인도해 주셨다. 이 긍정적인 면은 내게도 너무도 심각하게 부족했던 것이었다. 스스로 앞문으로 당당히 들어갈 자격이 있다고 생각하는 사람들은 할 수만 있다면 그렇게 하도록 해야 한다.

나는 앞문으로 당당하게 들어갈 수 없어서 자신 없는 걸인처럼 뒷문으로 들어갔다. 나 같이 형편없는 죄인이 두드렸던 뒷문은 바로 '주 예수 그리스도의 십자가'였다. 이런 이유에서, 나는 내가 저지른 몇 가지 실수와 약점 그 이상의 것들을 사람들과 나누기 원한다. 독자들 중에는 분명히 내가 경험한 사건들과 똑같은 것들을 경험하고 깨달아서 내가 경험한 은혜의 세계로 들어가는 분들도 생겨날 것이다.

이와 같은 나의 예수님을 만난 이야기가 하나님을 영화롭게 하고, 하나님의 돕는 역사로 말미암아 새로운 독자들이 더 생겨나기를 기도한다.

역자 서문

이 책은 아주 특별한 책이라고 감히 말하고 싶다. 왜냐하면, 번역을 시작하는 순간부터 역자의 가슴을 후벼 파고 무릎을 꿇게 하였기 때문이다. 이 책을 번역하는 동안 가슴이 찡하고 눈물이 핑 돌기도 하고 부흥에 관한 열망이 솟구쳐 오르기도 했다. 이 책은 신학적인 지식이나 성경의 교훈이나 정보를 보충해 주는 책이 아니다. 부흥의 교두보가 온 세계로 뻗어나가는 과정에서 하나님이 역사하신 살아있는 간증들을 기록한 책이기에 곧바로 그 현장감이 가슴에 전달된다.

이 책에 등장하는 부흥을 이끌어가는 믿음의 거장들의 모든 삶에는 하나님의 강렬한 터치가 있었다. 이 책은 한마디로 부흥에 관한 생생한 기록이라고 할 수 있다. 다른 말로하면, 부흥에 관한 살아있는 경험들을 상세하고 전율이 느껴지도록 기록한 현대의 사도행전이라고 할 수 있을 것이다. 그리스도인이라면 누구나 부흥에 관해 수없이 들었을 것이다. 그러나 대부분의 사람들이 부흥은 어떤 드러나는 현상적이고 물량적인 것이라고 막연하게 생각하는 것이 사실이다. 물론, 부흥의 과정에서 신기하고 놀라운 초자연적인 역사도 나타나고, 양적인 증가도 나타난다. 그런데, 이 부흥의 불이 얼마 안 가서 꺼져버리는 것을 부흥의 역사를 통해 알 수 있다. 그래서 사람들은 그 꺼져버린 부흥의 불길이 다시 일어나기를 간절히 기도하며 기대하고 있다.

역자는 영국에서 약 8년간을 유학하면서 부흥이 일어났던 지역들을 수없이 방문하였다. 그런데, 그 곳에서 엄청난 부흥의 역사가 있었다는 것은 처음 이 책을 통해 알았다. 몇 군데 부흥의 불길이 일어났던 유명한 곳은 알고 있었지만 역자가 살았던 아주 가까운 도시에서 평양대부흥운동 같은 일이 일어났었다는 것을 한국에 돌아와서야 알게 된 것이다.

대체로 1904년의 웨일즈부흥운동이 일어나서 몇 년간 지속되다가 불이 꺼진 줄로 알고 있는데, 사실은 웨일즈에서 시작된 부흥의 교두보가 그 후로도 영국전역과 아프리카, 유럽대륙, 북미와 남미, 그리고 아시아의 모든 지역으로 확장되어 왔다는 것을 이 책이 밝히고 있다. 그러니까 부흥의 불길이 결코 꺼지지 않고 지금도 온 세계에 확대되고 있다는 것이다.

로이는 부흥운동의 초기에 나타나는 초자연적인 역사들은 부흥의 불을 지피기 위한 한시적인 성령의 역사로 본다. 부흥을 통하여 영혼을 하나님께로 인도하여 그리스도인으로서의 온전한 삶을 살게 하는 것이 부흥의 최종목표라는 것이다.

로이 헷숀의 『나의 갈보리 언덕』은 부흥이 무엇인지를 분명하게 말하고 있을 뿐만 아니라, 그것을 사실적으로 증명해서 보여준다. 특별히 목회자들은 부흥을 그 무엇보다 더 열망하고 있으며, 부흥에 목말라 있다. 그러나 불행하게도 성공주의와 상업주의 성향의 퇴색된 부흥의 개념이 교회와 성도들의 생각을 지배하고 있다. 드러나는 현상이나 결과적인 것에만 초점을 맞추고 부흥을 바란다면 결코 진정한 부흥은 오지 않는다. 로이는 '부흥'을 심령의 뿌리가 뽑혀서 완전히 뒤집어지는 것이라고 정의하고 있다. 다른 말로 하면, 내 속의 죄악의 본성으로 가득 찬 옛 자아가 완전하게 무너지고 그리스도께서 중심에 서는 것이 진정한 부흥의 진수라는 것이다. 이 단순한 원리를 모르는 사람은 없을 것이다. 그런데, 로이와 부흥을 이끌었던 믿음의 거장들은 이 부흥의 원리를 그들의 사역과 삶을 통해 생생하게 보여준다.

부흥을 이끌어가는 과정에서 그들이 항상 성령이 충만한 부흥의 황금기반을 경험한 것은 아니었다. 부흥을 이끌어갔던 그들도 사망의 음침한 골짜기를 통과하고 험산준령을 넘는 처절한 침체기를 겪은 내용을 소개한다. 이 부분에서 많은 공감을 할 수 있었다. 역자뿐만 아니라, 복음을 위해 힘쓰고 있는 모든 주의 종과 성도에게도 크게 공감이 되는 부분일 것이다. 독자들은 이 책을 읽으면서 많은 위로와 용기를 얻게 될 것이며, 성령께서 주시는 강력한 확신을 경험하게 될 것이다.

역자의 간절함 바람은 이 책이 많은 사람에게 읽혀지는 것이다. 또한, 읽는 이들에게 믿음의 거장들이 경험했던 그 부흥이 일어나기를 소망한다. 이 책을 통하여 한국교회와 성도들의 심령에 진정한 부흥의 불길이 일어나기를 간절히 바란다. 이 책을 만나게 해주신 하나님께 감사드리고, 번역할 기회를 제공해주신 기독교문서선교회(CLC)에 감사드린다.

2013년 8월
청계 전원 뜰에서
역자

| 차례 |

추천사 | 조 처치(Joe Church)

저자서문

역자서문

제1장 부흥-뿌리째 뽑히다   19
제2장 첫 걸음을 내딛다   27
제3장 초기단계에 배운 교훈들   49
제4장 영적 성장   61
제5장 푸른 초장을 벗어났다 돌아오다   79
제6장 봄의 향연-영적 전성기를 보내다   99
제7장 영적 도약을 경험하다   115
제8장 믿음이 이기네   159
제9장 침체의 늪에 빠지다   179
제10장 다시 찾아오신 예수님   187
제11장 교두보를 확장하다   203
제12장 동부아프리카의 부흥   233
제13장 전성기가 붕괴되다   247
제14장 예수님을 중심에   279

제15장 미국을 처음 방문하다 295

제16장 예수님을 바라보라 319

제17장 부부의 일체감 337

제18장 주님은 주시며 주님은 거두신다 349

제19장 주님은 거두시고 다시 주신다 363

제20장 미지의 땅으로 가다 375

제21장 마지막 회상 425

제22장 친구들의 회상 -스탠리 보크 429

제1장 | 부흥 - 뿌리째 뽑히다

1974년 1월 어느 날 나는 동부아프리카에서 잉글랜드로 금방 돌아온 조 처치 박사(Dr. Joe Church)에게 장거리 전화를 했다. 통화 중에 조 처치 박사는 다음과 같은 말을 했다.

> "로이, 부흥을 '지붕이 날아가는 것'과 같은 것이라고 생각하는 영국의 그리스도인들에게 진정한 부흥은 '바닥이 송두리째 뽑히는 것'이라고 말하면 아주 이상하게 볼 것입니다."

나는 조 처치 박사를 21년간 한 번도 만난 적이 없었고 그와 얘기를 나눈 적도 없었다. 내가 그를 마지막으로 본 것은 18살 때였는데, 당시에 나는 서퍽(Suffolk) 지방의 사우스올드타운 해변에 서 있게 될 소그룹 청소년 캠프를 계획하고 있었다. 나는 조를 설득하여 그 캠프에 참여하도록 했고 그는 캠프의 리더가 되었다.

이 사우스올드 캠프에서 예수 그리스도를 향한 나의 기나긴 반항이 끝이 났고, 주님을 나의 삶의 주인으로 모셔 들였다. 조 처치는 최근에 의사자격을 획득하였고, 그는 의료선교사로 헌신하기 위해 동부 아프리카로 곧 떠나려는 채비를 하고 있었다. 나는 수년간 그의 의료선교사역에 관심을 가지고 살펴보았다. 특별히 르완다를 비롯한 동부 아프리카 지역 교회들에게 부어주신 하나님의 깊고 놀라운 부흥의 역사가 계속적으로 일어나고 있다는 소식을 그를 통해 접하기 시작하였다. 부흥이 일어나는 곳마다 많은 사람이 기독교로 개종하고 있으며, 심지어 선교사들까지 예수 그리스도를 다시 발견하는 경험을 하고 있다는 소식을 들었다. 분명한 것은 그 놀라운 변화의 선두에는 조 처치가 있었다는 것이다.

1947년 조 처치 박사를 비롯한 몇 명의 선교사들이 그들이 부흥에 관해 배우고 경험한 것을 잉글랜드와 스위스에 있는 성도와 함께 나누기 위해 돌아왔다. 이때에 주님은 내가 학교를 마친 이후로 줄곧 일해 왔던 런던의 은행을 떠나는 방향으로 나를 인도하셨다. 은행 일을 접고 나는 전국기독교청년운동기관(National Young Life Campaign)의 일원으로 일하게 되었으며, 내게 주어진 일은 순회복음전도사역이었다. 나 역시 복음전도자로서 부흥에 관해 관심이 많았고, 언젠가는 내가 하고 있는 이 청년사역 가운데서도 부흥이라고 일컬어질 만한 하나님의 성령의 역사가 강하게 일어날 것이라고 꿈꾸었다.

내 마음 속에는 두려움이 있었는데, 그것은 부흥이라고 하는 것이 내가 항상 무대에서 뭔가를 연출해서 보여주어야 한다는 그런 두려움이었다. 나는 부흥이 전도자 자신과 함께 시작된다는 것을 몰랐다. 동부 아프리카로 나갔던 의료선교사들이 잉글랜드로 돌아왔다는 소식을 들었을 때, 나는 그들 중에 특별히 나를 하나님께로 인도하여 그리스도인이 되게 하는데 도구로 쓰임받았던 사람이 함께 왔다는 것을 알았다. 나는 내가 직접 기획한 부활절 집회에 그 선교사들을 강사로 초빙하였다.

"부흥은 지붕이 날아가는 것이 아니라, 뿌리가 송두리째 뽑혀 나가는 것입니다"라는 말을 들었을 때, 나는 이 말을 깊이 생각하면서 속으로 웃었다. 나는 이 말을 잘 짜 맞추어 '좋은 구호로 만들 수 있지 않겠는가!'라는 생각을 했다. 나는 집회가 시작되기 전에는 이 말이 나의 경험이 되리라고는 전혀 알지 못했다.

'뿌리째 뽑힘', 즉 근본이 완전히 뒤집어진다는 이 말은 대체 무슨 의미를 내포하고 있는가? 예수님이 "한 알의 밀알이 땅에 떨어져 죽어야만 열매를 맺을 수 있다"고 말씀하신 것과 같은 의미이다.

다니엘이 여호와의 환상을 보았을 때 '나의 아름다운 빛이 변하여 썩은 듯합니다'라고 고백한 말 속에서도 그 의미를 찾을 수 있다. 또한, 성 어거스틴이 자신의 덕은 화려하게 포장한 죄라고 했던 고백 속에서도 '뿌리째 뽑힘'이라는 말의 의미를 찾을 수 있다. 이 말은 또한 선지자 이사야가 성전에서 여호와를 대면하고 고백한 것과 같은 것이라고 볼 수 있다. "화로다 나여 망하게 되었도다. 나는 입술이 부정한 사람이요." 여기에서 "망하게 되었도다"라는 표현은 하나님이 이사야를 만나신 그 날 그를 무너뜨리셨다는 것을 암시한다. 하나님은 이사야 자신이 가장 거룩하다고 생각하는 부분이었던 그의 혀가 하나님의 눈앞에서는 불결하다는 것을 보여주시면서 그를 여지없이 무너뜨리셨다.

우리가 기억해야 할 것은 이사야는 하나님의 말씀을 선포하는 사람이었다는 것이다. 이사야는 자신이 하나님을 섬길 때 자기 자신의 의지를 따라 섬겼으며, 자기 자신의 노력으로 모든 일을 수행하였으며, 그리고 자신의 영광을 위해 일했다는 것이다. 이것들로 인하여 그가 타락하게 된 것이다. 여호와를 본 그 날은 이사야에게는 처참히 뒤집어지고 무너지는 날이었다. 그 날에 이사야는 성전에 서있었는데 성전 문지방의 터가 흔들리고 그는 비틀거렸다. 실로 그의 고상함이 추악하게 드러나는 엄청난 일이 바로 그 날 일어났던 것이다.

이 일이 바로 하나님이 나에게 행하고자 하시는 일이었다. 그러나 하나님은 이 일을 하루아침에 이루려고 하지 않으셨다. 나를 망하게 하시는데 있어서 하나님은 급하게 서두르지 않으셨다. 하나님은 내가 하나님의 가르침을 이해했는지 분명하게 확인하고 진행하셨다. 내가 생각하던 것보다 훨씬 더 많은 것들이 깨어져야만 했으며, 내가 상상하던 것보다 훨씬 더 크게 인생의 방향을 수정해야만 했다. 이 기간은 정말 고통스런 시간이었다.

'뿌리째 뽑힘'을 경험하던 이 기간에 나는 『갈보리 언덕』의 분량을 채울 단편들을 쓰고 있었으며, 나와 함께 부흥을 경험한 사람들의 이야기들을 "삶을 위한 죽음"(dying to live)이라는 주제 아래 짬짬이 적어두었다. 그러나 하나님은 나를 다시 깨우시고 그리스도 자신이 의와 평화와 그리고 부흥에 관한 모든 고민의 종결자이시라는 것을 확실히 보여주셨다.

그것이 진정한 의미에서 나에게 일어난 부흥이었다. 사라졌던 처음사랑을 회복하게 되었고 퇴색되었던 나의 경험들이 다시 새롭게 되었다. 그리스도를 만난 경험들은 매우 생생했으며, 복음전도자로 사역한 수년 동안 계속 열매를 맺을 수 있었다. 그러나 뭔가 잘못되어 가고 있다는 것을 알았다. 나는 우울한 침체의 늪에 빠져 허우적거렸으며 성령의 능력도 잃어버렸다. 하나님이 나의 내면을 송두리째 뽑아 흔들어 놓으시고 나의 있는 모습을 그대로 밝히 드러내시기 전까지 나의 영적침체는 계속되었다. 그런데, 하나님이 다시 나를 깨우셨을 때, 내가 잃어버린 모든 것이 회복되었으며, 잃어버린 것보다 더 많은 것을 얻었다.

하나님이 우리가 잃어버린 것을 회복해 주실 때는 잃어버린 것보다 훨씬 더 많은 것으로 되돌려주신다. 이것이 바로 하나님의 성품이시다. 이것은 마치 우리가 부주의로 간선도로에서 벗어나 우회도로를 가는 것과 같다고 할 수 있다. 우리가 부주의로 주요도로를 벗어나 다른 길로 갔지만 천신만고 끝에 다시 고속도로로 되돌아왔을 때, 오히려 생각한 것보다 목적지에 더 가깝게 당도해 있었다면 그 기쁨은 말로 표현할 수 없을 것이다.

부흥은 찰스 피니(C. G. Finney)가 말한 것처럼 새로운 시작의 연속이지 그 이상의 것이 아니라고 생각한다. 틀린 말이 아니다. 그러나 찰스 피니의 말에 더하고 싶은 것이 있는데, 그것은 회개하는 사람에게 일어나는 그러한 새로운 시작들이 단순히 같은 장소에서만 일어나는 것이 아니라, 그가 피해 달아났던 곳보다 더 나은 곳에서 이러한 새로운 시작들이 생겨난다는 것이다. 이것이 바로 나의 간증이다.

『나의 갈보리 언덕』을 이 새로운 경험과 함께 시작했다고 말하는 것이 옳을 것 같다. 우리 모두가 경험하듯이 우리가 죄인이라고 고백하며 갈보리 십자가로 나아갈 때 진정으로 나의 갈보리 언덕이 시작된다. 그리스도인의 삶에 있어서 충만함에 이르는 원숙한 경험의 모든 요소는 "나는 죄인입니다"라고 고백하는 죄

초의 은혜를 받은 경험으로부터 나온 것들이다. 심령의 가장 깊은 밑바닥을 뒤집어 엎는 경험이 없이, 이러한 단순한 진리들을 배움의 연장선상에서 강조하고 가르치고 경험하게 하는 것은 의심의 여지를 남긴다. 신앙의 더 깊은 단계로 들어가기 위해서는 우리 자신이 우리가 생각하는 것보다 훨씬 큰 죄인이라는 것을 깨닫고, 예수님은 우리가 생각하는 것보다 훨씬 크신 구세주이심을 명확히 깨닫는 것이 필요하다.

위에 언급한 것이 사실이라면, 이 믿음의 사람의 순례이야기는 그의 처음 은혜받은 경험과 함께 시작되었음이 분명하다.

My Calvary Road

제2장 | 첫 걸음을 내딛다

대부분의 전기물을 보면 그 인물이 언제 태어났는지 말하면서 시작한다. 나도 그렇게 시작하겠다. 나는 1908년 4월 10일에 태어났다. 나는 런던 외곽에 위치한 전형적인 영국의 중산층 가정에서 태어나서 자랐으며, 퍼블릭 스쿨(public school)에서 기숙생활을 하며 교육을 받았다. 해외독자들의 이해를 돕기 위해 이 학교 시스템에 대한 설명이 필요할 것 같다. 영국의 퍼블릭 스쿨은 다른 나라에서 생각하는 그런 공립학교가 아니라 사실상 사립학교였으며, 경제적 형편이 되는 가정의 자녀들만이 들어갈 수 있었던 차별화된 학교였다. 당시의 인플레이션으로 인해 상당히 많은 돈을 들여야만 보낼 수 있는 학교였다. 아주 오래전의 일이지만 당시 나의 부모님의 경제적 형편이 넉넉해서 7살 남짓 되었던 나와 내 동생은 기숙학교에 들어가서 공부를 할 수 있었다. 배부른 소리라고 할 수도 있겠지만 당시에 어린 나와 동생은 방학이 돌아오기만을 손꼽아 기다리면서 매학기를 정말 살아남기 위한 투쟁을 벌이면서 힘들게 보냈다.

우리 가족은 교회에 나가는 가족이 아니었다. 비록 나의 어머니는 일찍이 과부가 된 후에 남겨진 두 아들을 어떻게 하면 최선을 다해 잘 기를 수 있을까 고민하였고, 또한 아들들이 옳고 그름을 잘 판단할 수 있는 건강한 의식을 고취시키려는 노력을 했지만, 나의 부모님을 비롯하여 삼촌들, 이모들, 그리고 사촌들은 모두 교회에 무관심하였다.

어머니는 매우 아름다우셨고, 수많은 구혼자들이 어머니에게 청혼을 하였다. 당연히 구혼자들은 어머니와 두 아들인 우리를 함께 데려가는 조건으로 청혼을 해왔다. 그러나 한편 우리가 염려했던 것은 그들을 실망시키지 않을까 하는 것이었다. 사실 우리는 어머니가 우리의 어머니로만 있어주기를 원했다. 어머니 편에서 볼 때, 자식을 돌보는 문제는 거의 절대적이어서 아무리 힘들어도 자식을 포기한다는 생각을 하지 않았다. 왜냐하면, 어머니에게 있어서 자식들의 문제는 자신의 문제보다 항상 우위에 있었기 때문이다.

어머니가 처음 복음을 들은 것은 십대 때에 무디(Moddy)와 생키(Sankey)의 부흥집회가 런던에서 열리고 있을 때였다. 런던 거리를 지나는 십대 소녀들에게 열성적인 전도자들이 다가와서 "당신은 구원 받았습니까"라고 물었다. 스쳐 지나가며 복음을 들은 것이 그녀에게는 유일하게 복음과 처음 접촉한 것이었다.

그러나 내가 기숙학교로 보내져서 공부하게 되었을 때, 학교 채플에 참여해야만 했다. 시간이 어느 정도 흘렀을 때, 나는 다른 많은 친구들과 함께 목사님의 안수를 받았다. 그러나 인자하신 목사님은 내 머리에 손을 얹고 오로지 나의 죄에 대해 기도하셨다. 나는 죄인들을 위한 하나님의 복음에 대해 전혀 알지 못했다. 그러나 나는 목사님의 안수기도를 매우 심각하게 받아들였고, 모든 학교생활에 있어서 죄를 짓지 않으려고 많이 노력했다.

처음으로 성찬예식에 참여하였을 때 나는 하나님의 임재를 느끼려고 무척 애를 썼으며, 하나님 앞에 나의 마음을 다 쏟아놓으려고 했다. 그곳에서 경험한 좋은 느낌들은 금방 사라지고 예전의 모습으로 돌아갔다. 그러나 그곳에서 하나님이 내 마음을 움직이시는 몇 번의 경험들이 있었다. 예를 들면, 우리가 채플에서 "오! 주님, 해가 지기 전에 꼭 당신 주변에 누워있는 병자들이 고침 받고 기쁨으로 돌아가게 하소서!"(영국, Henry Twells 작사, 1868)라는 찬송가를 부를 때에 주님이 내 마음을 움직이는 감동을 받았다. 그렇지만 예배가 진행되면서 성가대에서 참으로 아름다운 테너파트가 감미로운 목소리로 노래할 때는 별로 감동을 받지 못했다.

하나님은 나를 자신에게로 이끄시기로 작정하셨는데, 그 일을 해군장교였던 나의 사촌을 통해 하셨다. 나의 사촌은 그의 동료 생도에 의해 그리스도를 믿게 되었고, 믿은 즉시 나머지 그의 가족들을 주님께로 인도하였고, 그의 믿음을 가족과 함께 공유하게 되었다. 물론 그의 가족들에게는 큰 충격이었다. 그로부터 편지 한 통을 받았는데 편지의 내용인즉, 예수님에 대해 열정적으로 증언하는 것이었고, 내가 속히 예수님께로 돌아가야 된다는 그런 내용이었다. 나는 충격을 받았을 뿐만 아니라, 역겨워지기까지 했다. 나는 하나님과 그리스도에 대해 너무 열성적인 것은 뭔가 건전하지 않은 것으로 생각했다. 기숙학교의 채플을 통한 나의 신앙생활의 경험을 한 마디로 말하면 그저 지루함 빼고는 아무것도 없었다. 나는 어떤 경우에 처하더라도 나의 삶을 내가 주도하고 내 스스로의 길을 가는 것을 원했다.

그러나 나의 사촌은 끈질기게 나를 설득하였고, 나는 그 설득에 못 이겨 기독장교회(O.C.U)가 주최하는 스위스 동계스포츠에 참여하기로 했다. 이 행사는 기독장교회가 준비한 파티가 함께 계획되어 있었다. 기독장교회의 존재목적은 신앙을 가진 장교들이 함께 모여 기도하고 신앙을 다지는 것이었으며, 나의 사촌 역시 이 모임에 소속하여 그들과 신앙의 교제를 쌓고 있었다. 그 파티에는 젊은 장교들이 모였는데 여성장교들은 하나도 없고 모두 남성장교들이었다. 그들 중에 상당수는 이제 예수님을 믿은 사람들이었고, 내 앞에 있는 나머지 사람들도 비슷한 사람들이었다. 그 자리에서 당당하게 내가 그리스도인이라는 것을 소개하는 것이 나를 드러내는 최상이었지만 그것이 너무 싫었다. 그래서 나는 예수 그리스도와는 어떤 관계도 맺을 생각이 없다는 것을 마음속에서 분명히 했고, 착잡하고 비참한 마음을 가지고 집으로 돌아왔다.

나는 다시 기숙학교로 돌아와서 내가 경험한 일들을 친구들에게 말했다. 친구들이 내가 경험한 끔직한 일을 평가해주고 또한 내가 경험한 것과 똑같이 그들이 느끼기를 바라면서 말했다. 그런데, 이게 웬일인가? 친구들은 내가 하는 말을 도통 이해하지 못하였고, 오히려 나는 그들로부터 '구세군 사람'(the Salvation Army's man)이라는 별명까지 얻게 되었으니 말이다. 나는 전혀 그런 종류의 사람이 아니었지만, 내가 기독장교회가 주관하는 그 모임에 다녀와서 미처 털어내지 못한 그 어떤 경험들이 그 친구들에게 노출이 되었던 것이 분명했다.

드디어 1926년 8월이 되어 나와 내 동생 브라이언이 학교를 마치고 돌아왔을 때, 우리는 펜션하우스에서 여름 휴가차 소규모로 열리는 신앙수련회에 우리의 의지와는 상관없이 참여해야만 했다. 왜냐하면, 그것이 그 해에 우리에게 주어진 유일한 휴가 기회였기 때문이었다. 후에 안 사실인데, 나의 사촌이 이 모든 흑막 뒤에서 그 휴가를 계획하였고 내 어머니가 밀어붙인 것이었다.

이 신앙수련회를 주관하는 사람은 내가 이미 언급한 바 있는 조 처치 박사였으며, 그는 처음으로 르완다에 단기 의료선교사로 헌신했다. 비록 이 수련회 프로그램 가운데는 흥미로운 것과 게임들이 있었지만 이 수련회의 주된 목적이 영적인 것임을 알고 있었다. 그러한 분위기 속에서 3주 동안 지내야 한다는 것은 나에게 너무나도 큰 부담이 될 것 같았고, 두렵기까지 했다. 주님은 계속 나를 추적해 오셨고, 나는 이제 코너로 몰리게 되었다. 그리고 나는 나의 이러한 방황이 너무 오래 지속되지는 않을까 하는 의심에 휩싸였다.

이 수련회를 이끌어가는 사람들은 젊은 대학생들이었는데, 그들 중에는 훌륭한 운동선수들도 있었다. 나는 그들에게 예수 그리스도는 삶을 무너뜨리는 분이 아니라고 고백할 수밖에 없었다. 수련회가 진행되던 어느 날 가든 모임에서 의대생의 간증을 듣고 있을 때, 나는 십자가를 깨달았고, 또한 하나님이 나를 사랑하시고 나의 죄를 하나님의 아들이 담당하도록 하셨다는 것을 깨달았다. 나의 모든 적개심은 다 녹아내렸고 나는 내 자신을 향하여 "세상에, 왜 내가 이렇게 두려워했단 말인가"라고 외쳤다. 두렵게 하고 나의 삶을 비참하게 하는 것은 하나님의 행하심이 아닌 것 같았다.

두 밤쯤 지나고 나서 나는 어떤 사람이 자신의 마음의 문을 노크하시고 찾아오신 주님을 간증하는 것을 보고, 그 자리를 박차고 일어나 바닷가에 나아가 기도하기 시작했다. "주 예수님, 전에 저의 마음속에 들어오시지 않으셨다면 지금 제 마음에 들어오소서." 그곳에서 나는 너무도 많은 것을 주님 앞에 쏟아내서 내가 정말로 주님께 마음의 문을 열었는지 안 열었는지 잘 알 수는 없었다. 그러나 내가 만약 주님께 마음의 문을 열지 못했다면, 그 신앙수련회에서 꼭 나의 마음을 주께 열어야겠다고 마음에 다짐했다.

그 날 밤에 나는 처음으로 하나님이 함께 하시는 평화를 맛보았다. 그 평화는 믿음으로 의롭게 됨으로 얻어지는 하나님의 평화였다. 다음 날 나는 내가 경험한 모든 것을 사람들에게 간증하였고, 그것이 이 신앙수련회의 피날레를 장식하였다. 나는 입을 열어 주님께 고백했다. "나는 이제 뒤로 물러설 수 없습니다. 아니, 하고 싶지도 않습니다."

주님이 주시는 기쁨이 너무 크고 그분이 베푸시는 친밀함이 너무 충만해서 나는 침대에 꿇어 엎드려 기도했다. 이것은 나에게 새로운 경험이었으며 나는 일어나고 싶지 않았다. 나는 이제 내가 순종하기만 하면 전에 하나님이 내게 베푸시기로 작정하신 그 선하신 역사 속으로 들어가는 첫 걸음을 드디어 내딛을 수 있었다. 그때 나는 하나님의 계획하심이 얼마나 아름답고 선하신지를 전혀 몰랐다. 나는 이제 그리스도 예수께 붙잡힌 사람이 되었다. 나의 주도권은 전적으로 그분의 것이 되었다.

내 동생 브라이언은 나보다 먼저 주님께 돌아왔다. 내 동생 브라이언은 이번 신앙수련회에 큰 도전과 자극을 받아서 나보다 훨씬 더 신앙이 진보했다. 그는 다시 기숙학교로 돌아가 기독교 신앙동아리에 들어가서 활동을 시작했다. 브라이언은 처음부터 목회자가 되기로 마음먹었다. 그는 성공회 목회자가 되기로 길을 정하고 케임브리지 대학의 입학허가를 받아 공부하게 되었다.

그의 인생 마지막 몇 년 간 그는 영국에서 가장 널리 알려진 환자가 되었다. 사실 브라이언은 암으로 52세의 나이에 생을 마감했다. 그는 암에 걸려 수술에 수술을 거듭하는 고통을 겪었고, 그의 마지막 7년간 무려 7권의 책을 집필했는데, 『결단하는 삶』(Determined to Live)과 『하나님께로 가는 다리』(Bridge to God) 같은 책들을 썼다. 그 책들의 내용을 보면, 생과 사를 넘나드는 암 투병 중에 주님이 그를 도우시고 어떻게 믿음으로 암을 두려워하지 않고 극복하였는지에 관한 것이다. 그의 책은 전 영어권 세계에 있는 수많은 고통 받는 사람들에게 큰 도움을 주었다. 브라이언의 목회사역은 종종 라디오에 소개되었고 신문들도 앞다투어 그의 기사를 게재했다. 전 영국의 모든 사람들이 그의 암 투병의 과정을 지켜보았다. 그가 죽었을 때, 그의 사망소식은 그리스도에 관한 그의 아름다운 간증과 함께 국내 유수한 신문들에 회자되었다.

나는 동생보다는 늦었다. 우리가 사우스올드에서 돌아온 지 얼마 되지 않아 브라이언은 런던에 있는 선교센터에서 설교를 하게 되었다. 브라이언이 나에게 함께 가자고 했다. 그곳에 가서 나는 동생이 처음으로 하는 설교에서 그렇게 열정적이고 명확하고 능력 있게 설교하는 것을 보고 큰 감동을 받았다. 그러나 오늘 설교에 감사하다는 멘트를 한 사회자가 나에게 저녁시간을 좀 내줄 것을 제안한 것 때문에 좀 언짢아졌다. 나는 그 제안을 단호히 거절했다. 그러나 그 날의 분위기에 취한 동생 브라이언이 나를 강권적으로 권하여 어쩔 수 없이 수긍하고 말았다. 정말 하기 싫지만 억지로 하겠다고 말하였다. 그러나 정작 그 엄숙한 모임시간이 임박했을 때 나는 정말 편안하게 그런 감정을 '잊어버렸고' 다시는 그 불편했던 감정이 떠오르지 않았다.

그 후 무슨 일이 일어났는지에 대해 결코 회상하지 않았다. 또, 그냥 알고 싶지도 않았다. 누군가가 나에게 지난 40여 년이 넘는 순회목회사역을 어떻게 시작하게 되었느냐고 물어본다면 바로 전에 결코 들어본 적이 없었던 이 한편의 설교였다고 대답할 것이다.

신앙의 초기단계에서 나는 의심과 싸워야 했다. 한 가지 예를 들면, "하나님이 정말 존재하는가?", "성경의 내용이 사실일까?"하는 그런 혼란스러운 의심들이었다. 나는 이러한 혼란스러움 때문에 은행의 일이 더 이상 손에 잡히지 않았고, 결국 직장을 그만두어야만 했다.

은행을 그만 둔 이 사건은 "내 삶의 주인이 내 자신이 되어야 하는지, 아니면 그리스도가 내 삶의 주인이 되어야하는지"의 문제로 고민한지 얼마 안 되어 일어난 일이었다. 나는 항상 광기(crazes, 혹은 잡기)를 좇았다. 남자라는 족속은 이러한 취미나 관심에 빠져서 미치도록 그 광기를 좇아가는 경향이 있다. 최소한 '나'라고 하는 남자는 그런 광기에 미쳐있었다. 나는 그러한 광기를 좇아가는 데 있어서 다른 사람과는 판이하게 달랐는데, 어떤 것에 한번 빠지면 한동안 아주 미친 듯이 깊이 빠져들었다가도 금방 그것을 버리고 또 다른 것에 미친 듯이 깊게 빠져들곤 하였다.

내가 신앙을 갖게 되고 영적인 것을 추구하는데 있어서도 광기를 좇는 나의 본래의 기질은 결코 다르지 않았다. 내 어머니는 내가 신앙을 갖게 된 것 역시 또 다른 광기를 좇는 것으로 생각하고 내가 곧 그것을 그만둘 것이라고 생각했다. 나 자신조차도 나를 반쯤은 의심했다.

주님을 영접하고 새로운 영적인 삶을 산지 1년이 지났을 때, 비로소 나는 크게 안심할 수 있었다. "할렐루야 주님! 내가 여전히 주님과 함께 걸어가고 있어요"라고 나는 외칠 수 있었다. 이것은 결코 내가 그렇게 좇아가던 광기 중의 하나가 아니었다. 그러나 나를 강권적으로 새로운 삶의 장으로 밀어 넣은 몇 가지 재미나는 일화들을 잊을 수가 없다. 하나님이 간섭하셔서 그렇게 하신 것이다.

다시 나는 두 가지 광기에 빠져 있었다. 하나는 트럼펫을 연주하는 것이었다. 나는 학교 밴드부의 나팔로부터 금관악기 코넷, 그리고 은장식 트럼펫까지 다 마스터했다. 나는 듣는 사람들이 지겨워할 정도로 연이어 몇 시간이고 연습에 연습을 거듭했으며, 몇 번은 유명한 트럼펫 연주자에게 레슨을 받기도 했다.

이러한 노력의 결과로 나는 BBC 라디오가 주최하는 아마추어 심포니 오케스트라에서 연주를 하게 되었다. 네 번째 트럼펫 연주자여서 내가 연주하는 소리는 거의 들리지 않을 정도였지만 이 날은 내게 정말로 의미있는 날이었다. 언젠가는 내 자신도 위대한 음악가가 될 수 있다는 상상을 수없이 하면서 나는 이 아름다운 트럼펫을 내 침실에 놓아두고 사랑스런 눈으로 응시하였다. 이제 이러한 환상들은 우스운 것이 되었지만, 그때는 이 트럼펫이 주 예수 그리스도를 향한 사랑보다 더 우위에 있었다.

또 다른 광기는 운동에 빠지는 것이었다. 나는 십자군유니온(Crusaders' Union, 기독교 선교기관)에 소속하여 활동하고 있었는데, 이 기관은 매년 전국의 젊은이들이 모여 친목을 다지는 체육행사를 주최하곤 했다.

나는 학교 다닐 때 꽤 운동을 잘하는 편이었기 때문에 모여드는 젊은 그리스도인들에게 무엇인가를 보여주기로 결심했다. 나는 여름 내내 저녁시간을 활용하여 운동장 트랙을 지칠 때까지 돌면서 훈련에 훈련을 거듭했다. 드디어 결전의 날이 도래했고,

내가 기억하기로는 그때 나는 100미터 계주와 400미터 계주 모두에서 우승을 했다. 나는 이를 계기로 알려지기 시작했다. 내가 육상 훈련할 때 만났던 사람이 앞으로 나를 훈련시켜 주겠다는 제안을 해왔다. 그래서 나는 그의 스포츠클럽에 가입하게 되었고, 매 토요일마다 나는 이런 저런 스포츠관련 회의에 참여하게 되었다.

나는 여기에서도 또 남들과는 아주 다른 특별한 선수가 되겠다는 꿈을 꾸었다. 이제 와서 깨달은 것이지만 나는 그런 꿈을 결코 이룰 수 없었다. 그렇다고 모두가 그렇다는 얘기는 아니다. 어떤 사람은 꿈을 꾸면 그 꿈을 이룰 수도 있지 않겠는가? 운동선수가 되겠다는 이 광기 역시 주님을 향한 나의 사랑보다 우위를 점하고 있었다. 그러나 평범한 사람들에게는 유명한 연주자가 되고, 유명 운동선수가 되는 꿈이 전혀 잘못된 것은 아니다.

여러분도 아시겠지만, 우리 주님은 내 삶에 있어서 제 삼자의 자리가 아닌 주권자가 되기를 원하신다. 그리하여 주님은 끊임없이 내게 거듭거듭 말씀하셨다. 이 두 가지 광적인 취미를 주님이 인정하지 않으신다면 나는 어떤 신앙집회에도 결코 참여하지 않기로 했고, 이 일로 크게 괴로워했다. 나는 이 두 광기어린 취미에 너무 강렬하게 붙들려서 도저히 나의 삶의 우선순위에서 그것들을 떼어낼 수가 없게 되었다. 만약 예수님이 진정한 주님이시라면 그 광적인 취미도 인정해 주셔야 한다고 생각했다.

당시에 나는 장년부가 주일날에 주최하는 성경공부반에 참여하게 되었는데, 거기에서 평신도 지도자들이 청소년들의 바른 신앙의 삶을 훈계하는 주제로 논의를 했다. 청소년들에게 두 사람의 장년이 연설을 하기로 했다. 그들은 나에게 연사가 되어달라고 부탁을 했고, 나는 별 생각 없이 그냥 하겠다고 수락했다. 얼마 안 되어 깨달은 것인데, 이 연설은 예수님을 드러내야만 하는 그런 설교였고, 나는 속에서 일어나는 이 혼란스러움을 정리할 수가 없었다.

은행에서 일을 마치고 돌아온 나는 매일 밤잠을 이루지 못하고 다가오는 주일날 해야 하는 설교 문제를 끌어안고 씨름을 했다. 나는 이 두 가지 광기를 버리는 의지적 결단이 없는 상태에서는 주님을 위한 설교를 할 수 없다는 것을 깨달았다. 그러나 문제는 내가 열광하고 있는 오케스트라와 스포츠클럽 때문에 친구들이 많이 생겼고, 그들과 함께 좋은 시간을 보내고 있는데 어떻게 그것들을 끊을 수 있느냐 하는 것이다. 어떤 경우에라도 나는 젊을 때의 꿈과 우상을 버리고 싶지 않았다. 세월이 지난 이 시점에서 볼 때, 이 두 가지 우상과 같은 꿈은 아주 하찮은 것이었고 나는 그것들을 단 하나도 제대로 이루지 못했다.

그러나 한 가지 큰 고민거리가 있었는데 그것은 "누가 나의 삶의 주인이 되어야 하는가?"하는 문제였다.

나는 그때까지 말더듬이였다. 너무 말더듬이 심해서 나의 홀

어머니는 나를 크리스천사이언스[1] 주술사에게 데려간 적이 있었다. 그러나 별 도움이 되질 못했다. 내가 어른이 되었을 때 이 말더듬 현상은 어느 정도 좋아졌지만 여전히 완전히 사라지지는 않았다. 이것이 아마도 내가 공중 앞에서 말하는 것에 큰 문제로 작용했던 것 같다.

그러나 내가 직면한 더 큰 문제로 인해 이 말더듬이 문제를 잊어버리게 되었다. 그때는 주님이 나의 미래를 덮어두신 것처럼 보였는데, 이제는 내가 주님을 섬겨야 할 미래의 전망을 밝히 보여주셨다. 영혼의 승리로 인하여 삶의 다른 부분들에 변화가 생겨났고, 하나님의 나라는 계속하여 확장되어가는 것을 나는 목격했다. 그때에 주님이 말씀하셨다.

> 만일 네가 이 세상의 썩어질 영광을 내 발밑에 내려놓기로 결단한다면 지금 일어나고 있는 이 모든 일보다 더 큰 일을 보게 될 것이다. 이 시시하고 하찮은 것들을 아직도 그리워하느냐?

그 날 밤 나는 "나의 주님 예수 그리스도를 아는 지식의 고상함을 위하여 모든 것을 분토"로 여기는 결단을 하였다. 나는 주님

---

[1] 19세기 말 경 미국의 에디(Eddy) 부인이 창립한 종교 단체로 죄, 병, 악은 모두 허망하다고 깨달음으로써 만병을 고칠 수 있다는 정신요법을 주장, 역자 주.

께 항복하였고, 모든 것을 뒤로 하고 주님의 말씀을 전하기 위하여 주님께로 나아갔다. 사람들에게 주님의 말씀을 전하면서 나는 처음으로 능력으로 역사하시는 성령의 기름 부으심을 경험했다. 그때 깨달은 것은 내가 더 이상 말더듬이가 아니라는 것이었다. 말더듬 증세가 그 이후로 완전히 사라진 것이다. 예수님이 나를 구원하신 것이다.

나는 지금까지 사우스올드 신앙수련회에서 주님을 믿기로 결심한 이후에 일어난 사건들을 건너뛰고 이야기를 전개해 왔다. 왜냐하면, 내가 처음 주님을 받아들인 그 믿음으로는 주님을 나의 삶의 주인으로 온전하게 인정할 수 없었다. 내가 그렇게 열광하던 이러한 취미들을 완전히 내려놓고 주님을 나의 삶의 주인으로 인정할 때까지는 나의 처음 믿음이 온전할 수가 없었던 것이다.

이제 그 사건들이 벌어진 '갈보리 언덕'에서의 나의 처음 경험들로 돌아가서 다시 살펴보기로 하자.

나는 해변의 신앙수련회를 마치고 정신이 나간 것처럼 멍한 상태로 집으로 돌아왔다. 나는 딴 사람이 되어있었다. 내가 전혀 알지 못했던 영적인 세계에 대한 새로운 깨달음을 얻었다는 것을 나는 알았다. 그때 나의 외적인 것들도 역시 변했다. 모든 사람들이 그렇게 좇아가던 세상 부귀와 영화에 대한 흥미를 완전히 상실하고 말았다. 이 세상이 주는 그 어떤 맛과는 비교할 수도 없는 귀한 하늘의 양식으로 만족할 수 있는 전혀 다른 차원의 영적인 입맛을 찾은 것이다. 그런데, 이것은 내게 마지막 고민거리가 되기도 했다. 나의 새로운 영적인 기호를 충족시켜줄 수 있는 것이 이 세상에는 아예 없었기 때문에, 나는 이 새로운 여정에서 내 자신이 완전히 홀로 있는 것을 알았다.

내 주위의 어느 누구도 내가 경험한 영적인 거듭남을 경험한 사람이 없었고, 또한 내 주변에는 내게 진정한 평화를 가져다 주었던 그 말씀을 다시 들을 수 있는 곳이 어느 곳에도 없었다. 더욱이 나는 이제 막 학교를 졸업했고 직업을 아직 찾지 못했다. 나는 집에서 빈둥거리면서 구입한 성경책과 신앙서적들을 읽고 있었는데, 이런 상황은 내가 주님 안에서 기쁨을 누리고 있음에도 불구하고 내게 오히려 비참하게 느껴졌다. 그러나 교회에서 말씀을 전할 때는 이런 비참한 느낌들이 생기지 않았다. 새로 주님을 영접한 많은 이들처럼, 나 역시 들었던 말씀을 다시 전하는 자들만이 처음 말씀을 듣고 얻었던 그 감격을 유지할 수 있다고 생각했다. 내가 받은 이 은혜는 내가 학교채플에서 안수기도를 받았을 때 들었던 것과는 전혀 관계가 없는 것처럼 보였다.

그러므로 나를 예수 그리스도께 인도하였던 사람들처럼 나 역시 어떤 활동이나 교제를 통해서 사람들에게 나가는 것이 당연하다는 생각이 들었다. 나는 이것에 대한 해답을 십자군유니온에서 찾았다. 이 신앙운동기관은 영국전역의 청소년 남녀 학생들을 모아 성경공부를 하는 기관으로 범 교단적인 성격을 띠고 있으며, 특별히 어느 특정교회와 연관되어 있지도 않으며, 전체 인구 중에서 복음을 잘 접하지 못한 중산층 가정의 자녀들의 신앙성장에 목표를 두고 운영되고 있었다.

십자군유니온과 또한 그와 유사한 신앙기관의 창시자들은 그리스도의 몸인 교회 안의 어느 계층이 집중적으로 관심을 받아야 되는지에 신경 쓰기보다는 이와 상관없이 그저 이 안일한 중산층 가정의 자녀들에게 복음을 전하는 것을 목표로 삼아 말씀을 가르쳤다. 이분들이 행하고 있는 이 일이 나에게 얼마나 큰 기쁨을 주었는지 모른다. 왜냐하면, 우리가족은 그 어떤 것에 영향을 받는다고 해도 웬만해서는 쉽게 교회에 나갈 가족이 아니었기 때문이다.

그렇게 혼자 집에 있은 지 얼마 되지 않아서, 나는 우리 지역에도 십자군유니온 성경공부가 있다는 것을 알고 거기에 참여하기로 마음에 결심했다. 나의 타고난 소심함을 극복하는 것이 쉽지 않았지만, 아무것도 모른 채 그리고 누구에게도 말하지 않은 채 나는 어느 주일 오후에 그 성경공부반에 들어갔다. 그리고 그들에게 "예수님이 나의 구세주가 되셨기에 내가 이 성경공부에 나왔다"고 말했다. 나에게 이루어진 이 새로운 삶은 한 순간에 그리고 급격하게 나타났다. 그 성경공부 자체로는 별 감동을 받지 못했고, 설교자 또한 특별히 가르치는 은사가 없는 사람처럼 보였다. 하지만 내가 들은 메시지의 내용은 몇 달 전 사우스올드에서 들었던 것과 같은 것이었고, 그것은 목마른 자에게 시원한 생수와 같은 말씀이었다.

그 이후로부터 십자군유니온은 나의 신앙의 거점이 되었다. 여기에서 나는 내가 필요했던 영적인 포근함과 진정한 교제를 발견하게 되었다. 십자군유니온 설립의 기본취지는 성경을 기초로 하고 있으며, 그 성경은 지금까지 나를 이끌어가고 있다. 여기에서 처음으로 나는 그리스도인으로서의 헌신이 무엇인지 경험하였다. 그래서 내가 복음을 전파하러 전 세계를 다닐 때에, 사람들이 내게 "당신은 무슨 교단에 속했느냐"고 질문을 하면 나는 조금 당황하기도 한다.

사실 나의 모든 영적인 발전은 교회 밖에서 이루어졌다. 물론 십자군유니온에 속한 우리가 교회를 부정하거나 교회에 가지 않는다는 의미가 아니다. 교회에는 나가지만 성경말씀만을 전적으로 기초로 하는 우리의 사역이 교회 안에서 설 자리가 없다는 것을 본다. 말씀에 중심을 두지 않고 피상적으로 겉만 다루는 신앙 행태 속에서는 결코 깊은 은혜를 받을 수가 없었다. 우리는 우리의 영적인 성장이 서로의 교제를 통해서 이루어진다는 것을 깨달았다. 심지어 나중에 내가 교회의 전문사역자가 되어 목회를 할 때에도, 비록 내가 교회에 집중하여 사역을 했지만 교단을 초월하여 범 교단적으로 연합하여 말씀사역을 할 때 더 큰 성장을 할 수 있었다.

이쯤 해서 영국의 영적인 상황과 범 교단적인 연합운동의 중요한 역할에 관한 설명을 멈추는 것이 좋을 듯싶다. 북미지역에는 확고한 복음주의라고 주장하는 교단들이 셀 수도 없이 많이 있다. 거의 모든 교단들은 전통주의의 영향을 받거나 혹은 자유주의의 영향을 받고 있으며, 또한 두 가지 영향을 다 받는 교단들도 있다. 그러나 이 모든 교단들 안에 있는 목회자와 성도들 중에는 하나님의 은혜로 말미암아 선택받은 '남은 자들'(remnants)이 있으며, 그들이 각자의 교단 안에서 하나님의 말씀으로 개 교회들을 일으켜 세우고 있는 것이다. 또한 그들이 교회들 가운데 성령의 하시는 역사들을 증거하고 있다. 이 사람들이 바로 세상을 비추는 등대의 빛으로 서 있는 것이다.

만약 하나님이 복음 전파를 위해서 범 교단적 기관인 어린이 선교협회(The Children's Special Service Mission), 성서유니온(The Scripture Union), 십자군유니온(The Crusaders' Union), IVP(Inter-Varsity-Fellowship), 케스윅 컨벤션(Keswick Convention)[2] 그리고 그와 유사한 많은 선교단체들을 세우지 아니하셨더라면, 아마도 이 시대의 많은 사람들이 복음을 결코 듣지 못했을 것이다. 그러나 하나님은 이러한 선교단체들을 세우셨고, 이로 인하여 많은 사람들이 그리스도 안에서 생명을 얻었다.

그런데, 이러한 선교단체들이 비록 교단을 벗어나서 운영이

---

2) 1875년에 영국 케스윅에서 창설된 기독교 생명윤리운동, 역자 주.

되고 사역을 했지만 그들은 기존교회들에게 영적인 영향을 많이 끼쳤다. 영국의 주요교단에서 아주 이름이 크게 알려진 지도자들 중 얼마는 아마도 복음적인 메시지를 결코 들어보지도 못하였을 것이며, 그리스도 안에서의 성숙함도 경험하지 못했을 것이다. 그러나 이러한 범 교단적인 선교사역에 동참했던 위대한 인물들이 있었는데, 그 중에는 존 스토트(John Stott), 알란 레드파스(Alan Redpath)[3], 톰 리즈(Tom Rees, 당시의 최고 영향력 있는 복음주의자 중의 한 사람) 그리고 또 다른 많은 사람들이 있었다. 이들은 영국과 북미에서도 잘 알려진 사람들이었다. 이러한 복음전파운동은 너무도 크게 확산되어 지금의 영국의 영적인 상황은 내가 처음 그리스도인이 되어 걸음마 수준으로 있을 때인 1930년대와는 완전히 다른 상황이 되었다. 주님을 진정으로 영접한 사람들의 수가 증가하였고, 그들은 다양한 교단에 들어가서 목회사역을 하고 있다. 그들을 통해서 수많은 남녀노소가 주님께로 돌아오는 역사가 나타나게 되었고, 이로 인해 여전히 주요교단을 자부하던 자유주의 교단들은 새로운 삶의 변화는 교회 밖의 변방에서 생겨나고 있다는 것을 인정해야만 했다.

나의 경우에 있어서 내가 필요로 했던 성경적인 기초와 성도의 교제를 발견하게 된 곳은 바로 십자군유니온의 성경공부에서

---

3) Alan Redpath: 1936~1989년까지 영국과 미국을 중심으로 활동했던 목사, 세계적인 전도자이며 선교사, 역자 주.

였다. 나는 십대 그리스도인으로서 주일 오후에 선포되는 설교를 그저 경건한 모습으로 가만히 앉아 듣고 있는 것만으로는 만족하지 못했다. 런던 북서부에 위치한 십자군유니온에서 진행되는 성경공부는 특별했다. 그야말로 밋밋하지 않고 뭔가 가득하고 충만했다.

런던 북서부로 연결되는 모든 인접한 지역들에는 헌신된 평신도들이 인도하는 이와 비슷한 성경공부모임들이 있었다. 이러한 헌신의 결과로 수많은 십대 후반의 청소년이 하나님을 열망하는 신실한 그리스도인들이 되었다. 런던 교외지역들에서 이렇게 모이게 된 십대 후반에서 이십대 초반의 젊은이들이 이제는 연합을 이루어 정기적으로 모임을 갖게 되었다. 우리 중 대부분의 사람들은 런던 중심가에 있는 사무실에서 일을 했으며, 서로를 필요로 했다. 우리는 성경말씀을 적용하기 위하여 서로 사랑하고 선한 일을 하라고 서로를 권면했다. 그리고 영적인 성장을 위해 함께 행동했다.

내가 런던의 은행에서 일을 시작했을 때, 내 양복 윗주머니에 작은 십자군유니온 배지를 달았는데, 그것은 내게는 참으로 귀중한 것이었다. 비록 세상 사람들은 그 배지가 의미하는 바를 모르지만, 나는 알았고, 또한 하나님도 아셨다. 그것은 예수님으로 인해 나는 세상으로부터 분리되었다는 표시였고, 내가 그분에게 속한 특별한 사람이 되었다는 것을 의미했다. 세상으로부터 분리

되는 것은 나에게는 어려운 일이 아니었다. 세상으로부터의 분리는 나에게는 남들이 모르는 기쁨을 얻는 원동력이 되었다. 주님이 이 세상에 속하지 않으신 것처럼 나 또한 더 이상 세상에 속한 사람이 아니었다. 십자군유니온 배지는 런던외곽의 젊은이들이 런던시내로 일을 찾아 들어오면서부터 더욱 확산되었다. 우리는 배지를 보고 서로를 알아보았고, 우리 모두는 같은 신비로운 즐거움을 소유한 사람들이라는 것을 알게 되었다. 런던시내에 있는 레스토랑들에서는 점심시간에 자주 신앙교제 모임이 열리곤 했다.

제3장 | 초기단계에 배운 교훈들

　그리스도인으로서의 믿음생활을 처음 시작한 시기는 매우 중요하다. 왜냐하면, 신앙의 첫걸음을 내딛은 몇 년의 기간이 앞으로의 영적성숙과 발전을 좌우하는 중요한 기초를 형성해주기 때문이다. 하나님은 우리의 처음과 끝을 다 아신다. 영적으로 볼 때 하나님은 우리를 지으신 토기장이기 때문에 진흙에서 무엇을 어떻게 빚어낼지 다 아신다. 모든 주형(moulding) 과정은 전체공정의 일부로써, 성공적인 최종본을 만들어내기 위한 일련의 과정이다. 우연히 된 것은 하나도 없으며, 모든 과정이 다 중요성을 갖는다. 최종적으로 완성된 토기는 지나간 과거에 일어났던 모든 것들의 총체적인 결과물이다. 다시 말하면 궁극적 모양을 빚어내기 위해서 이전의 모든 과정들이 꼭 필요했다는 의미이다.

이러한 신앙의 초기단계에서 경험하는 일들은 중요한 의미를 부여해주는데, 그리스도를 처음 영접한 초신자는 그가 하나님을 얼마만큼 아느냐에 따라 반응하고 마음 문을 연다. 하나님이 사람을 쓰실 때는 먼저 그 사람에게 관심을 표명하신다. 하나님의 관심을 깨달은 사람은 사도바울처럼 반응하게 되는데, 바울은 "예수 그리스도의 이름을 위하여 이방인을 위한 선택된 그릇"으로 사용을 받았다. 바울이 사도로 부름 받기 이전에 겪은 모든 경험들은 마치 아무 형체도 없는 진흙덩어리로 대략 본을 떠놓은 단계라고 말할 수 있다.

그러므로 신앙의 초기단계에서 하나님이 우리에게 주시는 교훈들은 그 당시에도 중요할 뿐만 아니라, 계속하여 끊임없이 적용해야 할 교훈들이다. 그러한 교훈들은 끊임없이 반복하여 배우고 또 배워야 한다. 신앙의 초기단계에서 얻을 수 있는 세 가지 교훈을 함께 나누었으면 한다. 그러한 경험들은 획일적인 순서대로 어느 시점에서 그냥 주어지는 것이 아니다. 그러한 경험들은 내가 여기에서 사용하고 있는 용어인 '신앙의 초기단계'에서 일반적으로 주어지는 기간을 말한다.

첫 번째 교훈은, 하나님은 우리로부터 "원하시는 것을 도출해내기 위해 우리에게 은혜를 부으신다"는 교훈이다. 그것이 곧 하나님이 우리의 경건함을 드러내시는 유일한 방편이다. 왜냐하면, 신앙은 자연적으로 자라는 것이 아니기 때문이다. 나의 경우는 하나님의 은혜를 당당하게 받지 못하고 뒷문을 통하여 받은 셈이다. 나는 정로가 아닌 하나님이 원하시는 것과는 정반대로 고통스러운 경험을 통해서 하나님의 은혜를 받게 되었다. 어느 날 나는 피켓을 들고 거리를 돌아다니는 사람을 보았는데, 그 피켓에는 "악한 자들은 지옥으로 떨어지리라"(악인들이 스올로 돌아감이여 [시 9:17])는 성경구절이 기록되어 있었다.

"악한 자들은 지옥으로 떨어지리라." 이런 성경구절은 여러분도 아시다시피, 아주 신앙이 깊다고 생각하는 사람들이 대담하게 외쳐대는 말이다. 나는 속으로 생각했다. "저런 사람들이 하는 일은 유익보다는 해를 더 끼치는 것 같아."

내 마음 속에 조용하게 속삭이듯 주님의 음성이 들려왔다.

"너라면 나를 위해 이런 일을 해줄 수 있겠니?"

난 대답했다. "예, 만일 그래야 한다면, 그것이 주님이 원하시는 것이라면 그렇게 하지요."

주님이 말씀하셨다. "옳지, 그렇다면 그 성경구절이 적힌 피켓을 들고 온 거리를 두루 다니도록 해라."

"맙소사! 나는 할 수도 없고 하고 싶지도 않았다."

다시 주님의 음성이 내 속에서 속삭인다.

"네가 그렇게 하기 전까지는 나의 복을 받을 기대를 아예 하지 마라."

나는 주님으로부터 오는 즐거움을 모두 잃어버렸다. 얼마간인지는 기억이 잘 나지 않지만 나는 깊은 어둠의 침묵 속에 빠져 있었다. 그렇게 하기 전까지는 더 이상 하나님의 복을 기대하지 말라는 이 요구는 내게는 너무도 어려운 일이었다.

드디어 주님은 처참하게 널브러져있는 나를 만나주셨다. 하나님이 전격적으로 무엇을 사용하셨는지 알 수 없지만, 나는 궁극적으로 나 자신을 향해서 처참한 심정으로 말했다.

"나는 비참하다. 그런데 대체 누가 나를 비참하게 만들고 있는가?" 하나님이 그의 어린양을 비참하게 만들고 계신단 말인가? 물론 그건 아닐 것이다. 그렇다면 누가 나를 비참하게 만들고 있단 말인가?

나를 그처럼 비참하게 만들 수 있는 주범은 오로지 사탄밖에 없다는 것을 깨닫게 되었다. 내가 들었던 그 조용한 속삭임은 하나님의 음성이 아니었고, 사탄이 나를 자극하기 위해 사용한 거짓음성이었다. 예수님은 사탄이 거짓말쟁이라고 말씀하셨다. 이것을 깨닫는 순간 나는 그 올무로부터 자유로워졌고, 주님 안에서 다시 즐거워할 수 있었다.

나는 주님께 고백했다.

"주님, 저는 오늘 중요한 것을 배웠습니다. 사탄은 저를 교묘히 속여 하나님이 원치 아니하는 것을 하게 만드는 시도를 합니다. 앞으로는 사탄의 자극하는 소리를 분별할 수 있을 것 같습니다. 바라건대 주님, 제가 더 이상 실수하지 않겠습니다. 주님이 분명히 제게 하기를 원하시는 것들을 피하지 않겠습니다. 그리고 주님이 저를 통하여 하기를 원하시는 것이 있음을 저는 분명히 믿고 확신할 수 있습니다. 이로 인하여, 저에게는 내적인 소망이 생겼고, 그것을 행함으로 기쁨이 충만합니다."

흥미로운 것은 하나님은 이와 동일한 방식으로 일을 행하셨다. 몇 년 후에, 나는 교구의 직장선교회 안에서 학생들을 담당하는 팀의 일원으로 헌신했다. 팀의 모든 요원들은 교구가 속한 지역을 좀 더 활성화시키기를 원했고, 그 지역에서 뭔가 일어나고 있다는 것을 알리기를 원했다. 우리는 큰 트럭을 구해서 그 트럭 옆면에 대형포스터를 붙였는데, "공공의 적 제1호, 오래된 뱀 악마에게 전쟁을 선포하노라"고 써넣었다. 우리는 트럭 위에 올라타고 온 동네를 돌면서 다 함께 힘찬 찬송을 불렀다. 얼굴에는 기쁨이 충만하고 마음에는 즐거움이 가득한 상태로 사람들에게 집회에 나오라는 광고를 하였다. 우리는 이 일을 원해서 했기 때문에 마음의 후회나 거리낌이 없었고, 그 일을 예수님과 함께 했다. 주님이 우리의 자원하는 전도를 기뻐하셨으리라고 확신한다.

그때부터 나는 예수님을 신뢰하는 법을 배우기 시작했다. 그

분이 나에게 무엇을 하기를 원하시면 내 속에 그 마음을 주신다는 것을 알았다. 만약 그분이 내게 없는 것을 요구하실 때는 나는 솔직하게 그 사실을 고백할 수 있었고, 그분을 참으로 기쁘시게 하는 일에 쓰임 받도록 내 자신을 드릴 수 있었다.

두 번째 교훈은 '자만심'(pride, 혹은 교만)인데, 신앙의 초기단계에서 얻은 이 교훈은 한 문장으로 요약하기 쉽지 않다. 이 두 번째 교훈은 내가 겪은 한 사건을 통해 설명하는 편이 좋겠다는 생각이 든다. 나는 십자군유니온 예배에 정기적으로 참여했으며, 그것을 통해 하나님은 나를 크게 축복해주셨다. 얼마 후에 나는 이 모임의 총책임자로 청빙을 받았다. 나는 청빙을 받은 것에 대해 기뻐서 전율했고, 즉시 '예'라고 대답하였다.

그 이후로부터 내게 불편한 마음이 들기 시작하였다. 내가 그 제안을 받아들인 진짜 이유는 바로 '자만'이었기 때문이다. 리더 중의 한 명에게 편지를 써서 내 사정을 털어놓기 전까지 나에게는 평화가 없었다. 신앙이 매우 깊은 성자 같은 노인이 나를 찾아왔으며, 그는 내가 왜 끙끙대며 괴로워하는지를 속 시원하게 파헤쳐 주었다. 나는 그에게 말하지 않고는 견딜 수 없어서 그에게 "만약 내가 이 일을 자만심이 없이 해야 한다면, 분명 나는 이 일을 해서는 안 됩니다"라고 말했다. 그가 내게 대답했다.

그렇다면 그 일은 최소한 당신에 의해서 성취되지는 않을 것입니다. 근본적으로 당신의 그런 생각이 바뀌지 않는 이상 당신은 주님을 위해 어떤 일도 할 수 없을 것입니다. 그리고 그것이 바로 정확이 사탄이 의도하는 바입니다. 주님의 일은 그 정도 선에서 멈추고 말 것입니다. 이것이 바로 사탄이 당신으로 하여금 상석자리에 자만심(혹은 교만)을 갖도록 충동질 하는 이유입니다

그의 말은 계속 이어졌다.

결론은 그럼에도 불구하고 당신에게 맡겨진 그 일을 교만한 마음 없이 수행해야 한다는 것입니다. 그러면 어떻게 그렇게 할 수 있을까요? 사탄이 당신의 마음을 교만하게 할 때 그냥 예수님께 솔직하게 고백하세요. 그렇게 하면 주님은 당신의 죄를 용서하시고 죄로 얼룩진 당신을 깨끗하게 하실 것이며, 하나님이 당신에게 맡겨주신 그 일을 바르게 수행해 나갈 수 있을 것입니다. 만약 사탄이 당신을 다시 교만하게 하면 그땐 다시 예수님께로 나아가서 다시 깨끗케 함을 받으세요. 그러나 절대로 사탄이 하나님이 당신을 부르셔서 맡기신 그 일을 방해하도록 허락해서는 안 됩니다.

얼마나 자주 내가 이 교훈을 적용하고 있는지 모른다.

마지막 세 번째 교훈은 전도, 즉 '영혼구원'(soul-winning)의 문제와 관련된 문제이다. 이 얼마나 험악한 세상인가! 영혼구원이라는 용어는 '증거'(witnessing)라는 용어와 마찬가지로 오로지 믿는 자들만이 사용하는 전문용어이다. 이러한 용어들은 세상의 일반사람들에게는 전혀 알려져 있지 않은 용어들이다.

궁극적으로 이러한 '영혼구원'과 '증거'라는 용어들은 그리스도인들이 당연히 수행해야 하는 중요성을 부여하고 있다는 것이다. 그러나 그리스도인들이 이 영혼구원을 함에 있어서 자주 성공하지 못할 때는, 이 용어들이 그들에게 위협이 된다는 것이다.

적어도 '영혼구원'이라는 용어는 나에게는 위협이 되었다. 비록 내가 은혜로 구원받은 것을 알고 있었지만, 내가 최소한 한 영혼을 그리스도께 인도하기 전까지는 내 자신을 그리스도인이라고 부를 자격이 없다고 생각했다. 그래서 나는 노력했다. 사무실에서 만나는 사람들에게 전도를 했지만, 결과는 늘 논쟁으로 끝났다. 모든 사람은 종교에 대해 논쟁하는 것을 좋아한다. 나는 그것을 충동질 하는 것 같았다. 이것이 어떤 사람이 예수 그리스도께 돌아오는 첫 번째 증거는 아니다. 내가 너무 지나칠 정도로 전도를 어렵게 한다는 것을 나는 깨우쳐야만 했다.

또한, 사람들을 새롭게 하는 일은 나의 일이 아니라, 주님의 일이라는 것을 깨달아야만 했다. 너무 지나치게 전도를 어렵게 한다는 것과 함께 나에게는 또 다른 두려움이 있었는데, 그것은 주님께 어떤 영혼을 성공적으로 인도하였을 때, 내가 전도한 이후로도 줄곧 그 사람과 개인적으로 친하게 엮이어져야 한다는 것이었다. 나는 내가 전도한 사람에게 보여줄 것이 충분히 없을까봐 두려워했고, 나의 영적 헐벗음이 금방 들통날까봐 두려워했다.

어떤 그리스도인들이 아주 단순한 방식으로 전도를 하는 것을 읽었다. 그들은 마치 레일위에 기차가 가야할 선로가 미리 정해진 것처럼 전도대상자에게 다가가서 그들이 그리스도께로 돌아오도록 결단을 요구하고, 다음에는 그냥 '안녕히 가세요'라고 인사를 하고 끝난다는 것이다. 이것이 바로 내가 원하는 영혼구원 방식이다. 즉, 전도한 후에 그 사람에게 더 이상 신경쓰지 않는 그런 방식이 내가 원하는 것이다.

결국 나는 다른 사람들을 주님께로 인도하는 영혼구원의 문제를 주님께 맡겼고, 그런 후에 놀랄만한 일이 시작되었다. 내가 놀란 것은 내가 한 일이 너무도 적었다는 것이다. 거의 다 주님이 일을 하셨고, 내가 한 것이 없었다.

내가 회심한 후에 십자군성경공부반(Crusader Bible Class)에 참석했을 때, 모인 사람들이 함께 그 모임에 어쩌다 한 번씩 나오는 청년을 놓고 기도하는 것을 들었다. 그 청년은 복음에 대해 별 관심이 없는 청년이었다. 너무 자주 그를 위해 기도하는 것을 듣고,

어느 날 나는 그 청년을 방문하여 그 지역에서 열리는 특별집회에 나와 같이 참여하자고 권면을 했다. 우리는 몇 차례 더 부흥집회에 함께 참여했는데, 하루는 그 친구가 내게 "지난 밤 집회에서 돌아온 후에 하나님께 기도하면서 나를 그리스도인이 되게 해달라고 했다"고 말했다. 드디어 영혼구원이 이루어진 것이다. 그런데, 내가 한 일이 거의 없는 것 같았다.

설상가상으로 내가 그렇게 두려워했던 일이 벌어졌다. 내 어머니는 휴가를 떠났고, 나는 런던시내에 있는 직장에서 일을 하고 있었다. 어머니가 휴가가신 기간에 어느 곳에 머물러야 할지 고민하고 있었는데, 내 친구의 부모님이 친구와 함께 그 집에서 지내라고 허락해서 그 문제는 일단락되었다. 나는 이제 갓 그리스도인이 된 그 친구와 함께 2주 동안 함께 지내야 하는 상황 속으로 던져진 것이다. 사실 나는 예수님에 대해 아는 것이 거의 없어서 별로 공유할 수 있는 것이 없었지만, 우리는 서로 그리스도의 사랑을 깊이 함께 경험할 수 있었을 뿐만 아니라, 그 후로도 아주 가깝게 지내는 사이가 되었다.

이러한 일들이 계속 반복하여 일어났다. 내가 전에 경기를 하곤 했던 하키클럽에서도 경기가 끝나고 나서 나는 그 팀의 멤버 한 사람과 같은 차를 타고 집으로 돌아왔다. 그 사람은 딱 봐도 하나님에 관한 신앙에 대해 전혀 관심이 없는 것처럼 보였다. 그런데, 그 사람이 내가 손에 들고 다니면서 읽던 『조지 휫필드의 생애』(*The Life of George Whitefield*)라는 책을 보더니 나에게 기독교에 대해 관심이 있느냐고 묻는 것이 아닌가!

물론 나는 기독교에 대해 관심이 아주 많고 그리스도가 내 인생의 전부라고 그 사람에게 대답했다. 내 말을 들은 그 친구가 말하기를 그가 오랜 세월동안 신앙의 영적인 실체가 무엇인가를 찾기 위해 목사님들을 찾아가 상담을 해보기도 하고, 또한 많은 신앙서적들을 읽었지만 아무 소용이 없었다는 얘기를 털어놓았다.

차의 뒷좌석에 앉아 있었던 나는 그에게 "당신이 방황했던 것보다 나는 훨씬 더 많이 방황하고 돌아왔지만, 이제 주님이 나를 찾아주셨다"고 말했다. 내 얘기를 듣고 있던 그 사람이 크게 감동하였다. 나는 그 친구에게 우리 집에 언제 놀러오라고 말했다. 그 날 밤이 그를 구원의 길로 인도해 주기에 좋을 것 같았다. 그래서 나는 바로 그 날 밤에 그 친구를 주님께로 인도했다. 그런데, 그 사람에게 친구가 있는데 자기처럼 오랫동안 하나님을 찾으려고 방황하고 있다는 것이었다. 그 친구 역시 몇 주 후에 같은 거실에서 주님을 영접하고 하나님을 섬기는 삶을 살게 되었다.

그렇게 불가능한 것처럼 보이던 것들이 일어나기 시작한 것을 보고 나는 큰 기쁨을 억누를 수가 없었다. 그것은 내 자신이 했다기보다는 오히려 주님이 하셨다고 말하는 것이 옳을 것이다. '이러한 일이 계속 일어날 수만 있다면 나는 세상의 그 어떤 것을 위해서도 살지 않을 것'이라고 마음에 다짐했다.

이것을 위해 살 만한 가치가 있네,
천국의 기쁨이 나를 사로잡네,
또한 예수의 이름에 구원이 있네!

    나는 위의 찬송을 부르면서, "그리스도를 얻기 위해 세상의 모든 것을 버린다는 교훈"을 작은 상급으로 받았다는 생각이 들었다. 그러나 이 상급은 그리스도를 얻기 위하여 모든 것을 버리는 결단을 시작할 때 주시는 보상이 아니었다. 오히려, 내가 하나님의 일을 위해서 하는 인간적인 노력을 그치고, 하나님이 자신이 구원하시고자 하는 사람들에게 나를 인도하시도록 기대하는 것이 곧 상급이라고 할 수 있다. 내가 깨달은 것은 스스로 주님을 찾기 원하는 사람들을 제외하고는 내가 어느 누구도 주님을 찾을 수 있도록 도와줄 수 없다는 것이다. 큰 시각으로 볼 때, 그들 모두가 다 주님께로 돌아오게 된 것은 전적으로 하나님의 일이라는 것을 깨달은 것이다.

나를 보내신 아버지께서 이끌지 아니하시면 아무도 내게
올 수 없으니(요 6:44).

제4장 | 영적 성장

  북서부 런던의 십자군유니온(Crusaders' Union Class)에 속한 모든 젊은이들은 영적으로 함께 성숙해 나갔다고 말할 수 있다. 지난날을 돌이켜 볼 때, 그러한 영적인 진보에는 세 가지의 단계가 있었다. 나는 그런 과정들에 깊이 관여했고, 그것이 나의 영적인 기초를 놓는데 크게 영향을 끼쳤기 때문에 나는 그것들을 함께 나누기를 원한다.

  첫 번째 단계는, 하나님의 말씀을 통한 영적인 발전이다. 우리가 지도했던 젊은이들은 하나님의 말씀을 열정적으로 배우는 과정을 통해서 성장했으며, 그것이 그들에게 엄청난 유익을 가져다 주었다.

  비록 당시에 우리 나이가 십대 후반에서 이십대 초반이었지만, 우리가 접할 수 있는 성경의 모든 진리는 무엇이든지 다 꿀꺽 꿀꺽 삼키듯이 열정적으로 받아들였다. 아무리 이해하기 힘들고 버거운 책이어도 상관하지 않고 적극적으로 성경말씀을 배웠다. 특별히 우리는 세상 나라와 하나님 나라를 분명하게 구분할 수 있는 원리를 제시하고 강조한 E. W. 불링거(E. W. Bullinger, 1837-1913 영국의 성공회사제이며 신학자, 예정론자)의 저서 『진리의 말씀을 옳게 분별하기』(*Rightly Dividing the Word of Truth*)가 주는 교훈에 의해 영향을 받았다. 우리가 불링거의 노선을 따라 성경을 배워나갈 때, 성경이 전체적으로 연결되어 열려졌고, 전에는 결코 느껴보지 못한 의미들을 발견하게 되었다.

우리 젊은이들 각자는 나름대로 성경을 깊게 연구하는 것을 좋아했고, 각각의 성경구절이 주는 의미와 그것이 풍기는 뉘앙스를 찾으려고 힘썼다. 또한, 영어번역본 뒤에 가리어진 원서의 본래 의미를 찾으려는 노력도 아끼지 않았다. 매일 내가 일하고 있는 런던의 은행으로 지하철을 타고 출근하면서, 성경을 가지고 씨름하면서 노트에 적어가면서 연구를 했다. 성경말씀 속에 숨겨진 의미들이 너무 흥미로워서 나는 붐비는 지하철에서 다른 사람들의 시선에 크게 좌우되지 않고 성경말씀에 집중할 수 있었다.

나는 거의 매번 점시시간에 식당의 한쪽 구석에 앉아 지하철에서처럼 성경을 연구하고 깨달은 것을 노트에 적었다. 그룹으로 함께 식사하는 시간을 제외하고는 늘 그렇게 했다. 1주일에 하룻밤은 따로 떼어서 온통 성경말씀을 연구하는데 시간을 쏟아부었다. 로마서는 매우 특별한 주제였다. 로마서는 내게 너무도 중요해서 어머니가 로마서와 관련된 유머를 만들어낼 정도였다.

내 어머니는 나에게 말씀하시곤 했다. "넌 항상 로마서만 공부하고 있구나! 네가 새 책을 사가지고 올 때면 확인하지 않아도 그건 분명 로마서에 관한 책이지!"

나만 유독 이렇게 성경에 빠져있는 것은 아니었으며, 우리 모든 젊은이들은 성경연구를 통해 다 함께 성장해 나갔다. 나는 한 순간이라도 내가 성경을 가르치는 전임사역자가 되리라고는 상상도 못했다. 내가 가장 원했던 것은 그저 평범한 성경공부반 선생님이었다. 비록 나는 그 이후로 약 40여 년간을 전 세계적으로 사역을 해왔지만 내가 런던의 지하철에서, 런던 시내의 식당 한 구석에서, 그리고 조용한 내 침실에서 받았던 말씀훈련보다 더 나은 말씀훈련은 어디에서도 없었다. 물론, 그 이후로 말씀사역을 하는 과정에서 어렵고 힘든 일들도 있었지만, 지금까지 내가 해왔던 대로 나는 그 말씀훈련을 계속하고 있다.

이런 식으로 성경을 공부했기 때문에 사람들은 내가 전문적인 신학교육을 받지 못했다고 생각한다. 그렇다고 해서 이것이 내게 불이익을 준다고 생각하지는 않는다. 나는 성경의 거룩한 본문들을 직접적으로 연구해야만 했고, 성령 자신보다 더 위대한 신학교사는 없었다. 그러나 나는 본래 성경본문이 기록된 언어인 히브리어와 헬라어에 관해 어느 정도 알기를 간절히 원했다. 나는 내가 여행하는 거의 모든 곳에 이 귀중한 영(Young)의 『히브리어 헬라어 분해사전』(*Analytical Concordance*)을 들고 다녔다. 그것으로 인해 나의 부족한 점을 어느 정도 보충할 수 있었다.

그러나 성경에만 너무 깊이 몰두하는 것에는 위험성이 따르는데, 그것은 우리가 성경을 배우는데 너무 집중한 나머지 잃어버린 영혼들에 대한 비전을 상실해버렸다는 것이다. 당시에 우리는 "우리가 말씀을 전파하기만 하면 말씀 자체가 일을 하신다"고 외치곤 했다. 그러나 우리가 젊은이들에게 말씀을 전할 때, 그 말씀은 도움이 절실하게 필요한 그들의 절박함을 해소해 주지도 못하고, 또 그 말씀이 그들에게 매우 적절하지 못한 때도 있다는 것을 알게 되었다. 그런 이유에서 우리는 불링거의 사상을 벗어던지고 한걸음 더 나아가 또 다른 학자들이 쓴 사상들을 받아들였다. 급기야 우리는 극단적 세대주의사상(dispensationalism, 천계적 사관론으로 예언을 문자적으로 해석하고 전천년설을 주장)에 빠져 영적으로 메마른 광야를 헤매는 신세가 되었고, 그러한 위험스런 실수들을 대수롭지 않게 생각하는 지경에 이르게 되었다. 이로 인하여 십자군유니온은 매우 큰 위기에 처하게 되었고, 결국 우리가 이것을 중단해야한다는 것을 깨닫게 되었다.

두 번째 영적인 진보는, 복음주의(evangelism)의 단계이다.

그러한 위기를 겪은 후에 하나님은 우리를 더 발전된 단계, 즉

복음주의의 단계로 인도해 주셨다. 나는 이 '복음주의'라는 용어 자체가 어떤 전문적인 혹은 기계적인 의미처럼 들려서 싫어한다. 이 용어가 너무 교회적인 테두리 안에만 묶여 있기 때문에 교회와 관련된 회의의 어떤 의제 중의 하나로 단순히 사용되는 경우가 많다. 그러나 우리에게 일어났던 '복음주의'에는 우리가 생각했던 그런 기계적이고 전문적인 것들은 일어나지 않았다. 하나님은 교리에 빠져있는 우리를 깨우셨고, 그리스도를 모르는 영혼들에 대한 관심을 주셨을 뿐만 아니라, 이곳저곳에 있는 잃어버린 영혼들을 진정으로 구원하시려는 하나님에 대한 간절한 기대를 우리에게 부어주셨다.

이 일은 우리가 톰 리즈의 영역으로 들어가면서부터 일어났다. 그는 몇 년이 지나지 않아 영국의 위대한 복음주의자 중 한 명이 되었다. 그는 1970년까지 영국에서 가장 규모가 크고 혁혁한 열매를 맺는 부흥운동을 주도했다. 그러나 우리가 톰 리즈를 처음 알았던 당시에 그는 겨우 20대 초반에 불과했으며, 이제 막 부흥운동을 시작하여 별로 사람들에게 알려지지도 않았다. 그는 직장을 그만두고 하루하루의 경제적인 부분들을 하나님께 의지하면서, 오토바이를 타고 전국을 돌아다니면서 영적인 열정과 함께 재미있는 유머와 노래를 부르면서 복음을 전했다. 당시에 그는 사람들이 많이 메고 다니던 낡은 두 개의 회색가방을 메고 오토바이를 타고 다녔는데, 그는 마치 예수 그리스도께 속한 명랑한 트루바두르(Troubadour, 11세기 프랑스 기사, 음유시인)의 유랑 시인처럼 누비고 다녔다.

비록 당시의 그의 외모는 우리와는 사뭇 달랐지만 그에게는 저항할 수 없는 무언가가 있었고, 우리는 그에게 빠져들었다. 그가 우리의 성경연구반 부흥집회를 인도하러 왔을 때, 우리는 전에 전혀 들어보지 못한 복음을 들었고, 성령 하나님의 은총이 말씀을 들을 때에 새롭게 임하였다. 그가 말씀을 전할 때, 우리의 마음속에 있는 방황이 그쳤고, 말씀 듣는 것 외에는 다른 아무것도 생각할 수 없었다. 우리 주변에 있는 모든 사람들이 그리스도께 붙잡혀 그에게 항복했다. 이러한 일은 우리가 그때까지 전혀 예상하지 못했던 일이었다. 우리 모두는 성령의 불에 휩싸여 기도하기 시작했으며, 젊은이들이 그리스도께로 돌아오도록 기도했다. 우리의 모든 성경공부반에서 같은 일이 일어났고, 어느 곳에서나 우리는 복음을 전하기 시작했다.

그런 후에 이안 토마스(Ian Thomas)라는 사람이 우리 시야에 들어왔다. 당시에 그는 "이안 토마스 소령"(Major Ian Thomas)으로 불리며, 그의 복음사역은 전 세계적으로 큰 성과를 내며 진행되었다. 그는 전 세계 여러 곳에 '횃불을 든 자들'(Torchbearers)이라는 복음단체를 세워 운영했다. 그는 그저 십자군성경공부반을 가까이했던 멤버였는데, 고등학교를 마치자마자 런던에 있는 병원에서 의과대학 학생으로 공부를 시작했다. 그 역시 성령의 불에 붙잡혔고, 성령의 불에 압도당할 때의 그의 용모는 아주 확연하게 빛을 발했다. 톰 리즈는 그런 이안 토마스를 "반딧불"이라고 부르곤 하였다. 당시에 그렇게 미미하게 시작되었던 복음사역이 전 세계적인 범위로 크게 확산되리라고는 우리 중의 그 누구도 상상하지 못했다.

이때가 바로 내가 런던 북부의 햄스테드 가든(Hampstead Garden)이라는 교외의 주택가 근처에서 내가 스스로 결성한 십자군성경공부반을 시작했던 시기이다. 이것이 내게는 이정표와 같은 것이었다. 지금 와서 돌이켜보니 그것은 미래의 사역을 위한 나의 훈련장이었다. 나의 사역은 이렇게 시작되었다.

내가 런던에 있는 은행으로 매일 출퇴근하면서 지루하고 따분한 업무에 매달려 있는 동안, 내 동생 브라이언은 케임브리지 대학에서 공부를 하고 있었다. 그곳에서 그는 크리스천유니온(Christian Union)에 깊이 관여했다. 케임브리지 크리스천유니온(Christian Union)은 영국내의 전체 인터-바시티 크리스천유니온(Inter-Varsity Christian Union) 중에서 가장 오래되고 가장 클 뿐 아니라, 유명한 역사를 가진 기독교 단체이다. 학기 중에 영국의 학생들이 참여하는 기독교관련 활동은 끊임없이 지속되었고, 방학 중에는 학생선교 또는 이와 유사한 수련회들이 방학 내내 진행되었다.

동생의 삶과 은행으로 매일 출퇴근하는 나의 지루한 일상을 비교해 볼 때, 나는 동생의 삶이 부럽기까지 했다. 그 지루한 일상이 내게 필요했다는 것을 나는 안다. 주님은 흥미를 잃게 만드는 그런 상황을 이용하셔서 나를 더 깊은 말씀의 단계로 나를 인도해주셨다.

한번은 항상 열정으로 충만한 내 동생 브라이언이 햄스테드 가든 지역에서 젊은이들을 위한 10일간의 특별집회를 계획했는데, 한 무리의 대학생으로 구성된 특별한 사역 팀을 데리고 와서 함께 집회를 시작했다. 그때 모임을 주도한 대학생 중에 몇 명은 후에 상상을 초월한 사역을 하기도 했다. 그 사람들 중에 도널드 코건(Donald Coggan)이라고 불린 매우 학구적인 젊은이가 있었는데, 그 집회 팀의 피아노 연주자였다. 그런데, 오늘날 그가 바로 대영제국뿐만 아니라 전 세계에 흩어진 성공회교회의 전체수장인 캔터베리 대주교(the Archbishop of Canterbury)가 된 것이다.

우리들 중에 누구도 그가 그런 엄청난 직책과 전체 성공회의 수장으로 하나님께 쓰임 받으리라고는 상상도 하지 못했다. 그는 본래 성직자가 된다는 생각은 아예 하지 않았던 사람이었다. 그는 그저 학문적인 견지에서 히브리어와 아람어를 배울 생각으로 강의를 들었을 뿐이었다. 내가 기억하기로 그의 스윙(swing) 가스펠 코러스 연주는 내가 지금까지 들어본 것 중에 제일이었다. 그의 영향으로 나는 복음사역을 하면서 이런 스타일의 자유로운 즉흥적 음악을 편애하게 되었다.

매 주일 오후에 남녀학생들을 위한 정기적인 성경공부를 시작한 결과로 수많은 젊은이들이 그리스도를 발견하고 그분을 그들의 주님으로 모셔 들였다. 나의 동생과 그가 데려온 팀원들이 다시 케임브리지로 돌아가자, 내가 그 성경공부를 계속 이끌어갔다. 나는 성경공부반을 남학생과 여학생 두 개의 반으로 나누어 운영하였다. 그리고 그들을 십자군유니온 모임에 연계시켜주었다. 런던시내 사무실에서 일할 때처럼 나는 부흥집회에서 회심한 알레스터 월레스(Alastair Wallace)의 도움을 받아 나의 모든 것을 젊은 학생들을 위한 사역에 쏟아 부었다. 알레스터와 나는 60여 명에서 70여 명 정도의 학생들을 맡아서 그들을 양육하는 사역을 했는데, 그것은 마치 어떤 교회의 전문사역자들의 사역과도 같았다.

당시 내가 몸담았던 은행일은 바로 이 젊은이들을 위해서 하는 부차적인 것이었다. 나는 내가 맡은 모든 학생들을 위해 일일이 기도했으며, 주일 오후에 학생회 모임에서 할 설교를 준비했다. 뿐만 아니라, 새로운 학생들을 전도하는 일과 그들을 방문하는 일을 도맡아 했다.

그 외에도 내가 하는 일은 수없이 많았는데, 학생회 모임 때에 진행할 프로그램과 게임을 준비하는 것과 캠프를 기획하는 일을 했으며, 그중에서도 가장 신경 쓰이는 것은 '키나이츠 모임'(Keenites' Meeting, 예민한 녀석들의 모임)을 이끌어 가는 일이었다.

우리는 그들을 "예민한 녀석들"이라고 불렀는데, 그 이유는 그들이 회심하는 과정에서 매우 예민하고 까다로웠기 때문이었다. 우리는 그들을 더 깊은 말씀의 단계로 이끌어 갔으며, 매주 연속적으로 성경 66권 중에서 한 권씩을 선정하여, 그 내용 전체를 다루는 시도를 했던 것이 지금도 기억에 남는다.

젊은 그리스도인이었던 나는 이러한 열정적인 성경연구로 인하여 스스로를 매순간 각성시키게 되었고, 일하는 시간을 제외하고는 꼼짝 않고 성경을 연구하는 것에만 집중하였다. 당시에 나는 내가 이토록 성경에 열중하는 것이 나의 미래의 사역으로 연결되리라고는 전혀 생각지 못했다. 그저 나는 하나님이 그런 마음을 내게 주셔서 한 것뿐이었으며, 또한 말씀 연구하는 것을 좋아했다. 그러나 그리스도 안에서 새롭게 된 삶을 사는 이들에게 있어서, 분명한 목적을 가지고 사는 오늘은 내일을 위한 엄청난 가능성으로 충만해있는 것이다.

> 네 손이 일을 얻는 대로 힘을 다하여 할지어다(전 9:10).

세 번째 영적발전의 단계는 매우 중요하며, 우리 모두의 삶을 변화시키는 단계이다. 나는 이 세 번째 단계를 순전히 내가 경험한 것을 회상하면서 전개해 나가려고 한다. 내 생애에 있어서 길게 일기를 쓴 적이 없었고 아주 짧은 기간 일기를 쓴 것이 전부이다. 그리고 지금 내 앞에 펼쳐진 일기장은 너덜너덜하게 다 찢어진 일기장이다. 그 중에 당시 내 나이가 26살이던 1934년 8월 28일 화요일에 쓴 것을 소개하려고 한다.

> 나는 내 자아로부터 엄청난 유혹을 받았다. 시기와 질투, 자기영광, 그리고 헛된 망상 등이 그런 것들이다. 아침에 나는 갈라디아서 2:20의 말씀을 가지고 묵상을 했다. 주님이 나를 자아의 유혹으로부터 구원해 주셨다. "할렐루야! 주님을 찬양합니다." 이제 나는 하나님의 약속 위에 서 있다.

이 이야기 속에 숨겨진 내용은 이렇다. 내가 십자군캠프에서 돌아오자마자 기록한 일기로서, 나는 그 캠프에서 10명의 청소년들을 맡아 캠프를 인도했다. 그곳에서 나는 다른 팀을 잘 인도하는 리더들을 보고 질투가 났다. 그 사람들과 나는 똑같은 10명의 소년들을 맡아서 신앙캠프를 인도했는데, 하나님이 나보다 그들을 더 능력 있게 사용하는 것을 보고 질투심이 내 속에서 싹튼 것이다. 나는 그 질투심 때문에 마음속으로 고민했고, 그 생각을 내려놓지 못했다. 나는 집으로 돌아와서 곰곰이 더 많이 생각하고 나서 깨달았다. 이 문제를 하나님 앞에 가지고 나와서 해결하는 것이 현명하다는 것을 깨닫게 된 것이다. 어느 날 아침에 주님은 말씀으로 나를 인도해 주셨다.

> 내가 그리스도와 함께 십자가에 못 박혔나니 그런즉 이제는 내가 사는 것이 아니요 오직 내 안에 그리스도께서 사시는 것이라(갈 2:20).

이제 나의(my) 문제는 곧 '내'(I)가 문제라는 것을 나는 깨달았다. 즉, 나를 이끌어가는 주체가 바로 '나'('I' specialist)였다는 것을 깨달은 것이다. 또한, 하나님이 나의 이러한 고민에 대해 뭔가를 하셨다는 것을 깨달았다. 나는 개정판영어성경(Revised Version)으로 갈라디아서를 읽고 있었는데, 거기에는 "내가 그리스도와 함께 십자가에 못 박혔다"(I have been crucified with Christ)라고 되어있으며 시제가 현재분사 완료형으로 계속적인 용법으로 번역되어 있다. 그런데, 킹 제임스 성경(KJV)에는 현재형(I am crucified with Christ)으로 기록되어 있어서, 보다 더 정확한 의미파악을 위해 나는 개정판성경(RV)을 읽었다.

이 갈라디아서 2:20의 내용은 단순히 바울이 자신이 그리스도와 함께 십자가에 못 박힌 경험을 고백하는 것이라기보다는, 그리스도가 십자가에 못 박히신 역사적인 시점으로 거슬러 올라가는 것을 강조하고 있다고 본다. 다른 말로 하면, 바울의 십자가 경험은 그리스도가 십자가에 못 박힌 그 역사적인 시점부터 자신을 연관시켜서 말하고 있는 것이다.

드디어 나는 내 자신의 주인이었던 로이 헷숀이 지난 1,900여 년 동안 그리스도와 함께 정죄를 받고(had been judged), 그리스도와 함께 십자가에 못 박혔다(had been crucified with Christ)는 사실을 깨닫게 된 것이다. 단 한 순간만 주님과 함께 못 박힌 것이 아니라, 그 못 박힘이 '계속적으로' 이루어졌다는 말이다.

그러므로 이제 나는 이 옛 사람의 자아를 고치는 것이 아니라 아예 끝내버려야 한다. 내 자아의 번민을 그치고, 대신에 내 자아가 오래 전에 사형선고를 받았다는 사실을 인정해야만 한다. 그리고 하나님이 나의 옛 자아에 대한 사형집행을 적극적으로 해나가시도록 하나님을 신뢰해야만 했다. 이것은 나에게 내 자신의 노력으로 삶을 이끌어왔던 것을 끝낸다는 의미였다. 사실 그때까지 내 믿음생활의 기초는 바로 나 자신이었다. 그때 내가 깨달은 더 중요한 한 가지는 내가 살아가야 할 새 삶의 원동력이 주 예수님이라는 사실을 알게 되었고, 나는 낯익은 성경구절을 읊조리게 되었다.

> 내가 그리스도와 함께 십자가에 못 박혔나니 그런즉 이제는 내가 산 것이 아니요 오직 내 안에 그리스도께서 사신 것이라(갈 2:20).

노먼 그루브(Norman Grubb)가 저술한 한두 권의 책을 읽고 있었는데, 나는 그 책에서 노먼이 '믿음'에 대해 정의한 것을 보게 되었다. 그는 "믿음은 내가 가지고 있지 않은 것을 구하는 것이 아니라, 내가 이미 가지고 있는 것을 사용할 수 있도록 하는 것이다"라고 정의했다. 만약 하나님이 "너는 이미 그것을 가지고 있다"고 말씀하셨다면 당신은 그것을 믿고 하나님께 감사해야 한다. 만약 하나님의 약속하신 것이 이루어지는 좋은 체험을 했다면, 당신은 믿음의 간증을 더해가야 할 것이다. 또한, 당신이 느끼는 감정을 초월하여 하나님의 약속하신 것을 내가 받았노라고 분명하게 선포해야 할 것이다.

그 날 아침, 그러니까 앞에서 언급한 1934년 8월 28일 화요일 아침에 나는 이제 나에게 있어서 '자아'는 십자가에 못 박혔고, 그리스도가 내 마음의 왕좌에 주인이 되심을 믿었다. 그리고 내가 이 새로운 관계 속으로 들어가게 된 것과 관련하여 어떤 식으로든 간증을 하고 싶은 생각이 들었다.

내가 앞서 언급한 장년부 십자군유니온(Senior Crusaders)의 위원회 모임을 내가 주관하던 날 그 간증의 기회가 찾아왔다. 회의를 시작하면서 나는 내 자아로 인하여 마음속으로 엄청난 갈등을 겪은 것과, 믿음으로 예수님과 함께 하는 새로운 관계 속으로 들어가게 되었다는 것을 공적으로 인정했다.

이 간증이 끝나자마자 이안 토마스가 희색이 만연한 얼굴로 내게 달려와서 자기에게도 나와 똑같은 일이 벌어졌다고 고백했다. 그는 찰스 G. 트럼블(Charles G. Trumbull)이 저술한 『승리한 삶』(*The Life that Wins*)이라는 책을 읽고 있었는데, 하나님이 그 과정을 통해서 이안을 만나주신 것이다. 이 책은 그리스도인의 삶의 원천이 기도나 성경공부, 교제와 예배 등과 같은 방편들이 아니라 '예수 그리스도 자신'이라는 것을 강조하고 있다. 이안은 바로 승리하는 삶을 사는 것은 오직 그리스도께 있다는 것을 깨달은 것이다. 우리의 삶은 이제 그리스도의 것이 되었을 뿐만 아니라, 더 중요한 것은 그리스도가 이제 우리의 생명이 되었다는 것이다.

내가 믿음으로 이 사실을 받아들이기 시작하고 또 이 사실 때문에 하나님을 찬양했을 때, 내가 고통스럽게 나 스스로를 세워보려고 애썼던 그 부담감이 사라졌고, 주 예수님은 내가 전에 전혀 경험하지 못했던 일들을 나를 통하여 이루어가기 시작하셨다. 사람들이 이렇게 쉬운 원리를 통해 구원받기 시작했다는 사실이 나를 놀라게 했는데, 이 원리는 내 편에서의 노력이 아닌 단순히 그리스도를 믿는 믿음의 결과로 구원이 이루어진다는 것이다.

특별히 이안과 나는 함께 이 놀라운 새로운 비전에 사로잡히게 되었고, 곧 바로 주님은 이와 비슷한 방식으로 우리 그룹의 다른 회원들을 다루기 시작하신 것이다. 우리는 성령이 충만했고 우리 가운데 작은 부흥이 일어났다.

왕립 화학공업 산업단지의 공인회계사로 일하고 있던 알란 레드파스가 같은 지역에 살고 있었는데, 그가 우리와 같은 방식으로 주님을 만났던 것도 바로 그때였다. 주님은 이 간단하면서도 동일한 진리를 그에게 가르쳐 주셨고, 그는 이제 주님을 위해 사는 사람이 되었다. 그 후 몇 년 지나지 않아 하나님은 알란 레드파스에게 강력한 복음의 능력을 부어주셨으며, 그는 전 세계적으로 '영적성숙 복음사역'(deeper life ministry)[1]을 활발하게 진행했다.

그러나 그때에 알란은 그저 그리스도 안에 있는 어린아이에 불과했다. 그는 타락한 삶을 살다가 이제 주님께로 돌아온 지 얼마 안 되었다. 그런 그가 그 지역에 있는 작은 선교회관에서 더듬거리면서 그의 첫 메시지를 전하고 있는 것이 아닌가! 우리 중 누구도, 아니 그 자신조차도 하나님이 그를 장래에 쓰시리라고는 상상조차 못했다. 당시에 우리는 단순히 한 무리의 젊은이들이었는데, 우리 모두는 함께 은혜를 받고 함께 그리스도 안에 있는 무궁무진한 풍요로움을 발견하고 그 감격을 만끽했다.

톰 리즈의 하나님을 만난 간증에 감동을 받은 이안 토마스는 이제 하나님의 인도하심을 깨닫고 그가 하던 의학공부와 미래의 직업을 포기하고 복음사역을 위한 길로 나갔다. 경제적인 보장을 포기하고 그는 믿음을 선택하게 된 것이다. 그는 마치 타오르는 불꽃처럼 그에게 문이 열려지는 어느 곳이나 복음을 들고 나

---

[1] 20세기 중반부터 생겨난 성령의 역사와 기적을 동반한 복음 전파사역, 역자 주.

갔다. 그는 아주 젊고 앳되게 보였지만 복음을 전파하는 아주 특별한 능력을 가지고 있었으며, 그가 복음을 전파하는 곳마다 구원받은 많은 사람들이 생겨났다.

톰 리즈나 우리에게 "믿음은 세상을 이기는 승리"였다. 톰과 내가 기도했던 시간들이 기억이 난다. 톰과 나는 함께 보통의 기도와 다른 매우 특별한 기도를 하고 있었는데, 예수님이 보좌위에 앉으시고 마귀가 도망가는 것을 너무도 확실하게 체험했다. 우리는 하나님이 다음에 무슨 일을 행하실지, 혹은 우리에게 무엇을 요구하실지 알지 못한 채 가슴을 두근거리며 기다렸다.

그때에 비록 복음사역의 초기단계에 있었지만, 이안과 톰은 높은 경지의 크고 엄청난 영적체험들을 하면서 이곳저곳을 누비면서 복음을 전하고 다녔다. 그들의 복음전파와 부흥집회 소식은 월간기도편지에 게재되었고, 그 소식을 접할 때마다 내 심장이 뛰었고 맥박수가 빨라졌다. 그 때에 이안과 톰은 내게 "너도 은행 일을 그만 두고 우리가 함께 나가서 복음을 전하자"고 말하기 시작했다.

나는 그들에게 대답했다. "날 유혹하지 마. 나는 그것에 별로 흥미를 느끼고 있지 않아. 그리고 십자군성경공부 반에 있는 소년들이 다 구원받기를 위해 기도하고 있고, 나는 그 기도가 응답될 때까지 어떤 곳으로도 움직일 수 없어."

그들이 내 말에 대답했다.

"그래, 그러면 우리가 네가 나올 수 있도록 기도할게."

하나님은 그들의 기도에 바로 응답해 주셨다. 그런데, 그 방식이 우리 중의 어느 누구도 경험하지 못한 것이었다. 하나님은 내가 연속적으로 일어나는 복잡한 상황에 휘말려서 옴짝달싹도 못하고 있을 때 은혜로 나를 그 속에서 꺼내주셨다. 그 자세한 스토리는 다음 장에서 다루기로 하겠다.

제5장 | 푸른 초장을 벗어났다 돌아오다

내가 언급했듯이, 당시에는 내가 생각하고 있었던 것보다 훨씬 더 넓게 젊은 그리스도인들에게 기대를 거는 어떤 기류가 퍼져있었다. 이런 분위기를 조장하는 사건들이 많이 일어났다. 무엇보다 큰 영향을 미친 것은 노먼 그루브(Norman Grubb)가 C. T. 스터드(C. T. Studd)[1]에 대한 전기를 펴낸 사건이었다.

지금으로부터 한 세기 전에 스터드는 잉글랜드의 유명한 크리켓 선수였지만, 그는 선교사가 되려고 그에게 보장된 엄청난 부와 행운을 포기하고 중국과 인도, 그리고 더 넓게는 아프리카의 깊은 곳까지 들어가서 복음을 전했다. 그는 가난하게 되었지만

---

1) C. T. Studd: 1800년대 후반에 이튼스쿨(Eton)과 케임브리지대학의 크리켓 주장을 거쳐 잉글랜드의 유명한 크리켓 선수가 되었지만 후에 세계적인 복음전도자와 선교사가 됨, 역자 주.

모든 필요와 쓸 것을 하나님께 맡기고 나아갔다. 그는 세계십자군복음선교회(World Evangelization Crusader, WEC)를 창설하였다. 우리에게 그 멤버들은 모두 마귀도 때려잡을 기세로 무장된 사람들처럼 보였다. C. T. 스터드의 전기는 안이한 자세로 살아가던 전국의 젊은이들을 흔들어 깨웠고, 그들에게 위대한 일에 대한 비전을 심어주었다.

이때에 나타난 젊은이가 있었는데, 에드윈 오르(Edwin Orr)라는 청년이었다. 이 사람은 영어를 말하는 언어권에서는 잘 알려진 사람으로 부흥의 역사에 관해 아주 특별하게 연구한 부흥역사가이며 부흥에 관한 많은 책을 저술하기도 했다.

당시에 에드윈은 이제 갓 십대를 벗어난 젊은 청년이었는데, 부흥에 대한 열망에 너무 심취한 나머지 북 아일랜드에 있는 자신의 직업을 포기하고, 주머니에 몇 푼의 돈을 넣고 자전거를 타고 영국 온 전역을 돌아다니면서 그리스도인들에게 부흥을 위해 기도하자고 호소했다. 그의 부흥을 촉구하는 이 사역으로 인하여 회개의 영의 역사가 나타나기 시작했다.

그의 매일의 필요들은 전혀 예상치 못한 방식으로 채워졌다. 그가 경험한 체험들을 기록한 그의 저서 『하나님이 하실 수 있는가?』(*Can God?*)는 당시의 젊은이들에게 엄청난 인기를 끌었다. 그의 복음전도 여행은 계속되었고, 영국을 넘어 다른 외국의 나라들에까지도 복음을 전하였는데, 그의 책에 기록된 기적적인 역사들이 계속하여 일어났다. 가는 곳마다 수많은 군중들이 열렬하게 그를 기다리고 있었다. 그가 호주에서의 집회를 마치고 런던으로 돌아왔을 때, 런던에서 가장 큰 강당에 거대한 군중들이 운집하였는데, 그 중에는 복음전파의 리더들이 대거 참석하여 이 풋내기 전도자를 환영해주었다. 에드윈은 영적인 권위를 가지고 말씀을 전파하였으며, 말씀을 듣는 사람들의 마음 뒤집어 엎었다. 참으로 엄청난 일이 아닌가!

내가 전에 이미 언급하였던 이안 토마스와 톰 리즈도 에드윈과 똑같이 젊고 믿음에 있어서도 똑같이 대담한 젊은이들이었다. 에드윈의 이 같은 활약은 결과적으로 우리같은 젊은이들로 하여금 이런 풋내기 젊은이들도 저런 모험을 하는데 우리라고 못하라는 법이 있는가라는 생각이 들도록 했다.

뒤늦게 깨달은 사실이지만, 그러한 격렬한 열정과 기대의 상황 속에서는 사탄이 자신을 광명한 천사로 쉽게 속여 우리 젊은이들을 정로에서 벗어나 곁길로 가도록 한다는 것이 드러났다.

사탄은 정확히 그렇게 했다. 적어도 내가 속해있었던 범주에서 사탄은 자신을 속이고 내게 접근했다. 그러나 하나님은 사탄의 역사를 저지시키셨고, 그 좋지 않은 상황으로부터 오히려 좋은 결과를 도출해 내셨다. 그 한 가지 결과로 하나님은 전폭적으로 사역을 할 수 있는 길을 내게 열어주셨다. 그 때 시작한 목회사역을 지금까지 계속 해오고 있는 것이다.

우리는 톰 리즈의 부흥집회처럼 한 달에 한 번 주말에 런던의 북서부지역에서 집회를 열었다. 토요일 저녁에는 믿는 그리스도인들을 대상으로 집회를 열었고, 주일 저녁에는 그 지역의 불신자들을 위해 집회를 열었다. 밀물처럼 끓어오르는 영적인 물결과 함께 우리에게 걱정거리가 생겼는데, 매 주말마다 우리는 그 전에 집회를 열었던 곳보다 점점 더 멀리 나가야만 했다. 그래서 우리는 설교자를 세우는데 신중에 신중을 기해야 했다. 더 강력한 메시지를 전해주고 우리에게 믿음의 진보를 가져다 줄 그런 강력한 설교자를 찾아야 했다.

내가 기억하기로는, 그 설교자들 중 한 명이 어느 주말 집회에서 우리에게 기도시간을 연장하여 기도하자고 제안했고, 그는 우리가 하나님께 믿음으로 간절히 기도하면 이 주말 집회에서 구원받을 사람의 정확한 숫자를 알 수 있다고 용기를 북돋아 주었다. 그 집회에서 정확히 하나님이 가르쳐 주신 숫자의 사람들이 주님을 영접했다.

더 강렬한 도전을 주는 설교자를 찾는 과정에서, 우리는 스완지 근처에 있는 웨일즈신학교(The Bible College of Wales)에서 온 어떤 설교자를 추천받았다. 당시에 우리는 그 웨일즈신학교에서 일어났던 일, 즉 불가능한 일을 믿음으로 시도해서 성취한 믿음의 간증을 귀가 따갑도록 들었다. 그 이야기는 웨일즈 사람 리즈 하윌즈(Rees Howells)라는 사람에 의해서 시작된 것으로, 그는 몇 년 전에 웨일즈 부흥운동이 일어날 때 구원의 은혜를 체험한 사람이었다.

    부흥운동의 과정에서 일어났던 신비한 체험에 관한 얘기들은 항상 있는 것이었다. 그가 세상에 알려지기 전에 그는 하나님의 손에 붙들려 사용 받았는데 그 과정에서 몇 가지 놀라운 영적인 체험을 하였다고 한다. 그는 새로운 신학교를 세워서 그곳에서 젊은 남녀들을 훈련하여 선교지로 파송하라는 환상을 보게 되었다고 한다.

    리즈 하월즈와 그의 협력자들은 깜짝 놀랄만할 일을 경험했는데, 그것은 재정적으로 아무것도 없는 상태에서 전적으로 하나님의 약속만 믿고 구했더니 하나님이 신학교로 쓸 건물을 주셨다는 것이다. 그래서 우리는 그들 중에 한 사람을 초청하였고, 그의 사역에 분명히 능력이 넘쳐나는 것처럼 보였다. 하나님이 리즈 하월즈에게 계시하신 이야기를 들을 때 우리는 크게 놀랐다. 그 비전의 내용은 "그가 앞으로 30년 안에 이 신학교를 통해서 세계를 복음화시킬 것"이라는 내용이었으며, 그가 마치 아브라함처럼 바랄 수 없는 중에 바라는 믿음을 가진 자라는 것이었다. 이 환상은 또 베드로에게 보여주신 '각종 짐승의 환상'(Every Creature Vision, 행 10장)[2]으로도 알려져 있었다. 앞으로 30년 안에 만 명의 젊은이들이 이 신학교를 졸업하게 될 것이며, 이들을 전 세계의 선교지

---

2) 리즈 하월즈가 본 열방구원을 위한 학교설립비전, 역자 주.

로 파송을 하게 된다는 얘기이다. 이 계획을 실현하려면 새롭게 신학교의 건물을 더 늘려야 한다는 것이었다. 들으면 들을수록 더 확신으로 다가왔다. 만약 이 일이 정말로 일어난다면 이 사건은 오순절 이후의 최고의 사건이 될 것이 분명했다.

나는 그 환상에서 벗어나지 못했다. 그 사람의 주된 간증 중의 한 가지는 그 신학교에서 배우고 있는 학생들이 어떻게 믿음으로 살고 있으며, 어떻게 그들의 필요를 하나님의 보물창고에서 꺼내 쓸 수 있는가였다. 우리는 생각했다. "자기의 것을 여전히 움켜쥐고 있는 상태로 어떻게 믿음으로 살 수 있단 말인가?"

내가 가진 모든 돈을 다 주는 것이 우리에게는 문제가 되지 않았다. 젊은이들에게 돈이 무슨 의미가 있단 말인가? 어떤 경우에라도 우리는 우리의 미래에 대한 생각을 확고히 했다. 가장 값진 소명에 대한 젊은이들의 반응은 영적인 깊이로 잴 필요가 없는 것이었다. 그들은 젊기 때문에 당분간 삶에 집착할 필요가 없었고, 그들에게는 돌보아야 할 부인이나 자녀에 대한 책임도 없어서 이런 고차원적인 모험을 향한 열망에 매혹되고도 남았다. 거기에다 또 젊은이들을 강렬하게 끄는 것이 있었다. "미지의 세계에 던져져서 복음을 전하는 이 모험"이 젊은이들을 강하게 이끌었고, 우리는 그렇게 하여 그 모험에 붙들렸던 것이다.

이 시점에서, 우리는 모든 것을 포기하고 그 신학교에 다닐 생각을 했을 뿐만 아니라, 그 신학교에 대해 더 알고싶어 안달이 났고, 그곳에 대해 더 듣기를 원했다. 실로, 내가 들은 것으로 인하여 나는 너무 큰 도전을 받게 되었고, 내 부친이 돌아가셨기 때문에 부친의 유산에서 나에게 돌아올 재산의 몫을 그대로 하나님께 바칠 생각까지 하게 되었다.

하나님께 바친다는 것은 당시에 그 신학교에 헌금하는 것이었다. 처음에는 아버지의 전 재산을 내가 가지려고 생각했다. 왜냐하면, 아버지가 유서도 없이 돌아가셨기 때문이었다. 만약 유서를 작성했더라면, 이 모든 재산이 어머니에게 상속이 되었을 것이다. 결국, 투자한 것의 절반을 팔기로 결정하고 서류에 서명할 때까지 그 양도서류를 주머니에 넣고 다녔다. 매매한 돈을 신학교로 보냈고, 이 소식을 들은 어머니는 크게 실망했다. 그러나 이 돈을 받은 신학교에서는 칭찬이 자자했다.

비록 우리는 그 웨일즈신학교에 한 번도 가본 적이 없었지만 그곳에 홀딱 반해있었다. 그때는 그것이 놀랄만한 일이 아니었다. 마침 그 신학교에서 지역주민집회가 있다고 해서 우리 중의 몇 사람이 가기로 결정했는데, 그 중에는 아주 절친했던 이웃 십자군리더인 로이 카텔(Roy Cattell)과 한두 명의 십자군 여성리더들도 함께 가기로 했다. 그곳에서 우리는 완전히 감동을 받았고, 거기에 참여하는 것 외에 다른 어떤 것도 하고 싶지 않았다.

신학교의 리즈 하월즈는 내 친구 로이 카텔과 내게 자신이 성령으로부터 받은 우리에 대한 계시를 들려주었다. 그 내용은 우리가 이 신학교에 들어와서 훈련을 받고 일본으로 파송되어, 30년 안에 또 다른 500여 명을 이끌어 간다는 것이었다. 거기에 덧붙여서, 우리의 사역이 끝나고 나면 우리의 이름이 장차 허드슨 테일러와 윌리엄 캐리 등과 같은 위대한 선교사들의 이름을 따라 기록될 것이라는 그런 계시였다. 어떻게 우리가 이와 같이 큰 은혜를 거부할 수 있었겠는가?

그 집회에서 큰 결단하는 시간이 있었다. 우리는 다른 사람들과 함께 이 사명을 위해서는 무엇이든지 다 내려놓겠노라고 결단하면서 단상 앞으로 나아갔다. 물론 우리는 그 분위기에 완전히 매료되었고, 또한 우리 마음속에서 우리 스스로 만들어낸 교묘한 함정에 휘감기고 말았다. 어떤 대가를 치르더라도 우리는 결단한 대로 가기를 원했다.

함께 갔던 우리 그룹 사람들 모두는 단상으로 나아가 하나님이 우리를 웨일즈신학교와 선교지로 부르셨다는 것을 간증하였고, 이제 우리 모두는 즉시 우리의 직업을 포기한다고 선언했다. 십자군장년들과 여타의 사람들이 모이는 대형집회에서 우리 각자는 웨일즈신학교에서 있었던 일을 간증하였고, 그들은 큰 감동을 받았다. 이로 인하여 다양한 층의 젊은이들은 각자 스스로에게 주를 위한 결단을 해야 할지 말지를 질문하게 되었다. 우리가 십자군모임의 리더였기 때문에 그들의 결단의 내용을 확인하는 것은 어렵지 않았다. 많은 젊은이들이 우리의 길을 따르기로 결단했다. 항상 마음속에 어떤 것에라도 헌신할 준비를 하고 있었던 알란 레드파스와 그의 부인은 크게 감동을 받고 동요하는 단계에까지 이르렀다.

그러나 중요한 것은 우리의 그런 결단이 외부로 알려졌을 때, 경험이 있는 많은 그리스도인들이 우리에게 경고하기 시작한 것이다. 십자군핵심위원회가 우리를 소환하여 우리의 결단에 대해 소명할 기회를 주었다. 위원회는 우리들의 결단이 잘못된 길로 빠질 수 있다고 염려했으며, 분별력 없는 우리를 향한 불길함 예감을 드러냈다. 그러나 그 위원회모임이 끝나고 나서 우리는 스스로에게 말했다. "이 모임을 주관하는 사람들은 그저 사람일 뿐이고 그들은 우리의 결단에 대해 값을 치를 생각이 없는 사람들이다. 그들에게는 그들만의 수단과 그들만이 가지고 있는 것이 있다. 그러므로 우리는 우리의 가진 것을 드리는 것뿐이다"

그러나 이러한 경고가 계속되면서 우리는 조금 혼란스럽게 되었다. 어떤 때는 참으로 오래된 죽마고우로부터 충고를 받기도 했다. 그런데도 우리는 그들이 말하는 경고들을 무시할 수 있다고 느꼈다. 그러나 톰 리즈와 에드윈 오르(Edwin Orr)가 따로 우리를 불러 장시간 설득한 결과 우리는 그 잘못된 결단을 포기하고 마음을 열었다.

톰과 에드윈이 이 주제를 주의 깊고 세심하게 설명해 줄 때, 우리는 우리의 실수를 인정해야만 했다. 그 실수는 웨일즈신학교의 리즈 하월즈라는 사람의 잘못된 속임수였고, 그 잘못된 신탁이 우리의 과도한 열정을 타고 마음에 들어와서 거짓 환상을 만들어 낸 것이었다. '각종 짐승의 환상'은 진짜가 아니었던 것이다. 우리는 그렇게 끝나버린 결론들을 할 수 있는 한 빨리 지워버려야만 했다. 왜냐하면, 우리가 그토록 열망하고 전폭적으로 결단해서 이룩한 우리의 야망의 성이 공중에서 산산조각이 나는 것을 보고 싶지 않았기 때문이었다. 성령께서 우리를 부르신 사실이 전혀 없었는데도 우리가 우리 스스로에게 속고, 또 우리 마음속의 영웅심 때문에 잘못된 길로 간 것을 결국 우리는 고백해야만 했다. 그래서 우리는 그 신학교에 가는 것을 다 포기하고 더 이상 진행하는 것을 멈췄다. 만약 이런 경고가 없었더라면 우리는 완전히 자만심에 빠져 불순종의 길을 갔을 것이고, 결국 영적인 재앙을 맞게 되었을 것이다.

우리 멤버 중 한 사람이었던 십자군여성리더는 그 신학교에 가기 전에 그녀의 짐을 미리 학교로 부쳐버렸다. 먼저 가지 않은 것이 얼마나 다행인가. 그녀는 아주 가까스로 이 재앙에서 구원을 받은 것이다.

집나간 방탕한 아들과 같았던 내가 런던 은행의 직장을 그만둔다는 통보를 한 달 전에 미리 했을 때 이 환영이 현실로 나타났다. 사직서를 자신 있게 던졌지만, 나는 다시 그 은행으로 되돌아갈 수 없게 되었다. 내가 경험한 이 쓰라림은 정말 큰 상처로 남왔다. 내 상황이 한 알의 밀알이 땅에 떨어져 죽어가는 경우하고 꼭 맞아떨어졌다.

첫째로, 내가 사람들 앞에서 용감하게 새로운 결단에 대해 말한 것이 잘못되었다는 것을 인정해야 하는 수치심이었다. 단 한 번의 실수로 내가 모두에게 쌓아왔던 명예를 잃어버렸다. 그러고 나서 깨달은 것 한 가지는 은행에 미리 낸 사직서 때문에, 나는 다시 은행으로 돌아갈 수 없게 되었다는 것이다. 왜냐하면, 내 자리에 이미 다른 사람을 채용하였기 때문이다. 그리고 이것은 내게 그 어떤 것보다 소중한 십자군성경공부반 리더를 그만두어야 한다는 것을 의미했다.

어머니는 내가 서아프리카 말리에 있는 작은 마을 팀벅투(Timbuctoo)로 떠난다고 생각하고 런던의 집을 이미 처분하고 동생이 주교로 있는 런던 외곽의 작은 마을에서 동생과 함께 살기로 결정한 상태였다. 나는 있을 곳이 없어서 선택의 여지없이 같이 따라가야만 했다. 내가 맡아서 그렇게 공을 들인 십자군성경공부반도 이제 포기해야만 했다. 무엇을 해야 할지 아무 생각도 나지 않았다. 분명한 것은 내가 웨일즈 신학교에 가지 않게 되었다는 것이었다. 이 신학교는 스완지 외곽에 위치하는 소규모 신학교로 전문적인 신학을 연마하는 학교가 아니라 성경학교 수준으로 보는 것이 적절할 것이다.[3]

---

3) 이 신학교는 2000년도 들어와서 학생이 없어 문을 닫았다가 다시 2009년부터

나는 간신히 런던 시내에서 다시 직장을 얻을 수 있게 되었다. 내가 보통 사람들처럼 일상으로 돌아와 평범하게 살기를 원했던 친구들이 내가 직장을 얻을 수 있도록 배려해주었고, 그들 덕분에 그리 어렵지 않게 직장을 다시 구할 수 있었다. 그러나 하나님이 나로 하여금 갈 데까지 가보라고 허락하신 것 같은 느낌이 들어서, 시내에 있는 직장 사무실로 돌아가는 것을 너무 서두르지 않았다. 혹시 하나님이 나를 일본으로 부르지 아니하실까, 혹은 내게 여전히 다른 선교지들이 열려 있을 수 있다는 생각을 하였다. 그래서 나는 막연히 어머니 집에서 기다리고 있었다. 어머니는 내가 실제로 무슨 일을 하고 안하고는 상관하지도 않고, 내가 제정신을 차린 것을 보고 너무 좋아하셨다.

나는 기다리는 시간을 즐겼다. 지난 날 겪었던 고통스런 일로 인하여 나는 영적으로나 감정적으로 완전히 산산조각이 난 상태여서, 재충전이 절실했기 때문에 나는 그 기다림을 즐겼다. 나의 이러한 재충전은 중국내지선교회 창시자였던 허드슨 테일러(Hudson Taylor)의 생애를 읽으면서부터 시작되었는데, 『허드슨 테일러의 생애』(*The Life of Hudson Taylor*)는 두 권으로 된 책으로 하워드 테일러박사(Dr. Howard Taylor)가 집필했다. 나는 이 책을 읽는 동안 모든 시름을 잊게 되었고, 다른 사람의 생애 속으로 들

'Trinity School of Theology'로 교명을 개명하여 운영하고 있는 군소신학교이다, 역자 주.

어가 그의 인생에 젖어들었다. 또한, 하나님이 그를 어떻게 다루셨는가를 알게 되었다. 나는 이 책에 완전히 빠져들었고, 한 장 한 장 읽어가면서 예수님이 다시 내 안에 들어오셨다.

특별히 "뒤바뀐 삶"(The Exchanged Life)이라는 아주 중요한 장(chapter)을 읽을 때, 나는 크게 감동을 받았다. 허드슨 테일러는 이 장에서 그가 자기노력과 자기중심적으로 신앙생활 하다가 실패를 경험한 것과 어떻게 그리스도를 그의 삶의 중심에 모셔들여 새 삶을 살게 되었는지를 말한다. 이 깨달음은 지난해 8월에 내가 이미 발견한 것이었다. 몇 달 전까지만 해도 나는 이 새로운 삶의 원리 안에서 풍성한 체험을 하면서 신앙생활을 하지 않았던가! 그런데, 나는 그 원리를 벗어 던지고 나를 세우는 일에 마음을 빼앗겨 버렸고, 사람들에게 내가 특별한 사람, 대단한 사람, 그리고 보통의 단순한 그리스도인과는 뭔가가 다른 사람으로 불리는 것을 즐겼다. 이 얼마나 어처구니 없는 일인가! 나는 내 개인적인 욕망에 의해 속임을 당했고, 그 결과 곁길을 가게 되었던 것이다.

그러나 나는 허드슨 테일러의 두 책을 읽으면서 예수님이 포도나무 줄기요 나는 그저 가지에 불과하다는 사실을 깨닫게 되었다. 그리고 나는 특별한 누구도 아니고 그저 평범한 그리스도인이라는 것을 깨달았다. 나는 실패한 자리에서 돌아와 다시 안식을 누리게 되었고, 그 안식으로부터 결코 다시는 떠나지 않게 되었다.

이러한 깨달음을 갖고 나서, 모든 것이 안개가 걷히듯이 분명해졌고, 하나님이 나에게 허락하신 사역지가 외국의 선교지가 아니라는 것을 확신하게 되었다. 내가 받았다고 말한 그 '소명'이라는 것은 웨일즈신학교를 통해서 온 것뿐이며, 또 내 개인의 욕망 때문에 그 일에 연루되어 의심을 받게 되었다는 것이 이제 분명해졌다. 그 후에 나의 이전의 열망이 다시 솟구쳐 올라왔다. 그러나 다시 십자군유니온 사역으로 복귀하지 않았고 톰 리즈와 이안 토마스처럼 전도자의 길을 갔다. 바로 이것을 위해 두 친구가 기도했다고 한다. 두 친구의 제안에 대해 나는 마음속으로는 즉시 반응했지만 십자군성경공부반을 떠나고 싶지 않은 마음 때문에 그 제안을 거절했다. 그러나 나는 십자군사역을 그만두게 되었고, 내가 전혀 예상하지 못한 방식으로 세상의 직장을 벗어나 자유를 누리게 되었다.

이제 주님은 나의 마음을 복음전도사역으로 이끌어 가기 시작했다. 이 일은 나에게 아주 '자연스러운' 것이었다. 이 일은 내가 엉뚱한 곁길로 가기 전에 일어났던 아주 정상적인 영적 발전이었다. 이 복음전파를 향한 마음은 아주 단순하고 분명했고, 전에 나를 웨일즈신학교로 이끌었던 그런 드라마틱한 사건들과는 판이하게 달랐다.

내가 기다림의 시간을 가졌던 1935년 10월의 몇 주간동안 나는 이안 토마스에게 편지를 해서 내가 새로운 결심이 선 것과 인터-바시티 학생선교회에서 일하게 해달라고 부탁을 했다. 당시에 이안은 북 잉글랜드의 산업단지 지역인 셰필드에서 이 인터-바시티 학생선교회에서 사역하고 있었다. 그곳에는 수백 명의 학생들이 열 명 단위로 팀을 만들어서 동시에 셰필드시티에 있는 모든 교회들을 돌아다니면서 복음전도운동을 펼쳤다. 그 팀 중에 리더십이 부족하여 큰 실망을 주고 있는 팀이 있었기 때문에, 나는 이안의 팀에서 나와 그 문제가 있는 팀을 이끌어나가게 되었다.

성령께서 우리를 사용하여 사람들을 그리스도께로 이끄셨고, 그들이 믿음으로 그리스도를 영접하도록 했다. 이 방식이 바로 내가 하나님께 구했던 방식이었다. 이 일을 위해서 하나님이 나를 부르신 것이다. 또 다른 한편으로 이 셰필드사역이 내게 중요했던 이유는 그곳에서 버밍엄대학교(Birmingham University)에서 온 웨일즈 출신 여학생을 만난 것이다. 그 여학생이 바로 내 부인이 되었기 때문이다.

나는 최소한 나를 향하신 하나님의 소명을 확인하고 그곳에서 집으로 돌아왔다. 그러나 아무 일도 일어나지 않았다. 어느 누구도 나를 써주지 않았다. 나는 한적한 시골로 숨어버렸고, 그곳에 있는 나에게 어느 누구도 복음을 전하라고 불러주지 않았다.

그때 나는 우연한 기회에 알란 레드파스와 함께 잠시 기거하게 되었는데, 그 일은 하나님이 내게 주신 가장 소중한 기회 중의 하나였다. 그때 알란으로부터 나는 전국청년선교회 본부에서 함께 일할 젊은 간사를 뽑는다는 정보를 듣게 되었다. 이 기독교기관은 전국의 젊은이들을 복음화하기 위한 범교단적 선교기관이다. 알란 레드파스는 마음에 큰 부담이 있었는데, 복음을 제대로 전하기 위해서는 자신의 직업이었던 공인회계사를 그만두어야 한다는 강박감을 느끼고 있었던 것이다. 우리는 전국청년선교회 본부에 지원을 하게 되었고, 둘 다 합격하였다. 우리는 복음 선포자로 임명을 받았으며, 알란도 어느 한 지역을 맡아 사역을 하였고, 나는 그와 반대편 지역을 맡아 사역에 임하였다.

이 전국청년선교회는 우드 형제(the Brothers Wood)로 알려진 두 형제에 의해 창립되었다. 그들이 젊었을 때 이 운동을 시작하였는데 그들은 정상적인 신학교육을 받지 못했지만 믿음으로 복음을 전파하러 나갔다. 형 프레드(Fred)는 설교자였고 동생 아더(Arthur)는 찬양인도자였다. 이 두 형제 위에 크고 위대하신 하나님의 손이 강력하게 임하였고, 10여 년쯤 지나자 이 두 형제는 영국전역에서 가장 큰 강단들을 군중들로 가득 채우는 역사를 일구어 냈다. 이 두 형제를 통하여 수만 명의 젊은이들이 회개하고 그리스도께로 돌아왔다. 이렇게 수많은 젊은이들이 몰려오자 그들을 먹이고, 더 체계적으로 그들을 믿음으로 세우기 위해 이 선교기관을 창립하게 된 것이다.

"모든 회원들은 다 영혼을 구원하는 구령의 사람들(a soul-winner)이며 모든 교회는 복음화의 중심센터"라는 것이 이 선교단체의 슬로건이고 목표였다.

이제 두 형제는 점점 나이가 들어가고 있었기 때문에, 각 지역을 맡아 복음으로 헌신할 젊은이들을 찾고 있었다. 두 형제는 자신들도 공식적인 신학공부를 하지 않았기 때문에 굳이 공식적으로 신학을 공부한 사역자를 찾지 않았다. 그들이 찾고 있는 사람들은 오로지 불타는 열정에 사로잡혀 젊은이들에게 그리스도를 전해 줄 사람이었다. 알란과 나는 이 새로운 출발과정에서 처음으로 임명된 사람이 되었다. 우드 형제는 알란과 나를 직장에서 사람을 채용하는 것처럼 간단하게 설교훈련을 시켜서 전국청년선교회 기관사역자라는 이름을 붙여주었다. 그리고 곧바로 전국에 있는 그들의 친구들이 사는 지역에 우리를 보내서 말씀을 선포하게 하였다. 이 일은 실로 우리를 흥분하게 만들었다. 우리 사역을 지원하는 사례비가 적어도 그것은 문제가 되지 않았다. 우리는 우리가 얻은 복음전파의 특권을 위해서라면 기꺼이 감당할 각오가 되어 있었다.

우드 형제가 기꺼이 위험을 감수하고 우리에게 이 같은 일을 맡긴 것에 대해 알란과 나는 하나님께 크게 감사하지 않을 수 없었다. 하나님의 은혜로 내가 잠시 곁길로 나간 탈선이 나의 이 헌신으로 상쇄되었고, 내가 하나님이 정한 자리로 올 수 있게 되었다. 그러므로 나는 내가 돈을 날려버린 것에 대해 후회하지 않는

다. 나는 이 돈을 사람에게 준 것이 아니라 하나님께 드린 것이다. 그 신학교의 리즈 하월즈도 원망하지 않는다. 그가 비록 실수를 하였지만 그는 신실한 사람이었다. 결국 가련한 이 사람 리즈 하월즈는 선교위원회의 신뢰를 받지 못하고 그의 사역을 접어야 했다.

내 친구 노먼 그루브(Norman Grubb)는 리즈 하월즈가 그의 인생의 중대한 시기에 하나님의 사자로서 그에게 유익을 끼쳤다고 늘 주장하였다. 뿐만 아니라, 노먼은 리즈 하월즈의 이야기를 책을 발간하기까지 했다. 『중보자 리즈 하월즈』(Rees Howells, Intercessor)라는 이름으로 발간된 이 책은 널리 읽혀졌으며, 그 책을 통해 수많은 사람들이 많은 축복을 경험했다고 말하곤 했다. 참으로 반가운 일이다. 의심할 여지없이 리즈 하월즈의 잘못보다 나의 잘못이 훨씬 더 컸다는 것을 인정한다. 내가 리즈 하월즈의 영향을 받아 그리스도 안에 있는 단순명료한 진리를 멀리한 것은 바로 나의 잘못이었다.

웨일즈신학교가 하찮은 학교라고 깎아내리고 싶지도 않다. 리즈 하월즈가 세상을 떠난 후에 그 신학교는 리즈의 '각종 짐승의 환상'을 조용히 버리게 되었다. 이제 이 학교는 구령의 열정에 불타는 젊은이들을 훈련하고 준비시켜서 선교지로 파송하는 중요한 역할을 하는 신학교로 안정을 되찾았다.

주님이 나의 모든 허물을 다 사해주신 것같이, 사죄하시는 하나님의 은총이 그들의 앞날에도 크게 임할 것으로 나는 확신한다. 그리고 나는 이제 지난날의 고통스러운 일들을 뒤돌아보고 싶지도 않고, 사람들의 실수에 대해 손가락질하고 싶지도 않다. 오히려 이러한 사건들을 통하여 나를 런던의 은행에서 빼내어 주님이 원하시는 곳으로 이끌어주신 것에 감사드리고, 또한 내가 지난 40년간 몸담아 온 복음사역의 장으로 인도해 주신 주님께 감사할 따름이다.

My Calvary Road

제6장 | 봄의 향연-영적 전성기를 보내다

내 사랑하는 자의 목소리로구나

보라 그가 산에서 달리고 작은 산을 빨리 넘어오는구나

내 사랑하는 자는 노루와도 같고 어린 사슴과도 같아서

우리 벽 뒤에 서서 창으로 들여다보며

창살 틈으로 엿보는구나

나의 사랑하는 자가 내게 말하여 이르기를

나의 사랑, 내 어여쁜 자야 함께 가자

겨울도 지나고 비도 그쳤고

지면에는 꽃이 피고 새가 노래할 때가 이르렀는데

비둘기의 소리가 우리 땅에 들리는구나(아 2:8-12).

알란 레드파스와 내가 전국청년선교회(National Young Life Campaign)의 간사가 되어 복음사역의 첫 걸음을 내딛은 때는 1936년 1월이었다. 우리는 그렇게 하여 그리스도 안에 있는 영광의 소망을 만끽하는 새로운 은혜의 장으로 들어서게 되었다. 우리 안에 계신 주님은 영광의 소망일 뿐만 아니라, 그가 사역을 위해 부르시는 모든 것의 소망이 된다는 것을 우리는 보았다.

비록 '내 안에(in us, 롬 7:18), 즉 내 육체 가운데' 선한 것이 거하지 아니하는 것을 내가 알고 또한 그것을 경험하였지만, 이제는 우리의 생명이신 주님 안에서 모든 것이 가능하게 보였다. 그래서 우리는 주님의 이름으로 마치 작은 다윗이 거인 골리앗을 향해 달려 나갔던 것같이 대담하게 전도 집회를 연이어서 개최해 나갔다. 우리는 골리앗이 우리 눈앞에서 계속하여 무릎꿇는 것을 목격했다.

전국청년선교회의 간사로 사역한 처음 몇 년 간의 기간은 내 인생의 봄이었다. 알란 레드파스 역시 의심의 여지없이 나와 같은 고백을 할 것이다. 바로 이 첫 사역의 몇 년 동안 내 영혼이 어떻게 호사를 누렸는가를 표현하기 위해 이 장의 제목을 "봄의 향연"으로 정한 것이다.

예수님이 내게 오셨고, 나는 산을 뛰어넘고 언덕을 건너 뛰어 '은혜의 때', 곧 봄이 오고 있음을 선포했다. 그러나 나는 솔로몬의 아가에 나오는 소녀와 같았는데, 그 소녀는 여전히 겨울이라고 생각하고 언덕 위의 작은 오두막 안에 파묻혀 나올 생각을 하지 않았다. 이 소녀와 같이 나는 율법의 요구를 충족시켜서 좋은 그리스도인이 되려고 했기 때문에 마음속에서 심한 갈등을 겪고 있었다. 나는 나의 생명이 이미 그리스도로 대체되었다는 것을 깨닫지 못했다. 그리스도 안에서 내가 새 생명으로 사는 것은 이미 선물로 주어진 것인데, 나는 그것을 내 노력으로 얻으려고 무던히 힘을 쏟아 부었던 것이다. 그러나 주님은 봄의 새 생명을 누리면서 함께 춤을 추자고 내게 찾아오셨다.

> 나의 사랑하는 자가 내게 말하여 이르기를
> 나의 사랑, 내 어여쁜 자야 함께 가자.
> 겨울도 지나고 비도 그쳤고
> 지면에는 꽃이 피고 새가 노래할 때가 이르렀는데
> 비둘기의 소리가 우리 땅에 들리는구나!

나는 주님의 이 사랑스런 노래에 이끌려 겨울 오두막을 박차고 나와 주님과 함께 산을 넘고 언덕을 건너뛰면서 춤을 췄다. 알란과 나는 인정사정도 없는 이 무시무시한 복음전파의 현장에서 "주님과 함께 춤추는 봄의 향연"을 현실로 보여주어야만 했다.

우리들 각자는 각각 자기가 맡은 지역에서 완전히 능력 밖의 일을 수행하도록 던져졌다. 심지어 죽은 자를 살려내는 일까지 시도해야만 했다. 이 일은 오로지 하나님만이 하실 수 있는 일이 아닌가! 그런데, 우리 안에 거하시는 그의 성령이 우리를 통해 죽은 자를 일으켜 세우는 일을 하게 하신 것이다. 우리는 이 사실을 확고하게 붙잡고 기대와 기쁨 속에서 이 믿음의 모험을 해나갔다.

당시에 영국은 복음전도가 밀물처럼 진행되어 전역으로 퍼져나갔다. 1900년대 초의 능력 있는 부흥전도자 토레이(Torrey)와 알렉산더(Alexander)는 전국적으로 알려진 인물이었다. 이들은 아메리카에서 건너편 대서양으로 들어온 전도자들인데, 우드 형제가 이들의 뒤를 따랐다. 우드 형제는 토레이가 떠난 자리를 맡아서 그의 사역을 계속 이어갔으며, 하나님은 그들이 전도 팀을 잘 이끌어가도록 큰 도움의 역사를 베풀어 주셨다. 그러나 이제 그들도 나이가 들어 늙었고, 그 후 몇 년 뒤에 집시 스미스(Gypsy Smith)와 리오넬 플래쳐(Lionel Fletcher)라는 사람이 전국적으로 소문이 나긴 했지만 나이 때문에 그들 역시 무대 뒤로 사라지고 말았다.

말씀선포를 통한 복음전도는 당시 유행을 크게 벗어나 생소한 지경에 이르게 되었는데, 대규모 집회에서는 더 심했다. 죄인들이 그리스도를 영접하도록 하는 공개초청(Open Invitation)[1]은 심지어 복음주의 교회에서조차도 잘 알려지지 않았다. 그렇다. 복

---

1) 회심한 사람들을 공개적으로 일으켜 세우거나 강대상 앞으로 나오도록 하는 일종의 회심절차, 역자 주.

음전도의 물결이 밀물처럼 일어나고 있고, 그 물결은 우리에게 너무도 적절한 것이었다. 그 밀물을 타는 유일한 길은 그 밀물 속으로 들어가는 것 밖에 없었다.

알란과 나는 항상 밀려오는 밀물을 타고 있다는 것을 깨달았다. 빌리 그래함에 의해 최근 영국 전역에서 진행되고 있는 복음전도의 규모에 비하면 우리의 사역은 작게 보인다. 그러나 이 사역은 우리에게 결코 작은 것이 아니다. 이것은 우리 눈에 놀라운 것이다. 또한, 이것은 지금의 그리스도인들에게는 아주 놀라운 일이 될 것이다. 지금의 그리스도인들은 복음전도에 대한 담대함이나 자신감도 거의 없고, 그리스도께로 돌아오는 영혼들을 거의 찾아 볼 수가 없다.

우리는 연이어서 이 도시에서 저 도시로 그리고 이 교회에서 저 교회를 옮겨 다니면서 우리에게 주어진 첫 전도 집회를 수행했다. 우리의 이러한 활동은 아주 생생한 기억으로 사람들의 뇌리에 남았다.

이 연속되는 전도 집회는 우리에게는 너무 잘 맞았다. 왜냐하면, 최근에 우리에게 위협이 되거나 사람들에게 기억될 만한 위대한 복음 전도자가 나타나지 않는 상태였기에 우리의 존재가 더욱 부각되었기 때문이었다. 또한, 선교기관들조차도 전에 이런 특이한 전도 집회에 직접 참가해 본 적이 없었기 때문에 우리가 제대로 하고 있는지 아닌지조차도 모르고 있었다. 어느 때는 우리 스스로도 우리가 잘하고 있는 건지 아닌지조차도 몰랐다.

우리는 거룩한 확신 속에서 나오는 환희에 젖어 이 일을 계속해 나갔다. 하나님이 우리를 위하신다면 우리의 약점도 더 이상 방해거리가 되지 못했고, 우리의 강점도 별 의미가 없었다. 그것은 우리 중에서 또 다른 요소로 작용하고 있었기 때문이었다.

최근에 우리가 그리스도를 직접 경험한 관점에서 볼 때, 우리는 두 가지 양면적인 메시지를 전했는데, 하나는 기존 그리스도인들을 완전한 구원의 확신으로 인도하는 메시지와 또 다른 하나는 불신자들을 구원하기 위한 기본적인 메시지였다. 이것은 바로 수많은 선교단체 회원들이 원하는 메시지 전달방식이었다. 이러한 방식으로 선교단체 회원들은 그들의 전도기관의 리더들을 돕는 일을 했을 뿐만 아니라, 그들 스스로도 주님과의 관계를 새롭게 정립하고 동기부여를 받아 영혼을 구원하는 전도자로 나섰다.

거대한 진동이 이 전도운동을 통해 일어났다. 성령께서 전도자들에게 수많은 젊은이를 구원하도록 은사를 부어주셨다. 전도운동의 결과로 얼마나 많은 젊은이들이 그리스도께로 돌아왔는지, 그 수를 셀 수 없을 정도가 되었다.

우리가 가는 곳마다 그 지역의 전국청년선교회(NYLC)에 속한 젊은이들 가운데서 몇 명을 뽑아 팀을 만들었고, 그들로 하여금 우리 사역을 돕도록 했다. 이 젊은이들은 부분적으로 역할을 감당하였을 뿐만 아니라, 개인간증을 하기도하고, 거리에 나가 사람들에게 전도를 하고 방황하는 젊은이들을 상담해주기까지 했다. 이 젊은이들은 우리의 사역을 도우면서 스스로 성령의 불에 붙들리게 되었고, 지역에 있는 전국청년선교회 지부가 영혼구원 센터로 자리 잡게 되었다. 이런 일은 전에 결코 없었던 것이었다. 우리 사역을 도왔던 젊은이들 중에 많은 수가 후에 주님을 위한 전문사역자로 부름을 받았다.

비록 내가 중부잉글랜드의 미들랜드(Midlands) 지역을 담당하는 책임자로 임명을 받고, 알란 레드파스는 남부잉글랜드와 런던 지역을 담당하도록 임명을 받았지만, 나의 사역의 처음 몇 달간은 런던에 있으면서 몇 가지 맡은 일을 했다.

그러니까 내가 전국청년선교회의 간사가 되고나서 수행한 처음 복음전도사역은 알란과 함께한 팀 사역이었다. 처음 사역의 시작은 결코 순조롭지 않았다. 나는 낙후되어 가는 빈민지역의 회중교회(Congregational Church)에 잠깐씩 들러서 복음을 전하는 데 전념해야 했다. 이 지역은 피폐해가는 산업지구로 희한하게도 그 이름은 '가스펠 오크'(Gospel Oak)라고 불리어졌고, 그곳에 회중교회가 있었다. 첫 모임에 참석한 사람의 숫자는 정확히 여섯 명이었다. 그러나 믿음은 상황이 순조롭게 풀리고 안 풀리고에 좌우되지 않았다. 우리는 그 교회에서 예수님이 부어주시는 생동하는 즐거움을 만끽했다. 여기에서 우리를 위해 기도하고 있는 그들에게 보낸 기도편지를 아래와 같이 소개하려고 한다.

이 교회는 형편이 너무 열악하고 가난했습니다. 주일 저녁 집회에 모이는 사람은 고작해야 30명 정도였습니다. 그러나 우리가 그곳에서 처음 사역을 시작할 때 겨우 6명이 모이는 아주 작은 모임이었지만, 우리가 계속해서 집회를 인도해 나가면서부터 모이는 숫자가 증가하기 시작했습니다.

정기모임에 나오는 사람들 중에 상당수는 우리가 전하는 메시지를 듣고도 따라오는 것을 거부하였습니다. 귀만 커져서 '귀가 가려운'(itching ears) 그들이었습니다. 우리는 귀만 만족케 하는 것에 휘둘리지 않았습니다. 우리가 사람들의 회심한 사건들을 메시지로 전했을 때, 그것이 사람들의 분노를 자극했습니다. 목회자들을 비롯하여 모인 사람들이 서슴지 않고 우리를 향하여 비난을 퍼부었습니다.

그러나 주님은 많은 새 신자들을 보내주셨고, 거리에서 사람들에게 전하는 전도는 정말 놀라운 성공을 거두었습니다. 거의 매일 저녁마다 한두 명의 결신자가 생겨났고, 그들 중에는 기억에 남을 만한 경우도 있었습니다.

한 젊은 여자는 매일 밤마다 계속 성령을 거부하였고, 그녀와 개인적으로 대화를 할 수 없을 정도로 완강하게 보였습니다. 어느 날 저녁에 주님은 그녀를 만나주셨습니다. 다음 날 저녁 우리는 그리스도 안에 있는 즐거움에 취해 있는 그녀를 발견했습니다. 크게 기뻐하면서 그녀는 그녀의 첫 번째 죄가 해결되었다고 우리에게 고백했습니다. 그녀는 담배를 내팽개쳐버렸습니다. "자매님, 바로 그거예요! 모든 죄는 쓰레기통에 버려야만 합니다."

전날 밤의 간증집회는 너무 좋았고, 그 간증을 통하여 사람들이 주님께로 돌아왔습니다. 우리는 하나님을 크게 찬양했습니다. 우리 사역 팀은 호랑이처럼 담대하게 일하고 기도했습니다.

몇 년 후에 나는 중부 잉글랜드의 심장이고 산업단지로 구성된 버밍엄(Birmingham)이라는 도시에 정착을 했다. 최근에 전국청년선교회가 그곳 버밍엄에 뿌리를 내렸다. 주변에 있는 교회들에 속한 젊은이들은 청년복음운동을 수행하는데 기초자원이 되었다. 그들은 무엇이든지 할 각오가 되어있었을 뿐만 아니라, 청년선교운동을 이끌어갈 태세를 갖추고 있었다. 하나님은 열정으로 충만한 젊은이들을 내게 보내주셨고, 나는 그들과 함께 팀을 결성하여 복음운동을 전개해 나갔다. 이 젊은이들은 눈부시게 활약을 했고, 가장 효과적인 방법으로 이 복음운동에 참여했다.

내가 그 지역에 한정되어 복음운동을 전개해 나가고 있을 때, 이 젊은이들은 며칠씩 집을 떠나 다른 지역에서도 복음을 전했다. 어떤 때는 10일에서 23일까지 집을 떠나 다른 지역에까지 나가서 복음을 전했다. 이들은 직장 일이 끝나면 곧바로 전도현장으로 달려갔으며, 함께 식사를 하고 밤새 복음전도집회의 현장에서 보냈다. 그들은 집으로 가지 않고 집회현장 근처에서 잠을 자고 그 다음 날 곧 바로 직장으로 출근했다.

주일에는 이 젊은이들이 그 지역의 다양한 학생들을 모아서 교회로 데리고 왔고, 예배 후에 우리는 이들과 함께 대형 전도 집회를 열었다. 거기에 모인 무리들 모두는 곧 바로 예수님의 새로운 비전에 붙들렸고, 예수님 안에 있는 완전한 구원에 이르게 되었다. 그들의 열정과 믿음은 끝이 없는 것처럼 보였다.

우리가 함께 복음운동을 했던 지역은 대부분 '블랙컨트리'(the Black Country, 영국의 산업공단지역을 일컫는 말) 지역으로 버밍엄과 울버햄턴(Wolverhampton)의 어수선한 산업단지였다. 어떤 관점으로 보면, 그 공단도시가 갖는 특성으로 때문에 그 지역을 '블랙컨트리'라고 사람들이 부르게 되었을 것이라고 생각할 수 있다. 그러나 그곳에 사는 사람들은 특이한 억양을 가진 정말 좋은 사람들이다. 그 지역에서 쓰는 영어의 억양은 정말 특이하다. 그들은 따스한 마음으로 복음을 받아들이고 그 복음으로 인하여 모든 기쁨을 누리는 사람들이었다.

우리가 복음운동을 펼친 지역들, 곧 솔틀리(Saltley), 팁톤(Tipton), 올드 힐(Old Hill), 더들리(Dudley), 울버햄턴 지역들의 집회현장에 하나님의 불이 임했고, 많은 사람들이 그리스도께로 돌아왔다. 당시에 참여했던 팀 멤버 모두는 우리가 전에 경험하였던 '영적인 전성기'를 누렸다.

그 팀원 중에 버밍엄대학의 학생이었던 한 청년은 자주 자취방을 비워두고 전도 집회에 가담했다. 내가 전에 셰필드의 학생선교회에서 만났던 웨일즈 여학생의 경우도 위의 학생과 똑같았다. 그런 일이 있은 후에 그녀는 런던을 떠나 있었는데 갑자기 주님께로 돌아왔고, 그녀는 지금 할 수 있는 모든 힘을 다하여 열정적으로 주님의 일에 임하고 있다. 그녀가 과도하게 복음주의운동에 참여한 것 때문에 교수는 그녀에게 학위 주는 것을 막았다. 대신에 나는 그녀를 아내로 얻게 되었다. 사실, 바로 그 때에 아내를 얻은 것이 아니라, 그런 일이 있은 후 거의 2년이 다 되어서야 그녀를 내 아내로 맞이하게 되었다.

그 다음 12년은 내가 그렇게도 흠모하였던 청년복음운동을 전국청년선교회의 깃발아래 즐겁게 사역하면서 보냈다. 전국으로 흩어진 선교회 회원들은 선교본부에 있는 우리와 지역의 리더들을 위해 복음전하는 통로를 마련해 주었으며, 그들은 가능한 한 모든 수단을 동원해서 우리를 적극적으로 도왔다.

우리는 복음운동을 염두에 두고 이와 같은 방식을 적절하게 발전시키기로 했다. 이와 같은 방식으로 작은 단위의 선교지부를 확장시켜나가고, 그것을 연계하여 많은 교회들이 참여하는 광범위한 도시형 복음운동을 설계하는 것이었다. 당시에 나는 140여 곳에서 진행되는 복음운동을 관장하였는데, 미들랜드 지역뿐만 아니라, 영국 전역에 있는 교회들과 시청강당들에서 복음집회를 개최했다.

여름에는 몇 달간 큰 텐트를 치고 집회를 열었는데, 후에 이 야외집회는 내가 가장 선호하는 형태의 전도 집회가 되었다. 만약 내 자신에 대한 실망과 내 속의 공허함을 느끼면서도 내가 끊임없이 주님 앞에 나가야 되는 것과, 그리고 주님께 나의 나됨을 만들어 가시도록 내 자신을 어떻게 맡겨야 되는지를 하나님이 내게 가르쳐 주지 않으셨더라면, 이 모든 것은 불가능했을 것이다.

내가 행한 이 모든 일들을 일일이 열거하는 것은 무의미하다. 그러나 꼭 해야만 한다면, 영적전성기에 경험했던 일에 대해 최소한 두 가지 이유를 들어 설명하는 것이 좋을 것 같다.

첫 번째 이유는, 이 책의 뼈대를 이루는 이야기가 하나님의 은혜이기 때문이다. 그 하나님의 은혜는 갈급한 영혼을 만족케 하는 심령의 부흥을 주시기 때문이다. 그러나 찰스 피니(Charles Finney)가 "부흥은 언제나 식어짐(declension)을 전제로 한다"고 말한 것 같이, 하나님의 은혜가 어떤 작용을 하는지를 이해하기 위해서는 먼저 부흥이 곧 식어질 수 있다는 것을 이해해야만 한다.

이것을 이해하기 위해서는 무엇보다 먼저 영광스러웠던 전성기에 경험했던 일들에 대해 더 많이 알아야 한다. 그 영적전성기에 부활하신 주님과 향연에 젖어 있을 때를 말이다.

"지면에는 꽃이 피고 새가 노래할 때가 이르렀고, 내 사랑하는 자가 산에서 달리고 작은 산을 빨리 넘어오는구나!" 내가 '주님을 향해 내 마음을 열었는데 주님이 모습을 숨기시고 내게서 떠나가 버렸다'는 느낌을 받을 때, 실로 그 슬픔은 말로 표현하기 힘들다. 전에 누렸던 잠시잠깐의 영적인 전성기가 사실은 내가 얼마나 절실하게 나의 필요만을 채우려 했던 시간들이었는가를 깨달을 수 있다.

두 번째 이유는, 주님은 자신이 해야 할 일을 하신다. 또한, 그분의 영광을 위해 나로 하여금 실패도 경험하게 하시고 회복도 경험하게 하셨다. 계속적으로 이어지는 은혜의 경험들은 단 한 순간도 전에 주님이 주셨던 교훈들과 배치되지 않았다. 그래서 나는 전에 주님이 베풀어주신 교훈과 은혜들을 부분적으로 꺼내어서 되새길 것이다. 그 은혜는 소망가운데서 오늘을 살아가는 우리에게 여전히 도전을 주고 우리를 깨우쳐 줄 것이다.

지난 수년간 내가 전에 받은 은혜를 아끼는 친구들과 함께 나누는 것이 나의 습관이 되었는데, 여러 곳에 흩어져 살고 있는 친구들에게 기도편지나 정기간행물을 통해 서로 나누었다. 정기간행물을 매월 발행하였다. 그 내용으로는 주로 내가 전에 복음운동을 진행해 나가는 과정에서 체험했던 일들을 실었다. 내가 기도편지에 이러한 내용을 실은 숨겨진 의도는 그리스도인들이 하고 있는 일들을 사람들에게 알리는 것이었다. 이런 일들을 말하면 때때로 사람들은 거북스럽게 느끼기도 한다.

이 편지를 보낸 또 다른 목적이 있었는데, 그것은 기도편지를 읽는 독자들에게 자극과 도전과 용기를 줄 뿐만 아니라, 그들에게 새로운 것들을 가르치기 위해서였다. 감사하게도 대부분의 기도편지들과 정기간행물 자료들을 지금까지 잘 보존하고 있었기 때문에 이 책을 쓰는데 큰 도움이 되었다.

50여 년간 모은 이 방대한 자료들을 다 읽는다는 것은 여간 힘든 일이 아니었다. 그러나 오랜 세월동안 일어났던 지난 일들을 내 불완전한 기억에 의존할 필요 없이 필요한 부분들만 곧바로 인용하여 쓸 수 있다는 것이 얼마나 의미 있는 일인가! 그보다 더 의미 있는 것은 그러한 인용 자료들에 나타난 과거의 사건들을 지금의 시각으로 보고 해석하는 것이 아니라, 당시에 그것들을 어떻게 보고 해석했는지를 보여줄 것이다. 또한, 내 개인적으로는 과거에 경험한 그런 일을 하나하나 펼쳐봄으로써 내 인생의 여정이 어떠했나를 되돌아볼 수 있는 계기가 될 것이다.

바라건대, 이러한 은혜 받은 경험을 담은 자료들을 통하여 하나님의 영광이 드러나기를 소망한다. 이 자료들 안에서 나의 미성숙한 면들과 천박한 면들도 분명히 드러나게 될 것이다. 여러

분이 나의 이러한 진면목을 보게 되면 내 과거에 대해 느끼는 지금의 나의 심정보다는 덜하겠지만, 나의 그러한 면들을 좋아하지만은 않을 것이다. 그러나 이 이야기가 한 사람의 인생순례의 관한 기록이라면 그 사람이 걸어 온 모든 부분을 있는 그대로 보여줘야 한다.

My Calvary Road

제7장 | 영적 도약을 경험하다

　이제 내 인생순례에 있었던 몇 가지 사건들을 나누려고 한다. 물론, 내가 경험한 사건들이 다른 복음전도자들이 경험했던 것보다 확연히 다른 그런 것은 아니다. 그러한 기적들은 하나님의 은혜의 복음을 전하는 곳에서는 항상 나타난다. 그러한 표적들은 영혼구원을 성취하기 위한 하나님의 도구로 항상 사용되어져 왔다. 다른 전도자들도 은혜로 승리를 거둔 그와 같은 간증들을 수없이 할 수 있을 것이다. 그러나 내가 친히 경험한 사건들을 여기에 인용한 것은 그것들이 내 인생여정에 있어서 매우 중요한 부분을 차지하고 있을 뿐만 아니라, 또한 이것이 나의 진정한 삶의 방식이었다는 것을 내게 확인시켜 주기 때문이다.

　이 삶의 방식이라고 하는 것은 내가 그리스도의 부활의 생명

안에 사는 것과 그리스도의 승리를 단순히 구하는 것만 아니라 그 승리를 믿는 것이다. 우리가 모든 것을 쏟아 부어 드렸던 기도는 그저 어떤 것을 평범하게 요구하고 간구하는 그런 기도가 아니라, 그보다 훨씬 높은 차원의 구하는 것은 받을 줄로 믿으라는 '믿음의 기도'였다.

> 그러므로 내가 너희에게 말하노니 무엇이든지 기도하고 구하는 것은 받은 줄로 믿으라. 그리하면 너희에게 그대로 되리라(막 11:24).

그래서 우리는 우리가 구한 것들을 받은 줄로 믿었을 뿐만 아니라, 우리에게 응답을 주신 하나님을 찬양했다. 우리가 영혼을 구원하는 영적인 전투를 치르면서 하나님께 얻은 교훈은 우리 삶의 기초를 하나님을 찬양하는 것에 두어야 한다는 것이었다. 우리가 믿었기 때문에, 그 믿은 것이 이루어졌다. 그러므로 이것은 마치 "우리가 산들을 뛰어넘고 언덕을 건너뛰는 것"과 같은 것이었다. 우리는 승리를 위해 싸운 것이 아니라, 이미 승리한 그 승리를 쟁취했다. 주 예수 그리스도께서 십자가에서 승리하시고 부활하셨기 때문에 이미 그 승리는 우리 모두에게 주어진 것이다.

블랙컨트리에서 처음 수행한 우리의 복음집회 중 한 번은 성공회교회인 올드 힐 교회(Old Hill Parish Church)에서 개최했다. 그곳에서 경험한 일을 함께 나누려고 한다.

1936년 10월 31일부터 11월 9일까지 버밍엄근처에 있는 올드 힐 교회에서 집회를 열었는데, 그 교회는 복음의 기초가 잘 다져진 성령이 충만한 건전한 교회였다. 이 집회를 내가 경험한 가장 영광스러웠던 집회 중의 하나로 기억하고 있는 것은 단순히 엄청난 숫자적인 결실을 거둔 것 때문이 아니라, 우리가 기도하고 영적인 싸움을 싸웠을 때 놀라운 하나님의 능력을 체험했기 때문이다. 뿐만 아니라 결코 이전에 경험해보지 못한 확신, 즉 "우리의 하나님은 반석이시다"라고 하는 큰 확신을 얻었기 때문에 올드 힐 집회를 잊을 수가 없다.

할렐루야! 우리는 하나님이 약속하신 위로부터 내리시는 능력을 경험한 일들을 쉽게 잊을 수 없었다. 우리는 집회가 있던 두 주간의 토요일 오후는 기도에 전념했다. 또 우리는 계속적으로 회의를 진행하는 가운데서도 기도 팀을 만들어 소기도실 방에서 기도하게 했다.

내가 다른 방에서 사람을 만나고 있는 동안, 그 기도 팀은 귀신을 결박하기도 했다. 그 복음집회는 큰 주목을 받을 만 했다. 왜냐하면, 우리는 복음을 선포했고, 간증을 했으며, 또한 그리스도인들에게 거룩하게 되는 성화를 체험하라고 촉구했을 뿐만 아니라, 죄에 대하여 죽고 성령의 충만함을 받으라고 촉구했기 때문이었다. 결과는 흘러넘치는 축복으로 나타났다. 우리 팀의 연이은 간증으로 말미암아 수많은 사람들이 주님께로 돌아왔다.

팀원 중의 한 자매가 어떻게 그녀가 이 성령 충만의 은혜를 받게 되었는지를 간증하는 그 시간은 실로 감동적인 순간이었다. 그 자매는 어느 날 새벽 3시까지 주님께 기도하면서 씨름을 했는데, 그때 바로 성령의 충만함을 입게 되었고 그녀는 결국 그녀의 삶을 재정비하게 되었다는 간증이었다.

집회의 처음 시작은 정말 어렵고 잘 풀리지 않았다. 월요일 저녁까지도 한 사람도 은혜를 받고 구원을 얻은 사람이 없었다. 그러나 이로 인해 우리는 더욱 주님 앞에 엎드려야 했다. 마귀는 더 자만해져 있었다. 마귀는 자기가 판 구덩이에 얼마나 자주 빠지곤 하는가!

심지어 사람들이 그리스도를 발견하고 돌아온 후로도 우리는 기존 그리스도인들에게만 초점을 맞추어 말씀을 전했다. 집회가 중간쯤 지나고 있을 때, 내가 이틀 밤을 특별히 기존 그리스도인들에게만 초점을 맞추어 복음을 전하고 있다는 것을 깨달았다. 나는 마음에 내키지는 않지만 내가 불신자들에게 복음 전하는 기회를 놓쳤다는 것을 말해야만 했다. 그러나 하나님이 그분의 확증을 주셨는데, 그리스도인들이 방해가 된다는 것을 깨닫게 해 주셨다.

주일 밤에 올드 힐 교회에 눈부시게 많은 사람들이 모였다. 집회가 진행되는 동안 내내 기도 팀의 기도가 뒷받침되었고 성령의 기름 부으심과 능력이 강단에 가득했다. 회심한 사람들이 강단 앞으로 나가기위해 길게 늘어서 있었는데, 구원의 초정에 응한 일부 사람들에게는 이것이 현실적으로 엄청난 시험이었다. 그들 중에 네다섯 명은 용감하게도 성찬테이블 앞에 무릎을 꿇기도 했다.

처음으로 강단 앞으로 나온 사람은 중년의 여성분이었다. 그녀는 그 날 밤에 많이 울었다. 다음 날 간증하는 시간에 그 중년여성은 자기는 전에 그리스도인이었는데 다시 주님의 보혈의 은총을 받기위해 나왔다고 했다. 지난 밤의 간증모임은 너무나도 은혜로웠고 모두가 그 분위기에 압도되었다. 어린 소년으로부터 중년부인에 이르기까지 수많은 사람들의 간증이 이어졌다.

새로 믿은 사람들의 간증은 더욱 빛이 났고, 기존 그리스도인들은 그들이 받은 축복과 성령 충만을 받은 은혜를 말했다. 또한, 몇몇 회심한 사람들은 그들이 죄에 빠졌던 고백과 주님께로 나오는 것을 방해했던 장애물에 대해 간증하기도 했다. 우리는 집회를 더 연장하여 할 수 없다는 것을 알고 아쉬운 마음을 가지고 집으로 돌아왔다. 오로지 어린 양께만 영광을 돌린다!

우리는 11월 10일에 팁톤(Tipton, 블랙컨트리 지역 중 한 곳)에 있는 세인트 폴 교회에서 집회를 열었다. 우리 모두는 다 지쳐 있었다. 우리는 도랑에 고인 물처럼 덤덤해졌다. 나는 우리 팀원 중에 한 사람이 간증을 하는데 그의 눈에 눈물이 고여 있는 것을 보았다. 그래서 나도 함께 힘을 보탰고, 내가 마무리하는 말씀을 전함으로 집회를 마쳤다. 그 후에 여섯 명이 구원을 받았으며, 지친사람들도 회복되었다. 할렐루야!

그곳에서 옮겨 우리는 블랙컨트리 지역의 다른 곳에서도 계속해서 집회를 열었다. 아래에 열거하는 이야기들은 집회에서 있었던 대표적인 사건들이라고 할 수 있다.

1937년 9월 14일 네더튼(Netherton)에 있는 피플스 미션 홀(the People's Mission Hall)이라는 선교회 강당에서 집회가 열렸다. 마음이 너그러운 사람들이 사는 블랙컨트리 지역에서는 6일밖에 안 되는 짧은 기간의 집회를 가졌는데, 하나님은 풍성한 결실을 안겨주었다. 그때 우리를 도와 함께 일했던 팀은 버밍엄에서 온 사람들이었다.

그곳에서 우리는 은혜 충만한 기도의 시간을 가졌으며, 블랙컨트리 사람들이 떼로 몰려와서 기도실을 가득 채웠다. 그들의 기도는 그야말로 완전히 마음을 하나님께 쏟아 붓는 그런 기도였다. 매일 저녁 구원받는 사람들이 생겨났고, 모인 무리들 가운데는 기쁨이 충만했다. 우리는 그 구원받은 사람들을 위해 오랜 시간 기도했다.

어느 날 저녁, 팀원 중에 한 명이 집회에 나오지 않아서 나는 그의 집으로 찾아가서 이유를 물었다. 그가 대답하기를, 그 날 저녁집회에 나가지 말고 집에 남아서 저녁시간 내내 기도하라는 주님의 인도하심을 확실하게 받았다고 말했다. 그런데, 그 날 저녁에 열 사람이 구원을 받은 것이다!

아마도 이 과정에서 겪었던 가장 흥미로운 사건 가운데 하나는, 우리가 그곳에 집회하러 가기 한두 달 전에 방문했던 교회의 한 청년이 말씀을 듣고 크게 양심의 가책을 받고 괴로워했던 일일 것이다. 이 청년은 우리를 만난 이후로 크게 괴로워했다고 한다. 그래서 우리가 다시 돌아오기를 간절히 기다리고 있었다. 바로 이 청년이 집회 첫 날에 가장 먼저 앞으로 나온 사람이었고, 집회 마지막 날에 영광스럽게 간증을 하였는데, 그의 몸이 마치 불덩어리처럼 된 것 같다고 말했다.

가까운 마을에서 일하고 있는 두 자매는 저녁마다 함께 모여서 직장의 믿지 않는 다른 동료들을 위해 기도했다. 두 자매들의 기도로 직장동료들이 이 집회에 참여하게 되었고, 그들 중에 다섯 명이 주님께로 돌아왔.

지난 밤에는 공개적으로 회심한 사람들을 자리에서 일으켜 세우지 않았다. 그런데, 집회가 막바지에 이르고 모든 사람들이 거의 다 집으로 돌아갈 무렵에 한 젊은이가 참 희한한 방법으로 주님을 영접했다. 나는 그 청년이 잡담을 하고 있는 한 무리의 청년들과 함께 서 있는 것을 보았다. 나는 그 청년을 따로 불러 만났다. 그는 자신의 인생에서 뭔가가 빠져 있는 것을 느꼈다고 말했다. 내가 그에게 구원을 갈망하고 있느냐고 물었을 때, 그가 대답했다. "나는 지금 분명히 무엇인가를 놓치고 있습니다. 비록 무엇인지는 확실치 않지만 무슨 일이 일어나기를 간절히 기대하고 있었다고 내 일기에 기록했습니다"

그 청년이 그 빠져있는 것이 예수님이라는 것을 깨달았을 때, 즉시 예수님을 영접하고 먼저 주님을 영접한 그의 누이와 함께 집회에 참여했다. 그를 집회로 이끌었던 이 사건은 그의 누이 속에 생겨난 변화의 결과라고 볼 수 있다. 이렇게 하여 참으로 은혜로운 집회가 막을 내렸다.

내가 집회를 개최하면서 경험한 일들을 되돌아보면서, 생각하는 것조차 부끄러울 때가 있다. 가끔씩 내가 지혜와 은혜가 고갈된 상태로 어떻게 주의 일을 했는지를 생각할 때 낯이 뜨겁다. 다행히도 그런 것들이 다른 사람들 눈에는 비쳐지지 않았지만, 나는 이 모든 것을 다 기록으로 남겼다.

1937년 3월 14일부터 15일 양일 간 헤리포드(Hereford, 중부잉글랜드의 소도시)에서 집회를 열었다. 주일 오후에 나는 헤리포드 YMCA강당에서 말씀을 전했다. 그곳에서 우리는 하나님의 임재를 느꼈다.

저녁에는 그곳에 있는 한 감리교회에서 말씀을 전했다. 나는 그 지역이 영적으로 죽어있는 것을 직감하고 열변을 토하며 말씀을 전했고, 그들의 이해할 수 없는 태도와 그들의 냉담한 조소, 그리고 교인들 중에 회심하지 않는 사람들이 있는 것과 그 밖의 느낀 점들을 그들에게 말했다. 오래된 성도들 중 몇몇은 얼굴이 좀 붉어지기까지 했고, 우리를 초청한 관계자의 얼굴에는 우리에 대한 분노가 역력히 나타나 있었다.

내가 집회 도중에 그리스도를 믿기를 원하는 사람들을

강대상 앞으로 불러내는 공개초청을 선언하자 그 관계자가 내 말을 가로막았고, 나는 더 이상 말씀을 선포할 수 없었다. 어찌됐든 나는 하나님께 영광을 돌린다. 그래도 그 쓰레기 잔재 속에서 우리는 두세 명의 영혼들을 주님께로 인도하는 결실을 거두었다.

나는 미들랜드에만 머물러있지 않고 우리를 필요로 하는 곳으로 가서 집회를 열었다. 1937년에 나는 남 웨일즈를 처음으로 방문했다. 그곳에는 1904년 웨일즈대부흥운동의 불씨가 여전히 남아있었다.

> 1937년 2월 6일부터 15일까지 남부웨일즈에 있는 카마든(Carmarthen)[1]이라는 도시에서 집회를 열었다. 이곳에서의 집회는 참으로 놀랍도록 은혜가 넘치는 집회였으며, 이 집회는 내가 지금까지 참여한 집회 중에서 가장 강력한 역사가 나타난 집회 중 하나였다.
> 그곳에서 나는 그 지역 학교의 교장이었던 이드리스 데이비스(Idris Davies)라는 동역자를 만나는 감격을 누렸다. 그는 남부웨일즈에서 복음전도자로서 하나님께 크게 사용 받고 있는 인물이었다.

---

1) 스완지(Swansea)와 람페터(Lampeter) 사이에 있는 소도시, 역자 주.

카마든 지역은 많은 사람들이 웨일즈어(Walsh Language)를 사용하는 지역이었기 때문에 이드리스 데이비스가 웨일즈어로 그들에게 말씀을 전하였고, 나는 영어로 말씀을 전했다. 그런데, 이드리스 데이비스는 웨일즈어보다는 영어를 더 많이 써서 말씀을 전하였다. 웨일즈 사람들 중에도 웨일즈어를 모르는 사람들이 있었기 때문에, 이드리스가 그들의 이해를 돕기 위해 영어를 사용하여 말씀을 전했던 것이다.[2]

그곳 집회의 특이한 점은 회개의 물결이 온 도시를 뒤덮었다는 것이다. 온 도시가 아주 엄숙한 분위기가 묻어나는 것 같았다. 분위기가 너무 경건해서 집회를 진행하는 동안 우스갯소리나 경솔한 행동을 할 수 있는 분위가 아니었다. 그들은 오락을 즐기려고 그곳에 오지 않았다. 집회가 끝날 무렵에는 온 도시의 분위기가 흥분의 도가니가 되었다고 해도 과언이 아닐 정도 들끓어 올랐다. 그 도시의 어느 곳에서나 사람들의 대화의 화두가 '구원'이었다.

카마든을 경유해 가는 다른 지역에서 온 버스기사들이 그곳에 정차해서 차를 마시려고 카페에 들어갔는데, 그들은 카페마다 구원과 복음집회에 관한 얘기로 온통 시

---

2) 대개 웨일즈 사람들은 웨일즈어와 영어를 동시에 사용하지만 젊은 세대들은 웨일즈어를 배우지 않으려는 경향이 있다, 역자 주.

끌벅적한 것을 목격하였다고 한다. 집회가 끝나가는 무렵, 시장통이나 거리에서나 그 도시의 어느 곳에서나 사람들이 회개하고 돌아오는 역사가 나타났다. 거의 80여 명의 새 신자들이 공개적으로 사람들 앞에서 그리스도를 주님으로 영접하는 고백을 했다. 뿐만 아니라, 내가 그곳을 떠난 후에도 셀 수 없이 많은 사람들이 그리스도를 주님으로 영접하는 일이 일어났다.

내가 그곳을 떠나오면서 나를 필요로 하는 사람들이 그곳에 아직도 많은데 떠나가야 된다는 것이 내 가슴을 아프게 했다. 그들에게 더 권고해 줄 수 있는 말은 십자가에 못 박히신 주님을 바라보라고 하는 것이었다. 그러나 주님은 주님의 일을 계속 진행시켜 나가셨고, 그곳의 집회가 끝났다고 해서 그곳을 향하신 주님의 사역이 끝난 것은 아니었다. 카마든에서 나는 마지막으로 한 신학생과 차고에서 함께 기도를 하고 그곳을 떠나왔다.

웨일즈에서까지 복음집회를 개최하도록 인도하신 하나님의 오묘하신 섭리와 과정들을 다 말하려면 긴 시간이 필요할 것이다. 하지만 분명한 것 한 가지는 그곳 웨일즈에서의 집회는 사람이 손가락하나 움직일 필요가 없는 전적으로 하나님의 간섭하심으로 진행된 집회였다는 것이다. 그곳의 수많은 신실한 그리스도인들에게 강력한 기도의 영이 임했으며, 자주 잃어버린 영혼들을 위한 눈물의 기도를 자주 하나님께 드렸다. 웨일즈 사람들은 애통하는 것이 무엇인지를 아는 사람들이다. 만약 우리 잉글랜드 사람들이 애통해 하면서 더 많이 기도했더라면 더 많은 영혼들이 주님께로 돌아오지 않았을까하는 생각을 해 본다.

신앙상담을 진행하는 상담실에서도 역시 장년성도들을 비롯한 젊은이들이 한 없이 눈물을 흘렸다. 그냥 인간의 순간적인 감정에서 나오는 눈물이 아닌 성령의 강력한 임재로 인하여 뜨겁게 흘리는 눈물이었다. 구주 예수님이 진정으로 고백하는 심령가운데 임재하시고, 그 회개하는 수많은 자들을 일으켜 세워주셨다. 카마든 복음집회의 절정은 마지막 주일 저녁의 영광스런 집회로 마무리를 했다. 시내의 한 극장에 1,100여 명이 넘는 많은 사람들이 모여들어서 극장을 가득 메운 가운데 집회를 진행했다.

수없이 많은 개인적인 간증들도 쏟아져 나왔다. 은행원이었던 어떤 청년은 주일오후집회에 처음 참여해서 주님을 영접했다. 그 청년은 다음 날 은행에 가서 확신 있게 자신이 경험한 것을 간증을 하였고, 그 결과 자신의 여자친구를 주님께로 인도했다.

어떤 노동자 한 사람은 밤 12시까지 자기부인을 설득해서 주님을 영접하도록 했고, 그 밤에 곧장 교회로 나가서 그의 세 딸들을 위하여 새벽 1시 반까지 계속하여 기도하다가 새벽 3시에 일터로 나갔다고 한다. 우리가 새벽기도회를 인도하러 교회로 나갔을 때, 잘 모르는 세 명의 소녀들을 만났는데 그들은 아버지의 기도로 새벽기도회에 나온 세 딸들이었다. 우리는 그 소녀들을 전혀 몰랐지만, 그 세 명의 딸들을 위해 새벽 1시 30분까지 기도했던 한 그리스도인, 곧 그들의 아버지가 있었다.

내 비서가 세 장의 결신카드를 그들에게 가져가서 작성하도록 했다. 보통 기도회 시간에는 결신카드를 사용하지 않지만 그 날 새벽에 우리는 세 딸들을 주님께로 인도하고 결신카드를 작성하게 했다. 세 명 모두가 구원을 받은 것이다.

우리가 기도회를 마치고 머무는 집으로 돌아왔을 때, 집 주인이 우리에게 큰 기쁨이 되는 간증을 했다. 그는 본래 새벽기도회에 나갈 정도의 신앙이 아니었는데 그 날 우리를 위해서 기도를 해야만 한다는 기도의 부담감을 크게 느끼고 그 자리에 무릎을 꿇고 기도를 했다고 한다. 그런데, 그의 기도 도중에 무엇인가가 일어나고 있다는 것을 느꼈다고 한다. 할렐루야, 얼마나 신기한 하나님의 역사인가!

회심한 사람들은 담대하게 예수님을 자신들의 구주로 간증했다. 어떤 직장인이 어느 날 직장에 출근했을 때, 그 전날 저녁에 구원받은 젊은이 한 사람이 직장에서 자신이 구원받을 것을 이미 간증했다는 것을 알았다. 그 젊은이가 그의 직장에서 간증한 시간은 아침 9시 전이었다.

한 신학생이 있었는데, 지난밤에 구원받은 새 감격에 젖어 간증을 한 그 청년에게 감동이 되어 그도 주님을 영접하게 되었다.[3]

어떤 중년여성이 여성모임에 나와서 자기 친구에 대해 간증을 했는데, 그 친구는 너무 도도해서 세상의 그 어떤 것으로도 그녀의 도도함을 무너뜨릴 수 없다고 했다. 그런데, 그런 그녀가 바보처럼 자신을 다 내려놓고 군중들 앞에 일어서서 고백을 했으며, 제일 먼저 상담실로 들어가서 결신을 했다고 한다. 그런 일이 있은 후 하루 이틀이 지나고 나서 그녀의 늙은 남편이 주님의 자비를 구하고 있다는 얘기를 들었다. 나는 밤에 그 가련한 늙은 남편을 찾아가 옆에서 무릎을 꿇고 기도했다. 그 사람은 수년간 감옥생활을 했던 사람이었다. 간단하게 기도를 마치고

---

3) 외국 신학생 중에는 신학을 단지 학문으로만 공부하기 위해 신학교에 오는 사람도 있다. 역자 주.

난 후 그 노인이 나에게 몇 마디를 말했다. "난 이미 뭔가 아주 특별한 것을 느끼고 있네!" 그 느낌을 손가락으로 표시하듯이 그는 "그건 더비 전 승리(Derby, 두 라이벌 팀의 축구경기 매치)보다 훨씬 멋진 일이라네!"라고 말했다.

후에 들은 얘긴데 그 집회가 진행되는 동안 참으로 중요한 사건 하나가 있었는데, 열일곱 살 먹은 소년에 관한 것이었다. 집회가 진행되는 동안에 나는 그런 일이 일어나고 있었다는 것을 전혀 알 수 없었다. 나의 보고서에도 그런 얘기를 언급한 적이 없었기 때문에 몰랐다. 알고 보니, 이 소년에 관한 얘기는 우리가 집회를 마치고 난 후에 기록되었다고 한다.

글린 오웬(Glynn Owen)이라는 청년이 지역 신문사의 직원으로 갓 취직을 하게 되었다고 한다. 그의 직속상관은 신실한 그리스도인이었는데, 집회가 열렸을 때 글린 오웬을 집회현장에 보내서 취재하도록 했다. 집회를 취재하는 동안 이 청년이 복음을 듣도록 하기 위해 집회현장으로 취재를 보낸 것이다. 그 날 밤 학교 교장이었던 이드리스 데이비스가 말씀을 전하고 있었는데, 하나님의 말씀이 그 청년기자의 마음을 움직였다. 그 날 밤 집회가 끝날 무렵 이 청년은 결신자실로 들어가 무릎을 꿇고 그리스도의 십자가 앞에 나아가 구원을 열망했다. 이 청년은 집회의 처음부터 성령으로 충만했을 뿐만 아니라, 뜨거운 열정에 사로잡혀 그리스도를 증거하였다.

그 후에 그는 장로교신학교에서 신학을 공부하고 북 웨일즈와 벨파스트(Belfast)지역에서 목회를 하였다. 후에 이 청년기자는 그 유명한 마틴 로이드 존스(Martyn Lloyd-Jones) 목사의 뒤를 이어 런던에 있는 웨스트민스터 사원에서 목회를 하였다. 그가 그 위대한 로이드 존스의 공백을 메우는 것은 쉬운 일이 아니었다.

어느 날 내가 웨스트민스터를 방문해서 그의 설교를 들었는데, 죄인들을 향한 하나님의 복음을 주제로 한 그의 설교는 티 없고 강력했다. 예배가 끝나고 나서 그 날 들은 설교에 대하여 누군가에게 설명하려고 하는데 나는 너무 목이 메어서 그냥 복도에서 울었다. 나는 교회사무실로 들어가서 글린을 껴안아주면서 그에게 말했다. "글린, 그런 식으로 계속 설교하게나. 내가 끝까지 밀어줄 테니까."

그러나 그곳 웨스트민스터에서의 그 시기가 글린에게는 가장 힘들었던 때였다. 후에 하나님은 그에게 더 크고 더 많은 기회를 주셨다. 하나님이 글린을 캐나다의 녹스장로교회(the Knox Presbyterian Church) 담임목사로 사역하도록 길을 열어주셨는데, 그 교회는 북미지역에서 역량있는 복음의 전진기지 중의 하나이다.

내가 토론토를 방문하여 그를 만났을 때 그는 주변을 안내해주면서 그가 하고 있는 사역에 대해 말해주었다. 지역 신문사 직원으로 들어간 젊은 취재기자가 첫 임무를 부여받고 나간 복음집회 자리에서 그리스도를 영접하고 이렇게 크고 귀한 사역을 하고 있다니 놀라운 일이 아닐 수 없었다.

카마든에서 나는 스완지외곽에 있는 고르세논(Gorseinon)이라는 작은 마을의 페네올 가스펠 홀(Penrheol Gospel Hall)에서 집회를 열었다. 이곳에서 나는 당시에 내가 상상도 못했던 것을 알게 되었다. 이 지역은 바로 웨일즈부흥운동의 기억들이 묻어나는 그런 곳이었기 때문이다.

1904년에 주님은 이 지역에 처음으로 그의 성령을 부어주기 시작하셨다. 부흥의 주자였던 에반 로버츠(Evan Roberts)가 그곳의 바로 강 건너 하구마을에서 자라났다. 에반 로버츠가 세스 조슈아(Seth Joshua)의 설교를 듣고 난 후에 드린 그 유명한 기도 "주여! 나를 항복케 하소서"라고 기도했던 곳이 바로 이곳이다. 이 기도가 하나님과의 관계에 새로운 장을 열게 되는 계기가 되었고, 그것으로 인하여 폭포수 같은 부흥의 물결이 일어나게 되었다.

내가 머물렀던 집주인 내외는 이제 노년이 된 분들인데 부흥이 일어나던 시기에 그들은 에반 로버츠의 충성스런 동역자들이었다고 한다. 이 노부부는 몇 시간동안이나 부흥이 일어난 때에 있었던 일들을 들려주면서 급기야 눈물을 흘리기까지 했다. 그들은 페네올 가스펠 홀의 주도적인 멤버였다. 이 가스펠 홀이 생겨난 것도 부흥운동의 결과였다.

남부 웨일즈의 여러 지역에서 부흥이 일어나고 있을 때, 그때 회심한 젊은이들이 조금 딱딱한 교회예배당을 뛰쳐나와 이와 같은 편안한 예배처소를 찾기 시작한 것 같다. 여기에 그 부흥의 불씨가 아직 피어오르고 있었지만, 그들만이 오로지 불씨로 남아있었다. 부흥을 직접 경험한 나이든 사람들은 여전히 그들의 믿음의 빛이 바라지 않고 활활 타오르고 있었지만, 그들의 10대 후반에서 20대 초반의 자녀들은 부모들이 섬기는 하나님을 적대시하고 부모들의 마음을 아프게 했다. 예배에 참여하는 것도 형식적으로 억지로 했다. 나는 주말집회를 시작하기 전까지 이런 상황을 전혀 깨닫지 못했다. 그리고 하나님이 주일저녁 집회에서 행하셨던 모든 것을 그때까지도 잘 이해하지 못하고 있었다. 이런 경직된 분위기가 깨지도록 기다리면서 간절히 오래도록 기도했는데, 드디어 깨어지는 신호가 왔다. 아래는 그 날의 깨어짐을 기록한 것이다.

> 1937년 2월 20일부터 21일까지 양일 간 고르세넌이라는 작은 마을의 페네올 가스펠 홀에서 있었던 집회의 기록이다. 정말 뒤집어지는 역사가 이곳에서 일어났다.
> 이 일은 내가 처음 주일저녁 집회를 인도한 후 꽤 오랜 시간이 지나고 나서 일어났다. 그 집회에서 말씀을 선포한 후에 결신을 서약하는 기도순서가 있었는데, 기도를 받

기 원하는 사람은 한 손을 들어 표시하도록 하였고, 우리는 그들이 구원받도록 기도하였다. 기도회는 웨일즈 사람이 인도를 했으며, 그는 혼신을 다하여 열정적으로 기도했다. 어떤 사람이 기도하면서 흐느끼고 있었다. 조금 후에 나는 그 흐느끼며 기도한 사람이 그리스도인 소녀였다는 것을 알았다. 그 소녀는 믿지 않는 부모를 위해서 흐느끼면서 기도하고 있었던 것이다. 이 일이 촉매제가 되어 그 집회에 성령의 능력이 나타는 것 같았다.

나는 이 여세를 몰아 계속해서 기도가 필요한 사람들을 향해 공개적인 초청을 하였고, 기도가 필요한 사람들뿐만 아니라 여타 기도제목이 있는 사람들을 다 강단 앞으로 나오게 했다. 열 명 정도가 공개초청에 응하여 앞으로 나왔다. 공개초청이 진행되는 동안 사회자가 찬송을 부르자고 제안하여 함께 찬송을 불렀다. 그 찬송은 나에게도 별로 익숙한 찬송이 아니었지만 따라 부를 수는 있었다. 그러나 어느 누구도 찬송을 부르지 않았다. 나는 그들이 나보다 더 이 찬송을 모른다고 생각했다.

나중에 안 사실이지만 이 찬송은 그 홀에서 아주 유명하고 잘 알려진 찬송이었다. 그들이 찬송을 부르지 못했던 것은 그들 눈앞에서 벌어지는 광경을 보고 눈물이 범벅이 되어서 목이 메어서 그랬던 것이었다. 지금 눈물에 젖어 통곡하며 기도하는 이들이 주님께로 돌아오기를 위해 오랫동안 기도해 왔으며, 또한 그들을 위해 수없이 눈물을 쏟으며 기도해왔다. 드디어 주님이 그들의 간절한 마음의 소원의 기도를 들어주신 것이다.

흐느끼며 기도하는 그들에게 간증의 시간이 주어졌을 때, 그 장면은 참으로 엄청난 감격의 도가니가 되었다. 간증자 중에는 한 가족이 4명이나 구원을 받은 가정이 있었는데, 엄마와 네 아들들이 주님께로 돌아왔다. 그 가족을 주님께로 인도한 남편이 구원의 승리를 감사하면서 하나님을 찬양하던 그 얼굴의 행복한 표정은 잊을 수가 없다.

밤늦은 시간에 회심자 중 한 사람이 간증을 하였다. 그는 결혼한 젊은 남자로 그의 정원 밑에서 들려오는 노래 소리를 들었다고 한다. "오! 그 사랑이 나를 찾았네…"

이 찬송은 어떤 소녀가 그 날 저녁집회에서 주님을 영접하고 불렀던 찬양이다. 사람들은 이 소녀가 가장 주께로 돌아오기 힘든 경우로 생각하고 그녀를 위해 오랫동안 기도해 왔다. 그 소녀는 상당히 세속적인 여자였다. 그녀의 부모님과 친구들이 그녀의 그런 세속적인 행태를 다 알고 있는 것 같았다. 그녀가 세상을 너무 사랑해서 세상의 타락한 길로 나가는 것을 끊지 못했다고 그녀의 입으로 간증했다. 그녀가 회심자들 가운데서 울며 기도하는 것을 보고 모든 사람들이 놀라움과 기쁨을 금치 못했다.

그러나 그것으로 그치지 않고 더 많은 간증들이 이어졌다. 반항적인 젊은이들 그룹에 속한 한 남자가 있었는데, 그는 그 날 저녁 집회에 나오지 않았고, 그에게 돌아갈 축복이 다른 사람에게로 돌아갔다. 내가 9개월 후에 다시 그곳에서 복음집회를 하기위해 방문했을 때, 그가 구원받을 차례가 돌아왔다. 그의 이름은 데이비드 셰퍼드(David Shepherd)인데 후에 영국에서 은혜의 복음을 가장 잘 전하는 설교자 중의 한 사람이 되었다.

데이비드 셰퍼드는 가장 세속적이었던 그 소녀가 일구어 낸 가장 귀한 복음의 열매였다. 그러나 데이비드는 그 당시에는 다른 반항적인 젊은이들과 마찬가지로 하나님에 대하여 강한 적대감을 가지고 있었다. 그의 부모 역시 다른 젊은이들의 부모들과 마찬가지로 웨일즈부흥운동이 일어났을 때 구원받은 믿음의 부모였으며, 그를 위해 간절히 기도하고 있었다. 그의 어머니가 죽어가면서 그에게 유언으로 "아들아, 하늘나라에서 만나자"고 했는데, 그의 마음은 더욱 강퍅해졌다.

집회가 연이어 계속되던 어느 주일에 그는 뒤쪽에 앉아있었는데 집회의 마지막 찬송이 끝나갈 무렵 그는 기회를 엿보고 있다가 자리를 빠져나갔다. 찬송이 끝나기 전에 누가 말이라도 걸어올까 봐 두려워서 도망갔던 것이다.

그러나 하필 그가 사는 집이 내가 머물고 있던 바로 옆집이어서 그가 자주 눈에 띄었다. 어느 날 그와 그의 친구들이 그의 집 밖에서 오토바이를 서툰 모습으로 수리하고 있었다. 나는 그들과 영적인 대화를 나눌 기회를 엿보았지만, 그들은 오토바이에 빠져있었기 때문에 그들에게서 들려오는 대답은 무뚝뚝한 불평뿐이었다. 결국, 나는 그들에게 "이보게들, 여기서는 도저히 대화를 못하겠네. 안으로 들어가지 않겠나?"라고 말했다.

우리는 데이비드의 집 거실로 들어갔다. 안에 들어가서도 밖에서보다 더 대화가 진행이 되지 않아서 그들에게 한 가지 제안을 했다. "내가 너희를 위해 기도해도 괜찮겠니?" 그들은 "네, 하세요. 우리는 괜찮아요!"라고 대답했다. "좋아, 우리 무릎을 꿇고 기도하자." 내가 기도를 마치고 나자 데이비드는 주머니에서 담뱃갑을 꺼내어 벽난로에 던져버렸다. 그러고 나서 기도하기 시작했고, 자신을 주님께 드렸다. 다른 젊은 친구는 끝까지 입을 열지 않았고, 후에 듣기로는 하나님께로부터 더욱 멀어졌다고 한다. 그러나 데이비드는 내 눈 앞에서 거듭났다. 후에 그가 내게 말하기를, 하나님이 자기를 위험한 재앙에서 얼마나 아슬아슬하게 구원해 내셨는지 모른다고 하였다.

사실 그 날 밤에 데이비드와 그의 친구는 평생 씻을 수 없는 부끄러운 일을 행하기로 마음에 계획하고 있었다고 한다. 새 삶을 되찾은 그 날 아침부터 데이비드는 은혜의 교리와 하나님의 말씀의 원리들을 놀라울 정도로 잘 이해하는 것 같았다. 그는 아주 오랫동안 이런 말씀의 원리들을 들어왔으며, 이제 그는 자신이 죄인이라는 것을 깊이 깨닫고 드디어 주님께 항복을 한 것이다. 그가 과거에 들었던 모든 것들이 되살아 난 것이다.

그 이후로 데이비드는 그의 직장인 금속공장에서 일을 마치고 돌아오면 그의 방으로 들어가 몇 시간씩 하나님의 말씀을 읽었다. 후에 그는 글라스고우(Glasgow)에 있는 성경훈련학교에 들어가 공부를 했다. 비록 성경학교에서 배우는 것이 성령께서 이미 그에게 주님에 대하여 그리고 주님의 말씀에 대하여 가르쳐준 것보다 더 많이 배운다는 확신은 없었지만, 그는 그곳에서 그의 삶의 경험을 넓히고 헌신을 경험하는 좋은 계기가 될 것으로 확신했다.

그는 후에 나에게 큰 기쁨이 되었는데, 하나님이 그를 내가 몸담고 있었던 전국청년선교회의 간사가 되도록 인도해주었다. 몇 년 동안 그와 나는 막역한 동료로 함께 일했다. 데이비드의 설교보다 더 위대한 설교는 들어본 적이 없는 것 같다. 그의 설교는 너무 감미롭다. 하지만 날카로우면서도 부드럽고도 강렬했다. 집회도중에 그의 결단을 촉구하는 메시지는 아주 부담이 없이 전해지지만 사람들은 그에게 열렬하게 반응했다. 얼마나 뛰어난 설교가 인가!

데이비드가 가는 곳마다 옛날에 부흥운동시절에 일어났던 일과는 또 다른 놀라운 일들이 일어났다. 특히 그의 고향인 웨일즈에서 집회를 할 때는 더욱 그랬다. 그는 내가 했던 것과는 비교가 안 될 정도로 영국전역에서 수많은 사람들을 주님께로 돌아오게 했다.

데이비드는 전국청년선교회에서 사역한 후에, 몇 년간 세계복음운동본부(the Movement for World Evangelization)에서 일하기도 했다. 이제 그는 자기의 고향 웨일즈에서 독립적으로 목회를 하면서 웨일즈어와 영어로 복음을 전하고 있다. 우리가 웨일즈를 떠나기 전에 영혼을 구원해내는 이 영적전쟁에서 자주 부딪쳤던 부분들에 관한 이야기들을 기록으로 남겼다.

> 1937년 4월 3일부터 19일까지 머서 티드필(Merthyr Tydfil)에 있는 공원침례교회(Park Baptist Church)에서 집회를 열었다. 이 집회를 기록으로 남기려 하니 묘한 기분이 든다. 아주 솔직하게 말하면, 아주 오래되고 더러운 귀신이 역사했다. 그 교회 멤버 중에 한두 명을 통해서 그것이 나타났다. 옛 뱀이 얼마나 간교한지 모른다!
> 본래 그 머서 티드필 지역에 있는 교회들이 전부 연합하여 집회를 열기로 했는데, 그 교회의 몇몇 멤버들이 처음 시작부터 여러 가지 이유를 들어 우리를 실망시켰다. 그러나 주님은 그분의 일을 감행하셨고, 40여 명의 영혼들

이 구원을 받았다. 그렇지만 이 가난하고 우울한 마을에는 그다지 큰 역사가 일어나지 않았다. 실직과 가난으로 인하여 사람들이 도덕적으로 약해지고 사기가 떨어져 있었다. 그곳에는 게으른 젊은 남녀가 넘쳐났다. 머티어 마을에 구원의 큰 물결이 일어나야 한다.

첫 주에는 나 혼자서 집회를 인도해 나갔다. 마지막 주에는 이안 토마스가 합류했는데, 그와 함께 사역하는 시간이 내게 큰 즐거움이 되었다.

우리의 메시지는 교회 안에 있는 거듭남을 아직 경험하지 못한 교인들을 직접 겨냥했다. 실제로 교회에는 거듭남을 경험하지 못한 자들이 많았다. 그런 상태에 있었던 많은 젊은이들, 즉 공적으로 그 교회에서 세례를 받고 그 교회의 교인이 된 그런 사람들이 집회도중에 공적으로 앞에 나와서 그리스도를 영접하였다. 이것이 기존 교회의 멤버들에게는 난처하게 작용했다. 역시 마귀도 좋아할 리가 없었다.

첫 번째 주일 집회 때 공적으로 그리스도를 영접한 한 젊은이가 있었는데, 그는 그런 일이 있은 후에 그 교회의 교인이었던 그의 부모님과 아는 교인들로부터 너무 시달려서 그가 공적으로 그리스도를 영접한다고 고백한 것을 철회한다는 그런 내용의 편지를 내게 보내기도 했다.

어느 날 밤 집회에서 "친구여, 어찌하여 결혼예복을 입지 않고 여기 들어왔느냐?"는 제목의 설교를 마친 후에 8명의 젊은이들이 그리스도를 그들의 구주로 영접하기 위해 단상 앞으로 나왔다. 그들은 다 이미 세례를 받은 성인들이었다.

그 날 저녁 집회에 분노를 느끼는 사람들이 있었다. 그들은 공개적으로 주님을 고백한 사람들이 결신자 상담실에서 나오기를 기다렸다가, 그 결신자들이 상담실에서 나오면 그들을 붙들고 거칠게 몰아세우면서 상담실에 무슨 말을 들었느냐고 캐물었다. 그리고 회심한 사람들에게 강단 앞으로 나올 필요가 없었다고 으름장을 놓았다. 비록 몇몇 소녀들이 위축이 되어 눈물흘리는 것을 절제하기도 했지만, 공개적으로 주님을 고백한 사람들은 결코 흔들리지 않았다. 후에 듣기로는, 만약 내가 그들에게 '재헌신'(reconsecration, 전에 헌신을 서약한 사람이 다시 헌신을 재 다짐하는 의식)을 하라고 앞으로 불러낸다면 그들 중의 어느 누구도 반대할 사람이 없을 것이며, 사람들이 더 크게 반응할 것이라고 했다는 것이다.

재헌신은 쓸데없는 것이다. 우리 영혼이 필요한 것은 새롭게 거듭나는 것이다. 어쨌든, 성경에서는 재헌신에 대해 언급하고 있지 않다. 만약 봉헌이 철저하게 그리고 완전하게 이루어졌다면 그것을 반복할 필요가 없는 것이다. 재헌신은 주 예수 그리스도께 부분적으로 항복한다는 것을 의미하는 말이다.

우리는 구세군(the Salvation Army) 팀과 함께 두 번에 걸쳐 매우 은혜로운 공개집회를 개최했다. 이 집회를 통해서 구원받은 영혼들이 주님께로 돌아왔다. 회심한 지 얼마 안 된 몇몇 새 신자들의 간증을 통하여 큰 감동을 받았다.

지난 주일에는 마을에 있는 극장을 통째로 빌려서 집회를 열었는데, 앞에 언급했던 머서 티드필 공원 침례교회(Park Baptist Church) 교인들의 반대가 이만저만이 아니었다. 그런데, 대개 평일 날 밤에는 극장에서 별 재미없는 영화를 상영하다가 주말에는 히트작을 상영하는 것이 당연한 것인데, 신기하게도 반대했던 사람 중에 얼마는 주중에 영화 보는 것에 특별히 반대하지 않았다. 우리가 일요일 날 그 극장에서 복음을 전하겠다고 제안을 하자 갑자기 사람들이 경건해 진 것이 아닌가! 만약 내가 뜨거움으로 충만한 그 집회에서 말씀을 전하게 된다면 아마 지옥에서 복음을 전하는 것과 같을 것이라고 생각했다.

그 집회의 절정은 마지막 집회였다. 이안 토마스와 나는 완전히 은혜 속에 푹 잠겼고, 흑인영가를 비롯한 거의 모든 종류의 복음성가를 함께 열창했다. 그 집회는 정말 자유와 아름다움으로 충만하게 넘쳐났고, 우리는 밤 열한 시에도 몇몇 영혼들이 주님께로 돌아오는 것을 보고 기쁨을 감추지 못했다. "할렐루야! 주님을 찬양합니다."

이 영혼구원을 위한 전쟁이 한참 진행 중이던 1938년 3월 26일에 나는 레블 윌리암스(Revel Williams)라는 웨일즈 자매와 결혼을 했다. 그녀는 내가 전에 버밍엄에서 만난 버밍엄대학의 학생이었으며 전국청년선교회에 소속하여 사역하고 있었다. 하나님은 아내와 함께 29년의 행복한 시간을 보내도록 허락해 주셨다.

나는 이 기념비적인 결정을 하기까지 많은 고민을 했다. 나는 총각시절을 철저히 즐겼던 사람이다. 내가 총각으로 있을 때는 거리낌 없이 사람들과 함께 주님을 섬기는 기쁨을 맛보며 살았다. 그러나 내 나이가 서른이 가까워지면서 깨닫기 시작한 것이 있었는데, 그것은 내 옆을 지나가는 거의 모든 차에는 두 사람이 타고 있었지만 내 차에는 항상 나 혼자뿐이었다는 것이다. '내 옆에 참한 아가씨가 앉아있다면 얼마나 좋을까'라고 나는 생각하곤 했다. 그러나 야고보서의 말씀에 의하면 "내가 얻지 못한 것은 구하지 아니했기" 때문이었다. 그래서 나는 기도하기 시작했다. 내가 이 배우자 구하는 문제로 기도하고 있을 때, 내 마음속에 배우자를 고르는 어떤 기준이 생겨났다. '내가 바로 이 아가씨이다'라고 할 수 있는 그런 느낌이 오는 사람을 찾는 일종의 체크 리스트였다.

첫째, 내 신붓감은 주님께 전적으로 헌신하는 사람이어야 한다. 이보다 더 중요한 조건은 생각할 수 없다.

둘째, 그녀는 나와 어느 정도 사회적으로 레벨이 맞아야 한다. 주님이 나를 평범한 서민으로 생각하셨는지 아닌지는 잘 모르지만, 나는 아무튼 대담하게 그 조건으로 구했다. 두 사람의 자라 온 배경이 비슷하다면 아무래도 서로가 하나 되는 것이 용이할 것이라고 생각했다.

셋째, 내 신붓감은 내가 진정으로 사랑하는 여자이어야만 한다. 반신반의 하지 않고 진정으로 사랑하는 여자이어야 한다.

이 체크리스트를 살펴보니, 참으로 그리스도 안에 있는 생명의 충만함도 로맨스는 어쩔 수 없나보다! 얼마 후에 나는 체크리스트에 한 가지를 더했다.

넷째, 그녀가 내 질문을 통과해야만 한다는 것이다. "내가 전국을 돌아다니면서 복음을 전하느라고 너무 바빠서 잘 챙기지 못할 때가 있을 것인데, 이것을 잘 견디어 줄 수 있는가?"

레블 윌리암스는 첫 번째 조건에 완전히 부합하는 사람이었다. 그녀는 그리스도를 위해 완전히 삶을 드린 사람이었다. 그녀는 분별력이 있을 뿐만 아니라, 주님의 뜻을 잘 깨닫고 모든 것을 주님을 위해 헌신 하는 자매였다. 또한, 우리 둘은 사회적으로 거의 비슷한 배경에서 성장했다. 더욱이, 나는 그녀를 돌보려고 신경을 쓰지 않아도 된다. 왜냐하면, 그녀는 내가 사역하는 현장에서 항상 나를 도와주는 팀의 일원이기 때문이다.

그러나 세 번째 조건이 문제였다. 내가 그녀를 정말 사랑하는지 아닌지 왠지 의심이 생겼다. 내가 아무리 생각해도 그녀를 사랑하지 않는 것 같았다. 그 당시에 나는 버밍엄에 있는 공동주택(Flat)[4]에서 두 그리스도인 청년들과 함께 자취를 하며 지냈다. 우리는 그 자취방을 "할렐루야 플랫"이라고 불렀다. 나는 그 친구들과 이 문제에 대해 많은 이야기를 나눴다.

그 친구들이 말했다. "물론 너는 지금 그 자매를 사랑하고 있는 거야. 네가 우리 팀의 다른 사람들 대할 때하고는 완전 딴판으로 그녀를 대하고 있는 것을 모르니?"

나는 그들의 말에 대꾸했다. "내가 정말로 그런다고? 난 내가 그런지를 잘 모르겠는데!"

친구들이 말했다. "누구에게든 한 번 물어봐. 아마 똑바로 눈이 박힌 사람이라면 다 똑같이 대답할 것이 분명해."

나는 그들의 말이 잘 수긍이 가질 않았다. 그러나 모든 면으로 볼 때 그들의 말이 맞는 것 같았다. 거기에 때 묻지 않은 순금이 있었다는 것을 알았고, 내가 실망하지 않을 것이라는 것도 알았다. 위의 느낌은 내가 확신이 서지 않았을 때에 가졌던 개인적인

---

4) 영국의 대학가에 있는 일종의 자취방, 역자 주.

느낌에 지나지 않았다. 결국, 이 문제는 내가 처음 믿음으로 구원받았을 때에 했던 것과 똑같은 방식으로 내게 다가왔다.

많이 고민하면서 따져봤지만 결국 정박해 있는 배로 나를 인도해 줄 사람은 아무도 없었다. 내가 만약 지금 결정한 이 방향으로 나간다면, 하나님은 나를 인도해 주실 뿐만 아니라, 내가 선택한 것이 맞는지 아닌지를 분명하게 지시해 주실 수 있을 것이다. 그래서 나는 정말 중요한 편지를 쓰기 시작했다. 대학이 방학에 들어가서 그녀가 고향 웨일즈로 돌아갔기 때문에 편지로 소식을 전해야 했다.

나는 그녀에게 매우 조심스럽게 "하나님이 혹시 우리가 서로를 만날 수 있도록 인도하지 않으셨을까"하고 물었으며, 또한 "우리의 우정이 좀 더 두터워 지면 좋지 않겠느냐"고 물었다. 내가 편지를 다 끝맺기도 전에 내 머릿속을 스치고 지나가는 것이 있었는데, 그것은 바로 의심할 여지없이 내가 그녀를 사랑하고 있다는 것이었다. 편지를 주고받을수록 편지의 내용이 점점 핑크빛으로 수놓아지기 시작했다. 결국 나는 그녀를 사랑한다고 고백하기에 이르렀을 뿐만 아니라, 그녀에게 날짜까지 정하여 청혼을 했다. 그리고 곧바로 나에게 전보를 치라고 편지를 보냈다. 드디어, 그녀의 승낙을 얻었다. 할렐루야!

그녀가 버밍엄으로 돌아왔을 때 나는 그녀에 대한 나의 감정이 왜 그렇게 어려웠는지 그 이유를 알게 되었다. 그녀는 자신이 하나님께 선교사로 부름을 받았다고 생각하고 있었고, 선교사는 결코 옷 입는 스타일에 멋을 부려서는 안 된다는 생각을 하고 있었다. 그녀는 이렇게 옷을 검소하게 입는 훈련을 통해 미리 선교사로 나갈 준비를 하고 있었던 것이다. 그녀가 입는 옷들은 다 색깔이 없는 무채색의 옷이었다. 그녀는 그런 옷들이 자신에게 적절하다고 생각했겠지만, 내가 보기에는 전혀 어울리지 않았다.

그녀의 가족들은 그녀에게 예쁜 옷들을 사주기 원했지만 그녀는 한사코 거부했다. 그런 이유 때문에 그녀가 내 눈에 들어오지 않았고, 나 역시 매력적인 여자를 좋아하는 보통 남자였다. 그래서 내가 그녀에게 가장 먼저 해준 것이 바로 밝은 하늘색 새 옷을 사준 일이었다. 이렇게 예쁠 수가? 하늘색 옷이 그녀의 검은 머리와 완벽한 매치를 이루었다. 어둡고 칙칙한 색은 검은머리와는 결코 어울리지 않았다. 나는 그녀를 데리고 다니는 어느 곳에서도 그녀가 자랑스러웠다.

그러나 내가 정말 기뻐하는 것은 처음에 그녀에게서 눈에 보이는 매력은 발견할 수 없었지만, 하나님의 사랑이 그녀를 내 마음에 넣어주신 것이었다. 해가 지나면서 그녀는 그리스도인 여성들이 얼마나 적절하게 옷을 잘 입어야 하는지를 깨닫게 되었다. 그녀는 소위 내가 말하는 '옷 잘 입는 타고난 감각'을 갖게 되었고, 그래서 그녀는 언제나 매력이 흘러 넘쳤다. 그녀는 상당히 일찍부터 흰 머리가 나기 시작했는데, 그것이 그녀를 늙게 보이게 하지는 않았다. 오히려, 그것이 그녀의 우아함을 더해주었을 뿐만 아니라 여왕같은 분위까지 풍겼다.

짧은 약혼 기간을 보내고 우리는 바로 결혼했다. 왜냐하면, 나는 지난 29년 간 충분히 기다렸기 때문이다. 나는 결혼식을 준비하고 짧은 신혼여행을 준비하는 것 때문에 꽉 차 있는 집회 스케줄을 취소시켜야만 했다. 그녀 역시 공부하고 있던 대학을 그만두어야 했다. 그녀는 나와 함께 복음을 전하는 사역을 하기 때문에 굳이 학위를 딸 필요가 없다고 생각을 해서 공부하고 있던 대학과정을 포기한 것이다.

결혼초청장이 발부되어 사람들에게 전해졌다. 초청장의 내용은 "예수님을 위해 싸우는 연합"이라 되어 있었고, 초청장 맨 밑에는 "결혼식 날 아침에 질질 끄는 드레스와 높은 중절모를 쓰고 오지 말도록! 하지만 넝마를 걸치고 오는 것은 사양함"이라고 적었다. 사실은 내 절친한 친구와 나는 보통 결혼식에서 입는 결혼예복을 준비해 놓았다.

결혼식은 버밍엄에 있는 셀리 파크 침례교회(Selly Park Baptist Church)에서 올렸다. 결혼식의 사회는 우리의 좋은 친구이자 그 교회 목사였던 레슬리 라우드(Leslie Larwood)가 맡아서 예식을 진행했다. 그 결혼식에는 원근각처에서 많은 사람들이 왔는데, 전국청년선교회에서 온 사람들과 그리스도인 친구들, 그리고 복음집회에서 회심한 사람들이 참석했다.

결혼예식이 시작되기 전까지 우리 진행 팀의 일원이고 나의 절친한 친구인 로이 알반(Roy Albam)이 복음성가를 인도하면서 예식을 준비하였다. 알란 레드파스가 예식의 주례사를 했는데, 복음의 메시지인 "예복을 입지 않고 결혼식에 참여한 사람"이라는 주제로 설교를 했다. 아마도 참석한 사람들 중에 아직 주님을 영접하지 않은 사람들이 있을 것을 염두에 두고 이런 메시지를 전한 것 같다. 결혼식은 마치 복음집회의 영적인 분위기처럼 감격과 환희가 넘쳐났다.

그 후로부터 아내 레블(Revel)과 나는 복음사역을 위해 함께 움직였다. 아내의 역할이 대단히 중요하다는 것을 알았다. 처음 시작부터 아내가 가진 특별한 재능을 보이기 시작했고, 해가 갈수록 그 재능들이 더욱 빛이 났다. 무엇보다 주님이 우리 둘을 같은 비전으로 묶어주셨다는 것과 서로를 향한 사랑이 더욱 깊어지게 하셨다는 것이다.

이렇게 우리는 수년간 복음사역을 함께 해왔고, 귀여운 아기 마이클이 태어나면서부터는 아내는 같이 다니면서 사역을 할 수 없게 되었다. 이것이 복음사역에 손해가 되는 것 같았지만, 여전히 우리는 영적인 전성기를 누렸고, 그리스도의 부활의 생명 안에서 계속해서 산을 넘고 언덕을 뛰어 넘는 영적인 전진을 계속해 나갔다. 주님이 아내를 불러 가신 1967년까지 내 아내는 내가 하나님의 일을 하는 모든 면에서 영적인 충고자요 믿을만한 동료였다.

 1939년에 제2차 세계대전이 발발했다. 비록 전국청년선교회의 간사들과 직원들은 군복무로부터 자유로웠지만, 리더들은 이렇게 전쟁이 일어나서 어수선한 상황에서는 정상적인 복음집회가 불가능하다는 것을 인식했다. 따라서 각각의 지역에서는 지역에 맞게 군인들을 돕고 섬기는 군 후원소를 세우도록 명령이 하달되었고, 이런 기관들을 통해 전쟁에 참여한 젊은이들을 위로하도록 했다. 더 나아가 그들에게 복음을 제시하는 기능도 하게 했다.

 이 일을 위해 나는 아내와 아들 마이클과 함께 버밍엄에서 노팅엄(Nottingham)에 있는 비스턴(Beeston)으로 이사를 했다. 거기로 이사해서 군 후원소를 세웠다. 그러나 얼마 후에 나는 그곳에서 여전히 복음집회가 가능하다는 것을 깨닫게 되었다. 나는 사람들은 초청하였고, 사람들이 복음의 말씀을 듣기 위해 몰려오기 시작했다. 그리하여 나는 한 곳의 군 후원소에서 또 다른 후원소로 차례로 옮겨 다니면서 복음을 전했다. 우리는 전쟁이 주는 그런 기회를 흘려보내기 보다는 그것을 십분 활용하여 복음전파를 위한 더 큰 기회로 만들 수 있다는 것을 깨달았다.

 수천 명의 군복을 입은 젊은이들이 집에서 징집되어 나왔고, 그들은 저녁시간에는 할 일도 없이 앞으로 무슨 일이 닥칠지 모르는 불안한 분위기에 젖어서 가만히 앉아 있었다. 다른 말로 하면, 그들은 가만히 앉아 있는 복음의 목표물이 된 것이다. 그곳은 전쟁이 주는 분위기에 압도되어 있었지만 여전히 많은 민간인들이 그곳에 살고 있었기 때문에, 현지의 교회들은 어느 때보다 더 적극적으로 행동했다.

전쟁의 분위기와 관계없이 나는 복음집회를 지역의 교회들과 시청사 강당을 빌려서 계속해나갔다. 심지어 어떤 때는 시청의 시의회의사당을 빌려서 집회를 열기까지 했다. 우리가 하얀색 대형 텐트를 치는 것을 보고 사람들은 적의 공습을 받을 수 있으니 위장천막을 치라고 말했다. 그래서 나는 텐트 지붕 위로 올라가서 지붕을 전부 갈색으로 칠했는데, 소화기용 소형 펌프를 이용해서 지붕위에 흩뿌렸다.

거의 모든 곳에서 하나님의 능력이 나타났으며, 많은 영혼들이 주 예수 그리스도께 돌아오는 영적 추수를 했다. 나는 전쟁이 거의 끝나갈 무렵인 1945년 6월에 맨스필드(Mansfiled)에서 개최되었던 복음집회들 가운데서 있었던 일들 중에 하나를 골라서 소개하려고 한다.

> 최근 맨스필드에서 진행된 집회는 전국청년선교회의 모든 간사들이 처음으로 한 팀을 이루어 집회를 치러 냈다는 점에서 아주 특별한 의미가 있다.

거기에는 네 명의 간사들이 있었는데, 데이비드 셰퍼드(David Shepherd), 클라우드 트리거(Claud Trigger), 잭 워드(Jack Ward) 그리고 리더였던 나 로이 헷숀(Roy Hession)이 있었다. 우리는 우리자신들을 가리켜 '승리의 팀'이라 불렀다. 우리 모두는 겸손한 자세로 리더를 의지하였고, 무엇을 하든지 승리할 수 있었다. 이 '승리 팀'의 우정의 교제를 통하여 우리 모두는 넘치는 축복을 받았다. 그런데, 하나님은 이 보다 더 큰 축복을 내려주셨다. 처음 시작부터 하나님이 우리와 함께 하셨고, 첫 집회는 능력으로 충만한 집회가 되었다. 점점 모이는 숫자가 증가하기 시작했고, 더 많은 의자를 들여와야 했으며 집회가 끝날 무렵에는 5백 명에서 6백 명 사이의 사람들이 인산인해를 이뤘다. 집회를 통해 영혼들이 구원을 받고, 사람들이 새로운 삶을 결단하고, 가정들이 변화되는 역사가 일어났다. 집회 때마다 이런 일들이 끊임없이 일어났다. 맨스필드에는 많은 불량배들이 있었지만 그들 중의 몇몇은 변화를 받고 다시 성실한 사람들이 되었다. 영적으로 민감한 수많은 그리스도인들이 성령의 충만함을 받았다. 여러분도 알다시피, 우리는 영적인 것보다는 세속적인 것에 민감해 질 수 있다. 맨스필드 광장은 옥외집회를 하기에는 너무 좋은 장소였다. 그곳은 어느 시간대에라도 오고가는 많은 사람들을 만날 수 있는 곳이며, 심지어 오후시간에도 사람들을 만날 수 있는 장점이 있었다. 우리는 토요일 밤마다 10시에 그곳 광장에서 옥외집회를 열었는데, 술집에서 나오는 사람들에게 복음을 전하기 위해서였다.

옥외집회를 통해서 사람들이 주님께로 돌아오는 경우는 드물지만, 어떤 사람들은 그리스도를 영접하기도 했다. 가끔씩 지나가는 군중들이 그런 장면을 보고 소리를 질러대기도 했다. 그들은 우리를 보수파 운동가들(Conservative Agents)로 생각을 했다. 맨스필드에서 행한 사역 중의 하나는 소년소녀들로 구성된 관현악단을 운영하는 것이었다. 이 관현악단을 동원해서 가난한 맨스필드 전 지역을 행진하면서 돌게 했다.

맨스필드지역에서 지금까지 수년간 다양한 기관의 그리스도인들이 들어와서 복음을 전했지만 이토록 도시 전 지역에 생동감이 넘쳐난 적이 없었으며, 복음사역을 하는 가운데 이렇게 큰 사랑과 연합이 이루어진 적이 없었다고 한다.

집회의 마무리는 모두가 하나 되는 것을 상징하는 주님의 성찬에 참여하는 것이었다. 누구라고 말할 수는 없지만 마지막 날 밤 집회에 우리 중에 어떤 이가 너무 길게 말씀을 전했다. 회중 가운데 몇몇 소녀들이 그가 너무 길게 말씀을 전하는 것 때문에 "저 사람 좀 빨리 끝내고 우리를 텐트 밖으로 나가게 했으면 좋겠어!"라고 말하는 것을 어떤 이가 들었다고 한다. 그 소녀들이 "텐트 밖으로 나갔으면 좋겠다"고 했던 말은 곧 잘못 들은 것으로 판명이 났다. 그 불평하던 소년들이 맨 먼저 강단 앞으로 그리스도를 주님으로 고백하는 자리에 나왔기 때문이다.

그들이 구원받기 전에 상당히 긴 복음의 메시지를 충분히 들었다는 것을 알고, 맨 먼저 그리스도를 고백하는 자리에 나온 것이다. 구원받는 데는 그리 긴 메시지가 필요 없다. 집회의 막바지에 어느 집회에서도 볼 수 없었던 특이한 광경을 보았는데, 그것은 줄 지어 서 있는 사람들이 눈물을 흘리면서 흐느끼고 있었던 것이다. 나는 그들이 죄를 회개하는 줄로 생각했는데, 그들이 울었던 이유는 집회가 끝나서 아쉬웠기 때문이었다.

오늘에 와서 당시에 기록했던 일기장을 펼쳐보면서 놀란 것은 내가 어떻게 집에 있는 날이 거의 없이, 어떤 때는 아예 집에 들어가지 않고 집회에 집회를 연달아 할 수 있었는가 하는 것이었다. 집에 홀로 어린 마이클과 함께 있었던 아내 레블(Revel)에게 이런 일이 정말 옳은 것이었는가를 생각해 본다. 그러나 당시는 전쟁이 한창이었던 시절이라 수많은 부인들이 집에서 홀로 지내야 했다. 내 아내는 남편들을 전쟁터로 보내고 홀로 보내는 부인들과 같은 심정으로 내가 계속하여 집을 비우는 것을 견디어 낸 것이다. 그들이 히틀러에 대항하여 치열한 전쟁을 치르는 것 못지않게 나 역시 복음의 전쟁을 치르고 있었다.

1944년에 한때 다양한 무대장식 화가였던 잭 워드(Jack Ward)가 전국청년선교회의 간사로 임명을 받았고, 그는 특별히 나를 보좌하는 일을 했다.

몇 년 전에 그는 클리프신학교(Cliff College) 출신의 전도여행자들을 통해 그리스도를 영접하였다. 클리프신학교는 부흥운동의 전성기에 복음전파자를 훈련하기 위해 세워진 아주 좋은 학교이다. 그는 그곳 신학교에서 약 2년 정도 훈련을 받고 이제 막 그의 전도사역을 시작하게 되었는데, 내가 그를 전국청년선교회에서 일하도록 데려왔다.

나는 항상 집회에서 찬송가를 코러스로 부르거나 복음성가를 많이 부르는 편이었지만, 잭의 손가락은 신들린 손가락 같았다. 그가 피아노를 치면서 노래를 할 때면 전혀 새로운 차원에서 연주를 했으며, 또한 그는 그림 그리는 실력이 매우 뛰어났는데, 특히 젊은이들이 좋아했다. 가끔 내가 찬송을 인도할 때 잭의 연주 때문에 모든 것이 아주 의미 있게 다가왔고 회중은 구원의 감격 속으로 젖어들었다. 그때는 마치 내가 영광을 취하는 것처럼 느꺼지기도 했다.

그 후로 약 2년 반 동안 잭과 나는 행복한 교제를 하면서 집회를 연속해서 개최해 나갔다. 그가 사역초기에 어린이 사역을 할 때는 그의 뛰어난 그림 그리는 실력으로 인하여 사역의 효과가 배가 되었다. 그의 가스펠음반을 내면서 그는 이제 영국전역의 기독교계에서 알려진 인물이 되었다. 후에 그는 영국의 성공회 교회에서 사역을 시작하였다. 이제 그는 체셔(Cheshire)지방의 모우 콥(Mow Cop)이라는 마을의 교구목사로 사역하고 있다.

나의 복음사역의 절정은 1946년 3월 아름다운 도시 에든버러(Edinburgh)에서였다. 그 지역 전국청년선교회의 몇몇 열성분자들이 "청년을 향한 부름"(Calling Youth)이라는 타이틀을 걸고 집회를 개최하게 된 것이 그 절정을 이룬 최초의 계기가 되었다.

그들은 시의 거의 모든 복음주의 교회들의 지지를 받았고, 그 도시에 아주 좋은 인상을 남겼다. 스코틀랜드 자유교회 총회강당에서 열린 17일 간의 역사적인 집회에는 지성 있는 많은 젊은 이들이 참여해 인산인해를 이루었다. 집회시작 첫날부터 예수 그리스도께 반응하기 시작했다. 나는 매일 집회 전에 찬양을 하면서 젊은이들을 맞이했는데, 15분 정도를 회중과 함께 찬양하는 '코러스타임'(Chorus Time)을 가졌다. 잭의 경쾌한 피아노 연주 소리가 온 강당에 울려 퍼지면서 거기에 모인 청년들은 전에 한 번도 불러보지 못한 노래를 부르는 것처럼 열정적으로 찬양했다.

메시지를 전하는 시간이 되었을 때, 그 젊은이들은 마치 어미 새가 물어 온 먹이를 새끼들이 앞다투어 받아먹듯이 간절한 심령으로 말씀을 받아들였다.

그들은 내가 전한 메시지를 엄숙한 자세로 받아들일 준비가 이미 충분히 되어 있었다. 수백 명의 젊은이들이 그리스도 안에서 새 삶을 얻게 되었으며, 내가 길지 않은 사역을 해왔지만 이처럼 놀라운 일은 결코 본 적이 없었다.

때때로 모인 회중이 다 볼 수 있도록 젊은이들을 중앙통로로 나오도록 하여 기도실로 들어가게 하였다. 단순히 관심만 보이는 젊은이들에게는 그들의 자리에 그냥 앉아있게 하여 간략한 교리를 가르쳐 주었다. 이 일은 잘 훈련된 팀원들이 수행했다. 그런 후에 그들에게 구원의 원리와 그리스도께 어떻게 반응해야 할지를 세심하게 잘 설명해주었으며, 또 잠시 그들에게 기도할 시간을 주어 실제로 주님께 반응하도록 했다.

집회가 끝나갈 무렵에는 그들을 내게로 가까이 오게 하여 결신 안내 책자를 그들에게 나눠주었다. 그리고 비록 내게 오는 사람들을 내 옆에 항상 대기하고 있는 신앙상담요원들에게 넘겨주지만, 회심한 자들에게 상담이 거의 필요하지 않거나 아예 필요 없다는 것을 반복적으로 깨닫게 되었다. 그들은 앉은 자리에서 사망에서 생명으로 옮겼고, 또 그 사실을 잘 알고 있었기 때문이다.

그 당시 집회를 진행하던 몇 년간 회심하고 그리스도께로 돌아온 자들이 상담이 없이도 확신과 평안을 찾은 것은 특이한 일이 아닐 수 없었다. 아마도 이러한 일은 복음전파자들의 믿음과 연관이 있다고 본다. 만약 복음의 사역자가 구도자들이 길고 상세한 신앙상담을 필요로 할 것이라고 믿는다면, 그렇게 하는 것이 당연하고 상담이 없이는 그들이 평안을 찾지 못할 것이라고 생각할 것이다.

다른 한편으로, 만약 복음의 사역자가 구도자들이 말씀을 들을 때 믿음을 선물로 받을 것이라고 믿는다면, 사도바울이 "믿음은 들음에서 난다"고 언급한 것같이 말씀 듣는 것을 통해서 구도자들이 믿음을 얻게 된다는 것을 더욱 자주 보게 될 것이다. 물론, 이 과정에는 예수님을 나의 구주로 영접한다고 하는 완전한 입술의 고백이 항상 필요하다. 그러나 이것조차도 복음사역자의 믿음에 의해 크게 좌우하는 것처럼 보인다. 이 문제와 관련하여 내 개인적인 믿음은 때에 따라 다양하게 적용되었다고 말할 수 있다. 그 당시에는 이런 문제가 지금보다 더 강하게 대두되었고 더욱 요구되었던 같다.

제8장 | 믿음이 이기네

    비록 이러한 복음집회들이 특별하게 큰 규모는 아니었고, 또한 당시의 다른 위대한 사역자들의 사역과 비교해 볼 때 나의 사역은 주목받을 만한 것도 아니었지만, 그들의 존재는 나에게 특별한 의미를 부여해줬다. 사실 나는 당시에 큰 히트를 친 일류부흥사는 아니었던 같다. 다른 사람이 그들을 어떤 중요성을 가지고 바라보는지 모르지만, 내가 그들을 보는 중요한 시각은 바로 그들 모두도 1934년에 하나님이 내게 나타내 보이신 그 진리의 확신으로부터 위대한 사역을 시작하게 되었다는 점이다.

    그 진리의 확신은 내가 하나님 앞에서 그리스도와 함께 십자가에 못 박혀 죽어버렸다는 것이다. 그냥 고침 받은 것이 아니라 내가 완전히 죽어버린 것이다. 비록 하나님이 짧으면서도 아주 깊게 나를 다루셨고, 예전과는 비교가 안 될 정도로 나의 "내면의 뿌리를 다 뒤집어 엎으셨지만" 내가 그때 경험한 것은 그때나 지금이나 영원한 가치가 있고 다른 사람들에게 큰 영향을 끼칠 수 있는 것이 되었다.

비록 성경이 "이미 그의 안식에 들어간 자는 하나님이 자기 일을 쉬심과 같이 자기 일을 쉰다"고 언급하고 있지만(히 4:10), "내가 아닌 그리스도"(Not I, but Christ)라는 진리를 실천하는 것은 단순히 수동적인 것만을 의미하지 않는다.

비록 '은혜'라는 말의 의미가 사람이 하나님을 위해 일하는 것이라기보다는 오히려 하나님이 사람을 위해서 일하시는 것으로 이해되고 있지만, 후자(하나님이 우리를 위해 일하시는 것)를 경험하기 위해서는 전자(우리가 하나님을 위해 일 하는 것)를 실행해야 한다. 은혜는 가만히 손 놓고 있는 것이 아니라, 하나님의 은혜에 부응하도록 인간 편에서 바르고 적절한 협력이 이루어져야 한다는 것이다.

명심하라! 협력(Co-operation)의 원인자는 당신이 아니다. 협력의 주체는 전적으로 하나님이시다. 그러므로 우리는 우리 협력의 위대한 주체가 되시는 예수님과 함께 협력해야 하고, 협력하는 일에 있어서 어떤 것에도 수동적으로 임해서는 안 된다. 우리에게 요구되는 그 협력은 단순히 주님을 향한 완전한 항복도 아니고, 또한 주님에 대해 계속 유익한 사람으로만 남는다는 의미가 아니다.

물론, 이 두 가지는 매우 중요한 것이지만 무엇보다 더 중요한 것은 '믿음'이다. 특히 이 믿음은 그리스도를 우리의 생명으로 받아들일 뿐만 아니라, 이로 인하여 모든 원수들에 대한 그리스도의 승리가 곧 우리의 승리라는 것을 받아들이는 것이다. 또한, 승리를 주신 주님께 감사하는 것이다. 이러한 특성의 믿음은 찰스 웨슬리(Charles Wesley)의 찬송가 가사에 잘 묘사되어 있다.

> 믿음, 강한 믿음으로 약속한 것을 보리라.
> 믿음으로 그 약속 홀로 바라보리라.
> 불가능한 상황 속에서도 웃음을 잃지 않으리.
> 또한, 그것이 이루어질 것이라고 소리쳐 외친다!

실로, 믿음이 영혼구원을 위한 영적전투와 연관되어질 때 그 믿음은 더 확대되어야 하고 선포되어야 한다. "이루어지리라"(It shall be done)고 외칠 뿐만 아니라, "이미 이루어졌다"(It is done)고 선포해야 한다. 영혼들을 사냥하는 큰 원수 사탄에 대한 승리는 십자가에서, 그리고 빈 무덤에 승리하신 주 예수 그리스도께서 이미 성취하셨다. 우리는 그 승리를 믿음으로 받아들이고 굳건히 서야한다.

죄와 사망과 채무에 대하여 위대한 승리를 거두었도다.
다시 싸울 필요가 없고 모든 적을 소멸하였노라!

    믿음은 위 찬송가 가사처럼 나와 나의 동료 사역자들이 영혼 구원을 위한 영적전쟁을 벌일 때 절실하게 필요했던 것이었다. 그 당시 수많은 영혼들을 결실하게 된 그 근본 뿌리는 믿음이었다. 믿음은 우리에게 있어서 "세상을 이기는 승리가 되는 것"이었다(요일 5:4).

    치열한 영적인 전투가 진행되는 가운데 이 믿음을 항상 유지하는 것이 쉬운 일은 아니었다. 사탄이 나를 공격할 때, 사탄은 언제나 똑같은 방법을 써서 정면으로 나의 믿음을 도전했다. 때때로 사탄은 부정적인 생각으로 공격하여 나를 당황스럽게 만들었다. 그 부정적인 생각으로 인하여 나는 이번 집회에서는 사람들의 마음이 굳어져서 구원받을 사람이 없을 것 같다는 생각을 하기도 했다. 그 증거로 사탄은 나의 부적응과 적절하게 감정을 표현하지 못하는 것과 그 밖의 많을 것들을 지적하며 자극하려 했다. 집회를 기대하며 기다리는 사람들의 모든 것을 생각할 때면 정말 죽을 것 같은 마음이 들 때가 많았다. 승리를 얻는 것은 오직 믿음으로만 가능하다는 것을 잘 알고 있었지만, 내가 이 약속의 말씀의 한 쪽을 붙들고 있으면 사탄은 다른 한 쪽을 움켜잡고 있다가 그것을 내게서 빼앗아가는 것처럼 느껴졌다. 사도

바울이 권면한 "믿음의 선한 싸움을 싸우라"는 말의 의미를 알 것 같다.

내 경험으로 미루어 볼 때, 믿음의 선한 싸움을 싸우라는 말은 너무도 명확한 진리이다. 이론적으로만 보면, 나는 나의 모든 것 되시고 내 구세주 되신 주님 안에서 항상 최고의 믿음을 누리고 그 안에서 안식할 수 있어야 했다. 그 무엇으로 "산을 넘고 언덕을 뛰어넘는다!"는 이 비유의 의미를 바꿀 수 있겠는가? 나는 대부분의 사역 가운데서 이렇게 "산을 넘고 언덕을 뛰어넘는" 역동적인 사역을 했다. 그러나 언제나 승리만 있었던 것은 아니었다. 그렇기 때문에 나는 예수님을 만나는 것이 필요했다. 예수님이 나를 만나서 나를 새롭게 하시고, 또 나를 다시 그 풍성한 생명 가운데로 인도해주셨다. 바로 이것이 주님이 내가 이곳저곳으로 다니면서 복음을 전할 때에 나를 위해 해 주신 일이다.

그리스도인들이 하고 있는 모든 형태의 헌신에는 각각의 특성에 따라 특별한 시험들이 있다. 그 중에서도 내가 위에서 언급한 믿음의 시험은 특별히 복음을 전하는 설교자에게 있는 시험이다.

설교자 D. R. 데이비스(D. R. Davies)의 책 시리즈 중에 『30분 안에 죽어있는 영혼 깨우기』(*Thirty Minutes To Raise the Dead*)라는 책이 있다. 그의 책이 시사하는 것처럼 특별히 복음을 전하는 설교자들에게는 내가 위에서 언급한 믿음의 시험이 따른다. 특히 원거리로 멀리 나가서 집회를 할 때는 더 많은 준비가 필요하다.

복음전파자인 나를 어느 누구도 크게 난처하게 한 적이 없었던 같다. 목회자와 성경교사, 그리고 심지어 회의진행자들까지도 주어진 말씀을 전하고 나서 별 특별한 일이 일어나지 않아도 크게 신경 쓰지 않고, 그냥 그곳을 빠져나간다. 사람들은 그런 집회에 대해 별 기대도 갖지 않는다. 그리고 아무 일이 일어나지 않아도 기대하지 않았기 때문에 아예 실망도 하지 않는다.

그러나 특별 복음집회에 나오는 사람들의 경우는 이들과는 전혀 다르다. 모든 것이 집회를 통해 은혜를 체험하는 이 한 가지 목적에 맞춰지고, 많은 사람들이 이 집회를 위해 기도하고 상담 사역자들이 서서 대기한다. 사탄이 어떻게 이 특권을 가로채려고 하는지와 또 어떻게 설교자를 무너뜨리려고 하는지를 쉽게 알 수 있다. 물론, 설교자는 그의 머리로는 죽은 영혼들을 살리실 분은 자기 자신이 아니라 예수님이라는 것을 알고 있다. 그러나 설교자도 인간이기 때문에 아브라함이 겪었던 것과 똑같은 영적전투를 치른다. 아브라함이 "그가 백세나 되어 자기 몸이 죽은 것 같고 사라의 태가 죽은 것 같음을 알고"(롬 4:19) 처음에는 하나님의 약속을 의심하고 휘청거렸다.

물론 바른 관점에서 볼 때, 성도들의 이러한 준비와 기대는 설교자에게 용기를 주는 것이 된다. 왜냐하면, 그러한 준비와 기대가 설교자에게는 이점으로 작용하기 때문이다. 반면에 전혀 기도도 하지 않고, 하나님이 일하실 것이라고 기대도 하지 않는 양떼를 계속해서 돌보는 목회자들은 얼마나 힘들겠는가. 이러한 경우에는 전도자들이 하는 것처럼 목회자 자신이 스스로 믿음의 싸움을 싸워나가야 한다.

복음전파자나 혹은 목회자에게나 세상을 이기는 유일한 승리는 '믿음'이다. 내 경우는 예수님이 마치 갈릴리 바다에서 풍랑을 만나 노를 젓느라 고생하고 있는 제자들에게 찾아오신 것처럼, 나에게도 수시로 찾아오셔서 평안을 주셨다. 이것이 항상 집회를 새롭게 발전시키는 새로운 전환점으로 작용하였다. 내가 전에 이미 알고 있던 완전한 구원의 은혜 속에 잠길 때는 거의 모든 집회가 내게는 영적인 위기처럼 느껴졌다. 하지만 그러한 구원의 감격이 없이 나갔을 때는 그 집회에서 아무런 일도 일어나지 않았다.

오래전에 일어난 일이지만 주님이 내게 오셔서 그분의 방법을 동원하여 나를 자유하게 하신 몇 가지 일들을 지금도 기억하고 있다. 초기사역을 시작할 때 경험한 일 중의 하나인데, 집회에서 아무런 결과도 나타나지 않자 내가 크게 실망하여 어쩔 줄 몰라 했던 일을 지금도 기억하고 있다. 내가 고민하면서 기도하고 있을 때 주님이 내게 오셔서 아래의 찬송으로 위로해 주셨다.

예, 내가 사랑하는 주님의 품안에 안식하나이다.
주님의 풍성한 은혜를 알게 하소서.

주님의 약속의 신실함을 알게 하소서.
그 약속을 내 것으로 만들어 주소서.

나는 그 날 아침에 주님의 '은혜의 풍성함'과 '약속의 신실함'을 알게 되었고, 그것들을 내 것으로 만들었다. 내가 무엇을 더 구하랴? 그 날 밤에 하나님이 감동하셨고, 구원의 역사가 모든 곳에 흘러넘쳤다.

내가 경험한 또 다른 일은 내가 노팅엄 시에 미리 들어가 집회 준비 상황을 점검할 때 일어났던 일이다. 집회일정을 조정하고 텐트를 치는 일을 점검하기 위해 집회가 시작되기 며칠 전에 미리 그곳으로 갔다. 물론, 내 자신도 미리 마음을 준비하려고 빨리 들어간 것이다. 준비 마지막에 한 가지를 해결할 수 없었다. 집회 날짜가 점점 다가오자 그 집회가 나에게 크고 무시무시한 압박으로 느껴졌다. 내가 그것을 감당할 수 있는 방법이 보이질 않았다. 나는 거의 마비된 것처럼 되었고, 내가 하려고 했던 '강력한 기도'도 할 능력이 없었다. 바로 그때 주님이 나의 절박한 필요를 채우기 위해 나를 찾아오셨는데, 참으로 신기한 방법으로 다시 한 번 찬송을 통해 용기를 북돋아 주셨다.

난 더 이상 변질되고 바뀌는 것을 찾지 않으리.
크고 위대한 친구 되신 주님 앞에서는

가장 좋은 모든 것들도 아무 것도 아닌 것처럼 보인다네.
세상의 그 무엇보다 더 잠잠히 주님을 기다리겠네.

주님이 내게로 오셔서 내가 어떤 것을 바꾸거나 고칠 필요가 없다는 것을 깨닫게 해주셨을 때, 나는 너무 감격하여 거의 울음을 터뜨릴 뻔했다. 주님은 그 날 나에게 너무도 과분하게 나의 있는 모습 그대로를 사용하셨다. 그리고 이어지는 집회에서도 주님이 함께 해 주심으로 자신을 증명해 보이셨다. 그 3주 동안 우리는 두 번이나 텐트를 거두어야만 했다. 밀려드는 사람들 때문에 그들이 기거할 수 있는 여분의 텐트가 더 필요했다. 수많은 사람들이 그 집회에 운집했는데, 젊은이들도 나이든 사람들도 몰려왔다. 노팅엄 포레스트(Nottingham Forrest)에 있는 빈 공간은 많은 사람들을 위한 공간이 되었다. 한 남성 그리스도인이 언젠가 나에게 말했다.

> 그 집회가 있던 날은 나에게 평상시와는 다른 참으로 이상한 날이었습니다. 그 날은 뭔가 막힌 것이 터져 나왔던 날이었습니다. 그 날 이후로 하나님이 일하시는 것이 보이기 시작했습니다.

그 날이 어떤 날인지 나는 안다. 그 날에 하나님이 설교자에게 새로운 평안을 부어주실 때였다. 믿음으로 그는 하나님의 약속을 자기 것으로 만들었다. 그 이후부터 그는 "나의 아버지가 일하시니 나도 일한다"고 말할 수 있게 되었다. 고뇌 중에 기도하는 것과 절망을 극복하기 위해 싸우는 것이 승리를 위한 서곡이라는 것을 나는 알지 못했다. 성경구절을 인용하여 이것을 설명할 수도 있다.

> 만일 은혜로 된 것이면 행위로 말미암지 않음이니 그렇지 않으면 은혜가 은혜 되지 못하느니라(롬 11:6).

이 말씀을 다르게 적용해서 "만일 은혜로 된 것이면 더 이상 기도하면서 고민할 필요가 없다. 그렇지 않으면 은혜가 은혜 되지 못하느니라"고 이해할 수 있다. 그러나 우리는 얼마나 연약하고 의심이 많은 사람들인가! 우리는 그러한 고민과 환난을 통하여, 나 자신만이 가질 수 있는 믿음의 단순성을 찾아야만 한다. 그러므로 아래의 가사가 주는 교훈이 적절한 것 같다.

> 당신이 가서 추수하는 밭의 어느 곳에서나
> 황금이삭을 하나님께 흔들어 보인다네.
> 밀알이 떨어져 죽어가노라.

영혼들이 십자가에 못 박히고

어떤 이들은 고민하고 울며 기도 한다네.

또한 그들은 기세등등한 지옥의 군대에 맞서 싸우고 있네.

그러나 내가 분명히 말할 수 있는 것은, 나의 이러한 모든 고민과 애통과 기도가 있은 후에 항상 믿음의 승리가 궁극적으로 주어졌다는 것이다. 아마도 그러한 고통스런 과정들이 없었더라면 내가 이 자리에 있을 수 없었을 것이다. 그리고 내가 그동안 거둔 성과들을 모두 살펴볼 때, 나는 이것을 이렇게 표현해야만 했다. "내가 지불한 것이 아닌, '오히려 내가 값으로 지불하지 않은 것'으로 이 모든 열매를 거뒀다"

우리의 믿음이 점점 담대해져 갈수록, 우리는 가끔 하나님이 누구이신가를 드러내기 위한 일들을 감행했다. 즉, 하나님은 그분을 부지런히 찾는 자들에게 보상해 주시는 하나님이시라는 것과 진정한 믿음의 원리가 무엇인가를 보여주기 위해 대담한 행동을 했다. 이러한 일들은 1937년과 1938년 사이에 남 웨일즈의 손더스풋(Saundersfoot)에서 열렸던 남성들을 위한 집회에서 찾아 볼 수 있다. 전국청년선교회가 나에게 방학캠프를 인도하도록 허락해서 남성들만을 위한 집회를 이곳 손더스풋에서 인도하게 되었고, 나머지 사역자들은 북 웨일즈에 있는 애버리스트위스(Aberystwyth) 대학의 한 유스호스텔에서 남녀 모두가 모인 거대한 방학캠프를 인도하고 있었다.

그 집회는 4주간이나 연속해서 열렸다. 매주 단체로 집회에 사람들이 참여했는데, 각 팀들이 텐트에 머무르는 기간도 다양했다. 우리가 만난 사람들 중에는 약 80여 명 정도가 그리스도인들이었다. 당시에 결혼하지 않고 싱글로 지내던 나에게 함께 모인 그리스도인 친구들이 서로를 알아가는 과정은 아주 특별하게 느껴졌다. 그런 특별한 시간은 단지 2년 밖에 누리지 못했다. 그 후에 내가 결혼을 했기 때문이다. 그래서 이 총각클럽은 리더인 내가 결혼함으로써 함께 문을 닫게 되었다. 그러나 이 2년간은 특별한 축복을 받았다고 말할 수 있다. 특별히 리조트가 있는 바닷가에서 우리가 야외집회를 진행할 때, 우리는 영혼구원을 위한 영적전쟁의 한가운데서 "믿음의 능력이 무엇인가"에 대한 새로운 교훈을 얻었다. 당시에 내가 기록한 내용을 아래와 같이 소개한다.

> 내가 생각하기에는 집회의 가장 큰 묘미는 옥외에서 하는 야외집회였다. 대부분의 집회를 진행하면서 각 집회 때마다 최소한 두 번의 야외집회를 열었다. 한번은 손더스풋에서 또 한 번은 텐비(Tenby)에서 열었다. 비록 이 야외집회를 개최함으로 말미암아 실내집회를 취소해야 했지만, 오히려 실내에서 부흥과 영혼구원에 대해 말로 하는 것보다 야외에서 하는 집회에서 주님이 실제로 더

많은 영혼들을 구원으로 인도하셨다.

실내집회에서 우리는 부활하신 주님의 능력을 증거하는 데 많은 시간을 할애했다. 우리는 거듭거듭 부활하신 주님을 간증하였으며, 바로 거기에서 능력 있는 믿음이 생긴다는 것을 강조했다. 또 우리는 부활하신 주님의 능력을 선포하면서 이 믿음 위에서 하나님의 백성들이 성령의 역사하심을 경험하게 될 것이며, 영혼들이 구원받는 것을 보게 될 것이라고 전파했다. 이미 그리스도께서 갈보리 십자가에서 성취하신 승리에 대한 주제와 더 많은 영혼들을 구원하기 원하시는 하나님의 마음에 관한 주제를 실내집회에서 주로 다루었다. 그래서인지 어느 누구도 이런 주제들에 관해 묻거나 혹은 많은 기대를 가지지 않았다.

야외집회에서는 바로 이러한 문제를 밝히 드러내어 다룰 수 있었다. 우리는 사람들의 이러한 무관심의 불신앙을 하나님이 깨뜨려 주시기를 원했다. 우리는 우리를 통해 기꺼이 이루기를 원하시는 하나님의 새로운 기대를 다시 붙잡기를 원했다. 우리는 기도하지 않을 수 없었으며, 우리 자신을 주님 앞에 완전히 내려놓아야 했다. 우리 모두는 함께 연합하여 주님의 영혼구원을 향한 대위임령을 굳게 붙잡고 승리를 선포하면서 큰 기대를 가지고 밖으로 나갔다. 어느 누구도 그와 같이 특이한 야외집회를 본 적이 없었을 것이라고 나는 생각한다. 나 역시 이런 야외집회는 본 적이 없었다.

그곳에서 8월 한 달간 무려 11번의 집회를 열었는데, 우리는 많은 영혼들이 수많은 군중 앞에서 그리스도를 위해 결단하며 앞으로 나오는 것을 보았다. 우리의 믿음이 더욱 대담해지면서, 우리는 죄인들의 회개를 더욱 강도 높게 촉구하였다. 이전에는 회심한 사람들을 앞에 있는 강단으로 나오게 하여 그들이 그리스도를 기꺼이 영접했다는 표시로써 결신안내책자를 받아가게 했다.

그러나 이곳 집회에서는 주님이 우리를 이전과 다르게 인도하셨는데, 그리스도를 영접할 자들을 앞으로 나오게 하여 무릎을 꿇게 하였다. 그들을 잔디위에나 길 옆에 무릎을 꿇게 하고 우리는 그들 옆에서 함께 무릎을 꿇고 그들을 예수님께로 인도했다. 반응은 그 어느 때보다 더 컸다. 군인들, 학생들, 중년의 남성과 여성들, 그리고 젊은 이들이 여름 날 저녁 황혼녘에 주님 앞에 무릎을 꿇고 기도했다. 어떤 때는 우리 집회진행자들이 그 많은 회심한 사람들을 도저히 감당하지 못할 정도가 되었다. 이 얼마나 크나큰 축복인가!

집회가 끝날 때 즈음에 뒤에 앉아있던 군중들이 앞으로

대거 몰려와서 새로 그리스도를 영접한 사람들이 무릎을 꿇고 기도하는 모습을 거룩한 침묵 속에서 바라보았고, 그들은 이 놀라운 광경을 가슴에 간직하고 집으로 돌아갔다. 나는 하나님이 야외집회를 통해서 왜 이토록 많은 영혼들을 구원하셨는지 그 이유를 분명히 알게 되었다. 그 이유는 우리가 처음에 시도한 영혼구원을 위한 생각 자체에만 머무르지 않고, 영혼들을 구원하시는 하나님의 능력과 의지를 그리스도인들에게 보여주기로 작정하고, 또 이 엄청난 승리는 믿음으로만 가능하다는 것을 보여주기로 작정하였기 때문에 이렇게 큰 결과를 가시적으로 주셨다고 믿는다.

우리는 집회에 참석한 많은 사람들의 심령이 산산조각 난 것을 분명히 보았다. 이 심령이 깨어진 많은 사람들이 각자 헌신의 현장으로 돌아가서 어떻게 유익하게 일할지는 하나님 자신만이 아실 것이다.

규모는 훨씬 크고 방대하지만, 이와 똑같은 원리에 근거해서 헌신하고 있는 경우를 조지 뮬러(George Muller)의 생애에서 엿볼 수 있다. 조지 뮬러가 고아들을 돌보면서 헌신한 것은 그들을 불쌍히 여겨야 된다는 마음의 부담 때문이 아니라, 하나님은 기도를 들으시는 분이라는 것을 그리스도인들에게 보여주기 위해서였다. 이 헌신은 하나님의 이름을 위한 헌신이기 때문에 이 일을 착수하면 하나님이 이루어 가신다.

갈멜 산의 엘리야의 경우도 이와 같다고 볼 수 있다. 그도 처음에는 불의 역사 같은 그런 것에 관심이 없었지만, 하늘에서 불을 내려주신 여호와가 곧 하나님이시라는 것을 백성들에게 보여주기 위해 기도했다. 하나님이 그의 기도를 들으시고 아주 놀라운 일을 행하셨다. 여기에 정말 크나큰 신앙 원리가 들어 있다.

다시 1937년의 아주 오래된 기도편지와 소식지로 돌아가 보자. 그 소식지의 시작 부분에 게재된 설교에 내 눈이 고정되었다. 그 설교 내용을 살펴보니, 하나님이 당시에 우리에게 너무도 실제적으로 피부에 와 닿게 행하셨던 일들의 측면을 예리하게 설명하고 있는 듯했다. 여기에서 그 설교의 마지막 부분을 함께 나누려고 한다. 이 부분은 "끈질긴 친구의 비유"를 언급하고 있다.

> 최근 몇 년간 "기도는 하나님의 원치 아니하시는 것을 억지로 취하여 내는 것이 아니라, 하나님이 원하시는 것을 굳게 붙잡는 것이다"라고 달력에 쓰여 있는 이 금언보다 나에게 더 도움을 준 구절은 없었다. 밤늦게 친구의 집에 찾아와 떡을 빌려달라고 친구를 귀찮게 구는 "끈질긴 친

구의 비유"에서 결국 귀찮아 하는 친구를 움직여서 자신의 요구를 관철한 것처럼, 우리는 이보다 더 하나님의 원하시는 것을 강청하여 취해야 되지 않겠는가?

그러나 하나님은 귀찮아 하는 분이 아니시다. 그런데 마치 "나는 일어나지 않을 것이고 너에게 떡을 줄 수도 없다"는 말이 하나님의 음성이기라도 한 것처럼, 아직도 그분의 음성을 듣지 못하고 있단 말인가? 그 줄 수 없다고 하는 말로 인한 실망감을 누가 모르겠는가? "하나님이 일어나지 않으실 것이며 내 기도에 반응하지 않으실 것"이라는 생각으로 기도하면 그 모든 기도가 생명력을 잃어버리지 않겠는가? 그러나 그 음성은 하나님께로부터 온 것이 아니다. 이에 대한 태도를 분명히 해야 한다. 그 부정적인 음성은 사탄이 당신의 불신앙을 자극해서 교활하게 속삭이는 것에 불과한 것이다.

사탄은 처음부터 거짓말장이었으며, 지금도 여전히 오래된 그 속임수를 쓰고 있는 것이다. 하나님은 일어서실 것(will rise)이며, 당신의 기도에 응답해 주실 것(give thee)이다. 하늘의 악한 영들과 악한 권세들은 천국에 당신을 위해 예비되어 있는 보장된 자리로부터 당신을 떼어내려고 혈안이 되어 있다. 믿음의 용사들이여! 당신이 그 하나님의 보좌 앞에 다다를 때까지 이 사탄의 모든 궤계를 다 격파하라. 하나님은 일어서시고 당신에게 응답하실 것이다. 다시 말하는데, '강청하는 기도'는 하나님이 귀찮아 하시고 응답하기를 원치 아니하시는 것처럼 보이는데도 계속하여 기도하는 그런 애원의 기도가 아니다. 그러한 애원은 당신이 전에 있었던 형편보다 더 편안한 안식처로 당신을 인도해 주시기를 바라는 기도이다. 그러나 '강청하는 기도'는 믿음으로 "하나님은 일어나지 않으실 것이며 응답해주지 않으실 것"이라는 불신을 깨부수는 공격적인 기도이다. 이 강청기도는 우리가 확실한 믿음을 가지고 기도한 것을 응답받을 때까지 두려움과 의심과 자기비하를 조장하는 모든 원수들을 밟고 지나가는 믿음의 기도이며, 십자가의 공로를 의지해서 우리를 훼방하는 대적을 물리치는 기도이다(시 78:66).

마가복음 11장 24절을 보라. 사탄은 당신에게 수천가지의 이유를 들어서 '하나님은 일어서지 않으실 것이며 당신에게 응답하지 않으실 것'이라고 말할 것이다. 사탄은 당신의 연약함, 경험의 부족, 감각의 부족, 기도 부족 등의 이유들을 들어서 당신을 낙심시키려 할 것이다.

사탄은 다른 사람들은 노력해서 큰 일을 행하는데 당신은 한 것이 뭐가 있느냐고 지적할 것이다. 또 사탄은 당신이 그간 기도해서 응답받지 못한 것들을 들어서 당신을 낙심시키려 할 것이다. 사탄은 당신 속에 하나님을 노엽게 만든 무엇인가가 있다고 지적할 것이다. 사탄은 당신이 맡고 있는 일의 어려운 면을 더 확대시켜 말할 것이며, 마치 하나님이 인간처럼 연약성을 가지신 분이라고 말할 것이다.

그렇다. 사탄은 수천 가지도 넘는 이유들을 들어서 "하나님이 왜 일어나지 않으시고 당신에게 응답해 주시지 않는가"를 말할 것이다. 그러나 강청하는 믿음의 기도는 사탄이 드는 이 모든 구실들을 무효로 만든다. 이 강청기도는 "하나님은 기꺼이 주기를 원하신다!"는 것 외에 그 어떤 소리도 듣는 것을 거부한다. 이 강청기도는 하나님의 약속하신 말씀에 근거하고 있으며, 원수의 모든 제안을 거부한다. 하나님의 약속하신 말씀 가운데는 하나님이 우리를 축복하셔야만 하는 수천 가지도 넘는 이유들이 확실하게 드러나 있다.

이 축복의 약속들을 근거로 한 강청기도는 하나님의 보좌로 올라가 이미 응답되어졌다. 믿음은 항상 뭔가를 돌파해야만 하는 것을 요구한다. 열두 해 동안 혈루증을 앓은 여인이 예수님의 옷깃을 만지기 위해 군중을 뚫고 돌파해야만 했다. 귀신들린 딸을 가진 수로보니게 여인은 유대인에게만 부여한 주님의 치유제한의 장벽을 뚫고 들어가 예수님의 마음을 감동시켰다. 중풍병자를 메고 온 네 사람은 지붕을 뚫고 그 병자를 예수님의 발 앞에 내려놓아 고침 받게 했다. 다윗의 용맹한 세 용사들은 블레셋 진영을 '격파하고' 들어가서 베들레헴에 있는 샘에서 다윗을 위하여 물을 길어왔다. 이 모든 경우에 있어서 장애물을 돌파하는 믿음이 합당한 응답을 초래했다는 것이다.

내가 이러한 글들을 기록한 이래로 많은 물이 다리 밑으로 흘러내려갔고, 구원하시는 하나님의 은혜는 내가 전에 은혜를 필요로 했던 때보다 더욱 깊어졌지만, 내가 경험한 그러한 진리들은 지금도 남아 있고 여전히 오늘을 살아가는 우리를 위한 것들이다.

제9장 | 침체의 늪에 빠지다

내가 이미 언급했듯이, 나의 영적 전성기는 1946년 3월 에든버러에서 그 절정을 이루었다. 그곳 집회에서 나는 수많은 영혼들이 내가 전에 결코 경험하지 못한 규모로 구원받는 것을 목격했다. 그리고 그 집회에서 그런 일이 너무 쉽게 일어났으며, 인간적인 어떤 부담감이 전혀 작용하지 않은 전적으로 성령께서 이루신 일이라는 것이 확실했다. 이 에든버러 집회가 내가 경험한 복음 사역의 정점이었다. 오호라! 그 후로 나는 다시는 그런 경험을 하지 못했다. 몇 달 후에 나의 우울한 침체기가 시작되었다. 전에는 너무나도 잘 알고 있었던 성령의 능력을 잃어버렸다는 것을 나는 깨달았다.

그럼에도 불구하고 나는 이곳저곳에 다니면서 계속 집회를 개최하는데 여념이 없었다. 성령의 생명력이 내안에 더 이상 흐르지 않는 것처럼 느껴졌고, 전에 나를 통하여 나타났던 성령의 능력도 더 이상 나타나지 않는 것 같았다. 내가 전에 체험했던 손쉽게 영혼들을 거둬들이는 추수도 더 이상 일어나지 않았다. 나는 처절한 모습으로 열매도 없이 집회에서 돌아왔다. 이런 일이 반복되었다.

나는 자주 옛날에 경험했던 은혜들을 회복하기 위해 다시 기도의 자리로 나아갔다. 전에는 침체되었을 때 기도하면 모든 것이 새롭게 회복되었었다. 전에는 내가 그리스도와 함께 십자가에 못 박혔다는 확신을 통하여 그분이 내안에 살아계셨다. 그 분은 포도나무 줄기요 나는 그 줄기에 붙은 가지였다. 믿음으로 이 모든 것을 다시 되찾을 수 있었고, 또 나는 흔들리지 않고 확고히 설 수 있었다. '믿음이 곧 승리'라고 했던 것처럼 나는 항상 승리를 확신하였다. 그러나 이 모든 것이 전혀 소용이 없었다. 주님이 나의 믿음에 반응하지 않으시는 것처럼 보였다.

그래서 나는 갑절의 노력을 더 쏟아가면서 기도에 전념했다. 무릎을 꿇는 시간도 이전보다 더 길어졌고, 설교를 준비하는데 더 많은 시간을 들여 준비했다. 새로운 말씀들을 더 준비했으며, 예전의 설교는 더 갈고 닦아서 새롭게 했다. 이전의 감각을 회복하기 위해 나는 더욱 열광적인 형태로 나의 설교스타일을 바꾸었다. 그러나 그것은 성령의 온유하신 능력을 내안에 다시 채우기 위한 억지스런 몸부림에 불과했다.

내가 유일하게 가지고 있는 명성은 '영적인 탱크'라는 것이었다. 맞는 말이다. 나는 집회에서 불을 품어내던 모든 무기들을 다 내려놓았다. 나는 내가 이전에 배웠던 것과는 정반대로 나갔고, 그리스도 안에서 누렸던 나의 안식도 더 이상 없었다. 물론, 집회 때마다 몇몇의 새로운 영혼들이 주님께로 돌아왔다. 하지만 그것이 예전과는 전혀 달랐다. 그분의 임재를 잘 느낄 수가 없었고, 사역은 더욱 힘들어졌고 더 이상 기쁨도 없었다. 처음부터 나를 알고 있는 사람들은 여전히 나를 좋게 생각하고 있었으며, 그들은 나를 여러 집회와 예배설교에 초청했다. 그러나 나는 무엇인가가 빠져 있음을 알았다. 내 아내 레블도 마찬가지였다.

바로 이 시기에 내 아내가 나의 사역에 다시 동참할 수 있게 되었다. 아들이 어렸을 때는 아내는 집에서 아이를 돌보아야 하였기 때문에 아내와 내가 함께 사역하는 것이 불가능했다. 그러나 이제 아들도 제 앞가림을 할 만큼 성장을 했고, 경제적인 여유도 생겨서 그를 기숙학교에 보낼 수 있게 되었다. 이것은 최소한 학기 중에는 아내와 내가 함께 여행을 하면서 사역을 같이 할 수 있게 되었다는 것을 의미했다.

아내는 영적으로도 헌신적일 뿐만 아니라, 타고난 화가였고 상담이 뭔지도 잘 아는 훌륭한 동역자였다. 아내의 이러한 장점들이 사역에 큰 유익이 되리라고 우리는 생각했다. 아내도 많은 기대를 가지고 사역에 합류했다. 그러나 겨우 몇 달이 지나지 않아 아내 역시 나와 같은 침체에 빠지고 말았다. 아내는 점점 나가는 것보다 집에 남아있는 것을 좋아했다. 아내는 자신의 남편이 사람들을 그리스도께로 돌아오게 하려고 안간힘을 쓰면서 씨름하는 것을 그저 지켜보아야만 했다. 뿐만 아니라 그런 남편에게 아무것도 해줄 수 없는 그녀 자신을 알게 되었다. 때때로 아내는 집회 도중에 사람들이 공개초청에 나오지 않기를 간절히 바라기까지 했다. 아내는 앞으로 나오는 사람들을 상담하는 것조차 싫었던 것이었다. 나에게 일어났던 그 일, 즉 영적인 생명이 내 아내에게서도 빠져나간 것이다. 대화의 화두도 둘 다 실속 있는 것은 없었다.

1947년 3월에 우리의 침체가 밑바닥을 쳤다. 정확하게 에든버러에서 가장 화려하고 영광스런 승리의 절정을 체험하고 난지 1년 만이었다. 영국 동남부해안지대의 마게이트(Margate)라는 한 마을에서 열린 집회에서 우리는 가장 처절한 침체의 쓴맛을 보았다. 집회는 계획도 잘되어 있었고, 여러 가지 긍정적인 가능성들도 보였다. 그렇게 긴장하고 힘을 쏟았는데도 다른 때에 하나님이 역사하셨던 집회와 비교해 볼 때 그 결과는 너무나도 빈약하고 부족했다. 아내는 여성들만을 위한 집회리스트를 보고 주눅이 들었는데, 주로 오후시간에 집회를 인도했다. 아내는 자신의 마음이 냉랭하고 텅 비어있음을 감지했다고 한다. 매일 그녀가 전하는 메시지도 사람들의 마음을 시원하게 감동시키지 못했다.

    도대체 이 침체의 원인이 무엇이란 말인가? 그 당시에 누가 나에게 그 침체의 원인이 무엇이냐고 물어봤다면, 아마도 나는 잘 모른다고 대답했을 것이다. 정말로 그때 내가 솔직하게 나의 침체를 인정했는지는 잘 알 수 없다. 혹은 내가 영적으로 소경이 되어서 아마도 그 침체의 원인을 잘 알지 못했던 것이 아닌가 생각한다. 내 아내 레블은 내가 깨달았던 것보다 더욱 예리하게 그녀 안에 있는 침체의 원인을 깨닫고 있었다. 나는 너무 바빠서 나의 영적상태가 어떤지를 점검하고 되돌아보는 기회를 전혀 만들지 않았다. 후에 나는 나의 침체와 그 침체를 불러 온 원인을 깨닫고 고백했다.

    첫째 원인은, 내가 하는 일을 기계적으로 하게 된 것이다. 다양한 모임이나 집회에서 나를 강사로 부르는 초청이 쇄도했다. 초청이 들어오면 초청한 곳에 대해 별로 알아보려고 하지도 않았고, 초청한 사람들의 비전이나 목적에 대해서도 묻지도 않고, 나는 기계적으로 그 모든 집회의 부름에 응했다. 이로 인하여 나의 욕구가 충족되었고, 내 집회일정은 1년 후에까지 빽빽하게 차 있었다. 한 가지 예를 들면, 1946년에 적어도 나는 15회의 장기집회를 인도했다. 미리 집회하는 지역에 대한 비전도 파악하지 않았고, 그런 지역들에 대해서도 거의 아는 것이 없이 집회를 진행했던 것이다.

둘째, 나는 나의 메시지와 관련하여 이상한 올무 속으로 빠져들었다. 과거에 성령께서 사람들에게 그분의 능력을 부어주셨기 때문에, 그들이 지금도 여전히 성령의 능력을 유지해야 한다고 생각하기에 이르렀다. 나는 계속하여 더 강한 능력을 바라고 있었다. 나는 "내가 준비했던 것같이"(as I prepared)라는 주제를 자주 거부했다. 왜냐하면, 내가 과거에 준비한 것이 더 이상 능력으로 충분히 나타나지 않으면 어쩌나 하는 두려움이 있었기 때문이었다. 하나님의 능력은 내가 약할 때 완전해진다는 것을 인식하지 못한 채 말이다. 때때로 우리는 하나님이 우리를 통하여 강하게 일하시도록 의도적으로 약해져야 한다. 나는 "항상 능력이 넘쳐나야 한다"는 긴장과 부담감이 왜 내게 생겼는지를 쉽게 이해할 수 있었다. 이것이 바로 성령의 일을 방해하는 것이었다.

셋째, 지금까지 내가 시련의 광야에서 경험한 가장 큰 침체의 원인은 내가 죄에 대해 말하지 않았다는 것이었다. 죄 곧 내 안에 있는 죄에 대해 묵과했다. 특히 나의 사랑하는 아내 레블에 대한 나의 태도에서도 그랬다. 이러한 반응들은 대개 이 같은 방식으로 타나났다.

내가 이미 언급했듯이, 그때까지도 거의 모든 집회에서 나는 영적인 위기를 느꼈다. 많은 기도를 드리고 불신앙과 싸우면서 몸부림치고 난 후에 주님은 나를 주님 안에 안식하도록 인도해주셨다. 집회에서 항상 마지막을 큰 승리로 장식을 했기 때문에, 나는 믿음으로 이어지는 이 같은 방식의 수고가 꼭 따라야한다고 생각했다. 내가 혼자 있을 때는 이러한 고생이 문제가 되지 않았다. 영국가정에서 침실 혹은 앞방이라고 부르는 방에 들어가서 문을 닫고, 내가 원하는 시간만큼 나의 겟세마네를 만들어 그곳에서 영적인 충전을 할 수 있었다. 내가 어떤 격정적인 느낌을 표현하더라도 이곳에서는 문제가 되지 않았다. 그 방에는 그저 나와 하나님밖에 없었다. 하나님은 나의 믿음을 다시 회복시켜주셨다. 그러나 아내와 내가 함께 여행을 하면서 다른 사람들의 집에서 머물기 시작하면서부터 우리는 자주 셋방살이 하는 느낌을 받게 되었고, 꼭 필요하다고 생각했던 일을 나 혼자 진행해 나갈 수 없게 되었다. 이것이 내게는 긴장과 좌절을 안겨주었다.

이제 와서 돌아보니 내 자신이 만든 절차의 법 아래로 나를 집어넣었다는 것을 확실히 깨닫게 되었다. 내가 준비하는 과정에서 아내가 조금만 간섭을 해도 나는 쉽게 신경질을 냈고, 자주 아내에게 윽박지르기도 했다. 중요한 회의가 임박해오면 그 긴장 상태가 너무 심해서 아내는 나에게 아주 조심스럽게 단순한 것만 제안할 수밖에 없었다. 아내는 본연의 사역에서 벗어나 있었다.

나는 너무 영적으로 어두워져서 나의 그러한 행동을 전혀 죄라고 생각지 않았고, 그것을 주님과 함께 바로잡으려는 시도조차 않았다. 또 아내와 함께 이 문제를 해결하려는 시도조차 하지 않았다.

용서받지 못한 죄를 품고 또한 마음과 양심이 더럽혀진 상태로 나는 계속 반복적으로 집회를 인도하러 나갔다. 집회가 실패로 끝나고 주님께 흠씬 두들겨 맞고 돌아와도 전혀 이상하게 생각하지 않았다. 내가 만약 구약의 이스라엘 백성들처럼 하나님의 목소리를 들을 수 있었다면, 아마도 하나님이 내게 "너희 중에서 가증한 것을 제하지 아니하면 내가 더 이상 너희와 함께 하지 않을 것"이라고 말씀하셨을 것이다.

나는 승리의 원리들(롬 6장과 성경 여러 곳에 있는 승리의 원리들)에 대해 많이 알고 있었지만, 실제로 내가 죄에 빠졌을 때는 그 승리의 원리를 적용하지 못하고 실패하고 말았다. 그 승리의 원리의 핵심은 예수님의 보혈의 능력이다.

1947년 초, 나의 영적침체의 정도는 너무도 심각했다. 영적 갈급함과 침체가 사람으로 하여금 하나님의 은혜와 회복을 갈구하도록 하는 요인으로 작용하는 것이 사실이라면, 내가 바로 그 은혜를 갈구하고 심령의 회복이 되어야 하는 사람이었다. 그 해 3월 말이 가까웠을 때, 나는 주님의 은혜를 깨닫고 회복할 수 있었다. 어떻게 하나님의 은혜가 이 패배한 설교자인 불쌍한 나에게 이토록 가까이 있었다는 것을 몰랐단 말인가? 어떻게 주님이 이토록 빨리 실패한 자의 심령을 다시 회복시키는지를 알지 못했단 말인가?

제10장 | 다시 찾아오신 예수님

나에게 있어서 가장 은혜가 되는 부흥의 메시지를 언급한 성경본문 중의 하나는 바로 요한복음 마지막 장의 서두이다. "그 후에 예수께서 디베랴 호수에서 또 제자들에게 자기를 나타내셨으니"(요 21:1). 나는 이 구절을 부흥의 성경본문으로 부른다. 별로 중요할 것 같지 않은 이 '또'(again)라는 말이 '부흥'(revival)이라는 말을 이루기 때문이다.

'revival'의 접두어인 'Re'는 라틴어에서 유래한 말인데, 단순히 '또'(again)라는 뜻이다. 비록 찰스 피니(Charles Finney)가 "부흥은 침체를 전제로 한다"고 말한 것은 옳지만, 이 작은 '또'라는 단어는 예수님이 우리의 침체로 인해 무너지는 분이 아니라, 오히려 침체된 우리의 심령에 오셔서 다시 그분의 일을 하신다는 것을 시사해주고 있다.

주님이 제자들에게 자신을 '다시'(again) 나타내신 것처럼 우리에게도 다시 자신을 나타내신다. 제자들이 원했던 것은 바로 주님이 다시 자신을 나타내 주시는 것이었다. 죽었던 것이 '다시' 생명을 얻게 되고, 잃어버렸던 기쁨이 '다시' 회복되고, 그리고 황무지가 주님의 능력으로 '다시' 비옥해지는 이것이 곧 부흥이다. 예수께서 "이 일들이 있은 후에" 다시 자신을 나타내신다는 말에서, 이 일들이란 '제자들이 절망한 일'과 '실망하고 좌절한 일'을 의미한다.

이것이 바로 앞의 9장에서 여러 사건들을 들어 언급한 절망에 빠졌던 두 제자에게 주 예수님이 다시 나타나셔서 하신 일이다. 당시에 부흥에 관한 나의 개념은 지금의 개념과는 판이하게 달랐다. 요 21:1의 후반부를 보면 "이 지혜로 주님이 자신을 드러내 보이셨다"고 말하고 있다.[1] 이 이야기는 디베랴 바닷가에서 어떻게 주님이 자신을 드러내어 보이셨는가를 말해주고 있다. 주님이 모든 사람에게 자신을 다시 드러내 보이실 때 "이 지혜로" 사람마다 각각 다르게 자신을 드러내신다는 것이다. 우리에게 다시 자신을 나타내신 주님을 아래에서 소개한다.

1947년 부활절 주말에 나는 중부잉글랜드의 리조트단지에 위치한 매틀록이라는 곳에서 젊은 그리스도인들을 위한 대규모 집

---

1) KJV이나 RSV에는 이 문장이 추가되어 있음, 역자 주.

회를 계획하고 있었다. 집회의 강사로 내가 첫 장에서 언급했던 동아프리카에서 사역하고 있는 선교사들을 세우기로 했다. 이 선교사들은 그들의 사역현장에서 한창 부흥을 경험하고 있는 사람들이었으며, 특별히 잉글랜드에서 이 부흥의 주제로 집회를 인도하기로 했다. 그들을 이 집회의 강사로 세우는 것이 아주 이상적으로 보였다.

나는 매일 아침에 말씀을 전하는 것으로 하고, 나머지 시간은 선교사들에게 다 맡기는 것으로 계획을 세웠다. 정작 집회가 시작되었는데, 조 처치 박사가 우리와 함께 할 수 없게 되었다. 그래서 이 집회는 유명한 부흥사도 스타 강사도 없이 진행해야만 했다. 강사로는 후에 주교가 된 로렌스 발함(Lawrence Barham), 당시에 성공회교회 집사였다가 후에 대성당의 참사의원이 된 빌 버틀러(Bill Butler), 그리고 르완다에서 교육가로 일하고 있었던 피터 길보드(Peter Guillebaud)가 오기로 했다.

아내 레블과 나는 '바로 지금, 여기에 부흥이 있으리라'라는 주제를 붙여서 겨우 안내책자를 만들었다. 스타 강사가 없이 집회를 해야 한다는 부담 때문에, 이 주제 문구는 집회가 가까워 올수록 우리의 목을 조여들어 왔다. 이 집회가 있기 바로 얼마 전에 우리는 마게이트에서 집회를 마치고 돌아왔는데, 그때 우리의 영적상태는 아주 밑바닥을 달리고 있었다. 집으로 돌아왔을 때 강추위로 인해 온 집안의 수도관이 다 얼어서 동파가 된 사실을 알게 되었다. 아내는 눈물을 흘리면서 "우리가 주님을 위해 일하러 나가 있는 동안 주님은 우리 집을 좀 돌봐주셨어야 되는 것 아니야!'라고 말했다. 아내는 좀 화가 났는지 우연히 바닥에 놓인 주전자를 발로 걷어찼고, 아무 잘못도 없는 주전자만 크게 찌그러졌다. 며칠 동안 그 찌그러진 주전자가 그 날의 사건을 기억한 채로 널브러져 있었다. 며칠 후에 우리는 젊은 그리스도인들을 위한 대규모 집회를 열기위해 매틀록이라는 곳으로 가야만 했다. 그것도 그 집회의 주 강사로 말이다.

그 집회에서의 강조점이 "바로 지금 부흥"(Revival-Now)이라는 주제였다. 아내는 집회에 가기 전에 주님께 간절히 절박한 심정으로 기도하면서 자신을 먼저 회복시켜달라고 기도했다. 아내가 컨퍼런스의 강사로 서야 하는데 모든 사람들 앞에서 말씀을 전하여 그들을 감동시킬 자신이 없었기 때문이었다. 그러나 주님은 그녀의 기도에 결코 응답하지 않으셨다. 우리 둘은 이전의 부족한 상태 그대로 집회장으로 향했다. 아내는 자신의 부족한 상태를 감지하고 있었지만 나는 별 감각도 없었다.

강사진의 메시지는 매우 단순했고, 집회강사들은 강력하게 말씀을 전하려고 시도하지 않았다. 이전의 우리의 메시지 선포방식은 아주 강렬한 방식이었다. 처음에 아내는 실망해서 "당신이 저 사람들보다 말씀을 더 잘 전할 수 있을 것 같다"고 말하였다. 그러나 이것이 그들이 최선을 다해 전한 메시지였다. 그들은 선교지에서 그들이 개인적으로 경험한 모든 교훈들을 간증 형식으로 하나하나씩 풀어나갔다. 선교지에서 그들이 실패한 경험들과 그 가운데 드러난 그들의 연약성을 나누었으며, 또한 하나님의 은혜로 그들이 어떻게 회복되었는가를 간증했다. 이것이 이 집회에 참석한 모든 사람들을 꼼짝 못하도록 사로잡았다.

그러나 그들이 전한 메시지의 내용은 내가 가지고 있었던 부흥의 관한 개념하고는 판이하게 달랐다. 첫 번째 말씀의 주제는 가인과 아벨의 얘기였다. 가인은 땅에서 나는 열매로 하나님께 예물을 드렸는데, 그 예물은 우리 인간의 공로를 상징한다는 것이다.

한편 아벨이 드린 예물은 그의 양떼 중에서 첫 새끼를 드렸는데, 그 예물은 어린 양 되신 예수님의 피의 제물을 상징한다는 것이었다. 나 역시 전에 이 복음의 주제를 가지고 불신자들에게 전한 적이 있었지만, 이 주제가 부흥의 개념과 연관이 있다는 것은 알지 못했다.

나중에 바로 이것이 내게 필요했던 주제라는 것을 이해하게 되었다. 실로 나는 아벨이기 보다는 가인이었다. 나는 예수님의 십자가 앞에 나아가 그의 피로 정결하게 씻음 받는 것보다 하나님으로부터 내가 사역하는데 필요한 축복과 능력만을 취하려고 안간힘을 썼다. 즉, 나는 회개의 자리에 나아가는 것 대신에 번민하면서 괴로워했다. 내가 비록 복음전파자였을지라도 내 자신의 필요를 위해 십자가를 교묘히 피해갔을 때, 주님이 나를 받지 아니하시고 내 예물도 받지 아니하신 것은 하나도 이상한 일이 아니었다.

아내 레블은 아주 재빨리 자신을 겸손하게 낮추었고, 예수님의 보혈에 의해서 자신이 회복될 수 있다는 것을 알았다. 그녀는 특별기도모임에서 누가 자신의 기도를 듣는 것에 아랑곳하지 않고 회개하는 기도를 드렸으며, 회개의 기도를 통해서 그녀는 주님께 나아갈 수 있었다.

하지만 나는 여전히 메마르고 교만한 상태로 남아있었다. 내가 교만했기 때문이다. 나의 주된 관심은 로마서 6장과 7장, 8장에서 일관되게 강조하고 있는 회개와 예수의 보혈에 관한 이 복잡한 메시지를 어떻게 나의 메시지에 쉽게 잘 맞추느냐 하는 것이었다. 우리 집회진행 팀은 집회에 참석한 그 어느 누구보다 나를 더 걱정한 나머지 나를 상담하기 시작했다. 내가 그렇게 많은 사람들을 자주 상담을 했는데 이제 내가 상담을 받는 신세가 되었다. 그 상담 팀에 내 아내까지 합류하면서 나를 더 힘들게 만들었다.

아내가 "당신, 아직도 모르시겠어요?"라고 말했다. 어느 날 빌 버틀러(Bill Butler)가 "로이, 내 생각에는 당신이 회개해야한다고 생각해요"라고 말하기도 했다. 그러나 나는 빌에게 "어디서부터 회개가 필요한데요?"라고 반문했다. 정말 솔직히 말해서 나는 알 수가 없었다. 나를 위해 한 일은 많은데 하나님을 위해 한 일은 거의 없었기 때문에 어디서부터 잘못되어 있는지를 알 턱이 없었다. 내 말의 의미는 말라기서에서 선지자가 이스라엘 백성에게 여호와께로 돌아오라고 말했을 때, 그 백성들이 반복적으로 말라기에게 대답한 말과 같은 것이다. "우리가 어떤 것으로부터 돌이켜야합니까?" 빌이 대답하기를 "나도 잘은 모르겠지만 분명한 것은 당신은 회개가 필요해요"라고 했다.

부흥은 내가 회개했을 때에 시작되었다. 빌과 나의 대화가 거의 끝나갈 무렵 빌이 나에게 내게 말했다.

> 그런데 로이! 당신이 어디에서부터 회개를 시작해야 될지 알 것 같아요. 우리가 이 집회 장소에 도착해서 처음 서로 만났던 것을 기억하죠? 당신이 그때 준비할 몇 가지 일이 있어서 우리 차에 함께 타고 어떤 집으로 들어갔을 때, 거기에서 어떤 젊은 부인에게 몇 가지 지시를 하는 것을 본 기억이 납니다. 처음 만난 분이었는데 당신은 우리에게 그분을 소개조차 하지 않아서 우리는 그분이 당신의 아내인지 비서인지조차 알지 못했습니다. 아마도 거기에서부터 당신이 회개를 시작해야 할 것 같아요.

나의 회개는 내 아내에 대한 태도에서부터 시작해야만 하는 것이 분명해졌다. 집회가 막바지에 이르러서 사람들이 간증을 했는데 어떻게 예수님이 그들을 회개하도록 인도하셨고 그들을 성령으로 다시 충만하게 해주셨는지에 대해 말했다. 그러나 나는 그렇게 말할 간증거리가 없었다. 내가 정해놓은 율법적인 교리에 맞춰서 일하려는 자세를 내려놓았고 또 내 개인적인 죄들을 씻음 받기 위해 주님 앞에 나온 직후였기 때문에 내게는 별 할 말이 없었다.

주님은 단순히 분명하게 드러난 아내에 대한 나의 태도, 즉 아내를 부자연스럽게 대한 것과 함부로 말한 것과 그리고 아내에게 나쁘게 반응했던 일부터 회개하도록 내게 요구하셨기 때문에, 내 상황을 내가 생각했던 크나큰 위기로 생각지 않았다. 나는 부흥이 어떤 큰 것을 행하는 것으로부터 오는 것이 아니라, 오히려 작은 죄들을 깨끗이 씻는 데서부터 부흥이 온다는 것을 깨달았다.

아람장군 나아만이 바로 이것을 깨달았어야 했다.

> 그의 종들이 나아와서 말하여 이르되 내 아버지여 선지자가 당신에게 큰 일을 행하라 말하였더면 행하지 아니하였으리이까 하물며 당신에게 이르기를 씻어 깨끗하게 하라 함이리이까(왕하 5:13).

이 말씀이 내게는 완전히 신앙생활을 다시 시작하게 하는 것으로 이해되었다. 나아만이 아주 겸손하여져서 자신의 몸을 요단강에 일곱 번 담그고 나서 회복되었을 때 "살이 어린아이처럼 다시 회복되었다"고 한 것처럼 나의 살(My Flesh, 나의 신앙)이 다시 회복되었다. 나의 이 새롭게 된 일은 구약의 또 다른 사건에 적용하여 설명할 수 있을 것 같다. 내가 가인과 별반 다르지 않다고 고백한 바로 그 날 그 순간에 나는 내 자신이 아벨과 같음을 깨닫게 되었다. 예수님의 보혈을 가지고 하나님께 나아갔을 때 하나님은 나를 한 사람의 죄인으로 받아주셨다.

그러나 아내 레블에 대한 태도를 고치는 것과 같은 그런 회개는 단지 시작에 불과했다. 주님이 내가 회개해야 할 많은 것들을 보여주셨기 때문에 나는 연속적으로 회개해야만 한다는 것을 깨달았다. 얼마 후에 아내가 내게 "로이, 내 생각은요! 당신이 정말로 주님과 온전한 관계를 회복하고 싶다면 그 사람과의 관계를 온전히 풀어야 할 것 같은데…"라고 말꼬리를 흐렸다.

그 사람이란 바로 어떤 회의에서 나와 의견이 충돌했던 집행위원회의 회원 중 한 명을 가리키는 것이었다. 계속하여 아내가 "당신 기억하고 있나요? 1년 전 그 일이 있은 후로 그 사람이 당신과는 아예 말도 하지 않고 있잖아요"라고 덧붙였다. 그 당시의 나는 그가 얼마나 잘못했는지밖에 보이지 않아서 그렇게 오랫동안 원한을 품고 살았다. 그러나 주님이 나도 역시 처음부터 잘못했다는 것을 깨닫게 해주셨다. 그는 그 위원회의 의장이었고 나는 위원회의 실행비서였다.

문제의 발단은 돈의 사용처를 정하는 것에서부터였다. 돈을 런던의 전국청년선교회 본부로 보내느냐 아니면 그 돈을 해당지역에서 쓰도록 하느냐의 문제로 의견충돌이 있었다. 위원회의 의장이 위원들을 설득하여 그 돈을 지방에 그대로 남겨두는 방향으로 결정을 한 것이다. 내 생각에는 그 돈을 런던의 중앙본부로 보내는 것이 옳다고 판단해서 런던본부로 보냈다.

이 소식을 들은 위원회 의장의 기분이 별로 좋아 보이지 않았다. 그가 전화로 통화하면서 이 문제에 대한 자신의 의견을 부드럽게 얘기를 했는데도, 내 판단이 얼마나 옳은가를 설명했다. 그리고 그가 나를 이해했다고 생각했다. 하지만 그는 나와의 언쟁으로 말미암아 기분이 많이 상했다.

비록 그는 그리스도 안에 있는 나의 형제이지만 그런 일이 있은 후로 나를 피했던 것이다. 내가 주님 앞에 나갔을 때, 주님은 내가 생각한 것처럼 내가 그렇게 옳지 않았다는 것을 깨닫게 해주셨다. 비록 실제적으로 그렇게 돈을 보내는 일이 옳았을지라도 나는 잘못된 방법으로 돈을 보냈던 것이다. 거기에는 또 다른 방법이 있었는데, 그것은 어린 양의 방법이었다. 이 일은 너무 오래도록 해결되지 않고 있었던 것이다. 우리는 이 일에 대하여 더 얘기를 해야 할 필요가 있었고, 결국 우리는 이 문제를 잘 해결하고 한 마음이 되었다.

어떤 의미에서 이것은 나에게 위안이 되었는데, 그것은 내가 이제 어디에서부터 회개를 해야 될지를 알았기 때문이었다. 나는 그에게 전화를 걸어 한번 만날 수 있느냐고 물었다. 그는 무뚝뚝하게 "무슨 일 때문에 그러느냐"고 대답했다. 전화상으로 잘못했다는 말 말고는 다른 할 말이 없었다. 이 일은 매우 간단했다. 난 그에게 말했다. "형제님, 그때의 그 일을 기억하시나요? 나의 잘못이었습니다. 제발 날 용서하시기 바랍니다."

곧바로 사랑과 교제가 전화선을 통해 흘렀다. 후에 그가 나를 자기 교회로 초청하여 말씀을 전할 기회를 주었는데, 그는 그 교회의 사무국장과 교회운영위원회의 의장의 직함을 가지고 있었다. 말씀을 전하면서 우리에게 어떤 일이 벌어졌고 어떻게 우리가 화해했는지를 간증했다.

또 다른 일은 우리가 목회자들과 사모들을 위한 집회를 개최하면서 겪은 일이다. 그때 내 아내는 함께 할 수 없었다. 라운지가 가득차고 바닥까지도 사람들로 가득 찼다. 주님의 치유하는 능력이 회중에게 임하였고, 사람들은 하나님이 그들에게 깨닫게 해주시는 것들을 서로 나누었다.

한 젊은 목회자가 자기 아내에 대해 얼마나 지독하게 이기적으로 대했는지를 깊이 회개하는 간증을 하였다. 그 젊은 목회자는 그의 아내에게 새 신발 한 켤레 사라고 돈 주는 것도 거부했다. 그들은 즉석에서 신발 한 켤레도 살 수 없는 그런 사람들이었다. 그런데, 바로 얼마 전에 그는 그 비싼 모터가 달린 잔디 깎는 기계를 샀다는 것이다. 어느 정도 그의 간증이 내 마음을 움직였다.

이 집회가 있기 한 주 전에 내가 복음집회 마지막 날에 대규모 강당에서 전할 메시지 준비를 다 끝냈는데, 내 마음에 긴장감이 생기고 마음의 평화가 사라졌다. 아내가 나를 다그치면서 늦지 않으려면 빨리 차로 내려오라고 했을 때 나는 굉장히 짜증스러웠다. 집회 장소에 도착했을 때 나는 급하게 차에서 내려서 차문이 으스러지도록 쾅하고 닫았는데, 아내의 손가락이 차문에 낀 채로 문을 닫아서 손가락이 박살이 난 것이다. 손가락이 다 까지는 상처가 나서 피까지 흘렸다. 그 날 밤 집회에서 아내는 피아노 반주를 할 수가 없게 되었다. 물론, 아내에게 내가 크게 잘못했다고 말을 하긴 했지만 그 날 밤의 설교가 내가 지금까지 한 설교 중에서 가장 힘든 설교였다.

우리는 그 사건을 불행한 사고였다고 생각하고 잊어버렸지만 일주일 후 그 젊은 목회자가 그의 아내에게 가혹할 정도의 이기적인 행동을 했다는 간증을 듣게 되자 나는 내 아내 레블의 피가 흥건한 손가락을 떠올렸고 주님은 이 사건이 결코 단순한 사고가 아니라는 것을 보여주셨다. 내가 긴장하지 않고 내 마음에 평강이 가득했더라면 결코 그렇게 차 문을 세게 닫지 않았을 것이다.

그 후에 나는 예수님의 상처 난 손을 보았는데, 내가 내 아내의 손에만 상처를 입힌 것이 아니라 그것이 곧 주님의 손에도 상처를 낸 것이라는 것을 깨달았다. 나는 참석한 모든 사람들 앞에서 어린아이처럼 울었다. 그리고 될 수 있는 대로 빨리 아내에게 전화를 걸어 하나님이 내게 보여주신 것을 함께 나누면서 아내에게 용서를 구했다.

한 가지 흥미로운 사실을 이 일을 통해서 깨달았다. 사람이 자기 자신을 어떻게 개방하느냐에 따라 다른 사람을 도울 수도 있다는 것에 관한 흥미로운 일화가 있다.

나는 나와 주님 사이에 벌어졌던 일에 대해서 내 아내는 충분히 알지 못한다는 것을 깨달았다. 상대와 같이 나눌 수 있는 어떤 범위를 설정해 두고, 예를 들면, 음란한 생각에 빠져드는 것 같은 문제는 주님 앞에 나와서 그 문제를 처리하고 깨끗하게 함을 받은 것으로 마무리 했다. 굳이 그것을 아내와 같이 나누면서 간증하지 않았다. 결과적으로 아내는 매일 아침 그녀의 식탁 맞은편에 앉아 아침을 먹는 그 남자의 실체를 잘 몰랐고 그 남자(나) 역시 그녀(아내)의 실체를 잘 알지 못했던 것이다.

우리의 관계 안에 있는 사랑은 그저 보통사람들이 하는 그런 사랑이었다. 그 사랑이 깊은 단계에 이르기까지는 서로간의 관계에 어느 정도 서먹함이 존재하기 마련이다. 내가 아내가 알지 못한 영역에서 경험한 은혜들을 나누었을 때, 그것은 아내에게 용기를 북돋아 주었고 아내는 내가 알지 못했던 그녀에 대한 것들을 털어놓았다.

아내는 영적인 일과 관련하여 나와 비교를 하면서 열등감에 시달렸다고 고백했다. 아내는 자신의 성경연구와 기도시간에 투자하는 시간에 비해 내가 너무 오랜 시간을 그것에 투자하고 있다고 생각했다. 그래서 자신의 간단한 기도를 남편인 내가 무시했다고 느꼈다고 한다. 이 열등감이 그녀를 묶고 있었고 이런 이유에서 내 앞에서 기도하는 것에 주눅이 들곤 했다.

물론, 우리는 함께 기도했다. 그렇지만 아내의 기도차례가 되면 아내는 기도가 시원하게 뚫릴 때까지 자주 중간 중간에 기도를 길게 멈췄다가 다시 이어가곤 했다. 예수님이 나 같은 죄인에게 행하신 일을 함께 아내와 나누었을 때, 아내의 열등감은 사라졌다. 아내는 열등감을 떨쳐버렸을 뿐만 아니라, 그 열등감을 죄라고 인정하였으며 하나님께 그 열등감을 품은 죄를 용서해달라고 구했다. 나 같은 사람이 기꺼이 죄인의 자리에 내려가 자신을 죄인이라고 인정했다면, 내 아내 역시 나처럼 자신을 죄인이라고 인정할 수 있었을 것이다.

우리는 예수님의 십자가에서 개방의 새로운 자유를 경험했다. 그 십자가에서 죄악이 깨끗이 씻음 받았다. 바로 그 날로부터 내 아내의 예배생활과 영적생활이 꽃피기 시작했고, 그것은 전에는 결코 맛보지 못했던 새로운 경험이었다. 아내는 나에게 가장 도움이 되는 동역자 중에 한 사람이 되었을 뿐만 아니라, 능력 있는 여성설교가가 되었다.

매틀록에서 있었던 주요 집회에서 내 마음을 크게 감동한 것이 하나 있었는데, 그것은 조 처치 박사가 디자인한 주제카드였다. 주제카드의 내용이 의미하는 바는 "내가 아닌 그리스도"(Not I, but Christ)인데, 다음의 삽화에 있는 것처럼 그리스도를 의미하는 알파벳 "C"는 나를 나타내는 알파벳 "I"를 구부려 놓은 것으로 디자인되어 있다.

나는 이 주제카드를 처음 보았을 때 나의 심장을 찌르는 것 같은 아픔을 느꼈다. 특히 조 처치가 주제 밑에 써놓은 글 때문에 더욱 그랬다.

> 주님, 교만하고 목이 곧은 '나(I)'를 구부러뜨려 주소서.
> 나를 도와주셔서 나로 고개를 숙이게 하시며 죽게 하소서.
> 나를 위해 머리를 숙이신 갈보리의 주님을
> 바라보게 하소서.

나는 이 주제카드에 들어 있는 나를 의미하는 글자 'I'처럼 교만하고 목이 곧고 숙일 줄을 모르는 사람이지 않은가? 거기에다 내 자신을 정당화하기에 빨랐고 다른 사람들에게 화를 내기에 급급했던 나였다.

삽화 속에서 나의 더 많은 모습을 보게 되었는데, 구푸리고 있는 저 사람이 곧 나였다. 머리를 숙이고 손으로 얼굴을 가리고 있는 저 사람의 모습이 나였다. 저 사람은 예수님을 뵙고 부끄러워서 죄인의 자리에 내려가 구푸렸고, 그의 주권을 주님께 양도했다. 그림을 보면서 내가 죄인의 자리에 아직 내려가지 않고 있는 것을 즉시 고백하였을 뿐만 아니라, 내 머리를 주님 앞에 기꺼이 숙이려 하지도 않았다는 것과 나 자신에 대하여 아직 죽으려 하지도 않았다는 것을 고백했다.

나는 나의 자아를 세우는 것을 당연하다고 생각했다. 그렇기 때문에 예수님이 내 안에서 그리고 나를 통해서 그분의 충만하심과 은혜를 나타내지 않으신 것을 조금도 이상하게 여길 필요가 없었다. 그렇지만 그때에 나는 그리스도의 보혈 안에 있는 새로운 가치가 상처받은 영혼을 온전케 만든다는 사실을 깨달았다.

이것이 바로 아내와 내가 함께 『갈보리 언덕』이라는 신앙서적을 집필해 나갈 때에 예수님이 자신을 우리에게 다시 나타내주신 직접적인 결과였다. 이에 대한 더 많은 얘기는 다음 장에서 다루기로 하겠다.

제11장 | 교두보를 확장하다

하나님은 매틀록 집회에 참여한 사람들을 축복해주셨다. 집회 집행부가 가는 어느 곳에서나 하나님은 은혜를 부어주셨다. 이번 집회에서 집행부는 어느 경우에라도 화려한 목표를 세우지 않기로 했다. 비록 집회의 결과가 특별하게 괄목할만한 것들은 없었지만, 그 지역 각각의 집회 장소에서 개인들이 죄를 자복하고 예수님의 십자가 앞에서 처절하게 깨어지는 경험을 했으며, 그들의 잔이 은혜로 흘러넘쳤다.

선교사로 구성된 강사진도 그들이 동부아프리카에서 경험한 드라마틱한 경험들을 이야기함으로 잉글랜드에서도 이러한 일들이 일어날 수 있다고 고무시킬 수 있었지만, 그들은 그렇게 하지 않았다. 그들은 단순히 간증을 하였고, 간단한 성경의 내용을 가르치는 수준으로 집회를 진행해 나갔다. 그들은 그들이 근거하고 있는 모든 것은 성경이며, "우리에게 일어났던 일들이 여러분에게도 지금 일어날 수 있다"고 가르쳤다. 또한, 하늘로부터 위대한 그 누군가가 내려오기를 기다릴 필요가 없다고 말했다.

그 선교사들이 우간다에서 영국으로 돌아올 때, 시메오니 느시밤비(Simeoni Nsibambi)라고 하는 늙은 성자요 부흥의 선구자가 건강 때문에 수년간 집에 누워있었는데 그가 떠나오는 선교사들에게 이렇게 말했다고 한다.

> 그저 하나님께 우리에게 한 사람만 보내주시도록 기도하시기 바랍니다. 만약 하나님 그 한 사람을 보내주시면 여러분은 잉글랜드에 다시 부흥이 임했다고 말하게 될 것입니다.

그래서 그 선교사들은 그 한 사람을 하나님께 보내달라고 기도했다고 한다. 그런데, 하나님은 그 '한 사람'을 여러 명 보내주셨다. 그 한 사람들이 영국 전역으로 흩어져 주님이 주시는 새로운 비전을 보았고, 그들은 주님과의 새로운 관계의 장으로 들어가게 되었다.

이 일은 그리스도인 리더들과 평신도들 사이에서 성령의 현저한 역사가 나타나기 바로 직전에 되어진 일이었다. 이들 평신도들과 리더들은 하나님이 그들에게 베풀어주신 것을 기초로 또 다른 연결고리를 찾아 부흥운동을 전개해 나가기 시작했다. 작은 규모의 부흥의 교두보가 잉글랜드에 세워졌고, 그 교두보는 아프리카에서 선교사로 구성된 본진이 돌아온 이후로 계속 확대되었다. 이 부흥은 전에도 있었고 지금도 진행되고 있다. 어떤 특정한 사람들에게만 국한되어 일어나는 것도 아니다. 자신의 곧은 목을 예수의 십자가 앞에 기꺼이 숙이는 사람들이 있는 곳이면 어느 곳이나 주님은 그들의 마음에 교두보를 구축해 주시고 그들로 하여금 개인적인 부흥을 경험하게 하신다.

제2차 세계대전 이후에 성장한 사람들에게 교두보라는 용어의 의미가 실감나게 와닿지 않을 수도 있다. "교두보를 구축한다"는 말은 군대에서 자주 쓰는 군사전략용어이다. 예를 들어, 연합군이 북아프리카에서 이탈리아를 침공할 때 교두보 구축이 필요한 것이다. 교두보는 확 트인 공간으로 공격해 들어가는 것이 아니라, 해변의 어느 한 지점을 거점으로 삼아 그곳을 통해서 선봉부대와 무기가 투입되도록 하기 위한 전략적인 거점이다. 내 생각에는 이탈리아로 진격해 들어갈 경우 그 교두보는 살레르노(Salerno)가 되어야 한다고 본다. 그런 후에 지금 우리가 교두보라고 부르고 있는 그 거점으로부터 그들의 진격을 곧바로 확대시켜 나갈 수 있고, 전 지역을 쉽게 장악할 수 있게 될 것이다.

이와 같이 잉글랜드에서 우리에게 일어났던 부흥은 다른 어느 곳에서 일어났던 부흥의 경험과는 달랐다. 잉글랜드에서는 전면적으로 갑작스럽게 성령의 강력한 역사가 나타난 것이 아니라, 오히려 부흥의 교두보가 소수의 사람들의 심령 속에서 구축되고 난 다음, 그 교두보가 서서히 그렇지만 꾸준하게 확장되어 나갔던 것이다. 그리하여 그들이 초기에 구축한 이 부흥의 교두보가 30여 년 동안 계속 이어지고 있다.

오늘날까지 이 부흥의 교두보가 너무 광범위해져서 어느 누구도 이 확장된 부흥의 교두보를 따라갈 수 없을 것이다. 이것은 '원-맨 비전'(one-man vision, 한 사람의 부흥의 선구자를 보내달라는 비전기도)을 꾸준히 적용해 온 결과로 되어진 일이다. 하나님의 백성들에게 축복이 되는 또 다른 은혜의 교두보들이 지금도 확장되고 있는지 누가 알겠는가? 교두보를 구축하고 있는 개개인들을 우리가 개인적으로 다 접촉할 수는 없을 것이다.

그렇게 많은 사람들에게 그토록 깊은 은혜를 끼친 동부아프리카에서 온 선교사들이 전해준 메시지가 무엇이었는가? 그들이 전해준 말씀은 어떤 새로운 것이 아니라 성경을 중심으로 신앙생활하는 그리스도인들이라면 이미 다 알고 있는 내용이었다. 그들은 그들이 많은 사람들과 접촉하면서 경험한 부흥의 내면적인 특성을 설명하고 그것을 함께 나누는 데 주력해서 메시지를 전했다. 그러나 이것은 결코 쉬운 일이 아니었다. 왜냐하면, 그들이 경험한 부흥이라고 하는 것은 조직신학처럼 어떤 체계가 잡혀 있는 것이 아니라, 수만 명의 아프리카 사람들과 선교사들의 삶 가운데서 일어난 일, 즉 그들의 삶과 연관되어 있기 때문이었다.

조 처치 박사는 잉글랜드로 복귀하는 계획을 세우면서 부흥에 대해 요약을 하려고 모색했으며, 그것을 다섯 가지로 정리했다.

1. 부흥은 갈급한 기도(Prayer with a Hunger)로부터 시작된다.

부흥은 교회의 영적 침체에 대한 큰 불만족과 특별히 개인의 영적 침체에 대한 큰 불만족과 함께 시작된다. 하나님의 말씀 안에서 분명하게 약속하고 있듯이, 우리가 새로운 삶을 열망하는 영적인 배고픔을 가지고 간절히 기도하면 그 새 생명의 삶이 우리 안에서 시작된다.

2. 부흥은 십자가에서 깨질 때(Brokenness at the Cross) 일어난다.

부흥의 과정은 계속적인 도덕적 선택의 연속으로 말할 수 있다. 우리 모두처럼 교만하고 목이 곧은 나 즉, 'I'가 구푸려지고 깨어져야 한다. 그리고 모든 것에 대한 우리의 권리를 하나님께 이양해야 한다. 깨어짐은 나를 죄인이라고 선고하신 하나님께 겸손하게 반응하는 것이다. 물론 이 깨어짐의 과정은 계속된다. 이 깨어짐은 의지적인 겸손이 요구되며 진정한 죄의 고백과 진정한 회개를 포함한다. 이 깨어짐은 오로지 한 곳 십자가에서만 가능하다. 그 십자가에 우리를 위해서 사람이 아닌 벌레취급을 받으셨을 뿐만 아니라, 우리의 죄 값을 치르기 위해 모든 권리를 포기하신 주님을 만날 때 우리가 깨어진다. 강퍅하고 고집스런 심령에는 부흥이 일어나지 않는다.

3. 부흥은 충만함(Fullness)이다.

심령이 성령으로 가득하여 충만한 상태는 부흥의 긍정적인 측면이다. 다윗이 고백했듯이, 충만은 "나의 잔이 넘치나이다"와 같은 것이다. 또한, 우리의 잔도 계속해서 그리스도 안에 있는 기쁨으로 흘러넘치고, 다른 사람을 향한 사랑으로 흘러넘치고, 그리고 하나님을 향한 찬양으로 흘러넘치게 될 것이다. 우리의 잔이 흘러넘치게 될 때, 다른 사람들도 축복을 누리게 될 것이다. 그러나 주 예수님은 시기와 원한과 분노와 의심과 불만 등으로 더럽혀진 잔은 채워주지 않으신다. 모든 죄는 주님께 고백해야만 하며, 그 죄는 그분의 피로 깨끗이 씻음을 받을 수 있다.

4. 심령을 개방(Openness)하라.

하나님과의 교제와 공동체의 우리 지체들과의 교제를 유지하고 우리의 심령을 깨끗하게 하기 위한 한 가지 조건은 바로 "빛 가운데로 걸어가는 것"이다(요일 1:7). 즉, 이것이 개방성이다. 진정한 교제는 우리가 우리 자신을 개방하고 우리의 허물을 인정할 때 성립된다.

5. 하나 됨(Oneness)의 연합을 이루라.

우리와 다른 사람들 사이에 개방성이 부족하다면 그것은 죄다. 우리 모두의 관계성 안에 존재하고 있는 죄의 문제를 처리하기 전까지는 우리는 성령의 충만함을 받을 수 없다. 우리와 다른 사람 사이에 있는 모든 문제는 우리와 하나님 사이의 문제이다. 우리가 하나님과 맺고 있는 관계는 우리가 다른 지체들과 맺고 있는 관계와 별로 다르지 않다. 성령께서 그토록 오랫동안 우리에게서 자신을 숨기시고 우리를 우울한 침묵 속에 내버려 두신 것은 하나도 이상한 일이 아니다.

선교사들이 매 집회 때마다 이 다섯 가지 부흥원리를 기계적으로 사용하지는 않았다. 그런데, 몇 달 후에 우리 복음집회 팀에 합류한 아프리카에서 온 두 강사인 윌리엄 나겐다(William Nagenda)와 요시야 키누카(Yosiya Kinuka)는 이 다섯 가지 원리를 순순하게 따르고 있었다. 이 두 사람은 그들이 알고 있는 예수님을 그대로 선포했는데, 그것이 그 무엇보다 더 집중하게 만들었고 큰 도움이 되었다.

우리 진행 팀은 주님이 인도하시는 대로 성경말씀을 취하여 메시지를 선포했지만, 그들은 이 다섯 가지 원리를 부흥의 원리가 되는 기초로 생각하고 있었다. 아마도 이때쯤 나중에 『갈보리 언덕』이라고 일컬어진 책을 쓰기 시작한 것 같다. 아내와 나는 젊은 그리스도인들이 좀 더 깊이 주님을 경험하도록 하기 위한 의도를 가지고 「챌린지」(Challenge)라고 하는 작은 월간신앙잡지를 발간해 왔다. 그때 우리는 그간 우리가 경험한 것들에 대해 마지막으로 정리하는 단계에 와 있었다. 그 다음 단계에서 우리가 할 일은 하나님이 우리에게 새롭게 보여주신 것들을 기록으로 남기는 일이었다.

당시에는 그것이 우리에게 자연스러운 것이었다. 월간신앙잡지의 처음 네 개의 장은 집회 강사들이 우리에게 전해 준 주제들과 그들이 말한 간증들을 간략하게 삽입시켰다. 그 다음 주제들은 주님과의 새로운 경험의 관점에 비추어서 주님이 우리에게 주신 새로운 메시지를 기록했다. 이 단순한 이슈를 게재한 신앙잡지에 대한 수효가 갑자기 폭발적으로 늘었다. 거의 매일 편지들이 우리에게 당도했고, 그 내용들은 그 신앙월간지를 통해서 그들이 하나님의 축복을 경험하고 있다는 것과 앞으로도 더 많은 얘기들을 실어달라고 부탁하는 그런 내용들이었다. 또한, 이 신앙월간지를 보내달라는 요구가 해외에서도 들어왔는데, 이 신앙월간지를 통해서 하나님 백성들의 삶의 여러 부분에서 부흥이 시작되고 있다는 것이었다. 여기에 우리의 공로는 아무것도 없었다. 왜냐하면, 부흥은 「챌린지」라고 하는 월간지에 의해 일어난 것이 아니라, 부흥의 결과로서 「챌린지」가 탄생했기 때문이다.

하나님은 전 세계에 흩어져 있는 많은 사람들의 심령 속에 역사하고 계신다. 하나님의 은혜를 받은 사람들의 간증은 또 다른 사람들을 자극하여 하나님의 은혜를 갈구하도록 만든다. 이렇게 은혜 받은 경험들이 차례로 다른 사람들에게 전해져서 그들로 하여금 십자가와 회개에 이르도록 한다. 이로 인하여 하나님의 축복이 퍼져나가는 것이다. 이런 취지를 가지고 이 작은 신앙월간지가 발간되었다. 이 작은 책자는 성경의 내용을 어렵지 않고 명확하게 표현해주고 있기 때문에, 그토록 많은 사람들이 하나님을 경험하기 시작했던 것이다.

우리의 상황이 어려워져서 「챌린지」를 계속해서 보내줄 수 없는 상태가 되었다. 그렇지만 「챌린지」를 받아보기 원하는 사람들이 늘어만 갔다. 그래서 우리는 그 책에 좀 더 도움이 되는 예외의 장들을 첨가해서 발행을 하게 되었다. 잉글랜드 CLC(Christian Literature Crusade)가 이 책을 『갈보리 언덕』이라는 제목으로 출간하였다. 이 책이 출간된 당시에는 잘 몰랐지만 이 책은 계속 재판에 재판을 거듭하여 영국과 미국으로 퍼져나갔고 1977년까지 이런 현상은 계속되었다. 이 책이 여러 가지 언어로 번역되어 전 세계에 퍼지리라고는 꿈도 꾸지 못했던 일이다.

나는 세계를 여행하면서 이 책을 통하여 하나님이 사람들의 삶과 그들이 처한 상황 속에 베푸신 놀라운 일들을 들었다. 이 책을 통하여 사람들이 성령에 사로잡히게 되었고 교회들이 다시 회개하고 예수님의 보혈의 능력을 구하게 되었다. 그런데, 당시의 이 책은 "진정으로 하나님과 동행하는 것"이 무엇인가를 배워가는 사람들의 작지만 계속 확장되어가는 부흥의 교두보에 대한 얘기를 단순하게 기록한 것이었다.

이 책이 처음 출간되어 나왔을 때, 나는 때때로 당황스러움을 느꼈다. 내가 어느 집회에서 말씀을 전할 때 내 책을 읽은 사람들이 직접 나를 보고 직접 내 얘기를 들으면 실망하지나 않을까 하면서 걱정을 했다. 그러나 그러한 양심의 갈등은 불필요한 것이었다. 왜냐하면, 그 책에서 책의 저자가 특별한 거룩함이나 겸양을 지녔다고 주장하고 있지 않을 뿐만 아니라, 오히려 저자는 그런 거룩함이나 겸양의 덕이 없는 것을 밝혔고, 그로 인하여 그가 십자가 앞에 다시 엎드리게 되었다고 말하고 있기 때문이다. 이 책은 근본적으로 죄인에 의한, 죄인들을 위한 책으로 하나님의 은혜의 풍성한 경륜을 보여주고 있다.

> 이것이 나의 모든 소망이요 평화로다.
> 오직 예수의 피 밖에 없네.
> 이것이 나의 모든 의가 되도다.
> 오직 예수의 피 밖에 없네.

이전에 내가 소식지에 실었던 짧은 글들을 쭉 훑어보면서 나는 내 생각의 체계가 점점 발전되어 갔다는 것을 알게 되었다. 그 단편집의 주된 내용은 그리스도와의 동거, 성령 충만 그리고 승리를 가져오는 믿음에 관한 것이었지만, 회개와 깨어짐에 관한 주제는 거의 찾아볼 수 없었다. 실패한 성자를 회복시키고 그를 자유하게 만든 그리스도의 보혈의 능력에 대한 부분이 여전히 부족하다. 이것이 『갈보리 언덕』이라는 책이 깨닫게 해주는 새로운 요지이다.

이 책에서 부흥의 교두보에 관한 것보다 훨씬 더 기여한 한 부분이 있는데, 그것은 주님이 수많은 복음전파의 리더들을 한꺼번에 인도하여 내셨고, 그들을 새롭게 변화시켰다는 것이다.

나는 순회여행을 하면서 어떤 한 목회자에 대해 들었다. 최근에 그 사람의 심령 안에서 새로운 변화가 분명하게 나타났다는 것이다. 프레드 바프(Fred Barff)라는 젊은 목회자인 그는 교회 성도들과 함께 최근에 하나님이 자신을 변화시켜 주신 경험을 나누었고, 강단에서 그는 자신이 그간 성도들에게 잘못된 태도로 대했던 것에 대해 용서를 구했다고 한다. 우리가 따르고 있는 이 새로운 원리 안에서, 우리 모두는 함께 나아가야 하고 서로에게 용기를 주어야 한다는 것이 분명해졌다.

런던근교에 있는 성공회교회의 목사인 피터 매로우(Peter Marrow)는 먼저 우리 중의 열 명 정도를 자기 목사관으로 초청하여 이틀간이나 함께 시간을 보내기도 했다.

그러나 서로 이야기보따리를 풀어놓자마자, 내 마음속에 무엇인가 떠오르는 것이 있었는데 지금 정확하게 기억은 나지 않는다. 그 시점에서 내가 주님께 고백해야만 하는 것이었다. 나는 준비해 간 교리적인 설교를 포기하고 대신에 간증을 들려주기로 했다. 우리는 이틀 동안 예수님이 우리의 삶 가운데 행하신 일들을 나누었다. 우리는 하나도 숨기는 것 없이 각자 심령을 다 털어놓고 얘기했으며, 또한 예수님이 죄인인 그들 속에 새 일을 행하신 것을 알게 되었고 서로를 사랑하게 되었다. 무엇보다 우리는 한 팀이 되었고 우리가 정말로 귀중한 일을 위해 함께 힘을 합하게 되었다는 것을 알게 되었다. 그것은 주님이 우리나라를 부흥시키는 비전을 주셨다는 것이다.

그러나 우리가 받은 축복과 함께 다 함께하기로 마음 속 깊이 다짐한 그 결단은 개인의 사정에 따라 달라질 수도 있는 것이었다. 세월이 지나감에 따라 그 결단했던 사람들은 대부분 흩어졌다. 무엇보다도 안타까운 것은 부흥운동의 감각이 사라져 버렸고, 그 부흥의 물결의 흐름도 멈추게 되었다.

우리는 작은 그룹이었지만 함께 움직였을 때 그 축복의 강물이 우리에게서 흘러넘쳐나기 시작했었다. 먼저 우리는 지난번의 모임보다 더 심도 있는 또 다른 모임을 준비해야만 했다. 그런 후에 우리 중의 몇은 개인을 방문하고 그룹으로는 교회들을 방문하게 했다. 목회자가 그들 교회의 본 업무를 제쳐놓고 외부강사들을 초청하여 하나님이 그들에게 교훈하시고 그 결과로 그들이 변화되었다는 새로운 형태의 간증집회를 여는 것이 성도들에게는 아주 새로운 것이었다.

그 다음 단계로는 다양한 지역집회를 목회자와 평신도들을 위해 열었다. 이러한 지역집회로 말미암아 사람들이 깨지기도 하고 회복되기도 했으며, 어떤 사람들은 그 은혜 가운데로 들어가 천국을 맛보기도 했다. 초기 집회에 참석한 한 목회자가 어떻게 성령께서 역사하셨는지를 아래와 같이 기록하였다.

> 주님이 우리에게 자신을 나타내주시고 우리가 다시 회개하도록 십자가로 이끌어주신 것은 참으로 영광스런 일이 아닐 수 없다. 주님이 내게 보여주신 두 가지가 있었는데, "이제 다시 한 번 다 이루었다"라고 하는 신비로운 내용과 나의 죄에 대한 주님의 판결이었다.
>
> 주님이 나의 죄를 판결하실 때 나에게 소리를 지르는 것 같지 않았다. 그 집회에서 주님의 임재는 너무도 분명해서 그분이 우리 가운데 서 계셨고, 그의 손과 옆구리를 보여주셨다. 나는 지금까지 주님이 그토록 처참하게 우리를 무너뜨리시는 것을 결코 경험하지 못했다. 그 집회에는 약 50여 명의 다양한 연령층의 주교들과 목사들과 그

리스도인 사역자들이 참석했다. 그들 모두는 영적으로 너무 갈급한 사람들이었다. 그래서 하나님이 그들을 만나주셨다.

사람들이 실로 믿을 수 없는 죄의 급류가 쏟아져 나왔다. 토해낸 죄들은 예수님의 보혈로 깨끗이 씻김을 받았다. 많은 목회자들이 그들의 교구로 돌아가서 성도들과 교회 운영위원들을 만나서 잘못된 것들 바로잡았고, 몇몇은 돌아갈 때까지 기다리지 못하고 편지를 써서 보내기도 했다.

존 콜린슨(John Collinson)이라는 목회자가 경험한 얘기는 전형적인 부흥에 관한 스토리였다. 28년간의 그의 목회를 되돌아보면서, 그는 그 시간들이 그에게 무엇을 의미했는가를 말하였다. 결과적으로 주님이 후에 그에게 전 영국을 부흥시키는 사역을 감당하도록 해주셨는데, 아래는 그의 경험을 기록한 것이다.

> 7년 전에 동아프리카 부흥의 주역들을 통하여 아프리카에서 깊은 은혜를 체험했음에도 불구하고, 매우 심령이 메마르고 영적으로 곤핍한 상태로 엘핀스워드(Elfinsward)의 열린 집회에 찾아온 한 사람이 있었다. 그는 전에 아프리카 선교사였다가 지금은 성공회목사로 사

역하고 있는데, 주님이 그의 식어진 심령에 뭔가 새로운 변화를 일으켜주지 아니하시면 결코 그 자리를 떠나지 않겠다고 주님께 기도했다고 한다.

주님이 무엇을 행하실지 미리 내다보는 눈이 내겐 없지만, 지금은 매 시간마다 주님이 나를 십자가로 인도하시는 것 같았다. 나는 항상 그리스도와 그의 십자가에 대해 설교를 해왔지만 정작 내 삶 속에서 십자가에 대해서는 거의 알지 못했다. 이제 그 십자가를 다른 각도에서 보기 시작했다.

나는 예수님이 나의 부끄러운 죄 때문에 십자가에 못 박히셨을 뿐만 아니라, 매일 그럴싸한 위선으로 포장하여 그냥 카펫 밑으로 쓸어 넣고 덮어버린 나의 죄까지도 사하시기 위해 십자가에 못 박히셨다는 것을 알았다. 주님이 나를 위해서 "벌레요 사람이 아닌 것"(시 22:6)처럼 취급받으셨다는 사실을 깨달은 것은 내게는 아주 신선한 묵시였다. 주님이 내가 크게 심각하게 여기지도 않는 죄를 위하여 사람들에게 멸시를 당하실 뿐 아니라 거절을 당하시고, 또한 공개적으로 수치를 당하시기로 작정하셨다는 사실을 깨닫게 된 것은 내겐 아주 새로운 것이었다.

십자가 위에서 주님은 기꺼이 자신의 모든 권리를 포기하셨다. 왜냐하면, 나를 사랑하셨기 때문이었다. 나는 예수님이 행동하신 것과 다르게 주교로서 마땅히 받아야 할 대접을 받아야 한다고 생각했다. 나는 항상 나의 권리를 주장했다. 나는 나의 명예에 손상이 갈까봐 비판하는 것을 좋아하지 않았다. 나는 어지간해서는 내가 잘못했다는 것을 인정하지도 않았고, 미안하다는 말도 거의 하지 않았다.

십자가 밑에서 내 자아가 점점 드러나기 시작했다. 집에서는 나의 독한 자아가 드러났고, 주님께 대한 헌신의 자리에서는 교만한 자아가 드러났고, 내가 어떤 것을 잘못 판단했거나 오해를 한 경우에는 상처로 얼룩진 자아가 드러났고, 내 마음속에서 비밀스런 상상을 하면 타락한 자아가 드러났다.

이 모든 것을 발견하신 분이 내가 아니라 주님이셨다는 사실에 나는 충격을 받았다. 대신에 자아는 어느 곳에서나 돌출되어 튀어 나왔다. 그곳 집회에 참석한 사람들 중에서 나보다 더 죄 씻음이 필요하고 나보다 더 용서가 필요한 사람은 없는 것 같았다. 그러나 나는 아직 나의 마음의 상태를 고백할 수 없었고, 성령께서 보여주신 나의 모습 그대로를 인정할 수가 없었다.

잠 못 이루었던 긴 밤이 지나고 난 목요일 이른 아침에 하나님이 나에게 회개의 선물을 주셨다. 나는 예수님이 공개적으로 수치를 당하시면서 내가 저지른 죄들, 즉 내가 인정하기를 거부했던 그 죄들을 대신 짊어지신 것을 보았다. 이렇게 주님이 자신을 드러내어 수치를 친히 당하셨다면, 내가 어찌 피하여 숨을 수 있겠으며, 내가 어찌 나는 깨끗하다고 할 수 있겠는가?

그분이 나의 죄를 대신 짊어지고 순종하신 것을 보고, 내가 져야 할 부끄러운 십자가를 지시는 것을 보았을 때, 나의 마음은 눈 녹듯이 녹아내렸고 눈물을 흘리면서 주님께 "내가 기꺼이 주님과 함께 갈보리의 길로 가겠습니다"라고 고백했다.

거기에서 그분은 나의 교만한 목을 꺾고 숙이게 하셨으며, 나는 그분이 깨닫게 해주신 모든 진리들을 인정했다. 짓누르던 무거운 짐이 없어졌고 그분의 보혈로 내가 깨끗이 씻음받은 사실을 알게 되었다. 지금 내게 일어나고 있는 일이 성령께서 하시는 일이라는 것을 알았을 때, 내 마음은 성령으로 충만하여 흘러 넘쳐났다.

몇 시간 후에 아침 모임이 있다는 광고가 나왔을 때, 내가 죽는 첫 번째 실제적인 결단을 해야 할 시간이 왔다. 여전히 두렵고 주님을 위해서 바보처럼 되어야 한다는 것이 마음에 내키지 않았지만, 나는 주님이 내게 보여주신 것들을 매우 주저하면서 사람들과 나누었다. 이것은 내게 고통스런 것이었고 아마도 그곳에 참석한 사람들도 고통스러웠을 것이다. 그러나 더 드러낼 것이 없다는 것 때문에 큰 안도의 한숨을 쉬었다.

그 다음 주일이 되어 나는 아침예배와 저녁예배를 인도하는 도중에 나는 그전 주의 집회에서 주님이 내게 깨닫게 해주신 것들과 갈보리 십자가에서 어떻게 내가 그리스도의 보혈로 깨끗함을 받고 자유하게 되었는지를 성도들에게 말해야만 된다는 그런 느낌을 받았다. 내가 그렇게 오랫동안 귀중하게 여기면서 붙잡고 있었던 내 명성의 마지막 누더기 조각을 던져 버렸다.

그날 밤에 나는 내 애기를 들은 성도들이 교회를 떠나 다시는 돌아오지 않을 것이라고 확신했다. 이것이 바로 내가 알고 있는 "그리스도와 함께 죽는다"는 의미의 한 부분이다. 충분히 예상했던 대로 몇몇 성도들은 내게 들은 애기들을 지독하게 싫어했다. 어떤 성도는 말했다. "정말 놀랄 일이네요. 만약 우리의 목사님이신 당신이 그 정도라면 우리 같은 사람들에게 무슨 소망이 있겠습니까?" 또 다른 부류의 성도들은 십자가를 보았고, 그들은 통곡했다.

그 주일날부터 깨닫지 못한 죄들과 회개하지 않은 죄들로 인해 막혀있었던 하나님의 은혜의 강 수문이 열려 다시 새롭게 흐르게 되었다. 생명수의 물결이 회개하고 부스러진 심령들 속에서 솟구쳐 올라왔다. 이 생명의 물결이 조용하면서도 매우 빠르게 그 지역에 퍼져 흐르기 시작했고, 그 강물이 거세게 불어났다.

나중에 주님은 우리가 그와 함께 연례 집회를 진행하도록 인도해 주셨다. 그 연례집회는 여름에 4주 동안 매 토요일마다 열렸는데, 다양한 부류들을 받아들여 말씀을 전했다. 우리는 북 웨일즈의 아버겔(Abergele) 지역에 있는 클라렌던(Clarendon)이란 여자기숙학교를 빌려 집회를 개최했다. 이곳의 경치는 영국에서 가장 아름다운 곳 중의 하나로 꼽히는 지역이다. 집회의 강사진은 교회에서 막중한 책임을 맡고 있는 목회자들이 대부분이었고, 나는 이 집회의 모든 것을 기획하는 책임을 맡았다. 이번 집회는 외부에서 잘 알려진 스타강사들을 세우지 않고 이제 새롭게 은혜를 경험한 사람들을 강사로 세웠다.

이런 개방된 집회는 항상 그렇듯이 누구에게나 개방되어 있었으며, 밀려드는 많은 사람들로 가득 찼다. 나는 그곳에서 전에 결코 들어보지 못한 정말 깊이 있고 실제적인 간증들을 들었다. 사람들은 잘못된 인간관계와 숨겨진 죄들을 토해냈고, 그것들을 바로잡았다. 사람들은 예수님을 그들의 가정문제에 깊이 관여하시도록 모셔들였고, 그들의 부부관계도 아주 새롭게 변했다. 많은 목회자들이 주님을 그들의 삶과 그들의 사역가운데 인정하고 모셔들이면서 아름다운 결과들을 냈고, 성도들 또한 그들의 목회자들을 비난한 것에 대해 회개하였다.

이전에 세상에 선포되는 그 어떤 메시지를 들어도 해결되지 않았던 개인적인 심각한 문제들이 주 예수님의 은혜로운 손의 도움으로 다 해결 되었다. 구원에 대한 확신이 없었던 사람들이 체면을 다 내려놓고 주님께로 돌아왔다. 나는 혼자 중얼거리고 있는 나를 발견했다. "나는 전에는 이 지혜의 교훈을 결코 알지 못했다. 내가 왜 한 해 동안 이 많은 집회들을 인도해 오면서 이것을 몰랐단 말인가?" 그 이유는 주님이 내 안에서 일하도록 허락하지 않았기 때문이다. 이제 나는 주님이 내 안에 들어오셔서 일하도록 했고, 나는 더 이상 자신감에 차 있는 복음전도자가 아니라 그저 참회자 중의 한 사람일 뿐이다.

나는 25년 동안 이 복음집회를 개최하고 진행하는 책임을 맡아왔다. 처음에는 내 아내 레블과 함께 이 일을 했다. 하나님이 첫 아내를 불러 가신 후에는 두 번째 아내 팸 존 콜린슨(Pam John Collinson)과 함께 사역을 했는데, 하나님이 팸을 불러가시기 전인 1974년까지 계속 이 사역을 했다.

4주 단위의 집회를 무려 2,000회 가까이 진행해 왔으니 그 횟수가 엄청났다. 우리가 맡고 있는 이 일이 너무도 엄청난 일이라는 것을 깨달았다. 우리는 집회준비에 관한 모든 상세한 것까지 미리 기획을 해야만 했는데, 주방의 식사 준비부터 강단에 세울 강사들을 선정하는 일까지, 그리고 집회시작 전에 몇 달 동안 참가자들을 등록받는 일까지 해야만 했다.

우리는 일 년 내내 순회 집회의 일정을 정확히 맞춰야만 했고, 일 년 내내 이 사역에 우리가 얽매여 있는 것처럼 보였다. 집회를 시작하기 전에 일이 너무 버거워 질 때면 아내와 나는 "절대 다시는 안 할 거야, 이번이 마지막이야"라고 말하기도 했다.

그러나 집회의 성과가 좋고 하나님이 부어주시는 축복을 보고, 그리고 집회를 통하여 변화되는 사람들의 모습을 보면, 우리는 다음 집회를 또 준비하였다. 아내 레블(Revel)은 "우리는 하나님이 우리를 보내서 요리를 하라고 하실 때까지 이 일을 계속해야 할 것 같아"라고 말하곤 했다.

강사들을 구하는 것은 문제가 아니었다. 당시에 집회에 세울 강사는 많았다. 그러나 헌신된 요리사를 구하는 일은 어려운 문제였다. 그런데, 주님은 요리사들을 우리에게 보내주셨고, 우리는 이 사역을 계속해 나갈 수 있었다. 때때로 내가 일이 너무 힘들고 고통스러워서 불평이 나오려고 할 때 주님은 내게 깨달음을 주셨다. 그것은 일 년 내내 내가 영국 전역에 있는 이곳저곳의 교회들을 찾아다니면서 집회를 진행할 때 순간순간을 깨어서 사역을 했다면 이번 한 달 동안 거두었던 열매처럼 많은 것들을 성취할 수 있었지 않았겠느냐 하는 깨달음이었다.

이 여름집회를 통해서 가정들이 올무에서 해방되었고, 신실한 그리스도인들이 생겨났다. 그리고 그들의 간증과 그들의 변화된 삶이 전 영국에 있는 교회들에게 신선한 부흥의 충격처럼 영향을 주었다.

이러한 집회를 진행하는 가운데 성령께서 일하시는 방편에 대한 통찰력을 제공하기 위해 나는 두 사람의 전형적인 실례를 들려고 한다. 이 두 사람은 영국의 부흥운동이 시작된 이래로 크게 주목을 받은 복음전도자들이었다. 아더 베넷(Arthur Bennett)과 스텐리 보크(Stanley Voke)인데, 이 두 사람이 그들이다. 첫 번째 인물인 아더 베넷은 영국성공회의 참사회 의원이자 런던 남동부에 있는 열방대학의 교수였다. 아래는 그의 간증이다.

> 나는 잘 알려진 복음주의 교구교회의 젊은 성직자 신분으로 1951년 북 웨일즈 아버겔에서 열린 부흥집회에 처음 참석했다. 나의 첫 반응은 별로 관심을 불러일으키지 못했으나, 강사들과 초청 간증자들의 가슴을 울리는 간증을 들으면서 나도 모르게 빠져들었다.
> 나는 '전통적인' 복음주의자로서 자만한 마음을 가지고 그 집회에 참석했다. 그 집회 주간이 지나가면서 내 속의 자만심이 드러나기 시작했다. 내 안의 깊은 곳에 자리 잡고 있는 자기중심적인 자아와 강한 자존심과 교만이 드러나기 시작한 것이다. 나는 동료목회자들의 개인간증을

들으면서 내가 원하는 것을 깨달았고, 나의 포장된 심령이 벗겨졌다.

나는 대학시절부터 사람들을 만나는 방편으로 흡연을 하기 시작했는데, 그것을 아직까지 끊지 못하고 있었다. 그때 나는 흡연이 얼마나 쓸모없는 것인가를 알았다. 그래서 나는 집회가 끝나기 전에 아버겔 잡목 숲에 들어가 담배와 성냥을 불태워 버렸고 담배파이프도 멀리 나무숲으로 던져버렸다.

이것과 함께 내 삶과 나의 목회에 있어서도 또 다른 주요한 변화들이 생겨났다. 그 다음 주일날 설교를 하면서 성도들에게 예수님이 나에게 어떤 일을 행하셨는가를 말했으며, 또 그 집회기간 중에 주님의 보혈의 능력이 무엇인가를 배웠다고 말했다. 내가 나의 죄를 끊임없이 회개하고 진정으로 겸허한 마음으로 주님께 나아갔을 때 주님의 보혈은 나의 부족한 부분을 채워주는 실제적인 능력이 되었다.

저녁 예배를 마치고 난 후에 교회의 주 멤버 중에 한 분이 내게 와서 말했다. "목사님, 나는 그것을 언제나 깨닫고 있었답니다. 이제 나에게 형제가 하나 생겼다는 것을 압니다."

이 고백은 나의 가정의 가족관계에도 크게 영향을 미쳤

다. 만약 주님이 가정에서 우리를 다루어주지 않으신다면 다른 어느 곳에서도 승리할 수 없다는 것을 알았다. 이런 분위기의 여세를 몰아, 나는 나 자신을 아내와 아이들에게 오픈하기로 작정했고, 기꺼이 내가 죄인이라는 비난을 감수하기로 마음먹었다. 주님은 수년간 계속해서 우리가 서로에 대한 잘못을 회개하도록 교훈해 주셨으며, 우리는 서로 하나가 되었고 전에 결코 맛보지 못한 삶을 발견하게 되었다.

그 집회와 그 이후에 있었던 집회들을 통하여 실패했던 나의 목회사역이 회복되고 나의 가정에 사랑이 넘쳐나기 시작했다. 전에는 가능하지 않을 것으로 생각했던 일들이 일어난 것이다. 또 다른 많은 것들을 허락해주신 하나님께 만입이 있어도 다 감사할 수가 없었다. 승리의 원리가 나의 깨어짐을 통해서 예수님을 볼 수 있고, 그의 보혈의 능력을 경험할 수 있다는 이 위대한 진리를 가르쳐 주신 하나님께 크게 감사드린다.

두 번째로 소개할 인물은 스텐리 보크라는 목사다. 이 사람은 주님을 새롭게 만나게 되었고, 그 결과로 후에 우리 집회 팀에서 전에 아더 베넷이 했던 것같이 남성성장반(the growing team of men)을 맡아 사역하였다. 그가 이 글을 쓰던 당시 그는 선더랜드

(Sunderland)의 베데스다 침례교회의 목사였으며, 그 후로 그는 영국침례교회의 주도적인 목회자 중의 한 사람이 되었다. 아래는 그의 간증의 내용이다.

> 1950년 그 해에 나는 에너지가 넘치면서도 신경이 예민하고 자긍심이 대단한 북 잉글랜드에 있는 대형교회의 목사였다. 외형적으로는 성공한 목회자였지만 내면은 패배의 삶을 살고 있었던 사람이었다. 우리의 결혼생활도 겉보기에는 행복하기 그지없어 보였지만 늘 긴장으로 가득 차 있었다. 의사는 내가 만약 평화롭게 사는 법을 배우지 않으면 2년 안에 심각한 십이지장궤양에 시달리게 될 것이라고 경고했다.
>
> 이때쯤 우간다에서 이제 갓 도착한 다원경영자(a tea-planter)인 윌리엄 터너-러셀(William Turner-Ressell)이라는 사람이 우리 교회를 방문했다. 그와 개인적인 대화를 하는 도중에 그가 내게 말했다. "당신 마음에 부흥이 필요한 것 같습니다. 그 부흥은 당신이 당신의 죄를 회개하고 예수님의 보혈로 그 죄들을 깨끗이 씻음을 받는 그 순간부터 일어나기 시작할 겁니다."
>
> 이 말에 나의 마음이 상당히 언짢았다. 그러나 그 주간에 주님은 내게 주님에 대하여 회개해야 할 것들을 하나하

나 보여주기 시작하셨다. 또한, 내가 교회와 가정에서 잘못한 것들을 하나하나 보여주면서 회개를 촉구하셨다.

주님은 나에게 찾아와 잘못했다고 고백하는 사람들을 통하여 처음으로 나를 회개시키셨다. 성도들이 나를 찾아와 나에 대한 그들의 태도가 잘못되었노라고 고백했을 때, 나의 회개가 시작된 것이다. 곧바로 우리 교회는 회개의 교제가 넘쳐나는 은혜로운 분위기가 되었다. 이것은 단지 시작에 불과했다.

1951년 아버겔의 첫 집회에 나는 아내 도린(Doreen)을 데리고 갔다. 아내는 거기에서 처음으로 용서의 자유와 기쁨을 알게 되었다. 그러나 나는 그 집회에서 설교를 하기로 되어 있었던 '대회강사'였다. 그것도 특별히 내 설교에 긴 시간이 주어졌다. 그 강사들 중 어느 누구에게도 그렇게 긴 시간이 주어지지 않았다.

내가 형제교회 교단(Brethren, 영국회중교회의 한 교단) 사람들과 그들의 메시지는 모두 너무 단순하고 그들의 회개는 주님을 위한 것이 아니라고 논쟁을 벌이는 동안 주님은 나의 마음을 살피고 계셨다.

그 날 밤 잠자리에 들면서 그 논쟁한 것 때문에 많이 화가 났다. 아침에 잠에서 깼을 때 주님이 이 문제에 대해 두 가지 길을 제시하는 것 같았다. 하나는 깨지지 않은 완고

한 자세로 이 문제를 밀고나가는 것이고, 또 다른 하나는 깨져서 회개하는 자세로 해결하는 것이었다. 전자를 따르게 되면 처절한 외로움과 어둠 속에서 패망으로 끝나게 되고, 후자를 따르면 서로 교제하면서 빛으로 나가게 된다는 것이었다. 예수님이 내게 다가오셔서 아주 포근하게 은혜의 방법으로 나를 이끄셨을 때 나는 이 방법을 따르는 것을 두려워했다. 그러나 주님과 함께 걸어가고 있다는 사실이 너무도 기뻤다.

이 일 후에 우리 모두는 많은 것을 깨닫게 되었다. 많은 사람들이 깨지고 서로에 대해서 회개를 했을 뿐만 아니라, 가정에 있는 자녀들에 대해서도 회개하고 교회 안에 있는 성도들에게 대해서도 회개했다. 본래 마음이 너무 강퍅해서 깨지기가 힘들었고 '미안하다'라는 말조차도 못하던 강한 성격을 지닌 두 사람에 대해 주님은 무던히도 잘 참아주셨다. 우리는 이것이 은혜의 '길'이라는 것을 깨달았다. 즉, 십자가로 가는 길은 언제나 열려 있다는 것이었다. 이 은혜의 길로 들어섰을 때 복음이 다시 생명력을 발휘하기 시작했으며, 주님의 존재는 내게 피상적이 아니라 실제가 되었고, 주님의 피는 또 다시 내게 보배로운 보혈이 되었다.

뿐만 아니라, 형제사랑은 더욱 아름다워지고 깊어졌다.

이 은혜의 길은 점점 밝아오는 하나의 빛처럼 우리의 결혼생활에 축복에 축복을 더해주었으며, 세계 여러 곳의 다양한 사역현장에서와 국내의 몇몇 교회에서 목회사역을 할 때에도 축복이 넘쳐났다. 주님의 은혜 안에서 주님과 함께 걸어 온 지난 27년간의 세월들을 한 마디로 요약한다면, 그것은 계속해서 용서의 은총을 입은 두 죄인들에 관한 아래의 노래 가사로 대신할 수 있을 것이다.

영광, 영광 할렐루야
영광, 영광 어린 양께
오, 깨끗케 하는 보혈이 나에게 흘러왔도다.
영광, 영광 어린 양께.

  차츰 세월이 흘러가면서, 너무도 많은 사람들이 영국 전역으로부터 이 하기신앙대회에 몰려와서 좀 더 큰 시설로 대회장소를 바꿔야만 했던 일도 몇 번 있었다. 이와 같은 방식으로 하나님의 축복이 영국 전역으로 퍼져나갔으며, 후에는 다른 나라들로까지 퍼져나가게 되었다. 1947년 그 목사관에서 만났던 연약한 몇 사람으로 구성된 지극히 작은 팀이 이제는 더 이상 작은 팀이 아니다. 그들이 일으킨 부흥의 영적경험들은 밀물처럼 수많은 사람들에게 영향을 끼쳤으며, 지금 이 순간에도 그들의 부흥의 비전이 다른 사람들에게 전파되고 있다.

우리는 이 지극히 작게 시작한 몇 사람의 부흥의 열정이 어디에서 시작하고 어디에서 끝날지 알 수가 없다. 부흥의 교두보가 확장되어진 스토리는 1947년에 아프리카에서 온 전도 팀이 프랑스 알자스(Alsace)와 스위스를 방문했던 때에 있었던 얘기를 통해서도 접할 수 있다. 수년간 우리 잉글랜드의 전도 팀과 유럽대륙의 전도 팀 간에 서로 많은 교류가 있었다.

다시 1947년과 1950년대 초로 돌아가서 얘기를 계속하려고 한다. 그때 우리는 처음 복음전파 사역을 시작했기 때문에 이와 같은 부흥이 일어날 것이라고는 전혀 예상하지 못했다. 그것이 우리 눈에는 가려져 있었던 것이다. 그래서 나는 1950년에 있었던 놀라운 사건에 대해 말하지 않을 수가 없다. 우리 중의 네 명이 참가했는데, 이것은 우리의 부흥에 대한 이해와 발전을 돕는 폭넓은 계기가 되었다. 우리 네 명은 처음으로 동부아프리카를 방문했다. 전에 우리를 도왔던 형제들을 만나서 교제하고 그곳에서 일어나고 있는 일들을 경험하기 위해서 방문을 했다.

1930년에 르완다와 우간다에서 시작된 부흥의 강물이 적어도 20년 이상 동부아프리카 전역에 아무런 제약 없이 흐르고 있었다. 1950년도에 이르러서는 이 부흥의 물결이 헤엄칠 정도의 엄청난 강물로 불어났다. 아니 헤엄쳐 건널 수 없는 거대한 강물처럼 동부아프리카 온 전역에 흐르고 있었다. 당시에 그들의 심령에서 우러나오는 메시지는 그 어느 때보다 더 간단명료했다. 그리스도인의 성숙함은 항상 복잡함을 벗어나 단순명료해 질 때 이루어진다. 오히려 이와 반대가 되면 성숙함을 이루지 못한다. 따라서 우리는 우리가 거기서 듣고 보는 것을 통해 많은 것들을 배우기로 했다. 왜냐하면, 그들은 우리보다 부흥을 이끈 경험이 훨씬 길었기 때문이었다. 그들은 우리를 실망시키지 않았다. 나는 아프리카에서 돌아온 즉시 우리가 아프리카에서 경험한 내용들을 영국 CLC의 신앙잡지 「밀물」(*Floodtide*)에 게재했다. 이 내용은 다음 장에서 상당한 분량을 할애해서 다루게 될 것이다.

제12장 | 동부아프리카의 부흥

 그 날은 1950년 4월 23일 주일이었다. 시간은 해가 뜨기 바로 전이었는데, 열대지방에서는 항상 갑자기 해가 떠오른다. 우리가 방문한 곳은 우간다의 거대한 빅토리아 호수(Lake Victoria)가 있는 곳이었다. 거대한 수상비행기가 하늘을 가르고 내려와 어른거리는 물결 위에 사뿐히 착륙했다.

 당시에 대영제국과 우간다를 오가는 정기항공편은 영국해외항공(British Oversea Airway Cor.)이 운영하는 이 항공편 밖에 없었다. 바로 이 비행기가 우리를 잉글랜드에서 이곳으로 데려왔고, 우리는 직접 지금 우간다를 비롯하여 케냐, 탄자니아, 르완다, 그리고 부룬디에서 일어나고 있는 부흥을 목격하게 되었다.

 또한, 우리는 아프리카와 유럽에 부어주시는 하나님의 축복을 함께 누리게 되었다. 함께 온 네 사람은 피터 매로우(Peter Marrow)와 프레드 바프(Fred Barff) 그리고 프레드의 부인 콘스탄스(Constance)와 나였다. 피터와 프레드는 영국 성공회의 사제였다. 그곳에 있는 형제들에게 너무 많은 신세를 졌는데, 그것이 그곳 사람들에게는 아주 당연한 것이라고 했다. 그들과의 교제가 더욱 곤고해졌을 때 우리는 서로의 손을 잡고 함께 여행을 했다.

그곳에서 우리는 특이한 방법으로 동부아프리카에서 부흥을 주도하는 형제들을 함께 만날 수 있는 기회를 얻었다. 그들이 우리를 초청한 것이다. 하나님은 우리 네 명 각각에게 다른 방법으로 경비를 마련해 주셨다. 그래서 우리는 그곳에 가게 되었으며, 우리는 열성을 다하여 진정한 부흥이 무엇인가를 배우려고 애썼고, 더 많이 경험하려고 힘썼다.

우간다의 카코(Kako)에서 그 지역의 지도자들을 위한 특별대회가 개최되었는데, 무려 1,000명의 아프리카 부족 지도자들과 150명의 유럽 선교사들이 참여했다. 만약 각 지역부족의 참가대상자들의 수를 미리 제한하지 않았다면 문제가 되었을 것이다. 이와 같이 대회장이 사람들로 인산인해를 이루는 것을 흔히 볼 수 있었다.

무엇보다 더 내가 감명을 받은 것은 그들의 '하나 됨'이었다. 삼십여 부족의 대표자들이 전에는 끊임없이 아등바등하면서 목에 가시처럼 반목을 했었지만, 이제는 그들이 서로 부둥켜안고 함께 식사를 하고, 서로 깊은 교제를 나누면서 함께 하나님을 찬양했다. 주님을 영접한 아프리카 왕과 수상이 예수님이 가장 가난한 나라에 베풀어주신 은혜를 간증하면서 함께 아프리카 음악으로 하나님을 찬양하기도 했다.

그 중에서도 최고의 감격은 하나님의 은혜로 말미암아 유럽 사람들과 아프리카 사람들이 진정으로 하나가 되었다는 것이었다. 그 하나 됨 안에서는 더 이상의 교만도 더 이상의 우월감도 없었다. 또한, 그 하나 됨 안에서는 열등감이나 분노도 질투도 없었다.

그들 모두는 완전하게 서로에 대해 자유로웠다. 아프리카를 안다고 하는 사람들이 내게 말하기를, 아프리카 사람들은 유럽 사람들에 대한 지독한 증오를 가지고 있으며 심지어 그 증오는 믿음의 공동체인 교회 안에도 있다고 했다. 다만 그들이 교묘하게 그 증오를 감추고 있는 것뿐이라고 얘기해줬다. 그러나 여기 부흥의 현장에서는 예수님의 사랑이 그 증오의 장벽들을 완전히 무너뜨려 버렸다. 이 사랑의 교제는 유럽 사람들이 아프리카 사람들처럼 되려고 노력해서 이뤄진 것이 아니라, 유럽인들이 자신들을 겸손하게 낮추려고 점점 노력했기 때문에 성취된 것이었다. 이렇게 겸손히 자신을 낮추려고 노력하는 사람들이 있다. 그러나 그들이 그렇게 노력했음에도 불구하고 여전히 그러한 장벽들은 남아있다. 그러한 장벽이 있는 한 하나 되는 연합은 불가능하다. 그러나 우리 모두가 십자가 앞에서 기꺼이 우리자신을 열어 솔직하게 드러내면, 하나 되는 교제는 즉시 이루어지게 될 것이다.

그 다음으로 내가 감명을 받은 것은 엄청난 감사의 찬양이 끊임없이 주 예수님께 드려지고 있었다는 점이다. 주님을 기뻐하고 찬양하는 정신은 아마도 아프리카 부흥의 가장 두드러진 특성 중의 하나라고 말할 수 있을 것이다. 설교 중간 중간에 터져 나오는 아프리카 사람들의 합창은 사람들의 마음에 어린 양의 영광을 기리는 비전으로 가득 채워주었다.

투쿠텐데레자 예수(Tukutendereza Yesu)
예수 음와나 그웬디가(Yesu Omwana gwendiga)…

이 아프리카 노래의 가사는 하나님의 어린 양 예수님과, 예수님의 피가 죄를 깨끗이 한다는 내용이다. 이 노래는 아프리카 어느 곳에서나 불리는 찬송곡이다. 예배가 끝나자 큰 무리가 서서히 교회를 빠져나가고 있었는데, 나가는 도중에도 그 무리들이 계속해서 같은 찬양을 불렀다. 그들이 교회를 다 빠져나갔을 때, 그 큰 무리가 떠나간 자리에는 오로지 그 찬양의 여운밖에 남아 있지 않았다. 사람들이 이 찬양으로 피 흘리신 예수님을 찬양하는 것을 보고 또 그 피가 얼마나 주님께 소중한 것이었는가를 생각할 때, 때때로 눈물이 터져 나올 것만 같았다. 그러나 이 찬양은 누군가가 구원을 받을 때면 더더욱 높게 울려 퍼졌다.

비록 그 신앙대회가 부족지도자들을 위해 계획되어 있었지만, 대회를 시작한 이틀 후부터 이런 구원의 역사가 일어나기 시작했다. 그 대회에서는 회중에게 공개적인 구원 초청을 하지 않았다. 어느 누구에게 손을 들게 한다든지 신앙상담을 해주는 그런 일도 없었다. 그런데, 성령께서 직접 어떤 남자를 감동시켰다. 그 남자가 교회 밖으로 나가서 그가 만난 한두 명의 주변 사람들에게 자신이 구원받았다고 간증했다. 그 남자의 소식이 재빨리 퍼져나갔고, 그 후에 실로 말로 형언할 수 없는 극적인 환희로 가득 찬 장면이 내 눈 앞에서 펼쳐졌다. 처음에는 내 눈을 의심할 정도로 믿을 수가 없었다.

정말로 수많은 아프리카 사람들이 손을 흔들면서 그 어느 때보다 더 열정적으로 찬양을 부르고 있지 않은가! 사람들 사이를 뚫고 앞으로 나갔을 때, 나는 한 중년의 남자가 겸허한 모습으로 군중 한 가운데 서있는 것을 보았다. 그를 둘러싼 아프리카인들이 한 사람씩 차례대로 그에게 나아가서 양팔로 그를 껴안아 주었다. 그 서 있는 사람이 우리가 모임을 가졌던 그 교회의 주요 멤버 중의 한 사람이었다는 것을 알게 되었다. 이 사람은 오랜 동안 예수님의 부르심을 거부해 왔었는데, 이제 막 예수님께 항복하고 평화를 되찾았다.

갑자기 어떤 사람이 손을 높이 들어 올렸을 때 찬양이 멈췄고, 그가 몇 마디의 더듬거리는 목소리로 간증을 했다. 간증이 끝난 후에도 돌아 온 죄인을 안아주면서 더욱 더 힘찬 기쁨의 찬양을 계속 이어갔다. 가까이에 있는 유럽인들도 그 남자를 안아주면서 그들과 함께 찬양했다. 이 얼마나 영광스런 불쌍한 죄인을 향한 천국의 환영식인가! 구원 얻은 모든 사람에게 이 천국의 환영식이 준비되어 있다. 그 구원받은 사람을 통하여 주님은 특별한 승리를 얻으신다.

이러한 현상은 단지 아프리카인들의 감정주의의 표출에 불과하다고 생각할 수도 있을 것이다. 그래서 이런 현상은 실체가 아닌 껍데기일 뿐이라고 말할 수도 있을 것이다. 그러나 결코 그렇지 않다. 나는 이 사람들이 가지고 있는 영적 깊이의 그 어떤 면을 깨닫게 되었다.

그들이 자신들을 내게 소개할 때 그 중에 어떤 이는 영어를 할 줄 아는 사람이었는데, 그가 내게 말했다. "로이 헷숀 맞지요? 당신을 만나게 되어 너무 기쁩니다. 우리는 당신의 책 『갈보리 언덕』을 읽고 크게 감격했습니다. 우리를 도와주는 이 책의 저자를 만나기를 얼마나 학수고대 했는지 모릅니다. 그의 깨어짐을 우리도 알 수 있길 바랬습니다."

이 깨어짐의 원리를 가지고 나는 그들을 이해하였다. 깨어짐에 대한 그들의 개념은 주님이 자신에게 깨닫게 해주시는 그 어떤 문제에 대해서도 기꺼이 죄인의 자리에 서서 그것을 받아들이는 것이었다. 거기에는 그 어떤 피상적인 것도 없었다.

내가 그들에게 메시지를 전하게 되었을 때, 아프리카 부흥의 주역들의 가장 큰 관심사가 바로 이것, 즉 깨어짐이었다는 사실이 분명해졌다. 나는 단순히 교훈을 위한 메시지만을 전할 필요를 느끼지 못했다. 나는 전도 팀 안의 교제(fellowship)에 있어서 내가 어떤 위치에 있어야 되는가에 관심을 가지고 메시지를 전했다. 나는 메시지를 전하면서 세 가지 간증을 했다.

나는 그들에게 내가 어떤 문제에 대하여 하나님 앞에 죄인으로서 엎드렸던 개인적인 경험을 얘기했다. 내가 간증을 할 때마다 우렁찬 찬양이 터져 나왔으며, 그들의 찬양이 끝날 때까지 나는 기다려야만 했다. 그러나 너무나 감사하게도 내가 성경을 세심하게 주해해서 말씀을 전할 때는 그들이 찬양을 하지 않았다.

그러나 최근까지도 내가 잘못한 문제로 인하여 하나님 앞에서 용서함을 받고 나의 죄를 씻음 받았다는 간증을 하였을 때, 그들은 또 다시 우렁차게 찬양하였다. 그들이 마치 나에 대해 "이 사람이 어떻게 회개하는지 알고, 또 십자가에 나아가 무엇을 해야 되는지 아는 사람이구나. 이 사람은 우리들 중의 한 사람과 같아"라고 말하는 것 같았다.

하나님은 우리들 가운데 놀라운 일을 행하셨다. 성령께서 궁극적으로 그 찬양의 분위기를 통해 자유를 주시는 것 같았다. 그 찬양의 열기 속에서는 불가능한 것이 없었다.

그 다음 날은 주일이었다. 우리는 아침 9시에 드려지는 성공회 교회의 정기예배에 참석했다. 그 예배에는 두 사람의 설교자가 설교하기로 했기 때문에 주어진 시간이 충분하지 않았다. 그 교회의 담임목사이자 그 지역교회들을 다 관리하고 있는 지역감독(Rural Dean)이 예배를 인도했다. 그는 자기교회에서 부흥집회를 열도록 기꺼이 허락해 주었다. 이 얼마나 놀라운 일인가! 그는 그 교회에서 열리는 모든 집회에 다 참석했으며, 부흥집회에 큰 관심을 보이는 것 같았다.

그 전날 그가 아주 중요한 의미 있는 한마디를 남겼다. 우리 교인 중에 한 사람이 간증을 했는데, 그가 "당신은 깨어지는데 오래 걸렸습니까?"라고 질문을 했다는 것이다. 우리는 하나님이 그 사람 속에서 일하고 계시는구나 하고 생각했다. 그러나 바로 그 주일 아침에 실제로 그런 일이 일어날 것이라고는 감히 생각도 못했다.

예배가 끝나고 나서 카속(cassock, 설교가운 속에 입은 옷)과 서플리스(surplice, 소매가 넓은 흰 성직자복)를 옷장에 정리하여 넣고 있는데, 깨어지는데 오래 걸리는지 물었던 그 사람이 몇 마디를 했다. 우리가 전한 대부분의 메시지의 흐름이 예수님이 사람들을 죄의 감옥에서 구출해 내신다는 내용이었다. 그런데, 아주 놀랍게도 그 사람이 이 메시지의 내용을 자기에게 적용하여 해석을 했다. "나는 지금까지 사탄의 감옥의 죄수 중 한 명이었습니다. 나는 그곳에서 다른 죄수들을 돌보고 있었습니다. 그러나 이제 그 죄수들이 다 탈출했습니다. 그래서 나는 주 예수님을 받아들이기로 결정을 했고, 이제 구원을 받았습니다."

다시 교회에는 하나님을 향한 찬양이 계속하여 울려 퍼졌다. 교회 안에서 성직자들이 집례를 마치고 가운을 벗어두기 위해 복도를 지나 제의실에 들어가는 일정한 질서가 있었다. 교회 밖에서는 "투쿠텐데레자 예수"(Tukutendereza Yesu)라는 아프리카 찬양이 울려 퍼졌다. 그 회개하고 주님을 영접한 사람이 나타났을 때, 그는 온통 행복한 사람들에게 둘러싸였고 무리들은 기뻐하고 즐거워했다. 수많은 사람들이 그를 부둥켜 안았고 그와 함께 그의 집으로 우르르 몰려갔다.

그가 깨어지지 않고 주님께 고개 숙이지 않았을 때는 사람들은 입을 다물었다. 왜냐하면, 주안에서 그와의 교제가 불가능했기 때문이다. 그러나 그가 회개한 순간 그를 향한 사람들의 사랑은 끝없이 한없이 흘러넘쳤다.

그들의 사랑은 지방감독에게까지 전해졌다. 그 날 오후에 몇 명의 선교사들이 그를 방문해서 그를 기도회로 참여하도록 했다. 거기에서 그는 하나님께 마음을 쏟아 놓았다. 그리고 그 날 그가 주님께 고백하기를 "나는 이제 갓난아이입니다"라고 고백했다. 이것은 실로 주 예수님의 아주 괄목할만한 승리였다. 이 소식은 그 부흥집회를 반대했던 사람들의 기반을 크게 흔들어 놓을 정도가 되었다.

그 날 늦은 아침에 나는 또 다른 기뻐하는 무리를 보았다. 그들은 또 다른 승리의 트로피 때문에 찬양을 하고 있었다. 악명 높은 불한당이 주님께로 돌아온 것이다. 처음에는 하나님은 그를 크게 사용하였지만 그는 다시 죄에 빠지게 되었고, 수년간 마음이 굳어진 상태로 하나님을 거역하는 생활을 해왔다. 그러나 그 날 이 악명 높은 사람이 주님께 항복했다. 그리하여 또 다른 돌아온 죄인을 위한 천국환영식이 있게 된 것이다.

어느 점심시간에 대형천막에서 빌 버틀러가 그동안 이 모든 일을 도와준 여러 사람들에게 감사의 말을 전하고 있었다. 그 날이 마지막 날이었다.

식당에서 수고한 아프리카 요리사는 칭찬을 받을 만했다. 그를 들어오게 하여 큰 감사의 박수를 보냈다. 빌은 영어로 우리에게 "이 요리사는 아직 구원받지 못했습니다. 그러나 그가 이렇게 우리에게 성실하게 수고한 것처럼 주님을 섬긴다면 그는 좋은 형제가 될 것입니다"라고 말했다.

빌(Bill)이 그가 했던 말을 루간다(Luganda) 부족말로 그에게 통역을 했을 때, 그 요리사는 "나는 이제 결심했습니다. 주 예수님을 나의 주세주로 영접하겠습니다"라고 대답했다. 이 사람은 오랫동안 주님으로부터 멀어져 있었던 사람이었다. 대형 천막이 찬양의 열기로 가득 찼고, 각지에서 온 사람들이 그에게 다가가서 그를 안아주었다. 그를 안아준 사람들 중에는 몇 년 전에 구원을 받은 젊은 왕 부구페(Bugufe)도 있었다. 한 나라의 왕이 하찮은 요리사를 안아주는 이 아름다운 장면을 어디에서 볼 수 있단 말인가! 십자가에서 모든 사람이 차별이 없이 하나가 되었다는 이 사실을 역력히 보여주고 있는 장면이다.

그 날 저녁에 나는 한 친구와 함께 아프리카인들이 무리지어 찬양하는 모습을 카메라에 담을 요량으로 아프리카 현지인들이 거주하는 특정지역들을 돌아보기로 했다. 얼마 되지 않아 우리는 한 무리가 함께 찬양하는 것을 발견했다. 그들이 손을 흔들며 찬양하는 것으로 보아 주 예수의 또 다른 승리를 그들이 찬양하고 있는 것이 분명했다. 그 무리 중앙에는 어떤 여자가 서서 간증을 하고 있었다. 그녀는 다름 아닌 그 지방교회 감독의 부인이었다. 그녀는 주 예수님께 완전히 항복하고, 구원을 받았다. 우리 아프리카 형제들과 함께 하시는 어린 양을 어찌 찬양하지 않을 수 있는가? 하나님은 모든 곳에서 일하신다. 집회 중에도 일하실 뿐만 아니라, 믿는 자들이 모여 찬양하고 즐거워하는 어느 곳에서나 일하시는 분이시다.

이와 같이 사람들이 죄를 회개하고 그리스도를 영접하는 일들이 더욱 많아지게 될 것이고, 새롭게 구원받은 사람들은 자신들의 행위를 바르게 고치게 될 것이다. 회개하는 죄들 중에는 악명 높은 극악한 죄와 고의적인 죄도 있었다. 그러나 그들은 회개한 죄인을 향한 공적인 천국환영식을 통해 그 회개한 자들이 보다 분명한 각오로 죄를 끊고 바르게 설 수 있게 하였다. 어떤 의미에서, 그러한 사람들의 회심이 집회의 주된 목적이 아니었는데 우연히 부수적으로 생겨났다고 볼 수 있다.

본래 이 집회는 부흥의 주역들이 좀 더 깊은 단계에서 주님을 경험하도록 하기 위해 계획된 것이었다. 그러나 전해진 메시지가 너무 이해하기 쉽고 사람들의 마음을 확고하게 사로잡아서 우리 중에 있던 불신자들이 그 말씀을 자신들에게 적용하여 결국 주님께 나오게 되었던 것이다.

조 처치 박사가 칠판에 감옥에서 교수형을 언도받고 사형을 기다리는 쇠약해진 한 작은 사람을 그렸다. 그 사형수는 자기에게 내려진 사형선고가 예수님에 의해 옮겨져서 그의 십자가에 못 박히게 된 사실을 알게 되었다. 예수님으로 인하여 감옥의 문이 활짝 열리게 되었고, 그 작은 사람이 고개를 숙이고 회개만 한다면 자유롭게 그 감옥을 걸어 나올 수 있었다. 그 문은 낮은 문이기 때문에 겸손히 고개를 숙여야 나올 수 있다.

이것이 그림에 관한 대략적인 설명이다. 대회장에서 선포되는 거의 모든 메시지와 간증은 이 그림의 내용을 기초로 하거나 거기에 맞추어져있었다. 비록 우리 대부분이 경험이 많은 신앙인들이었지만, 주님은 우리의 심령을 깊이 감동하셨다. 백인이나 흑인을 막론하고 우리 중에 많은 이들이 우리의 삶 가운데 존재하고 있는 감옥을 깨달았다. 원한과 분노의 감옥, 불만과 자기연민의 감옥, 사랑의 결핍과 타인에 대한 두려움의 감옥 등이 우리의 삶 가운데 존재하고 있는 감옥들이다.

많은 사람들이 예수님의 보혈에 의해 열려진 낮은 문으로 들어와서 자유를 얻고 주님과 함께 다시 걸어갔다. 간증의 효과는 항상 소그룹 모임에서 더 크게 나타났다. 주님이 우리에게 적용하도록 그의 말씀을 주셨지만, 우리 중에 있는 구원받지 못한 사람들은 그것을 자신들에게도 적용하였고 그들이 회개하고 주님을 영접하였다.

이와 같은 일들이 동부아프리카 전역에서 계속 확대되어 일어나고 있었다. 이 같은 특별한 집회에서뿐만 아니라 어느 곳에서든지 일어났다. 사람들이 끊임없이 구원받는 역사가 일어났는데, 위대한 설교가나 대스타 강사들의 메시지를 듣고 이들이 구원을 받은 것이 아니라, 구원받은 죄인들이 확신에 찬 어조로 간증하는 교제모임을 통해서 그들이 구원을 받은 것이다. 그 교제모임이 크던지 작던지 간에 언제나 성도들의 회개는 더욱 깊어졌고, 그들의 찬양은 더욱 높이 올라갔다. 언제나 죄인들이 주 예수님께 인도되어 왔고, 그 교제는 더욱 확대되었다.

그리고 한 가지 인상적인 것은 그들의 영적부흥운동이 성공회 교회의 테두리를 벗어나지 않았다는 것이다. 만약 이와 비슷한 부흥운동의 역사가 영국이나 미국에서 일어났다면, 아마도 지금쯤 서로 경쟁관계에 놓인 20개의 새로운 교단이나 단체들이 생겨났을 것이다. 물론, 이 말은 부흥이 끝난다는 것을 의미할 것이다. 그러나 하나님의 선하신 간섭하심으로 1977년 현재까지도 이 부흥이 계속 이어지고 있다.

예수님이 예수님의 예수님 되심을 그치지 않는 이상, 부흥이 계속 이어지지 말라는 법은 없다. 단지 한 가지 염려 되는 것은 성령을 소멸시키고 성도들을 향한 축복을 멈추게 하는 죄이다. 만약 이 부흥운동이 이렇게 오랫동안 진행되어 온 것이 형제들이 끊임없이 죄를 회개하고 죄를 깨끗하게 하는 주의 보혈을 의지한 것 때문이라면, 계속 그렇게 해야만 할 것이다. 그렇지 않으면 하나님이 "하늘을 닫을 것"이며 "비를 내리지도 않을 것"이다.

제13장 | 전성기가 붕괴되다

 앞서 언급한 내용들을 돌이켜 볼 때, 주님은 우리의 삶과 목회 사역의 가장 처절한 침체의 자리에 떨어져 있던 우리를 만나주시고 영광스런 부흥을 이끌어가도록 해주셨던 같다. 그러나 이 말이 다 맞는 것은 아닌 것 같다. 내가 요즘 집필하고 있는 내용들을 훑어보면서 깨달은 것이 있는데, 그러한 침체의 과정이 시작된 나의 삶은 고통스러웠을 뿐만 아니라, 수치스럽기까지 했다는 것이다.

 그리스도인의 삶에 있어서 영적침체에 대한 말을 자주 듣는다. 나는 하나님이 정말로 그것을 의도하신다는 것을 깨달았다. 그래서 나는 내가 염려했던 것보다 훨씬 더 깊은 침체의 늪으로 빠져들었다. 다른 말로 하면, 하나님은 이 강퍅하고 겉보기에 성공한 부흥의 선구자인 나를 철저히 무너뜨린 다음, 또 다른 기반 위에 나를 세우려고 의도하신 것이었다. 이것은 단순히 여기에서 회개하고 저기에서 바로잡으면 되는 그런 간단한 문제가 아니었다. 그보다 훨씬 큰 문제였다. 교만하고 목이 곧은 '나'(I)는 숙이는 법을 배워야 했고, 내가 열었던 어떤 집회에서 그저 한 번 경험할 수 있는 것보다 훨씬 더 심오한 단계에서 내가 죽는 법을 배워야만 했다.

마담 귀용(Madam Guyon)[1]의 표현을 빌리자면, 만약 우리가 하나님의 생명을 소유하게 되면 옛사람의 본성은 죽어야 한다는 의미이다. 그리고 하나님은 내가 내 육신의 본성을 의지해서 나의 사역의 많은 부분들을 수행하고 있다는 것을 알고 계셨다.

『갈보리 언덕』에서 내가 기록한 내용들은 그 당시 내가 생각했던 것보다 훨씬 더 심오하고, 내가 당시에 깨달은 것보다 훨씬 더 선지자적인 말씀이다.

> 그러나 자아가 죽는 것은 한 번에 다 끝낼 수 있는 일이 아니다. 주님이 먼저 우리에게 우리의 자아가 죽어야 한다는 것을 깨닫게 해주시는 시점으로부터 자아가 죽는 과정이 시작된다. 그 이후로 줄곧 이 자아가 끊임없이 죽는 과정(a constant dying)이 지속될 것이다. 왜냐하면, 끊

---

[1] Madam Guyon(1648-1717): 프랑스 가톨릭 경건주의자요 신비주의자, 역자 주.

임없이 자아가 죽는 과정을 통해서만이 우리를 통하여 주 예수님이 드러날 수 있기 때문이다.

우리가 당하는 모든 수치와 우리를 괴롭히고 성가시게 하는 모든 사람이 다 우리를 깨트리시는 하나님의 방편들이다. 이것을 통해 하나님은 더 깊은 단계에서 우리 안에 그리스도의 생명이 흐르도록 하신다. 오로지 하나님을 기쁘시게 하는 삶이 승리를 불러오고, 그것이 곧 주님의 생명을 채움 받는 길이라는 것을 우린 안다. 그 주님이 주신 생명은 우리가 아무리 노력해도 채울 수 없는 것이다.

그러나 우리가 자기중심적인 삶을 사는 한 주님의 생명으로부터 완전히 멀어지게 된다. 만약 우리의 자아가 죽어지는 이 일을 하나님이 끊임없이 하시도록 우리가 준비하지 않으면, 우리는 결코 주님의 생명을 채움 받을 수 없다. 그리고 이 자아가 죽어지는 과정에서 우리의 도덕적인 선택도 함께 이루어져야 한다.

모든 설교자들과 저술가들에게 있는 일종의 직업병이 있다. 그들이 그리스도인의 삶의 어떤 측면들, 예를 들어서 순종, 기도, 나눔, 그리고 자아가 죽는 것 같은 주제들에 관해 설교를 하거나 글을 쓸 때, 그들은 자기들이 설교하고 쓴 대로 삶을 살고 있다고 착각하는 경우가 있다. 전혀 그렇지 않을 수도 있다. 그저 그들은 그러한 주제들에 관하여 설교만 하고, 또 글로만 나타낼 수 있는 것이다. 사도 야고보는 "너희는 말씀을 행하는 자가 되고 듣기만 하여 자신을 속이는 자가 되지 말라"(약 1:22)고 우리에게 권면하고 있다. 우리도 행함이 없는 설교자가 될 수도 있고, 실천이 없는 저술가가 될 수도 있다. 내가 이 책에서 밝히고 있는 내용은 모두가 다 나의 경험을 토대로 한 것이다. 나는 진지하게 이 갈보리 언덕을 오를 것이다.

어떤 이는 "십자가의 경험은 하나님의 의지가 우리의 의지를 압도하는 것이고, 또 우리가 하나님을 선택한 것"이라고 말하기도 한다. 이 십자가의 경험은 그분의 말씀을 통해서 우리에게 올 뿐만 아니라, 그분의 경륜(His Providence)을 통해서도 우리에게 온다. 즉, 그 경륜이라고 하는 것은 우리가 어떤 일을 행함에 있어서 그분이 우리의 삶속으로 들어오시는 것을 의미한다.

나는 주님의 경륜이 이루어지는 것을 곧 경험했다. 내가 본래 나 자신을 위해 선택하려고 했던 것이 하나님의 경륜과 엇갈리고 말았다. 그 당시에 나는 그 하나님의 경륜 때문에 많이 고민했다. 그러나 그 일을 하나님이 허락하신 것이고 그 하나님의 뜻이 궁극적으로 나를 위한 것이라는 사실을 알았을 때 나는 그의 경륜에 순종해야만 했다.

이제 나는 그러한 하나님의 경륜에 속한 일들이 나를 위한 십자가였다는 것을 알게 되었다. 나는 주님 안에서 더 큰 생명을 다시 얻기 위하여 그 십자가 위에서 죽어야만했다. "살기위해 죽는다!"는 옛 성어가 생각난다.

　무엇보다 더, 내가 나의 있는 모습을 그대로 보는 경험과 함께 회개하면서 몸부림쳤던 경험은 내게 너무나도 큰 상처가 되어서 나는 이전에 사역할 때 가졌던 자신감과 담력을 다 잃어버렸다. 아마도 나는 수없이 내 자신에 대해 질문을 했을 것이다. 그러나 그것이 무엇이든 나는 에베소서 4:11에서 언급하고 있는 복음전도자로서의 재능을 잃어버린 것 같은 느낌을 받았다. "그가 어떤 사람은 사도로, 어떤 사람은 선지자로, 어떤 사람은 복음 전하는 자로…, 삼으셨으니" 이 말씀을 내가 전에는 얼마나 잘 알고 있었는지 모른다. 어떤 사람이 내게 부흥에 관해 말했을 때 내가 당황했던 기억이 난다. 그가 나에게 "당신이 말한 그 부흥의 경험이 곧 당신의 복음사역에 있어서 그렇게 많은 영혼구원의 열매를 맺게 했다는 것으로 이해해도 되겠습니까?"라고 물었을 때, 나는 "그렇지 않다"라고 고백할 수밖에 없었다.

　이제 나는 나의 삶과 나의 사역이 완전히 새로운 방향으로 재정비되어가고 있는 것을 알게 되었고, 하나님은 그동안 내게 오래도록 누적되어 온 것들을 벗겨 내셨다. 또한, 그것들을 바닥까지 긁어내시고 오로지 은혜의 기반 위에서 내가 다시 시작할 수 있도록 해주셨다. 그 과정에서 나는 두 번의 집회를 통해 두 가지의 음성을 내게 들려주시는 것을 깨달았다.

그 첫 번째 음성으로 어떤 복음집회를 개최하였는데, 몇 사람의 신자들이 내게 와서 "언제 또 다시 지난 번 저녁에 했던 그 주제, 그러니까 우리들 마음을 크게 감동시키고 녹아들게 했던 그 주제로 설교를 하십니까?"라고 물었다. 두 번째 음성은 또 다른 집회에서 들었다. 어떤 사람이 내게 찾아와 "당신은 오늘 믿는 그리스도인들에게 설교를 하실 겁니까, 아니면 믿지 않는 불신자들에게 하실 겁니까? 믿는 내 친구를 데려와야 할지 말지 결정해야 해서요"라고 말했다. 그렇다. 나는 정말 고통스러운 인생의 방향 재설정의 과정을 통과하고 있었다. 초기의 부흥사역을 이끌었던 대부분의 사역자들은 나에 대해 좋은 인상을 가지고 있다. 그러나 그것이 중요한 것은 아니었다.

그 후부터 나는 새로운 시각으로 나와 비슷한 경우를 겪고 있는 사람들을 보았다. 그들은 십자가[2]로 인도되었고, 거기에서 그들의 목회방향을 완전히 재정비하는 과정을 통과하고 있었는데,

---

2) "십자가로 인도되다"라는 표현과 "십자가 밑에 나아감"이라는 표현이 이 부분에서부터 계속 나오게 될 것이다. 이 용어들을 단순히 진부한 표현으로 생각하지 않도록 하기 위해 나는 이것이 의미하는 것이 무엇인가를 간략하게 설명하려고 한다. 우리 주 예수 그리스도의 십자가는 오로지 인간의 죄 때문에 필요하게 되었다는 것을 분명히 할 때, 십자가로 나아간다는 것은 구체적인 문제들에 대해 죄인으로서 그 자리에 선다는 것을 의미한다. 그리고 거기에서 십자가에 못 박히신 주님의 영광을 근거로 우리의 죄를 고백하게 된다. 그리스도께서 십자가에서 우리를 대신해서 죽으심으로 죄에 대한 정죄를 정복하셨으므로, 십자가에 대한 이러한 표현들은 믿음으로 주님이 십자가에서 우리를 위해 성취하신 평화와 자유 안으로 들어가는 것을 의미한다. 이와 같이 십자가에 대한 의미들은 두 가지 의미가 있는데, 우리가 부르는 복음성가에도 사용되고 있다.

그 과정이 계속 반복되는 것 같았다. 나는 그들이 겪는 그 재정비의 과정을 보는 것을 너무 괴로워했다. 고통의 과정을 통과하는 형제를 보며 너무 안쓰러워 "오, 하나님 얼마나 오랫동안 겪게 하시렵니까?"라고 외치기도 했다.

그러나 결국 우리 모두는 우리의 마음에서 생겨나는 새로운 경험들을 보았을 뿐만 아니라, 우리의 입술로 새로운 메시지를 전하게 되었다. 그 새로운 메시지는 죄인들에게 좋은 소식이 되었다. 우리 모두는 설교자였던 우리 자신을 완악한 죄인으로 보았다.

우리는 우리가 죄인으로서 경험한 복음을 다른 사람들에게 전했다. 그들이 믿는 그리스도인이건 믿지 않는 불신자건 상관하지 않고 전했다. 더 나아가 우리는 이것이 성경전체에 흐르는 주제임을 깨닫게 되었다. 십자가 밑에 나아가 우리가 죄인이라고 인정한 사건을 통하여 우리는 복음의 살아있는 신학을 깨닫게 되었다. 이것은 하나님이 우리가 이미 "잘 하고 있는 목회사역" (good ministry)에 더 보태라고 어떤 것을 가르쳐 주신 것도 아니고, 전통에 여분의 화살을 더 넣으라고 주신 것도 아니었다. 오히려 주님은 이 모든 것들이 다 죽어지기를 원하셨고, 은혜의 기반 위에서 죄인으로서 다시 시작하기를 원하셨다. 주님이 이것을 행하셨을 때, 우리는 이 진리가 전에 주님이 이미 가르쳐주셨던 진리라는 것을 다시 깨달았다. 하지만, 이제 이 진리는 새로운 모든 통찰력과 하나님의 은혜에 대한 새로운 체험으로 말미암아 더욱 분명하게 드러났다.

이것은 앞으로 다가올 일에 비하면 작은 일이었다. 어느 누구도 우리에게 "우리의 심령을 녹였던 그 주제로 언제나 다시 말씀을 전해 줄 수 있습니까?"라고 묻는 사람이 없었다. 많은 사람들이 더 이상 그 주제로 말씀 듣는 것을 원하지 않았다. 지금까지 엄청난 파장을 일으켰던 그 부흥의 메시지가 이제 영국전역에 있는 복음주의 노선에 어떤 역작용을 내고 있었다. 어떻게 이렇게 빨리 이 부흥의 메시지가 전국에 있는 교회지도자들 사이에서 뜨거운 화두로 떠올랐는지 그저 놀라울 따름이었다.

비판하는 사람들은 우리의 주요 메시지가 사람들에게 너무 과도하게 자기성찰을 요구하고 있으며, 본질에서 탈선하고 있다고 생각했다. 이로 인하여, 사방에서 많은 사람들이 우리 모두를 비판하고 있다는 것을 알았다. 다른 형제들 보다 내가 훨씬 더 많은 비판을 받았는데, 그것은 그 형제들이 대부분 목회사역을 하고 있는 목회자들임에 비해 나는 그저 복음을 전하는 전도자로 전국에 알려져 있었기 때문이었다.

결과적으로, 전에 복음사역의 현장에서 언제나 환영받고 잘 나가던 부흥강사였던 내가 '페르소나 넌 그라타'(persona non grata, 비 호감의 존재)로 전락하고 말았다. 이건 정말 견디기 힘든 일이었다. 그러나 이것이 나에게는 내존재의 밑바닥이 "완전히 무너져 내리는 것"이었다. 그것이 나를 겸손하게 만들었고, 내 영혼에는 양약이 되었기 때문이었다.

그럼에도 불구하고, 부흥현장에서의 교제의 폭은 꾸준히 확대되어 갔고, 많은 낙심한 영혼들이 절박하게 은혜의 노선을 붙잡기 위해 몸부림을 쳤다. 북 웨일즈에서 개최되었던 하기복음집회에서는 우리에게 과분할 정도로 하나님이 축복해주셨으며, 끊임없이 갈급한 영혼들이 밀려왔다.

그렇다면 왜 이렇게 부흥운동을 반대하는 반응이 나오느냐고 반문할 수도 있을 것이다.

첫째로, 사람들이 복음을 전하는 설교자가 자신의 처한 상황과 관련하여 자신을 죄인으로 솔직하게 인정하는 것을 듣고 놀라움을 금치 못했을 뿐만 아니라, 그가 주님의 사죄의 은총을 입고 깨끗함을 받았다고 간증하는 것을 보고 찔림을 받았기 때문이다.

집회강사들의 솔직한 고백으로 인해 많은 청중들의 심령이 녹아내렸고 그들의 신앙생활에도 도움이 되었지만, 어떤 사람들은 크게 충격을 받기도 했다. 우리 팀에서 동역한 몇 사람의 목회자들이 자기 교회에서 그들의 솔직한 경험을 성도들과 나누었을 때, 같은 반응을 보았다고 한다.

목회자들이나 순회전도사역자들은 어느 면에서도 잘못된 것이 없었다. 성도들은 다만 목회자들이 교회에 머무르면서 주어진 기본업무에 충실하기를 훨씬 더 바라고 있었던 것이다. 성도들은 담임목회자가 교회를 떠나 밖으로 도는 것에 대해 당황스러워했으며 그것을 매우 싫어했다. 그러나 어떤 교회들에서는 자기 교회 목회자가 자신의 죄를 고백하는 간증을 듣고 성도들도 그들의 죄를 회개하는 일이 생겨나기도 했다.

둘째로, 선포된 메시지는 청중들의 피부에 와 닿을 정도로 너무도 실제적인 것이었으며, 사람들은 본능적으로 하나님이 그 부흥집회를 통해 다시 조각들을 새롭게 짜 맞추시기 위해 자신들을 완전히 깨트리고 있다고 느꼈다는 것이다.

다른 한편으로는 동부아프리카에서처럼 부흥에 대한 어떤 두려움을 느끼는 사람들도 있었다. 동부아프리카에서도 부흥을 주도하는 세력과 그 부흥을 반대하는 세력이 크게 대립각을 세운 일이 있었다. 그곳에 있는 선교사들 역시 부흥운동에 대한 그들의 입장차이 때문에 양분되기도 했다.

부흥운동을 반대하는 여러 가지 합리적인 이유들은 내놓았지만, 그들이 부흥을 반대하는 진짜 이유는 자신들이 스스로 찔림을 받고 도전받는 것을 두려워했기 때문이었다. 우리도 처음에는 이와 똑같은 반응을 했기 때문에 그들을 손가락질 할 수는 없다.

또 다른 이유로는, 우리 자신들 안에도 잘못이 있었다는 것이다. 우리가 전하는 메시지에 어떤 율법적인 것이 들어 있었다. 우리는 시내광야에서처럼 "이것을 행하라, 그리하면 너희가 살리라"라는 율법의 명령을 그냥 말한 것이 아니라, 이것을 부흥전략에 적용했다.

"이것을 행하라, 그리하면 부흥이 일어날 것이다"라는 율법적인 틀에 얽매이게 되었던 것이다. 이것은 율법의 아주 작은 부분이다. 그러나 이 작은 누룩이 반죽 덩어리 전체를 다 부풀어오르게 하기에 충분하였다. 사람들을 언짢게 만드는 원인 제공자가 항상 우리가 아니었음에도 불구하고, 이러한 부흥의 율법조항으로 인하여 어떤 사람들에게 우리는 비 호감의 존재가 되었다. 그러나 가만히 되짚어보는 가운데 나는 이것이 부흥을 반대하는 진짜 이유라는 것을 깨달았다. 사람들이 부흥을 반대하는 그 이유가 어떤 몇 가지 사실들과 특별하게 연관이 되어 있었다.

이 부분에 대해서는 나중에 말하려고 한다. 우리의 메시지 속에 내포되어 있는 율법적인 면이 우리의 메시지를 딱딱하게 만들었고, 좀 어색하게 만들었다. "율법은 항상 경직시킨다." 오로지 은혜만이 분위기를 자연스럽고 자유롭게 한다. 우리는 은혜에 대하여 한참 더 많이 배워야 했다. 여기에서 나는 나 자신에 대해 밝혀야만 한다. 나라고 하는 존재는 그러한 실수를 하지 않고는 영적인 것들에 관한 체험이나 새로운 이해를 할 수 없었다는 것을 안다. 그러나 나는 그토록 나를 짓누르고 있는 실수에 대한 두려움을 떨쳐내지 못했다. 그래서 나에게 닥칠 모든 일들을 그저 받아들여야만 했다.

우리는 모두는 실수한다. 성령께서 일부러 사람들이 실수하도록 인도하시기보다는 자기의식, 즉 자기 생각에 사로잡혀서 사람들이 자주 실수를 한다. 그러나 우리는 서로의 짐을 나누어져야 한다는 것을 배웠을 뿐만 아니라, 서로에게 오는 비난도 같이 받아야 한다는 것을 배웠다. 만약 우리 중의 누군가가 사람들이 어떤 형제를 비난하는 것을 보고 그 형제를 모르는 사람 취급한 경우에도 우리는 회개하였고, 하나 됨을 계속 유지해 나갔다.

내가 잉글랜드의 거대한 대학도시인 케임브리지에 있는 지방교회의 초청을 받아 그곳에서 집회를 개최하면서도 이에 대한 특별한 교훈을 얻었다. 나는 그 지역의 가까운 곳에서 목회를 하고 있는 내 친구 성공회 교구목사를 어느 저녁 집회에 초청하여 개인간증을 하게 했다. 그런데, 그가 했던 간증으로 인하여 그는 톡톡한 대가를 치러야만 했다. 그는 성령의 인도를 받아 간증을 한 것이 아니라, 양심의 가책을 받아 충동적으로 그가 예수 믿기 전에 있었던 성적인 실수에 대해 공중 앞에서 말해버렸다.

말하지 말았어야 했다. 이로 인하여 너무 큰 충격을 받은 내 아내 레블(Revel)은 몸짓으로 그에게 말하지 말라고 표시를 했다. 나는 앉아서 지켜보는 동안 이것이 심각한 문제를 일으키게 될 것이라는 것을 알았고, 내가 어떻게 이 일에 연루될 것인지 깨달았다.

문득 나는 며칠 전에 로렌스 발함(Lawrence Barham)이 동부아프리카에서 여객선을 타고 돌아오는 길에 나에게 보낸 편지를 회상했다. 그 편지에서 로렌스는 나에게 "로이, 잉글랜드에서 사람들을 실수하게 만든 것에 대해 책임 질 누군가가 필요한 것 같네. 그들에게 돌파구를 열어줘야 하네"라고 말했다. 그의 편지가 나를 일깨워줬다. 나는 "바로 이것이 내가 해야 할 일이구나, 이 얼마나 큰 특권인가"라고 스스로에게 외쳤다. 그 간증 사건은 수년간 잉글랜드 전역에 퍼져나갔고, 모든 복음의 문이 내게 대하여 막혀버렸다.

왜냐하면, 사람들이 그 성적인 실수를 간증한 사람과 나를 똑같은 사람으로 보았기 때문이었다. "그래, 당해도 싸다"고 나 스스로에게 말했다. 나는 그가 너무도 분명하게 실수한 것을 알았지만, 그가 나의 형제인데 내가 그를 어떻게 모른 체할 수 있단 말인가? 그 사람 다음으로 그런 실수를 할 사람이 내가 될지 누가 알겠는가?

그 당시에 하나님은 우리에게 그 폭풍에 함께 맞서도록 낙천적인 마음을 주신 것 같았다. 하나님은 우리의 실수들을 통해서 배우게 하셨고 그 실수들을 다 털어버리고 삶을 살아가게 하셨다. 우리는 양발이 불구가 된 영락없는 므비보셋(다윗의 친구 요나단의 아들, 대상 8:34)이었다. 그러나 다윗 왕의 은혜를 입어 므비보셋이 왕의 식탁에 앉아 왕과 함께 식사를 한 것처럼, 우리도 역시 은혜로 왕의 식탁에 앉게 되었다. 우리의 메시지가 또 다른 므비보셋들에게 위안이 되었을 때, 오로지 우리의 연약함을 통해 그 은혜로 말미암아 다른 사람들에게 말씀을 전할 자격이 되는 것처럼 보였다.

그러나 나는 여전히 내가 날카로운 반대에 직면해 있다는 것을 알고 있었다. 1948년에 나는 전국청년선교회의 사역을 그만두고 범 교단적인 선교기관의 주도적인 리더 자리를 맡게 되었다. 이것은 이전의 복음운동을 하면서 가졌던 기회보다 더 큰 기회들을 나에게 제공해 주었다.

우리는 런던 외곽지역(Greater London)을 맡아 복음을 전했다. 그러나 얼마 되지 않아 나를 사역자로 임명한 위원회에 나에 대한 날카로운 불만들이 접수되기 시작했다. 나는 위원회에서 불러들인 소명서 때문에 하나님이 역사하시고 축복하시는 영혼구원사역의 현장에서 손을 떼고 다시 한 번 집으로 돌아와야만 했다.

위원회에 출두해서 나는 그 위원들과 이 문제에 대해 장시간 논의를 하면서 공통분모를 찾기 위해 노력했다. 나는 확신을 가지고 해결책을 그들에게 제시했지만, 그들은 그들의 느낌을 말로 표현하기가 어렵다고 하면서 난색을 표했다. 왜냐하면, 잘못되었다고 생각되는 모든 것들이 상당히 미묘하다는 이유에서였다.

결국, 정확하게 1950년 그들과 함께 일한 지 딱 2년 만에 위원회는 나에게 사직서를 요구했다. 나는 그들이 취한 조처가 옳다고 생각했다. 그 범 교단적인 선교단체는 자기들 나름대로 그들 사역에 있어서 확실한 어떤 노선을 정했으며, 그들은 어떤 것에도 방해받지 않고 자신들의 사역을 계속해 나가기를 원했다.

이 일이 불거져 나오게 된 것은 내가 그 선교단체에 합류하여 사역한 사실 때문이기보다는 그 이전부터 이미 나에게 문제가 있었다. 주님이 어떤 변화를 꾀하려는 나의 야망 때문에 이전 선교단체(전국청년선교회)를 떠난 것이 잘못이라는 것을 내게 보여주셨다. 더욱이, 이제 나는 우간다에서 열리는 대규모 부흥집회에서 들어온 초청을 아무 거리낌 없이 수락하게 되었다. 당시에 나는 용기를 북돋아주는 계기가 필요했다. 우간다 부흥집회에 관해서는 이 앞장에서 언급한 바가 있다.

그러나 나는 한 알의 밀알이 되어 "땅에 떨어져서 땅 속 깊은 곳에서 죽었다." 궁극적으로 이 죽은 밀알이 열매를 맺게 될 것이다. 우간다에서 돌아와서 나는 전혀 기대하지 않았던 초청을 북부 잉글랜드에 있는 선교단체의 위원회로부터 받았다. 이 선교단체는 잉글랜드 북부지역의 많은 교회들의 지원을 받고 있는 단체였다. 특별히 그 지역 사람들은 복음사역의 혜택을 받지 못한 사람들이었다. 나는 간절히 기도하였으며, 지난 번처럼 시행착오를 겪지나 않을까 염려를 하면서 나의 동역하는 친구들에게 조언을 구했다. 그 상황 속에서는 이 제안을 수락할 건인지 아닌지에 대한 어떤 암시도 없었고, 주님으로부터도 가부간에 아무런 응답도 없었다.

결국에 나는 이 제안이 내게 복음을 전하는 모든 기회를 제공해주는 것으로 생각하고 무조건적으로 받아들이기로 했다. 또한, 그것은 내가 복음사역에 쓰임 받는 기회이기도 했다. 나를 환영하는 모임의 날짜가 정해졌으며, 몇 건의 집회일정도 잡혔다.

나는 우리 집주인에게 한 달 후에 이사하겠다고 알리고 런던에 있는 아파트를 비워야했다. 그 한 달간 아내는 그곳 아파트에서 지냈으며, 나는 이사 가기 전까지 런던에서 북 잉글랜드까지 오르락내리락 하면서 통근을 했다.

첫 번째 집회는 괜찮았던 같았다. 사람들이 연이어 나를 환영해 주었고, "과거에 그토록 크게 하나님께 쓰임 받았던 바로 이 사람을 하나님이 계속 사용하시기 위해 우리에게 보내주셨다"고 하면서 나를 치켜세웠다. 나는 첫 번째 메시지를 전했고, 그 다음으로 이어지는 저녁기도회에서 두 번째 메시지를 전했다. 나의 이 메시지들은 그 선교기관의 위원회를 긴장시키기에 충분했다.

나의 첫 번째 메시지가 성도들의 회개를 촉구하고 그들의 행위를 고치라는 메시지였기 때문이었다. 게다가, 나는 내가 회개한 경험을 간증하였다. 의심할 여지없이 내 메시지가 그들에게 적절하지 못했다. 나는 이 문제를 내 힘으로 해결해 나갈 수 있다고 생각했다. 그러나 그토록 나를 치켜세우던 사람들의 태도가 너무도 급하게 변하는 것을 보고 믿을 수가 없었다.

더 혹독한 시험이 기다리고 있었다. 내가 북 잉글랜드에 도착했을 때 재정적 지원이 내가 생각했던 것보다 너무 낮았다. 우리가 필요한 것에 비해 턱없이 모자랐다. 내 아들이 기숙학교에서 공부하고 있는 것을 고려해 볼 때 너무도 계산이 맞지 않았다. 이 말은 곧 아들을 공립학교로 전학시켜야 한다는 것을 의미했다.

그리고 또 다른 문제를 하나 발견하게 되었는데, 선교단체가 우리에게 제공한 주택이 자로우(Jarrow)라는 곳에 있었다. 잉글랜드 북동쪽 해안에 인접한 이 마을은 북부잉글랜드에서 가장 낙후되고 열악한 산업단지를 끼고 있는 지역이었다. 아들 마이클을 이곳에서 길러야 하고 이곳에 있는 학교에 보내야만 하는 상황이 되었다. 나는 아들이 그런 지역에 있는 학교에서 공부한다면 14세가 되어 학교를 그만두게 될 거라는 두려움에 싸였다.[3]

만약 아들 마이클이 이 학교에 다니게 된다면 그가 대학을 진학하고 직장을 잡게 되리라는 생각은 아예 접어야 한다. 나는 어리석게도 이 직책을 수락하기 전에 재정지원 부분에 대해서 한 마디도 물어보지 않았다. 이 모든 것이 너무도 큰 충격으로 다가왔다. 나는 그러한 상황으로 인하여 너무도 큰 고통을 겪었다.

나는 어느 날 그 근방에 있는 공동묘지를 지나다가, 무덤들을

---

3) 슬럼지역 공립학교에서는 학생들이 영국의무교육과정인 GCSE-중학교과정을 마치기 전에 학교를 그만 두는 사례가 많다, 역자 주.

보면서 나 스스로에게 말했다. "저 무덤에 있는 사람들의 형편이 나보다 훨씬 더 행복하구나. 거기에는 나쁜 사람들이 괴롭히는 일도 없고 연약한 자들이 편하게 쉬고 있지 않는가." 당시에 나는 펜-루이스 부인(Mrs. Penn-Lewis)이 쓴 욥에 관한 글을 읽고 있었는데, 그것이 어느 정도 위안이 되었다.

그러던 어느 날 밤, 잠자리에 들었는데 이 모든 처한 상황으로 인해 도저히 잠을 이룰 수가 없었다. 그래서 나는 잠자리에서 일어나 기도를 드렸다. "주님, 이 모든 것을 주님이 다 의도하신 것인가요? 그런 건가요?" 주님이 내게 "그래, 내가 그렇게 의도하면 안 되니? 내가 내 것을 가지고 왜 못한단 말이냐?"라고 대답하신 것 같았다.

자정이 될 때까지 몸부림을 치다가 나는 주님이 준비하신 멍에에 내 목을 걸었다. 그리고 외쳤다. "그래요, 주님의 뜻대로 되기를 원합니다." 그 날은 토요일이었고, 다음 날이 주일이었다. 그 주일 날 설교를 하였는데 그 날 나는 놀라움을 금치 못했다. 주님이 내가 설교하는 시간 내내 그의 두 팔로 나를 꼭 안아 주시면서 어루만져 주셨다. 우리가 부르는 모든 찬송과 모든 기도와 우리가 읽은 모든 성경구절들을 통해 주님이 나에게 말씀하고 계셨다.

나는 주님께 말했다.

"주님! 주님이 멈추지 않으시면 나는 이 모든 사람들 앞에서 눈물을 터트리고 말 것입니다." 주님을 가장 크게 감동시키고 주님의 가장 큰 긍휼을 이끌어 내는 때는 주님이 우리가 정말로 고통스러운 십자가를 받아들이는 것을 보실 때이다. 이때보다 더 크게 주님을 감동시킬 수는 없다. 그리고 주님은 십자가를 지고 고통당하는 우리에게 그의 사랑을 쏟아부어 주신다. 우리가 항복할 때 주님은 수천 개의 푹신한 쿠션을 우리를 위해 준비하시고 우리의 어깨가 아프지 않도록 해주신다. 또한, 주님이 주신 짐을 가볍게 해주는 보상들을 준비하시고 우리의 멍에를 쉽게 메도록 해주신다.

나는 그 날 예배시간에 예수님이 재판을 받으시고 사형선고를 받으신 구절을 읽어야만 했다. 나는 이것이 위원회를 자극하는 결과를 줄 수 있다는 것을 본능적으로 알았다. 그런 일이 일어나고 말았다. 그들은 내게 3개월 치 사례비를 주면서 떠나라고 했다. 그리하여 나는 런던에서 가족을 그곳으로 데려 올 필요가 없게 되었고, 기숙학교에서 공부하고 있던 내 아들을 전학시킬 필요도 없게 되었다. 그러나 나는 이렇게 되기를 내가 먼저 원했기 때문에 오히려 기뻤다.

이 모든 소용돌이를 통해서 하나님은 나와 내 아내 레블(Revel)을 하나님이 원하시는 곳으로 인도해주셨다. 나를 홀대했던 그 사람들을 하나님이 나를 인도하시는 방편으로 사용하셨다는 것이 분명해졌는데 어떻게 그들을 비난할 수 있겠는가?

우리가 그 선교단체와 그 지역에서 일하도록 부름 받지 않았다는 것이 분명해졌다. 비록 일이 이렇게 악화된 것이 우리의 재정적 상황과도 관련이 있지만, 우리가 그곳에 가서 복음을 전한 것은 그저 하나님이 우리에게 주신 부흥의 비전을 따라 한 것이었다. 정말 신기하게도 이 일로 어떤 감정이나 원한을 갖지 않았다는 것이다. 참으로 아름다운 결과였다.

몇 년 후에 내가 자메이카를 방문했을 때 그곳에서 그 선교단체위원회 위원 중의 한 사람을 만났다. 그는 자메이카 킹스턴 지역에서 큰 규모의 침례교회의 목사로 시무하고 있었는데, 나를 따뜻하게 맞아주었고 자기 교회에 말씀을 전하도록 세워주었다.

그러나 북부잉글랜드로부터 퇴출되어 온 아픔보다 더 뼈아픈 고통이 기다리고 있었다. 런던 베켄함(Beckenham)에 있는 우리 집주인을 찾아가 우리가 살던 그 아파트에 계속 살겠다고 말했는데, 그 집주인이 이미 다른 사람과 계약을 해서 불가능하다고 말했다.

그 당시 우리가 당한 이 황당한 일이 얼마나 심각한 일인지 이해하기 위해서는 여러분들이 1950년대 영국의 주택공급 상황을 알아야한다. 일반주택이나 아파트 모두 턱없이 부족했다. 계약이 끝나는 날이 점점 다가왔지만 우리는 어디에도 갈 곳이 없었다. 함께한 형제들이 나가서 이 잡듯이 다 찾아봤지만 허사였다. 그때 나는 한 주간 집회 때문에 외출을 해야만 했다. 집회를 인도하면서도 나는 매일 아내에게 전화를 걸어 집을 얻는 일이 어떻게 되어 가느냐고 물었는데 별 진전이 없었고, 전화를 끊을 무렵에 들려오는 아내의 울음소리 밖에 들리지 않았다. 나는 즉시 회의실로 들어가서 설교 안을 작성해야했으며, 탄력 있는 메시지를 전해야만 했다.

집을 떠나와서 집회를 한참 인도하고 있는 도중에 가정의 위기가 겹쳐서 고생하는 경우가 복음전파자들에게 얼마나 많은가. 교회사역을 하고 있는 많은 목회자들도 동일한 고통의 시간을 경험하고 있다. 개인적으로 감당해야 하는 무거운 십자가를 짊어지고 있음에도 불구하고, 그들은 그것을 뒤로 하고 자신은 아무 일도 없는 것처럼 공중 앞에서 침착함을 보여야한다.

결국, 우리는 프레드(Fred)와 콘스탄스 바프(Constance Barff)부부의 초청을 받아들여 브리스톨(Bristol)에 있는 목사관에서 그들과 함께 살게 되었다. 이들은 나와 가장 가까운 친구들이었다. 이것은 단순한 그들 편에서의 구조 이상이었다. 프레드 부부는 우리의 곤경을 알게 된 이후 줄곧 이 일을 기다려 왔다고 했다. 이 얼마나 복된 일인가.

그들은 우리가 그의 집으로 들어가 함께 살게 된 사건을 함께 교제하면서 일할 수 있는 기회로 여기고 있었다. 우리가 경험한 새로운 교훈들을 함께 교제하면서 나누기를 원했던 것이다. 이것은 우리에게도 역시 가치 있는 일이었다.

그러나 묵상할 수 있는 우리만의 공간이 없다는 것이 문제가 되었다. 게다가 기숙학교에서 돌아온 아들과 함께 살아야 했다. 우리가 우리의 모든 살림살이를 가지고 브리스톨에 도착했을 때, 우리는 살림을 다 밖에 두어야 했다. 이것은 공간이 부족해서이지 프레드의 잘못이 아니었다. 그 날 밤 나와 아내는 그 황량한 목사관에 누워 울면서 잠이 들었다.

주님은 이렇게 우리를 바닥으로 끌어내리셨다. 이제 우리는 우리가 기거할 집도 없고, 일정한 사례비도 끊어졌다. 그 중에서도 가장 견디기 힘든 고통은 그전에 그렇게 잘 나가던 내가 사역할 기회를 얻지 못하고 있는 점이었다. 3년 전까지만 해도 나는 부흥강사로서 모든 문들이 다 열려 있었다. 이제 영국에 있는 모든 문들이 다 막혔다. 거기에다가 이곳 브리스톨에서조차 문이 닫혀 있었다. 몇 년 전에 내가 이곳에서 가장 강력한 능력이 역사하는 복음집회를 열지 않았던가!

우리를 향한 비난이 조직적으로 행해졌고, 특히 나에 대한 비난은 최고조에 달했다. 내가 전한 메시지가 그곳 교회들로 하여금 충분히 나를 의심의 눈초리로 보게 만들었기에 꽤 명성이 있는 두 복음주의 단체는 나에게 브리스톨을 떠날 것을 요구했다.

복음전파자들 중 나 자신은 마치 '말썽꾸러기'처럼 느껴졌다. 아내 레블(Revel)이 내게 고백하기를, 비난하는 누군가를 만날까봐 집 밖으로 나가려면 가끔 두려움을 느낀다고 했다. 아내는 그 두려움을 주님께 가지고 나갔다. 우리가 할 수 있는 일은 우리가 아는 형제들의 교회들을 돌아보는 것 밖에 없었다.

주님과 새로운 만남을 경험한 사람들의 숫자는 느리지만 점점 늘어나기 시작했다. 나는 그들에게 말씀을 전했고, 소그룹들이 성장하도록 용기를 북돋아주었다. 프레드 바프는 우리가 뭔가 할 수 있는 일이 있을 것이라고 늘 주장했다. 그것은 더 깊은 단계의 깨어짐을 배우는 것이고, 그것을 목사관에서 함께 나누는 것이라고 하였다. 프레드는 이 일을 위해 주님이 우리를 이 목사관으로 불러 함께 살게 했다는 것을 결코 의심하지 않았다.

나는 우간다에서 나와 같은 일을 당한 형제 윌리엄 나겐다를 떠올리면서 용기를 얻었다. 윌리엄과 그의 몇몇 친구들은 부흥운동에 참여했다고 하는 낙인이 교회들로부터 찍혀서 무코노신학교(Mukono)에서 퇴출당했다. 그는 버스에서 복음을 전하는 것 말고는 할 수 있는 일이 아무것도 없었다. 그러나 가장 낮아진 그에게 길이 높고 그리고 넓게 열려져서 수많은 결실을 맺는 목회사역을 하게 되었다.

나는 그에게 일어났던 일이 내게도 임하기를 간절히 바라는 수밖에 없었다. 그러나 때때로 나는 거의 모든 소망을 잃어버린 채 밤에도 잠을 이루지 못하고 우두커니 앉아서 "나이 40이면 난 너무 늙은 거야, 너무 늙은 거야" 하며 중얼거렸다. 나는 이 "광야에서 하나님을 시험한 것"을 회개해야만 했다. 주님의 사랑과 능력을 의심하면서 저급한 생각을 했던 것을 회개하고 그분의 용서를 구했다.

한 가지 큰 소득은 내가 그렇게 이루려고 힘썼던 두 가지로부터 자유롭게 된 것이다. 하나는 계속 능력있는 부흥설교가가 되려는 시도를 내려놓았으며, 또 다른 하나는 사역의 방향을 완전히 재정비한 것이었다. 나는 옛 방식을 그쳤고, 다시 처음부터 새로운 시작을 하게 되었다. 나는 배우지 말아야 할 것은 배우지 않았다. 나에게 새로운 메시지를 주시도록 하나님께 구했다. 동시에 옛것을 고집하지 않고 은혜에 기초한 복음사역을 하게 해달라고 하나님께 구했다.

그렇다고 해서 우리가 소극적이 되었다는 말은 아니다. 결코 그렇지 않다. 우리는 이곳저곳에서 집회를 열었으며, 매년 개최하던 하기복음집회도 계획을 했다. 그러나 모두 작은 규모로 진행했다. 이것은 근본적으로 배우는 시간이었다. 놀라운 것은 내가 하고 있는 일이 인간의 잣대로 볼 때 괄목할만한 결과가 나오지 않았음에도 불구하고, 하나님이 우리의 경제적인 삶이 유지되도록 지탱해 주셨다는 것이다. 너무 오래전의 일이라 잘 기억이 나지 않지만 주님은 우리의 삶을 책임져 주셨다. 언젠가 아내가 나에게 "주님은 우리를 다시 학교로 보내셨어요. 그리고 그거 아세요? 주님은 우리의 학비도 내 주셨어요"라고 말했다.

우리는 더 낮은 단계로 내려갔다. 하나님이 의도적으로 철저히 일을 계획하셔서 우리는 전혀 의심 없이 우리를 다루고 계신 분이 주님이시라는 것을 알았다. 이러한 최악의 고통이 정점에 이르기 전에 아내가 임신을 하게 되었다. 마이클이 태어난 이후로 오랫동안 우리는 아이를 하나 더 가지려고 했다. 그러나 이 임신이 문제되고 말았다. 아내는 연속적으로 유산을 하였다. 내가 프랑스집회를 마치고 브리스톨에 있는 바프의 목사관으로 돌아왔을 때, 아내는 다량의 출혈을 하고 임신중독증으로 상태가 악화되어 있었다. 아내는 급히 병원으로 옮겨졌고, 아내의 생명을 살리기 위해 아이를 낙태시켰다. 그러나 신장이 너무 상해서 아내는 사역을 멈추어야만 했다. 아내가 의식이 없는 상태로 포도당 링거를 맞고 있는 동안 집도한 의사가 내게 말했다. "이것이 우리가 할 수 있는 최선이었습니다. 만약 저 신장이 기능을 다시 하게 되면 당신 아내는 회복될 것입니다. 그러나 신장이 제 기능을 안 하면 이것으로 끝입니다."

상황은 계속하여 악화일로에 놓였고, 이렇게 되기까지 바닥에 바닥을 쳤다. "오호라, 여호와의 칼이여 네가 언제까지 쉬지 않겠느냐(렘 47:6)?" 탄식이 나왔다. 이렇게 급속도로 한꺼번에 일어나고 있는 모든 일들이 다 한 방향으로 흐르고 있는데, 그것은 곧 이러한 일들이 우연하게 생긴 것이 아니라 하나님이 행하셨다는 것을 나로 하여금 깨닫게 하기 위한 것이었다. 하나님이 아니시면 어느 누가 이런 일들을 행하시겠는가?

그런데, 이러한 사실이 이상하게도 나를 편안하게 했다. 만약 우리가 쥐어짬을 당하고 있다면, 그 쥐어짜는 손가락은 주님의 손가락이 맞다. 그 주님의 손가락은 우리를 사랑하시는 손가락이고 또한 우리를 크게 안도하게 하는 손가락이다. 나는 세상이나 교회의 위로를 받기보다는 오히려 주님의 손으로 쥐어짬을 당하는 것을 훨씬 더 원하고 있었다. 나는 다윗처럼 고백하고 싶어졌다.

> 여호와께서는 긍휼이 크시오니 우리가 여호와의 손에 빠지고 내가 사람의 손에 빠지지 아니하기를 원하노라(삼하 24:14).

우리가 전에는 사람의 손에 빠져 있었지만 이제는 우리가 곧바로 하나님의 손에 빠졌다. 실로 우리는 하나님의 자비하심이 얼마나 큰지를 증명해야 한다.

만약 하나님의 추격하시는 손이 내 위에 있고, 또한 시험에 시험을 거듭하여 쉴 새 없이 생겨나고 있다면, 하나님이 그의 손가락을 움직이실 때마다 일들이 곧바로 하나하나씩 생겨나고 있는 것이다. 정말로 쉴 새 없이 일어나고 있는 것 같았다. 내 머리 위에 있는 하늘은 푸르렀다. 이러한 일들은 정말 평범한 일이 아니었다. 이러한 상황을 보면서 힘이 되는 옛 성구가 떠올랐다.

내가 잠시 너를 버렸으나 큰 긍휼로 너를 모을 것이요 내가 넘치는 진노로 내 얼굴을 네게서 잠시 가렸으나 영원한 자비로 너를 긍휼히 여기리라(사 54:7-8).

하나님의 추격하시는 과정과 시험이 쉴 새 없이 진행되어 안도감을 찾을 수도 없을 것 같았다. 그러나 이것은 하나님이 말씀하신 대로 단지 '잠시 동안'일 뿐이었다. 그 '잠시 동안' 우리가 어떻게 행동하느냐가 아주 중요한 것이다.

이 비유를 다르게 표현하기 위해 영국 사람들의 게임인 크리켓에서 한 가지 예를 들 수 있다. 투수가 내게 던진 볼을 쳐내지 않으면 점수를 낼 수 없다. 투수가 던진 빠른 볼은 타자가 과감히 맞서기가 쉽지 않지만 쳐내야 한다. 그 공이 멈춰 있으면 득점할 기회가 지나가 버리기 때문이다. 과감히 던지는 공을 맞서 쳐내는 그것이 곧, 흔들리지 않는 믿음을 우리 하나님께 보이는 것이다.

나는 그 당시에 많은 득점을 냈다고 주장할 수 없다. 그러나 내가 투수가 던진 볼을 과감히 맞서서 쳐내는데 실패했을 때, 나는 회개하였으며, 그리스도의 보혈이 나의 의심과 잘못된 반응을 덮어버렸다. 그 피로 말미암아 내 믿음이 나에게 의로 여겨졌다. 그리고 결국에 나는 하나님을 찬양할 합당한 이유를 찾았다. "그의 노염은 잠깐이요 그의 은총은 평생이로다(시 30:5)"

무엇보다 먼저 주님은 죽음의 관문에서 아내 레블(Revel)을 나에게 돌려주셨다. 어떻게 된 일인지는 모르지만 아내가 위험하다는 소식이 전국에 퍼졌고, 다른 나라들에까지 퍼졌다. 심지어 동부아프리카에까지 알려졌다. 이것은 마치 하나님이 그의 나팔을 불어서 기도의 힘을 결집하여 사탄을 대적하도록 하신 것 같이 보였다. 하나님이 허락하신 한계선을 사탄이 더 이상 넘지 못하도록 하신 것 같았다.

많은 사람들이 우리 가족을 위해 집중적으로 기도했는데, 남자들은 특별한 기도모임을 조직하지 않은 상태에서 기도했고, 어떤 사람들은 그룹을 만들어 기도하기도 했다. 병원에서도 심각성을 인식하고 그리스도인 간호사들이 함께 모여 특별 기도를 드렸다. 산부인과 직원들도 산모를 잃는 것을 그 무엇보다 더 싫어했다. 그리스도인들에게는 그 직원들도 그들의 자매와 같았다.

하나님은 참으로 은혜로운 분이셨다. 아내의 신장이 기능을 발휘하기 시작했고, 임신중독증으로 손상되었던 아내의 시력도 정상으로 돌아왔다. 아내는 이렇게 서서히 회복되기 시작했다. 이 환난이 진행되는 동안 나는 겸손히 엎드렸고, 하나님 앞에서 내가 '쉬운 길'만 좇아갔던 죄들을 회개했다. 나는 고난의 골짜기를 지나는 동안 그리스도의 보혈의 능력을 수없이 경험했다.

그 보혈이 죄를 깨끗케 할 뿐만 아니라, 그 고난과 연단을 통하여 나타난 모든 결과들을 아름답게 변화시켰다. 이런 일들을 생각하면서 나는 아내에게 "하나님이 영원한 피의 언약을 기억하고 당신을 죽음에서 다시 살려주신 것"이라고 말하곤 했다. 내가 매일 운전해서 병원으로 오가는 동안 나도 모르게 한 찬송가 가사를 반복적으로 흥얼거리면서 부르고 있었다.

> 사모하는 영혼들아, 예수께 가까이 나오라
> 오, 의심을 버리고 나오라
> 믿음으로 더욱 담대하게 주님을 신뢰하라
> 너희를 향한 그의 크신 따스함을 경험하리라

나는 주님의 '크신 따스함(huge tenderness)'을 새롭게 깨달았으며, 그 크신 주님의 자비하심 안에 나의 생각을 내려놓고 안식할 수 있었다. 우리 앞에 무슨 일들이 어떻게 벌어질지라도 나는 그 크신 주님의 자비하심을 신뢰하면서 그 모든 일들을 다 주님의 손에 맡겼다. 그런 후에 하나님은 도저히 불가능한 일을 우리에게 행하셨는데, 브리스톨에서 우리만의 집을 마련해 주신 것이다. 하나님은 우리가 일련의 연단의 과정들을 통과하면서 정말로 절망의 밑바닥을 헤매고 있을 때 이 귀한 집을 주신 것이다.

아내가 병원에서 퇴원하였을 때, 나는 아내를 하나님이 마련해 주신 새 집으로 데리고 왔다. 모든 것이 밝게 빛나고 반질반질하게 정리되어 있었으며, 모든 가구는 제자리를 찾아 놓여있었다. 아내의 눈은 아직 완전히 회복이 안 된 상태였지만 그녀의 눈은 이 모든 화려함 때문에 깜박거렸고 놀라움을 금치 못했다.

우리 가족은 그 집에서 브리스톨을 떠나 런던으로 돌아오기까지 7년을 행복하게 살았다. 그 이후로 아내는 16년간을 나와 함께 동역하면서 놀랍도록 많은 결실을 거두었다. 또한, 아내는 자신의 독특한 사역을 더욱 발전시켜 나갔는데, 그녀의 사역은 영국과 유럽 대륙에 많은 은혜를 끼쳤다. 1967년에 아내가 하나님의 부르심을 받았다. 이 16년간은 아내와 함께 한 또 다른 특별한 여정이었다.

브리스톨에서 주님은 우리를 그 어느 곳에서보다 더 만족스럽게 해주셨다. 주님은 그분의 메시지를 전할 수 있는 문들을 열어 주셨고, 우리는 즐거운 마음으로 그것을 받아들였다. 사역의 규모가 예전의 연합집회처럼 큰 규모는 아니었지만, 우리의 집회는 예전보다 훨씬 더 큰 의미를 더해줬다.

우리 팀은 이곳저곳에서 소규모 집회들을 열었다. 가끔씩 우리는 큰 집회에 초청받아 말씀을 전하기도 했는데, 로렌스 발함과 빌 버틀러가 휴가 중인 그 팀의 강사를 대신해서 나를 합류시켜 주었으며, 우리는 셰필드의 시민회관에서 개최된 집회를 함께 인도했다.

그 후에 나는 자주 프랑스 알자스와 스위스로부터 초청을 받았는데, 그곳은 부흥의 강물이 흐르기 시작한 곳이었다. 내게는 그곳에서의 경험이 새로운 것이었고, 나는 통역을 통하여 말씀

전하는 것을 굉장히 흥미로워 했다. 그리고 그곳에서 주님이 아름다운 일들을 행하시는 것을 목격했다. 해마다 휴가 때가 되면 우리는 그곳에서 연례집회를 개최했다. 이 집회는 '새롭고 생명력 있는 믿음의 삶'을 갈망하는 사람들을 끌어 모았다. 그곳에 모인 사람들은 해가 다르게 믿음이 자라갔다.

하나님은 실로 나의 눈물을 닦아주셨으며, 나에게 영원한 위로와 은혜를 통한 선한 소망을 부어주셨다.

My Calvary Road

제14장 | 예수님을 중심에

다음 해인 1952년에 드디어 나는 소위 '황금기'로 불리는 전성기로 들어섰다. 바로 그 해(1952년)에 주님은 나의 메시지 속에 들어있는 율법적인 요소를 다루기 시작하셨을 뿐만 아니라, 우리 팀의 형제들의 메시지 속에 들어있는 율법적인 요소도 다루셨다. 주님은 우리 모두를 은혜의 태양빛 안으로 더욱 강하게 인도하셨다. 그래서 우리는 그 어느 때보다 우리의 부흥 메시지를 더욱 간결하게 다듬었다.

주님은 이 일을 잉글랜드로 돌아오는 우리의 우간다 친구 윌리엄 나겐다를 통해 하셨다. 5년 전에 그 친구는 우간다 전역을 돌아다니면서 회개의 복음과 그리스도의 보혈의 능력을 선포했던 본래 우리 팀의 일원이었다. 잉글랜드로 돌아 온 나겐다는 전에도 우리를 방문해서 우리에게 도움을 주었던 사람이다. 그런 그가 무엇인가 미묘한 올무에 우리가 묶여 있다는 것을 알아차렸고, 그의 메시지의 대부분은 이 문제를 해결하기 위한 것에 초점이 맞추어져 있었다.

이 일은 우리의 인생에 있어서 가장 중요한 일들 중의 하나였기 때문에, 나는 우리가 이상한 올무에 걸리게 된 일이 도대체 어떻게 하여 벌어졌는지를 설명해야만 한다.

첫 번째 선교사 그룹이 잉글랜드로 복귀해서 그들이 부흥의 다섯 가지 원리 하에서 배운 교훈들을 요약하여 보고했다. 물론, 우리는 크나큰 관심을 가지고 그들이 발견한 숨겨진 사실을 들었고, 결국 우리는 사실상 그것들이 무엇인가를 확인할 수 있었다.

첫째, 갈급한 기도(prayer with a hunger)였다. 나는 부흥을 위한 기도에 대해 다 알고 있었다. 거기에 무슨 비밀스러운 것이 있을 수가 없었다.

그 다음은 깨어짐(brokenness)이었다. 내 생각에는 이것 또한 새로운 것이 아니었다. 이 '깨어짐'은 로마서 6장에서 말하고 있는 "죄에 대하여 죽음"이라는 원리와 같은 것이었다. 이 모든 말씀은 내가 수년 동안 선포해온 것이었다. 하지만 나는 부흥의 경험이 없이 그것을 선포했다.

그러면 세 번째로 성령의 충만(the fullness of Holy Spirit), 이것이 그들이 발견한 비밀인가? 내가 생각하기에는 여기에도 비밀 같은 것은 있을 수가 없었다. 왜냐하면, 케스윅(Keswick)이 수년간 이 주제로 설교를 했고 나 또한 이 성령의 충만을 주제로 설교를 했지만 부흥이 일어나지 않았기 때문이다.

그렇다면 네 번째인 개방성(openness)으로부터 부흥이 오는가? 이 개방성의 원리는 요한일서 1:7을 기초로 하고 있다.

> 그가 빛 가운데 계신 것 같이 우리도 빛 가운데 행하면 우리가 서로 사귐이 있고 그 아들 예수의 피가 우리를 모든 죄에서 깨끗하게 하실 것이요(요일 1:7).

이 "빛 가운데 행하는 것"의 의미를 그들은 "적극적으로 알기를 원하는 것" 그리고 "적극적으로 알려지기를 원하는 것"으로 정의했다. 여기에서 나의 마음에 새로운 도전이 생겨났다. 나는 하나님이 내게 보여주시는 나의 모습의 실체를 항상 적극적으로 알려하지 않았다. 나의 있는 모습 그대로가 적극적으로 알려지는 것을 나는 결코 원치 않았다. 나는 덮여진 책과 같은 존재였다. 나의 아내조차 나의 있는 그대로의 실체를 알지 못했다.

그리고 이 개방성의 원리가 다섯 번째 하나 됨(oneness)의 원리로 이어진다면, 내가 왜 이토록 소수의 사람들하고만 깊은 교제를 유지하고 있는지 전혀 이상하지 않다. 나는 이 두 가지 원리들, 즉 네 번째와 다섯 번째 원리를 잘 분간할 수가 없었다.

왜냐하면, 우리는 "빛 가운데 행하다"라는 이 개방성의 원리 속에 놓치고 있는 어떤 비밀이 들어있을 것이라고 생각했기 때문이었다. 다른 사람들에게 아주 교묘하게 우리 자신을 알리려는 시도는 본래의 의도보다 더 두드러지게 높은 위치에 우리 자신을 세우게 된다. 이러한 사실 때문에 더욱 더 진정한 의미의 깨어짐의 경험이 필수적으로 요구된다. 이러한 잘못된 자아개방은 깨어짐의 대가를 톡톡히 치르게 만든다. 결과적으로 이 미묘하고 잘못된 자아개방의 방식은 우리에게 거의 철칙 같은 것으로 굳어져 있었고, 우리의 교제 또한 형식화 되었다.

내가 기억하기로, 나는 가끔씩 두 종류의 싸움을 하곤 했는데, 하나는 회개할 일이 생겼을 때 먼저 나는 그 잘못한 죄를 시인하고 그것을 주님께 고백했으며, 또 다른 하나는 그 회개한 것을 누군가와 나누었다. 그렇게 하는 것이 당연한 것처럼 여겨졌다.

한번은 우리 팀의 한 사람에게 어느 정도의 범위까지 우리의 마음을 다른 사람에게 열고 이 모든 것들을 나누어야 하는가를 물은 적이 있다. 그는 그 질문에 대해 정확한 대답을 하지 않았다. 그 질문은 내 양심이 판단할 문제로 남겨졌다. 그는 아마도 우리 모두는 본능적으로 죄를 숨기고 묻어둔 채로 어둠 속에서 행하는 것을 더 좋아한다는 것을 알고, 하나님이 내게 주신 문제를 내가 드러내지 않기를 바랐을런지 모른다.

그러나 우리의 의식 혹은 양심이 성령의 바른 인도를 받지 아니하면 적절한 안내자가 되지 못하고 율법주의로 흐르는 경향이 있다. 왜냐하면, 가끔 다른 사람에게 성령의 감동을 받아 순수하게 고백하는 것은 그 자체가 선한 것이기 때문에 그것으로 인하여 덕을 끼치게 된다. 의식(conscience)은 항상 어떤 경험으로부터 파생된 규칙을 만들려는 경향을 가진다. 그 규칙은 우리로 하여금 가책을 느끼게 하여 항상 다른 사람에게 우리자신을 고백하게 만든다. 만약 다른 사람들에게 우리자신을 고백을 하지 않으면 우리는 자신을 정죄하게 된다. 만약 그 형제가 내가 가지고 있는 율법주의의 가능성을 내비치는 암시를 내게 해주었다면, 그 암시가 나를 이 수많은 실수들로부터 나를 구원해 낼 수 있을 것이다.

내가 저지른 그러한 실수들은 성령의 바른 인도하심에 의해서라기보다는 양심의 충동을 받아 저지른 것들이었다. 그러나 동부아프리카에서 온 선교사들은 그곳에서 그들이 배우고 경험한 많은 것들을 공개적으로 고백하는 시간에 함께 나누었다. 우리가 잉글랜드에서 경험하고 있는 것처럼 그들 역시 그들의 발이 거룩한 시온의 대로 위에 서 있는 경험을 했다고 고백했다.

그 당시에 우리의 입장이 내가 수년이 지난 후 되돌아보며 묘사하는 것처럼 명확하게 정리가 되지는 않은 상태였다는 것을 분명히 이해해야만 한다. 지난날을 되돌아보는 것은 마치 망원경으로 그림을 보는 것 같아서 비춰지는 이미지가 서로 겹치거나, 한 장면이 그 다음에 나오는 장면을 지워버리는 것처럼 보일 때가 있다. 결국 모든 영상들이 서로 겹쳐서 보이게 된다. 그러므로 항상 우리가 올무에 묶여 있었다는 의미는 아니다.

하나님은 자주 '공개고백적인 간증들'을 통해서 많은 사람들이 하나님께로 돌아오게 만들었으며, 그들로 하여금 새로운 삶을 살게 하셨다. 우리의 하기복음집회에서의 성도의 교제는 그야말로 천국과 같은 아름다운 교제였다. 그런데 바로 거기에 율법적인 요소가 들어 있었다. 우간다에서 온 윌리엄 나겐다가 돌아와서 그것을 지적하면서 그것이 위험한 것이라고 말했다. 실로 그가 지적한 것처럼 우리는 너무나도 많이 벗어나서 너무 심하게 "빛 가운데 행함"을 강조했을 뿐만 아니라 예수님이 계셔야 할 중심에 그것을 자리하게 했다.

1952년에 윌리엄 나겐다는 하기복음집회가 진행되는 4주 동안 우리와 함께 집회를 인도하면서 우리의 사역의 문제점들을 시정해주었다. 그는 우리 잉글랜드 팀 모두가 침묵할 정도로 철저히 가르쳤다. 이것은 그가 처음부터 끝까지 일관되게 한 가지 주제만을 가지고 말씀을 전했다는 것을 의미한다. 말씀을 전하는 그도 힘이 들었지만, 말씀을 듣는 우리도 역시 힘이 들었다.

그의 설교 주제는 거의 항상 같았다. 그는 큰 톰슨 관주 주석 성경(Thompson Chain Reference Bible)을 사용했는데, 그 성경 한 가운데 커버에 흰색으로 된 책갈피가 끼워져 있었다. 거기에는 반복적으로 "중요한 것은 빛 가운데 행하는 것도, 깨어짐도, 어떤 형식도 아니다. 오직 예수님만이 중심이다'라고 쓰여 있었다. 그는 이토록 반복적으로 '예수님 중심'을 강조하였다. '갈보리 길'도 중심이 되어서는 안된다. 그는 갈보리 언덕을 강조하는 것이 '예수님 중심'의 원리를 감소시키지나 않을까 염려했다.

이 얼마나 혼란스러운 일인가. 우리가 수년 전에 그에게서 가장 최고의 우선순위라고 배웠던 것들을 이제는 최우선이 아니라고 그가 강변하고 있으니 혼란스럽지 않은가? 그러나 만약 그가 강조하고 있는 구절들이 '깨어짐'과 '빛 가운데 행함'의 원리들을 다 포함하고 있다면, 그는 그 어느 누구보다 더 깨어진 사람이다.

그는 실제적으로 십자가 밑에서 사는 사람이었다. 그는 온갖 종류의 이기적인 태도에 대해서도 항상 끊임없이 정결함을 유지하는 사람이었다. 특히 그는 그 어느 누구보다 더 많이 '빛 가운데로 걸어가고' 있는 사람이었다. 그는 우리와 교제를 하는데 가운데서도 어린아이 같이 투명했다. 우리는 윌리엄 나겐다를 책을 보는 것처럼 훤히 읽을 수 있었고, 그 또한 우리에게 그렇게 되기를 원했다. 그러면서 그가 끊임없이 강조한 것은 이 모든 원리들 가운데는 생명이 없고 '오직 예수님 안에' 생명이 있음을 강조했다. 만약 이러한 원리들이 은혜를 받는데 필요한 단계들로 간주되었다면, 예수님은 그 원리들에 의해서 우리를 자유하게 하셨을 것이다.

그런데, 그 원리들이 우리 스스로 힘쓰게 만들었고, 결국 올무에 걸려들게 한 것이다. 우리는 중심에 계신 예수님 자신이 곧 부흥이라는 사실을 깨달아야만 했다. 예수님이 중심에 계시면, 깨어짐, 사람들에게 마음을 여는 것, 공개적인 간증, 그리고 성도의 교제 등이 그 대명제에 수반하는 부수적인 산물로 자연적으로 생겨나게 될 것이다. 그 비밀은 사람들이 생각했던 부흥의 5가지 원리들 속에 있는 것이 아니라, 그리스도 자신 안에 놓여있었다. 만약 처음부터 이런 식으로 우리에게 이 비밀 원리가 밝혀졌더라면 우리는 다른 원리들보다 더 빨리 그것을 깨달았을 것이다. 우리가 전에 의지했던 그 원리들을 통해서는 우리는 부흥을 이끌어내지 못했다.

바로 이 점이 윌리엄 나겐다를 부담스럽게 했다. 그에게는 예수님에 대한 거룩함과 사도적인 질투심이 있었다. 그는 그 어떤 어려운 일에도 낙심하는 법이 없었고, 그는 항상 경건함에 최고의 강조점을 두고 살았으며 하나님과 견주려는 것들에 대항했다. 그는 늘 말하기를, 어떤 평범한 그리스도인이 도서관에 와서 기독교와 관련된 수많은 주제들을 검색하며 승리와 부흥이라는 주제의 책을 찾을 때 그 많은 주제들 중에 '예수'라는 주제의 책은 지나쳐버릴 것이라고 말했다.

그러나 그 책은 지고의 실제이신 하나님의 충만하심, 부흥, 그리고 기타 여러 가지를 발견하게 하는 유일한 책이다. 동부아프리카의 부흥으로 너무나도 잘 알려진 그는 '예수님 중심'의 자리를 다른 어떤 용어들이 대신할까봐 위에서 언급한 그런 용어들을 거의 사용하지 않으려고 했다.

이것이 처음에는 우리를 편협한 첫 출발점으로 몰아붙이는 것처럼 보였다. 그 출발점이라고 하는 것은 우리가 5년 전 사역을 시작하기 전에 경험했던 것이다. 가장 변화가 안 된 그리스도인도 그리스도인의 삶은 예수님과 함께 걷는 것이며, 그가 예수님처럼 사는 것이라고 하는 것에는 흔쾌히 동의할 것이다. 그러나 만약 어떤 그리스도인이 주님과 함께 걸어간다고 하면서도 동시에 죄에 흠뻑 빠져있고, 항상 자신을 옳다고 여기고, 회개도 하지 않고, 또 다른 사람들과 마음을 터놓는 교제도 하지 않는다면, 그가 생각하는 예수, 즉 그가 함께 동행한다고 말하는 예수는 가짜 예수(a false Jesus)라는 것을 우리는 안다.

진짜 예수(the Real Jesus)는 은혜가 충만할 뿐만 아니라, 진리도 역시 충만한 분이시다. 그의 눈은 불꽃같고 그의 발은 풀무에 단련한 빛난 주석 같고 그의 음성은 많은 물소리와 같다(계 1:14-15). 우리가 주님을 중심에 모시고 주님이 정말로 "일곱 금 촛대 사이를 거니신다면"(계 2:1) 주님이 "너를 책망할 것이 있나니…그러므로 어디서 떨어진 것을 생각하고 처음 행위를 가지며 회개하라"는 말씀 외에 무슨 말씀을 하시겠는가.

주님은 우리에게 우리의 형제들과 바른 관계 유지하기를 원하시고 우리가 사랑을 받은 것 같이 그들을 사랑하기를 바라시지 않겠는가? 또한, 주님은 우리가 경험한 주님의 사죄의 은총과 죄 씻음의 은혜를 그들과 함께 나누기를 바라신다. 주님이 모든 일의 제1원인이 되신다. "주님이 빛이시고 주님 안에는 어둠이 전혀 없으시므로" 우리가 빛 가운데로 걸어가는 것이다. 우리가 함께 동행하시는 분이 십자가에서 상하시고 온유하고 마음이 겸손한 분이시므로 우리도 역시 깨어져야 하는 것이다. 영원한 지고의 사랑이신 주님이 우리 중심에 계시고 주님의 사랑을 받는 이들에 대한 우리의 태도가 잘못되었다는 것을 보여주신다면, 우리는 그 형제들과 바른 관계를 맺고 그들을 사랑하는 것이 마땅하다.

내가 고백해야 할 것이 있는데, 처음에 윌리엄 나겐다가 우리에게 찔리는 도전을 줄 때 사실 나는 별로 좋아하지 않았다. 무슨 문제가 되었든지간에 대부분의 사람들은 자기 자신이 잘못되었다고 고백하는 것을 굉장히 어려워하는데, 나도 예외는 아니었다. 나는 윌리엄 나겐다의 도전에 대해 분노하고 그를 비난했다. 그러나 궁극적으로 나는 하나님의 뜻에 굴복하고 그 모든 것을 깨닫게 되었다. 정말로 나는 내 중심에 주님이 아닌 그 어떤 것을 품고 있었다. 그러나 이제 그 자리에 주님이 들어오셨고, 자유함의 새로운 경험을 누리게 되었다.

J. B. 필립스(J. B. Philips)의 로마서 10장 4절에 대한 해석의 요

약이 지금 우리가 깨닫고 있는 것을 잘 대변해 주고 있다. "그리스도는 모든 믿는 자에게 의를 이루기 위하여 율법의 마침이 되시니라." 그리스도는 의를 이루기 위하여 율법의 마침이 되었을 뿐만 아니라, 평화를 위하여, 능력을 위하여, 특별히 우리가 알고 있는 부흥을 위하여 율법의 마침이 되신 것이다. 죄인으로서 십자가 밑에 나아간 우리는 '부흥을 이루기 위하여 우리의 고민을 마치게' 되었다. 왜냐하면, 우리가 우리의 실패를 고백했을 때 주님은 우리의 부흥의 모든 것이 되셨고, 우리의 모든 필요가 되셨다. 아래의 찬송가를 우리는 특별히 좋아했다.

> 예수 그리스도는 나의 모든 필요를 다 채워주셨네.
> 다 채워주셨네.
> 오직 주님만이 나의 호소를 들으시네!
> 주님은 나의 모든 필요가 되시네.
> 주님은 지금까지 나의 지혜, 나의 의, 나의 능력이 되시네.
> 또한 주님의 나의 거룩함이 되시네.
> 주님은 나의 확실한 구원이 되시며
> 나의 모든 필요가 되시네.
>
> -찰스 P. 존스(Charles P. Johns)의 구원찬송가 중에서

신기하게도, 이 찬송의 가사가 덜 회개하게 하고 공개적인 간증을 더 위축시키는 의미로 들려지는 아니라, 오히려 더 적극적으로 회개하고 더 적극적으로 간증하라는 의미로 들려지고 있다. 우리가 이제는 '은혜 아래'에 있기 때문이다. 은혜 아래에서 우리는 우리 자신을 죄인으로 인정할 수 있게 되었고, 이것으로 인하여 우리가 그리스도께 더욱 더 합당한 자들이 된 것이다. 한번은 아내 레블이 하나님이 그녀에게 깨닫게 해 주신 것을 정리하면서 '은혜 아래'라는 말을 다음과 같이 고백했다. "나는 하나님의 성품에 대해 새로운 안목을 갖게 되었습니다. 그리고 그것으로 인하여 나는 진정으로 은혜 아래 거하는 사람이 되었습니다."

게다가, 우리의 실제적인 나눔의 방식과 교제의 방식이 은혜 아래에서 새로워졌다. 우리를 하나님과 바른 관계를 갖도록 한 것은 그저 우리 서로에게 우리의 죄를 고백한 것 때문이 아니라, 바로 그리스도의 보혈이었다. 이것은 회개하는 사람이 억지로 의무감 때문에 간증을 한 것이 아니라, 하나님의 인도하심을 받아서 그리스도의 보혈을 근거로 간증한다는 것을 의미한다. 이것은 또한 억지로 추궁해서 하는 것이 아니라 자유로운 의지로 한다는 것을 의미하기도 한다.

결과적으로 우리가 다른 사람들과 어떤 것을 나누는 것과 관련하여 생각해 볼 때, 이 모든 것이 더 명료해지고, 더 깊어지고, 그리고 더 자유롭게 되었다. 또한, 기쁨이 강물처럼 흘러 넘쳤다.

이것이 바로 부흥이 무엇인가를 말해주는 모든 것이 된다. 부흥은 단순히 성도들이 죄를 고백하면서 애곡하는 것이나 혹은 성도들이 깨지면서 회개하는 것도 아니다. 부흥은 궁극적으로 성도들이 그들이 섬기는 하나님 안에서 기뻐하고 그 어느 곳에서도 누릴 수 없는 행복을 누리는 것이다.

내가 걸어온 내 인생의 순례 길을 돌이켜 보면서, 당시에 주님이 내게 깨닫게 해 주신 것은 5년 전에 일어났던 일들보다 훨씬 더 중요한 전환점이 되었다고 말할 수 있다. 주님이 나를 다시 십자가로 인도해 주셨으며, 나의 영적인 삶을 다시 회복시켜 주셨다. 그때 나는 모든 것을 깨달았다고 생각했다. 그래서 『갈보리 언덕』이라는 책도 썼다. 그러나 실제로 그 깨달음은 주님이 나를 은혜의 자유를 누리도록 인도하실 때까지 지속될 뿐이었다. 그러니까 그 깨달음은 은혜를 깨닫게 된 5년 후에는 무의미했다는 것이다.

무엇보다도 그 시기는 하나님이 나와 내 아내 레블이 미국을 처음 방문하도록 허락하셨던 때였다. 그 이후로 미국이라는 땅은 내게 많은 것을 생각하게 하는 나라가 되었다. 만약 우리가 그 이전에 미국에 가서 말씀을 전했다면, 우리는 은혜에 대한 개념을 분명하게 정리하지 못한 채로 균형을 잃은 메시지를 전했을 것이고, 그 메시지를 들은 사람들은 자유를 누리기보다는 오히려 스스로를 올무에 얽어맸을 것이다. 우리는 오로지 있는 그대로 단순한 복음의 메시지를 전했다. 그렇지만 그 말씀을 그리스도인들의 더 깊은 필요를 충족시키도록 적용해서 전했다.

더욱이, 주 예수님을 우리의 중심에 모신 것을 인정하는 그것으로 말미암아 우리는 하나님의 은혜를 끊임없이 발견하는 은혜의 통로에 들어서게 되었다. 이제 우리의 중심에 오셔서 좌정하신 예수님은 또 다른 모세로 좌정하신 것이 아니다. 모세는 사람들에게 옳고 그른 것을 말하고, 그들이 옳은 것을 행했을 때는 축복하고 불순종할 때는 견책했던 사람이다. 모세적인 관점으로 그리스도를 바라본다면 거기에는 오로지 책망과 절망만이 있을 뿐이다. 그러나 예수님은 그 은혜로 말미암아 죄인들에게 다가오신 분이시다. 요한복음1장 17절에서 말씀하고 있듯이, "율법은 모세로 말미암아 주어진 것"인데, 이것이 우리를 얼마나 많이 정죄하고 있는가?

반면에, '은혜와 진리는 예수 그리스도로 말미암아 온 것'이라고 했다. 은혜 받을 자격이 없는 사람들에게 베푸신 하나님의 사랑이 은혜이기 때문에, 제한이 없는 가능성들이 우리에게 주어졌다. 은혜 아래서는 하나님이 우리를 축복하시기 전에 우리 안에 어떤 꼬투리가 될 만한 것을 찾으실 필요가 없으셨다.

정말로 그렇다. 우리가 우리의 잘못한 것을 고백한다면 그것으로 인하여 우리가 하나님의 은혜의 수혜자가 된다는 것을 깨달았다. 은혜로우신 예수님께는 너무 창피하고 부끄러워서 용서

하지 못 할 죄도 없으시고, 너무 험악하게 무너져서 손쓰지 못 할 상황도 문제가 되지 않는다.

우리가 이 같은 복음을 온 세계에 전할 때 많은 사람들이 약간의 의아함을 가지고 들었다. 우리가 은혜의 메시지를 전했을 때, 부흥이 더 많이 그리고 더 빨리 일어났다. 이 은혜가 바로 개개인에게나 교회들에게 부흥을 가져다준다. 우리는 항상 '은혜 아래서' 전제된다면 우리가 원하는 만큼 강력하게 회개를 촉구하는 메시지를 전할 수 있다. 심판의 메시지는 단순히 자비만을 제공할 정도이고 듣는 자들로 하여금 오히려 덜 회개하게 만든다는 것을 사람들은 알게 될 것이다. 만약 우리가 부흥을 위해서 혹독하고 엄격한 메시지를 전한다면 사람들은 부흥을 시작하기도 전에 패배하고 말 것이다.

이 하나님의 은혜에 대한 새로운 깨달음은 계속 지속되고 있으며, 그 중요성 또한 바로 지금 현재까지 점점 강조되고 있다. 이 은혜에 대한 발견은 나에게 전혀 새로운 것들을 깨닫게 했다. 이 은혜는 우리가 세계를 여행하면서 말씀을 전할 때에 우리의 빈 마음에 하나님이 채워주셨던 축복이었다.

이 모든 일은 1952년에 내가 내 중심에 주 예수님을 모셔 들이기보다는 부흥의 공식을 최우선으로 두었다는 것을 인정했을 때부터 시작되었다. 그리고 나에게 도전을 주어서 내가 그렇게 분노하고 원망했던 윌리엄 나겐다 형제가 이제는 나의 가장 친한 친구 중의 한 명이 되었으며, 그와 함께 여러 나라를 다니면서 복음을 전하고 있다.

주님이 먼저 부르셔서 지금 하늘나라에 가 있는 나겐다 형제를 생각할 때면, 그가 수많은 사람들을 사랑했던 것처럼 나도 사랑했었다는 것 밖에 할 말이 없다. 부흥운동에 있어서 정말 그 어느 누구도 그의 자리를 대신할 사람이 없었다.

제15장 | 미국을 처음 방문하다

1953년에 아내 레블과 나는 처음으로 미국을 방문했다. 방문해서 우리는 6개월을 머물렀는데, 그 기간은 우리에게 있어 영적 발전에 엄청나게 중요한 기간이었다. 이것은 우리에게 필요한 용기를 얻게 한 방문이었으며, 그 이후로도 미국을 많이 방문하는 계기가 되었다. 나는 그 땅 아메리카와 그곳 사람들을 사랑하기에 이르렀고, 이제는 미국을 제 2의 고향으로 여기게 되었다.

아내와 나의 처음 제안은 노먼 그럽(Norman Grubb)으로부터 왔다. 노먼 그럽은 당시에 많은 사람들에게 영향을 끼치고 있었다. 당시에 그는 세계복음화선교회(WEC)[1]의 사무국장직을 맡고

---

1) Worldwide Evangelization Crusade 선교회는 1913년에 영국 크리켓 선수였던 찰스 스터드(Charles Studd)가 창설한 선교단체로 후에 'crusade'를 'for Christ International'로 바꾸었다, 역자 주.

있었다. 그는 동부아프리카에서 일어나고 있는 부흥을 직접 경험하기 위해 르완다를 방문했다. 그가 듣고 그리고 목격한 모든 것은 그의 심장을 크게 뛰게 만들었다.

노먼은 미국을 방문하였을 때 다른 것을 거의 말하지 않았다. 그가 가는 거의 모든 곳에서 2시간 이상 혹은 더 길게 그가 직접 부흥운동의 현장에서 배운 것들을 말하였다. 부흥에 관한 노먼의 설교는 영적으로 주린 미국사람들을 아주 흡족하게 충족시켰다. 청중들은 노먼이 가는 곳마다 따라다니면서 반복해서 전하는 메시지를 들을 정도로 그의 설교에 푹 빠져 있었다. 사람들이 노먼에게 "이 같은 부흥운동의 스토리를 써놓은 책이 없나요", "어디에서 그런 책을 찾아 읽을 수 있나요"라고 질문을 했다고 한다. 그때에 노먼이 대답하기를 "딱 한 권의 책이 있는데, 그 책은 로이 헷숀이 쓴 책 『갈보리 언덕』"이라고 했다는 것이다.

WEC선교회의 자매문서선교기관이고 같은 캠퍼스를 쓰고 있는 미국 CLC 지사가 이 작은 책 『갈보리 언덕』을 이제 갓 출간하였다. 노먼의 추천사와 함께 이 책이 출간되어 널리 보급되기 시작했는데, 미국 전역으로 보급되어 나갔다. 수요가 늘어나면서 재판에 재판을 거듭하여 책이 출판되었고, CLC 직원들은 그 밀려드는 수요를 충족시키기 위해 그들의 소매를 걷어 붙이고 수고를 감내하면서 작업을 해야만 했다.

그때 노먼이 내게 편지를 보내어 내가 미국에 방문할 수 있는

지를 물었다. 그 편지에서 노먼은 지금 미국교회들 가운데 이 부흥이 정말로 간절하게 요구된다며, 내가 미국을 방문하게 된다면 노먼 자신과 WEC선교회가 기꺼이 공식일정을 준비하겠다고 제안했다. 나는 노먼의 이 제안을 그 당시 영국에 있었던 조 처치와 윌리엄 나겐다에게 추진하도록 했다. 그리고 우리는 그것을 위해 함께 기도했다.

아내 레블과 나는 이 초청행사를 조와 윌리엄과 함께 추진해야만 한다고 생각했다. 그러나 그들에게서 두 달 정도밖에는 그들이 미국에 머무르지 못한다는 기별을 받았다. 잉글랜드에서는 우리의 문이 항상 열려지기를 바라고 있었지만 여전히 우리를 향한 문들이 많이 막혀있었다. 그래서 아내와 나는 미국에서 처음 4개월간을 머무르기로 결정했고, 그 후 두 달간은 조와 윌리엄이 오면 함께 하기로 했다. 조가 나에게 말했다. "미국으로 가세요. 당신은 이곳 잉글랜드에서 너무 고통스런 시간을 보냈지 않습니까? 나는 당신이 용기를 얻어서 돌아오리라 확신합니다"

우리의 거처는 필라델피아 외곽의 포트 워싱턴(Fort Washington)이라는 곳에 위치한 WEC선교회 본부가 있는 거대한 맨션이었다. 우리는 여기에 3주간 머물면서 WEC선교회 직원들에 대한 사역을 하였으며, 필라델피아에 있는 세 교회에서 복음집회를 인도했다.

미국은 우리에게 새로운 세상이었다. 새로운 적응이 필요했다. 예를 들면, 필라델피아의 한 교회에서 저녁집회를 하던 날은 눈발이 날리는 추운 밤이었다. 교회의 난방은 잉글랜드에서 온 사람들이 기대하는 것에 크게 미치지 못했다. 아내는 추위를 막기 위한 옷차림을 하였는데, 두꺼운 외투와 스카프와 장갑과 양털로 된 부츠까지 완전무장을 했다. 아내의 옷차림은 마치 내가 지금 엄청 추우니 난방 좀 잘해달라고 시위하는 것 같았다. 여러분도 아시다시피, 우리가 경험해 온 잉글랜드의 교회 난방은 그야말로 천국이었다. 여자들은 호박단(taffeta)으로 된 치마를 입고 오고 남자들은 외투는 교회 현관에 걸어놓고 교회 안에서는 여름 복장을 하고 즐기고 있지 않은가! 아내가 그런 우스운 복장을 하고 다니기 시작한 후로 나는 상당기간 아내를 놀리기도 했다.

영국출신의 WEC선교회 직원 존 휘틀(John Whittle)은 우리와 잘 아는 사람이었는데, 우리의 집회를 기획하고 도와주는 일과 함께 여행하는 일까지 감당하느라 자신의 본업을 포기할 정도가 되기도 했다. 그야말로 우리는 보자기 속에 있는 아기와 같았다.

처음 미국을 방문한 잉글랜드 사람인 우리는 영국과 유럽의 차들과 비교해서 너무 크고 사치스러운 존의 자동차를 보고 좀 놀랐다. 그러나 그 큰 존의 차는 우리에게 너무 좋은 자산이었고, 동부에서부터 서부 해안지역을 오가는 동안 정말 편하게 여행을 했다. 뿐만 아니라, 굴곡이 많고 수천 킬로가 넘는 남부와 북부를 오갈 때 존의 큰 차는 더욱 유용했다.

우리는 그 길이가 얼마나 넓고 방대한지 결코 알 수가 없었다. 뉴욕에서 로스앤젤레스까지 거리가 얼마나 멀었던지 마치 뉴욕에서 사우스햄턴(southampton)까지의 거리처럼 크고 방대했다. 우리의 눈은 그 새로운 광경에 번쩍 뜨였다. 그 후로 두 나라의 차이를 계속 말하게 되었다. 미국이라는 나라는 마치 새로 발행된 주화처럼 빛나 보이는 반면에, 영국은 전쟁의 상흔을 씻고 이제 겨우 회복되어 가는 단계에 있었다. 역으로 말하면, 온 나라가 아직 더디게 발전하고 있는 것처럼 보였다. 우리가 영국으로 다시 돌아왔을 때, 거의 미국에 관한 얘기만 했기 때문에 우리의 영국친구들이 많이 지루해 했을 것이 분명하다.

애석하게도 이어지는 미국방문이 있을 때마다 미국에 대한 경이로움과 놀라움이 하나씩 사라졌고, 당연히 예전의 "우와", "세상에" 하면서 감탄사를 자아내던 감흥도 점점 사라져갔다.

덴버(Denver)에서 생전 처음으로 카우보이들이 야생마를 타는 로데오경기를 보았을 때 그 기분은 말로 표현할 수 없을 정도로 짜릿했다. 아내와 내가 애리조나(Arizona)의 장엄한 그랜드캐니언(Grand Canyon)을 내려다 보면서 놀라움을 금치 못했던 일을 회상한다. 지나간 시간의 흔적을 그대로 간직한 그랜드캐니언은 깊이가 무려 1.6킬로미터나 되고, 협곡의 폭은 16킬로미터에 달하며, 그리고 협곡의 길이는 무려 320킬로미터에 달한다. 침식작용으로 생겨난 협곡의 절벽들은 마치 사원들처럼 우뚝 솟아나 있다. 우리는 처음으로 그 웅장한 로키 산(Rocky Mountain)을 지나갔는데, 스위스의 알프스만큼 아름다웠을 뿐만 아니라, 그 면적 또한 어마어마하게 방대했다.

그리고 오색창연한 애리조나사막을 가로지르는 드라이브코스는 환상적이었다. 그 사막에서 다양하면서도 괴상한 모양을 하고 있는 사구아로(Saguaros) 선인장을 우리는 처음 보았다. 심지어 처음으로 캘리포니아의 오렌지농장을 걸으면서 느꼈던 그 흥분은 짜릿할 정도였는데 애석하게도 지금 그곳은 개발되어 도시화가 되고 말았다.

이제 우리는 미국을 방문할 때면, 처음 방문할 때처럼 주변의 놀라운 경관에 빠져들기 보다는 다른 것에 아주 큰 관심을 갖게 되었다. 그러나 이러한 새로운 경험들은 우리가 더 중요한 목표를 추구해 나감으로 말미암아 주어진 주님의 작은 보너스에 불과했다.

우리는 미국교회와 성도들이 상당히 배려심이 깊고 마음이 참으로 따뜻하다는 것을 알았다. 그들은 우리를 너무도 성대하게 환영해 주었다. 두 가지 면에서 영국과는 확연히 다른 차이가 있었다. 첫째는, 그들에게는 순수하고 새로운 영적인 갈급함과 주님에 대한 체험적인 지식이 있었다는 것이다. 둘째는, 그들은 승리하는 삶의 실제 원리를 배우는 데 너무도 열정적으로 푹 빠져 있는 것 같았다는 것이다. 그들은 그 승리하는 삶의 원리를 배움에 있어서 우리에게서 뿐만 아니라, 노먼 그럽과 그 원리를 가르치는 사람이면 누구에게든 간에 열정적으로 배웠다. 그리고 그들은 우리가 전한 실제적인 메시지에 대해 즉시 반응할 준비가 되어 있었다. 우리가 그들에게 메시지를 전할 때, 그들은 우리를 하늘로부터 온 천사처럼 생각하고 말씀을 받았다.

거기에는 그 어떤 의심의 눈초리도 없었고 오직 하나님을 향한 그들의 열려진 순박한 마음뿐이었다. 목회자들도 영적인 갈급함을 함께 통감했으며, 우리는 그들 목회자모임에서도 메시지를 전할 수 있었다. 우리가 설교를 마치고 기도회를 인도하였을 때, 가장 자연스러운 분위기 속에서 성도들의 회개가 이곳저곳에서 터져 나왔다. 이 같은 현상은 우리가 잉글랜드에서 직면했었던 잉글랜드사람들의 끊임없는 비판과 거부반응과는 너무도 판이하게 달랐다. 물론, 잉글랜드에서 사역을 시작한 초기부터 주님은 우리를 인도해 주셨고 우리로 하여금 이 비할 데 없는 은혜의 복음을 경험하도록 해 주셨다. 이 은혜의 복음을 누가 거부할 수 있단 말인가? 이 은혜의 복음은 언제나 우리가 항거할 수 없는 방법으로 임한다.

『갈보리 언덕』이라는 책이 우리가 생각했던 것보다 더욱 더 많은 문들을 열어주고 있다는 것을 우리는 깨달았다. 우리의 집회를 통해서 사람들이 새롭게 축복을 받고 은혜를 경험하고, 심지어 책의 내용이 더욱 더 분명하게 드러났을 때, 집회 요청이 쇄도했다. 계속해서 미국을 방문하면서 내가 자주 생각했던 것이 있었는데, 그것은 만약 미국에서 또 다른 인생이 나에게 주어진다면 나는 미국에 제 2의 인생을 걸어야겠다고 생각했다. 그리고 초청한 모든 교회들을 아직 다 돌아보지도 못했다.

독자들은 이것이 우리에게 무엇을 의미하는지 이해할 수 있을 것이다. 우리가 누구인가? 잉글랜드 그 눈물의 골짜기에서 온 우리가 아닌가! 미국에서의 사역은 우리를 따뜻하게 녹여 주었고, 우리의 상처들을 아물게 했고, 그리고 우리에게 이 은혜의 복음이 세계에 흩어진 교회들에게 꼭 필요한 메시지였다는 확신을 더해 주었다. 그리고 하나님은 이 사역을 통해 그의 교회들이 부흥하도록 계획하셨다.

내가 미국을 사랑하게 된 것은 전혀 이상한 일이 아니다. 왜냐하면, 이 기회의 땅은 아내 레블과 나에게 우리의 삶에 가장 중요한 시기에 필요한 것을 제공해 주었기 때문이다. 미국은 타국에서 온 온갖 종류의 사람들에게 피난처와 도움과 기회를 제공해 주었다. 타국에서 온 사람들은 그들의 고국에서 어쩔 수 없어서 온 사람들이었는데, 그 중에는 경제적으로 부도를 당한 사람들도 있고, 정치적인 핍박을 피해 온 사람들도 있고, 그리고 종교박해의 희생자들도 있었다. 이 기회의 땅 아메리카를 통해서 그들의 고국에서 실패한 보통사람들이 쉽게 기회를 잡아 크게 성공하는 사례들을 너무도 쉽게 볼 수 있었다. 그러한 성공은 자기들의 고국에서는 결코 일어날 수 없는 일들이었다. 나는 항상 뉴욕 항구에 세워진 자유의 여신상에 새겨진 글귀를 읽으면서 목이 메었다.

> 자유를 바라는 그대여
> 가난에 찌들어 지친 이들이여, 나에게 오라
> 고난을 당해 의지할 곳이 없는 자들이여, 나에게 오라
> 나는 황금문 옆에서 횃불을 들리라

내가 목이 멘 이유는 내가 바로 미국이 기회의 문 옆에서 등불을 밝혀 주는 그 지치고 가난한 사람들 중에 한 사람이었기 때문이다. 비록 그 땅에 정착할 생각은 결코 하지 않았지만, 나는 미국에 그 어떤 것으로도 갚을 수 없는 빚을 졌다. 내가 미국에 한 것만큼 미국은 나에게 보답해 주었기 때문이었다. 내가 자유의 여신상의 글귀들을 읽을 때 그것이 예수님이 거친 세상에 대하여 하신 말씀과 함께 겹쳐서 머릿속을 스쳤다. "가난에 찌들어 지친 이들이여, 고난 당해 의지할 곳 없는 이들이여" 나는 이렇게 찌들고 지친 모습으로 주님께 나오게 되었으며, 주님은 영원한 생명의 황금문 가에서 그의 등불을 들어 비춰 주셨다.

우리는 소위 황금의 주(the Golden State)로 불리는 캘리포니아에 가서 사역을 했으며, 남으로는 샌디에고(San Diego)와 로스앤젤레스까지, 북으로는 '하얀 도시'라고 불리는 샌프란시스코까지

사역을 했다.

샌프란시스코는 많은 언덕들로 이루어져 있으며, 그 도시 언덕에 있는 집들이 하나같이 다 하얀 색으로 칠해져 있어서 마치 캘리포니아 태양 아래서 하얗게 반짝이는 것처럼 보인다고 해서 '하얀 도시'로 불리게 되었다고 한다. 샌프란시스코에는 여러 해 동안 수많은 선교사들이 동양으로 선교사역을 나가기 위해 항해하며 지나갔던 그 유명한 금문교(Golden Gate)가 있다. 거대한 샌프란시스코 만(San Francisco Bay) 주변에는 오클랜드와 버클리 같은 큰 도시들이 즐비하다. 세계에서 가장 긴 다리 중에 하나인 금문교를 운전하여 샌프란시스코와 연결된 만(bay)을 가로질러 갈 때는 숨이 멎을 것만 같은 기분이었다. 양쪽 끝으로 펼쳐진 샌프란시스코 만을 운전해 가면서 우리 위에 층층이 나타나는 복잡하면서도 방대한 도로들을 보면서 감탄했다. 얼마 안 가서 우리는 그것이 아무것도 아니라는 것을 깨달았다. 그러나 처음 미국을 방문한 우리 작은 섬나라 사람들에게는 그러한 거대한 규모의 경관을 보는 것이 실로 감탄을 자아내는 일이 아닐 수 없었다.

오클랜드에서 우리는 선교언약교회(Mission Covenant Church) 목사인 웨슬리 넬슨(Wesley Nelson)을 만났다. 나중에 우리는 그와 영적으로 깊은 교제를 나누는 사이가 되었다. 내가 여기에서 웨슬리 넬슨을 언급한 이유는 그가 그의 소속 교단의 교회들 가운데서 우리가 집회할 수 있도록 문을 열어 주었기 때문이다. 넬슨 목사는 그가 그렇게도 듣고자 염원했던 은혜의 복음을 듣게 되었고, 우리의 메시지뿐만 아니라, 동부아프리카에 온 윌리엄 나겐다와 페스토 키벤제레(Festo Kivengere)의 메시지도 듣게 되었다.

당시에 넬슨 목사는 자신이 정해놓은 좋은 목사의 기준에 도달하기 위해 그가 할 수 있는 모든 시도를 하면서 몸부림쳤지만 실패했다. 그것 때문에 그는 스스로 정죄에 빠져있었다. 그의 교회에서 집회를 하고나서, 그는 예수님을 새롭게 만났고 영적인 자유를 누리는 새로운 길로 들어서게 되었다. 여기에서 나는 당시에 넬슨 목사가 주님을 만난 경험들에 관한 이야기를 몇 가지 간추려서 나누려고 한다. 왜냐하면, 이런 경험은 집회를 인도하면서 많은 사람들의 심령 가운데서 일어났던 일이기 때문이다. 아래는 넬슨이 주님을 만난 이야기이다.

> 내 손에 A. W. 토저(Tozer)의 『능력을 얻는 길』(*Path to Power*)이라는 소책자가 들려졌을 때, 비로소 나는 오늘날의 대부분의 성도들이 정상적인 그리스도인의 삶에서 얼마나 뒤처져 있는가를 깨닫기 시작했다. 그때 나의 영적인 눈이 번쩍 뜨였지만 그런 내색을 하지는 않았다.
> 수년 후에 얽어매는 올무와 실패로 내가 좌절하여 주저앉게 되었고 나의 심령과 영혼이 병들게 되었을 때, 어떻

게든 목회에서 벗어나고 싶은 마음 밖에 없었다. 결국 나는 모든 것을 주님이 하시도록 주님께 맡겼다.

로이 헷숀의 『갈보리 언덕』과 노먼 그럽의 『지속적인 부흥』(Continual Revival) 이 두 책을 접할 수 있었는데, 내게 그것은 신선한 공기를 들이마시는 것과도 같았다. 그런 후에 로이 헷숀 부부가 우리 교회로 왔다. 하나님이 헷숀 부부를 미국으로 보내주신 것이 나를 위한 것이라고 믿는 것은 주제넘은 일일까?[2]

나는 내가 더 나은 그리스도인이 되어야 한다는 것을 알고 있었다. 또한, 더 나은 그리스도인이 되는 데 필요한 그 어떤 것들이 있다는 것도 알고 있었다. 그것은 이 모든 것들이 다 하나님의 은혜로 되어져야 한다는 것이다. 그러나 하나님의 은혜는 믿음으로 말미암아 받을 수 있는 것인데 나는 믿음이 약했다. 내 믿음이 하나님의 말씀을 먹음으로써 강해질 수 있다는 것은 이해하였지만, 성경을 읽는 것은 내게 너무도 어렵고 힘든 일이었다.

만약 내가 성령께 성경을 깨우쳐 주시도록 간절히 더 많이 기도하면 도움이 되지 않을까 생각하고 기도도 해보았다. 그러나 내가 그렇게 기도할 때도 나의 마음은 방황

---

[2] 영국 CLC에서 출간한 『당신의 길을 내게 보이소서!』 (Show Me Thy Way)에서 발췌.

했다. 내 스스로를 훈련할 필요가 있었다. 그렇지만 그것도 내 의지력이 약해서 할 수 없었다. 더 나은 그리스도인이 되기 위해 내가 성경을 더 많이 읽고 더 간절한 기도를 드린다면, 나의 믿음이 더 강해져서 내 자신을 더욱 절제하는 훈련을 할 수도 있지 않을까 생각했다. 그러나 내가 더 나은 그리스도인이 되는데 필요한 것들을 해내지 못할 때, 어떻게 내가 더 나은 그리스도인이 될 수 있단 말인가? 내가 악순환의 고리에 걸려들었단 말인가….

그것은 자신의 종교에 실패한 사람이 느끼는 처절한 감정이다. 그러나 그것이 내게는 일어났던 것이 오히려 최고의 복이 되었다. 왜냐하면, 내가 모든 것에 실패했을 때 주님이 내게로 들어오셨고, 주님은 실패하지 않으셨다.

신학적인 진리들은 어느 것도 변화되지 않았지만, 그것들의 중요성들을 새롭게 깨달을 수 있었다. 나는 죄인들을 위한 복음을 전했다. 이제 주님은 많이 기도하고, 성경을 사랑하고, 하나님을 공경하고, 전폭적인 헌신을 하고, 승리의 삶을 살고, 전도를 하고, 그리고 성공적으로 영혼을 구원하는 그런 그리스도인이 되라고 요구하지 않으신다. 주님의 원하시는 것은 간단한 것이었다. 그저 답답한 방문을 확 열어젖히는 것처럼 오픈하는 것이다.[3]

---

3) 영국 CLC에서 출간한 『그리스도께 붙잡힘』(*Captivated by Christ*)에서 발췌.

미국에 푹 빠져있었던 처음 4개월이 지난 후에, 아내와 나는 조와 윌리엄을 맞이하기 위해 미 동부해안으로 다시 돌아왔다. 우리 네 명은 한 팀을 이루어 돌아다니면서 집회를 인도했는데, 전한 메시지를 더 확고히 하기 위해 우리 중의 한 명 혹은 몇 명이 간증을 하거나 부가적인 영적 깨달음을 말하기도 했다.

우리의 첫집회는 WEC선교회의 본부가 있는 포트 워싱턴의 주거지역에서 개최되었다. WEC선교회는 우리의 순회 집회를 도왔다. 사람들이 원근각처에서 몰려왔다. 그 큰 건물의 구석까지 사람들로 가득찼다. 그곳 사람들은 엄청난 기대감을 가지고 그 집회에 참석했다. 나의 책 『갈보리 언덕』을 읽고 온 것이 아니라, 동부아프리카 부흥의 주역이요 아프리카에 큰 영향을 끼친 조와 윌리엄을 만나는 기대를 가지고 나온 것이었다.

잉글랜드에서 "중심에 그리스도를 모시라"고 강조하고 가르쳤던 윌리엄 나겐다가 이곳 미국에서는 더욱 더 그 주제를 강조하여 선포했다. 강렬하고도 생명력이 넘치는 복음주의 교회에서 모든 말씀들이 능숙하게 전해졌고 강조되었다. 그 전해지는 모든 말씀들이 교회의 필요와 꼭 맞아떨어졌다. 그러나 윌리엄은 그 모든 말씀들을 "예수님 자신을 중심에 모시는" 주제에 맞추어 생각하였다. 그는 부흥이 예수님을 중심으로 모시는 것 외에 그 어떤 것으로부터 오지 않는다는 것을 알고 있었다.

결과적으로 모인 사람들은 그들이 전혀 기대하지 않았던 말씀을 그로부터 들었다. 나의 책을 읽었기 때문에 그들은 깨어짐과 공개적인 고백과 그리고 어떻게 하면 능력 있는 그리스도인이 될 수 있는가에 관한 얘기들을 듣고 싶어 했다. 그러나 사람들은 예수, 예수, 또 예수에 관한 말씀만 들었다. 윌리엄의 성경 중앙의 작고 흰 원 그림에서 발췌한 말씀을 윌리엄은 반복하여 말했다. 그 말씀은 다름 아닌 '이러 저러한 것이 아닌 오직 예수'라는 것이었다. 조와 윌리엄의 메시지는 바로 성역과도 같이 그렇게 일방적으로 전해졌다.

WEC선교회 본부에도 C. T. 스터드와 리즈 하월즈 같은 말씀 전문가들이 있어서 믿음의 메시지를 강력하게 전했다. 윌리엄과 조의 메시지는 그들과는 달랐다. 그것은 하나님의 계획이었다. 그들의 메시지는 예수님만이 중심이 되어야 하고, 사도 바울이 골로새서에서 언급하고 있듯이 예수님을 모든 만물 안에서 최고의 자리에 높여드려야 한다는 것이다.

이 집회를 진행하는 동안 그들이 얼마나 자주 이 골로새서 말씀에 이끌려 말씀을 선포했는지 모른다. 그의 관심은 너무도 지대해서 윌리엄은 설교단 앞에 사람들이 다 볼 수 있도록 큰 카드를 써붙이게 했는데, 딱 한 단어 '예수'였다. 그는 이 '예수' 팻말을 언제나 붙이는 것 같았다.

존 위틀은 아주 특이한 순회집회 안내책자를 디자인 했다. 그 안내책자들은 집회가 예정된 각 교회에 보내져서 교회 앞에 비치하도록 했는데, 거기에는 "부흥의 수준에 맞춰 살아가기"(Living on Revival Level)라는 글귀가 적혀 있었다. 이 글귀는 항상 주 예수를 최고로 여기는 열정을 가진 윌리엄을 자극했다. 운이 없어 잘못 걸린 존 위틀에게 "왜 부흥의 주제가 들어간 책자를 앞에 놓느냐"고 윌리엄이 질문했을 때, 그는 크게 당황해 했다. 또 윌리엄은 그에게 "왜 우리의 모든 필요가 되시는 예수님이라든가 그와 비슷한 어떤 것을 맨 앞에 놓지 않았느냐"고 반문하기도 했다. 아내와 나는 윌리엄과 조의 말에 아멘하면서 이미 이러한 교훈들을 다 섭렵했었지만, 당시에 우리는 긴장해서 숨죽였다.

물론, '중심'(in the centre)이라는 주제가 부각되기 바로 얼마 전까지만 해도 '갈보리 언덕'이 중요하게 여겨졌다. 그래서 이것이 좀 혼란스러웠다. 수많은 사람들이 이 책을 통해서 축복을 경험했기 때문에 그들은 『갈보리 언덕』을 부흥의 지침서로 생각하게 되었다. 그보다 더 이 『갈보리 언덕』은 CLC의 가장 최초의 대표적이고 성공적인 출판물이었다. 이 책을 출판하기 위해 온 직원들이 피땀을 흘려 공을 들인 작품이기도 했다. 그러나 윌리엄은 지나친 거룩한 열정에 젖어서 이 책조차도 잠재적인 우상이라고 생각하고 땅에 내던져 버렸다. 예상했던 대로 몇몇 사람들이 내게 찾아와서 "『갈보리 언덕』을 이런 식으로 비하하는 것에 대해 윌리엄에게 화라도 내야 하지 않느냐"고 말했다.

나는 그들에게 대답했다. "아닙니다, 아니에요. 나는 윌리엄을

지지합니다. 그 책이 어떤 식으로든 '중심'의 자리를 차지하게 된다면 그것이 곧 하나의 원칙이 될 것입니다. 그렇게 되면 그것이 생명으로 작용하기보다는 사망으로 작용하게 될 것입니다"

이제 이 문제는 중대한 문제가 되었다. 만약 여기에서 내가 목을 세우고 윌리엄이 한 말에 대해 분노하고 그 책에 대해 방어하려고 했다면, 그 책의 생명은 이것으로 끝나버렸을 것이다. 또한, 그 책을 통해서 임하던 축복도 더 이상 지속되지 않을 것이고, 다만 그 책은 몇몇 사람들의 책장에 꽂혀진 낡은 책으로 남게 될 것이다. 그러나 『갈보리 언덕』에서 가장 기호적 표현인 깨어짐을 근거로 내가 이 문제와 관련하여 기꺼이 깨지기로 했고, 또한 그 책의 한계를 인정하였기 때문에, 하나님은 그 책을 온 세계적으로 계속하여 사용하고 계신다.

우리의 순회집회는 보스턴까지 계속되었고, 중서부를 거쳐서 다시 뉴욕으로 돌아왔다. 우리가 흑인과 백인의 구별이 없이 하나가 되었다는 것이 사실로 증명되었다. 십자가 앞에서 모든 피부색깔은 중요한 것이 되지 않았고 잊혀졌다. 우리 백인들도 윌리엄의 피부색을 의식하지 않았을 뿐만 아니라, 윌리엄도 역시 우리 피부색에 대해 의식하지 않았다. 다른 영역에서는 피부색깔의 장벽이 생겨났는데, 그것은 백인들이 갖는 백인우월의식에 의한 것이기도 하지만 흑인들 자의식 속에 자신들이 흑인이라는 생각도 원인으로 작용하였다. 그들은 피부색 문제를 잊어버리는 것이 쉽지 않다는 것을 안다. 어떤 교회에서 한 백인 부인이 일어서서 간증을 하는 자리에서 "하나님이 이렇게 우리의 흑인 형제를 통해 우리를 가르쳐 주시니, 하나님 감사합니다!"라고 말했을 때, 윌리엄은 형제들이 누구인가를 둘러보았고 자신이 흑인이라는 것을 완전히 잊어버렸다.

그 이후로 오랜 동안 윌리엄은 하나님의 은혜로 말미암아 피부색에 대해 잊어버릴 만큼 자유로워졌다. 피부색과 관련된 이런 자유는 동부아프리카에서 부흥을 경험한 아프리카인들에게도 나타났던 전형적인 현상 같았다. 그들은 왕의 자녀들처럼 당당하게 걸었으며, 그런 이유에서 언제나 백인 교회들에서 환영을 받았다. 그들 중에 성공회 주교인 페스토 키벤제레와 존 윌슨(John Wilson) 목사가 있었으며, 그들은 윌리엄이 길을 연 이후로 계속 미국을 방문하여 많은 사람들에게 도움을 주었다.

그 순회 집회에서 있었던 일 한 가지를 더 소개하려고 한다. 그것을 통해 가장 중요한 시점으로 거슬러 올라갈 수 있기 때문이다. 어떤 큰 도시에서 토요신문을 보다가 교회광고면이 여러 장에 걸쳐있는 것을 보고 크게 놀랐다. 나는 독자들에게도 묻고 싶다. "미국신문의 여러 면에 교회광고들이 이렇게 나와 있다는 것이 믿어집니까?" 그 신문에는 눈에 확 띄는 광고들이 나와 있었는데, 넓은 지면에 큰 글자로 도배를 한 광고들이었다. 한 교회는 치유집회를 한다는 광고, 다른 한 교회는 기적집회를 한다는 광고, 또 다른 교회는 부흥집회를 한다는 광고, 어느 곳에서는 유명한 부흥강사가 온다는 광고, 어느 교회에서는 특별솔로가수와 성가대가 공연을 한다는 광고, 그리고 광고지면 사방에 놀라운 설교제목들이 즐비하게 소개되어 있었다.

이제 갓 아프리카에 온 조와 윌리엄은 이와 같은 신문광고를 결코 본 적이 없었다. 그들은 머리를 설레설레 흔들면서 한숨을 내쉬며 "도대체 예수님은 어디 계시느냐"고 말했다. 그 날 밤 집회에서 조 처치는 아주 조용하고 고지식한 어투로 말했다.

> 나는 오늘 신문에 난 교회광고면들을 보았습니다. "시 전체가 우상으로 가득 찼다"고 아덴에서 사도바울이 말했던 것처럼 이 도시도 그렇습니다.

나는 모인 사람들의 얼굴표정을 살펴보았는데, 수많은 활동들을 하고 있는 그들의 교회가 우상으로 가득 찼다고 말한 것을 듣고 그들은 놀라움을 금치 못했다. 나는 속에서 웃음이 나왔다. 그러나 그의 말은 사실이다. 나는 최근에 나온 그리스도인의 삶의 단면들을 다룬 기초입문서들을 보면서 같은 느낌을 받았다. 지시적인 교훈, 방법론, 그리고 어떻게 살아야 할지에 관한 테크닉으로 구성되어 있는 그러한 책들을 보면서, 나 역시 "도대체 예수님은 어디 계시느냐"고 말했다.

그 순회 집회에서 예수님은 우리들 가운데서, 아니 더 상세히 말하면 "바로 우리의 중심에서" 십자가에 못 박히신 예수님으로 밝히 나타내셨다. 주님 외에는 다른 복이 없으며 그것은 주님께 나아감으로서만 가능하다. 주님은 부흥 그 자체가 되실 뿐만 아니라, 부흥을 불러오는 원리가 되셨다. 사람들이 주님을 만났을 때, 그들은 죄를 자백하고 회개하였으며, 그들의 마음속은 자유로 가득 찼다.

이 특별히 중요한 시점에서 조와 윌리엄의 부흥사역을 뒷받침해주는 것이 무엇일까? 잉글랜드에서 그랬던 것처럼 그들에게는 분명한 기준이 있었다. 너무 급진적인 면이 있긴 하지만 그 기준은 매우 분명하고도 바른 원리였다. 그 기준은 단순히 그들이 성경에서 깨달은 것을 그들이 직면한 어떤 상황에 적용하는 것과 같은 교리적인 강조가 아니었다. 오히려 그 기준은 그들의 체험을 통해서 얻어진 견고한 표준원리였다. 그들이 빗나갈지라도 의식적으로나 무의식적으로나 또 다시 이 기준으로 돌아왔다. 그들이 깨닫고 경험한 것을 그들은 거부할 수 없었다.

1930년 이래로 이 두 사람은 동부아프리카에서 일어났던 부흥운동의 중심에 서 있었다. 그곳의 부흥운동은 은혜의 강물로 흘러넘쳤으며, 그 은혜의 강물은 어떤 율법적인 것이나 정해진 형식에 의해 흙탕물이 되지 않았다. 그리스도 안에 있는 그 단순성의 진리로부터 벗어나는 모든 일탈은 잘난 체하는 지도자들의 도전으로 생겨났다. 때때로 이러한 일탈들이 있었던 것이 사실이지만, 예수님은 그들을 다시 그 일탈로부터 건져내시고 예수님 자신에게로 이끄서서 은혜를 부어주셨다.

결과적으로 구원과 거룩함이 셀 수 없이 많은 생명들에게 계속적으로 부여되었다. 그렇다. 조와 윌리엄에게 부흥을 위한 '거룩함'은 단순히 거듭난 신자들의 숫자가 더해지는 것이 아니라, 항상 회개하고 즐거워하는 가운데 예수님과 함께 동행하는 성도의 교제를 통해서 표출되는 삶의 질을 의미했다. 그들은 어떤 상황 속에서 그들이 경험한 것을 오로지 그 견고한 표준원리와 비교할 수 있었다. 그리고 은혜로부터 벗어나서 인간적으로 힘쓰는 형태의 모든 것을 일탈로 보고 도전했다. '힘쓰는 것'이라는 단어는 조와 윌리엄이 자주 사용하던 말인데, 그 의미는 예수님 안에서 이미 있는 것을 얻으려고 '인간적으로 애쓰는 것'을 말한다.

성령은 항상 똑같은 방법으로만 일하지 않으신다고 말할 수 있다. 실로 맞는 말인 것 같다. 동부아프리카의 부흥을 흉내내기 위한 어떤 시도를 했다면 또 다른 형태의 인간적인 '노력'[4]이라는 오점을 남겼을 것이 분명하다. 그러나 우리의 모든 큰 계획들이 무난히 진행되었고, 우리의 모든 새로운 방법론과 기술과 새로운

[4) 여기서 이 노력의 의미는 은혜를 통한 부흥이 아닌 인간의 노력을 통한 율법적인 시도를 말함, 역자 주.

아이디어들을 사용했을 때, 궁극적으로 예수님과 그분과의 관계에 대해 강조하던 조와 윌리엄의 주장에 모든 것이 귀결되었다.

내가 잉글랜드로 돌아왔을 때, 나는 친한 친구 한 명을 만나 대화를 나누었다. 그는 나에게 친절하게 말했지만, 과거에 잉글랜드 전역에 퍼져있었던 나의 사역에 대한 비난들이 아직도 남아있다고 말했다. 그의 염려 섞인 말들을 통해서 나는 여러 사람들이 나에 대해 말들을 하고 있는 것을 알 수 있었다.

> 이렇게 안타까울 수가 있단 말인가? 그가 예전에는 그렇게 훌륭한 복음전도자였는데, 이제 좀 이상한 방향으로 빗나가서 균형을 잃게 되다니 안타깝다.

나도 사람인지라 당연히 나는 먼저 나 자신을 방어했고 나를 변명하기 위해 온갖 노력을 했다. 그러나 내가 주님과 홀로 대면하여 기도를 드렸을 때, 주님이 나에게 말씀하셨다.

> 왜 네 자신을 방어했느냐? 사람들이 지금 너에 대해 말하는 것들은 이미 내가 너에게 보여준 것들이 아니냐? 좀 더 심오한 단계에서 네가 깨닫도록 하기 위해 그들을 통해 네게 말하고 있는 것이다.

과연 그 말씀은 진리였고 이와 관련하여 잉글랜드에서 나의 간증을 해야 한다는 생각이 갑자기 들었다. 따라서 나는 나에 관한 이 모든 것들을 기도편지의 다음 호부터 게재하여 사람들에게 알리기로 했다. 이 기도편지를 대부분 나와 친분이 있는 사람들에게 보냈지만, 나에게 호의적이 아닌 사람들에게도 보냈다. 이것은 정말로 주님이 말씀하신 "너를 고발하는 자와 함께 길에 있을 때에 급히 사화하라"(마 5:25)의 경우와 잘 맞아떨어지는 경우라고 볼 수 있다. 나는 사람들이 나에 대해 수군거리는 것 이상으로 나에 대해 훨씬 더 많은 것을 말할 수 있었다. 비록 소수의 사람들이 나에 대해 비호의적이긴 했지만, 이 기도편지로 말미암아 몇몇 나의 오랜 친구들이 나를 대하는 태도가 확연히 달라졌다. 그때 이후로, 그토록 끈질기게 나를 괴롭혔던 삶의 과정도 모두 사라지기 시작했다. 다른 사람들이 비판하는 것보다 더 심하게 자신을 비판하는 사람을 정죄할 수는 없다.

광범위하게 나의 대해 알려서 얻은 가장 큰 성과는 아마도 그것이 나 자신에게 직접적으로 영향을 끼쳤다는 것이다. 나의 과거의 태도를 볼 때, '나는 옳고 그들은 틀리다. 그들이 언젠가는 그것을 알게 될 날이 있을 것'이라고 생각했다. 나는 항상 사람들이 나를 어떻게 생각하고 있을까 하면서 궁금해 했는데, 지금은 그 생각을 접었다. 한 번 이러한 일들과 관련하여 내가 간증을 한 이후로 나는 자유로워졌다.

나는 어떠한 성격의 모임에도 갈 수 있고, 어느 누구와도 만날 수 있다. 나는 사람들에게 나에 관해 더 많은 것들을 말할 수 있게 되었으며, 그들이 나에 대하여 말하는 것보다 내가 훨씬 더 잘못했다는 것을 깨달았다. 용서받은 사람으로서 나는 그렇게 할 수 있었다. 내가 그렇게 모든 사람들에게 말하고 다닌 것은 율법적인 의무감에 의해서 한 것이 아니었다. 전혀 율법적인 의무감이 아니었다. 나에 대한 간증을 하는 것이 적절하다고 생각되는 때라고 판단되면 나는 간증을 했다. 예수님의 보혈로부터 생겨난 나의 새로운 담대함은 이러한 문제들과 관련하여 나의 의가 되었다.

어떤 이가 "믿음으로 의롭다 함을 얻은 자는 다른 사람들이 그에 대해 말하는 것을 두려워하지 아니한다"고 말했다. 이 말의 의미는 사람들을 사랑하는데 자유로워진다는 것을 뜻한다. 이것이 진정한 의미의 해방이다.

제16장 | 예수님을 바라보라

하나님이 우리에게 주신 새로운 통찰을 나누기 위해 『갈보리 언덕』의 후속편을 쓰는 것은 우리에게 당연한 일이었다. 우리가 이 책의 후속편을 쓰는 것은 첫 번째 책을 통해서 큰 깨달음을 얻고 은혜를 받은 전 세계에 흩어져있는 독자들에게 빚을 갚기 위함이었다. 우리는 첫 번째 책이 그렇게 많은 독자들에게 영향을 주었다는 것에 대해 감사했다. 그러나 그 책을 통해서 독자들이 예수님을 만나고, 그 결과로 그들의 신앙이 자유를 누리는 신앙으로 발전했는지가 궁금하다. 또 궁금한 점은 독자들이 그 책을 통해서 더 이상 '율법 아래서'가 아닌 '은혜 아래서'라는 말의 의미를 경험했는가 하는 것이다. 혹은, 독자들 중 일부의 사람들만이 그 책으로부터 새로운 원리를 이끌어내서 그 새로운 원리 안에서 살려고 힘쓰지 않았을까? 또한, 그 원리가 그들의 삶을 변화시킬 수 없다는 것 때문에 그들이 절망은 하지 않았을까? 독자들이 보혈의 의미를 깨달은 그 결과로 예수님의 안식에 들어가기 위해 그들이 해왔던 인간적인 노력을 그쳤는가?

위의 모든 질문의 측면들은 다 첫 번째 책에 들어있는 내용들이지만, 그 책에서는 그 내용들을 완전히 설명하기보다는 그것들의 적용에 중점을 두었다. 첫 번째 책은 기본적으로 '깨어짐'이라는 주제를 중점으로 하는 산문형식으로 집필되었다. 또한, 이 책은 성도들이 죄를 회개하고 그들로 하여금 하나님과 바른 관계를 유지하도록 교훈하는 구조로 되어있다. 그러나 우리가 이미 살펴보았듯이 그리스도인들이 '깨어짐'과 '회개'에만 매달려서 살 수는 없다. 그리스도인은 그리스도를 의지하며 사는 법을 배워야 하고, 오직 은혜에 기초해서 서는 법을 배워야 한다. 이 은혜 위에 서는 것은 과거의 비현실적인 방법이 아닌 진리 안에서 경험하고 현실 가운데서 경험할 수 있는 것이다. 과거의 비현실적인 은혜의 방편은 모든 것을 너무 객관적으로만 간주하여서 주관적인 경험들은 거의 다 배제되었다. 이런 이유에서 아내 레블과 내가 『예수님을 바라보라』(*We Would See Jesus*, CLC, 2011)라는 책을 쓰기 시작한 것이다.

이 책을 집필할 당시에 각종모임들과 순회 집회일정 사이에서 생기는 짬을 이용해서 이 책을 써 나갔기 때문에, 완성하는데 시간이 꽤 오래 걸렸다. 가끔 아내는 일부러 책을 쓰기 위해 집에 머무르곤 했다. 더군다나, 책을 함께 쓰는 것이 항상 쉬운 일만은 아니었다. 나는 가끔 집에 머무르면서 아내가 심혈을 기울여 쓴 원고를 훑어보고 싶은 마음이 들 때가 있었지만, 침묵하는 것이 낫다는 생각을 했다. 아내가 쓴 내용 중에 전혀 내 마음에 안 드는 부분들이 있었고, 또 나는 그것을 말하는 것 자체를 싫어했기 때문이다.

아내가 쓴 내용 중에는 눈물 없이는 읽을 수 없는 참으로 귀한 특별한 부분들이 있었다. 아마도 하나님이 이 책을 그토록 많이 사용하신 이유가 바로 이것 때문일 것이라고 생각한다. 이 책은 많은 사람들의 심금을 울린 눈물서린 책이었다. 어떻든 간에, 이 책에서 가장 도움이 되는 부분은 아내가 쓴 것이 분명하다.

만약 우리가 명백하게 실수한 것을 주님이 뒤집어 엎지 않으셨더라면 그것이 드러나지 않고 그대로 있었을 것이라는 생각을 해 본다.

1958년에 우리가 미국을 장기간으로 다시 방문하게 되었을 때, 절반쯤 완성이 된 책의 원고도 함께 가져갔다. 집필한 원고의 상당한 부분들에 대한 수정이 필요했고, 부가적으로 추가할 부분도 있었다. 그러나 나는 절반쯤 완성된 원고를 그냥 미국문서선교회지부의 켄 아담스(Ken Adams)에게 보냈다. 집필한 원고에 대한 그의 의견을 듣기 위해서였다. 만약 우리가 이미 완성한 원고가 문서선교회 측에 의해 받아들여지지 않는다면, 더 이상 수고하지 않고 나머지를 포기하려는 생각을 했다. 몇 달 동안 켄(Ken)으로부터 아무런 답변도 듣지 못했다. 그래서 나는 그에게 편지를 다시 써서 지금도 그의 답변을 기다리고 있다고 했다.

그가 답변하기를, "우리는 이 책을 8년이나 기다려 왔습니다. 그런데 당신은 이 원고를 보내자마자 우리를 재촉하시는군요. 형제여, 조금만 더 기다려 주세요"라고 했다.

나는 그의 편지를 이해할 수 없었다. 내가 그에게 바라는 것은 이 책에 대한 그의 견해였다. 몇 주 후에 나는 제출한 원고 전체를 조판한 원고와 책이 출간된다는 광고전단을 받았다. 켄은 그 원고를 완전한 책으로 출간할 생각을 미리 하고 있었던 것이다. 내가 그 원고를 살펴보았을 때, 지금까지 집필된 원고 그 자체로도 책이 완성본이 될 수 있다는 것을 깨달았다. 그 원고의 한 공통된 주제가 모든 부분들을 서로 묶어서 하나의 연합을 이루게 된 것이다. 책의 나머지 절반은 이제 명백하게 필요 없게 되었다. 어찌됐든, 그 책이 광범위하게 편집된 것에 대해 나는 선택의 여지가 없었다. 그러나 아내에게 이 사실을 말한다는 것이 내겐 너무도 곤혹스런 일이었다. 왜냐하면, 제출한 원고 중에서 삭제해야 할 대부분이 다 아내가 집필한 부분이었기 때문이었다.

이번에 출간된 『예수님을 바라보라』라는 책은 잉글랜드와 미국에서 두각을 드러낸 『갈보리 언덕』이 출간된 지 8년 만에 나온 후속편이다. 비록 첫 번째 책이 전 세계적으로 광범위하게 보급되었고 지금도 널리 알려져 있긴 하지만 이 두 번째 책 또한 첫 번째 책 못지않게 잘 알려지고 있다. 이 두 번째 책이 나에게 훨씬 더 중요하게 느껴졌으며, 이 책을 통하여 내가 얼마나 복음사역을 열망하고 있는지 드러났다. 이 책을 통하여 은혜의 복음이 더 완전하게 상세히 설명되었으며, 혼란에 빠져 고민하던 사람들이 이 책에서 좀 더 쉽게 해답을 찾을 수 있었고 그것을 계속적으로 삶에 적용할 수 있게 되었다.

『예수님을 바라보라』라는 책은 첫 번째 책 『갈보리 언덕』과는 전혀 모순되지 않는다. 오히려 『갈보리 언덕』을 근거로 하여 두 번째 책이 완성된 것이며, 이 책 속에는 우리 모두가 필요로 하는 예수님에 관한 더 포괄적인 설명이 포함되어 있다. 이 두 책의 관계성은 『예수님을 바라보라』라는 책의 서문에 가장 잘 묘사되어 있다.

> 『갈보리 언덕』에서는 '효과'에 대해 다루었다는 것을 우리가 알고 있다. 『예수님을 바라보라』라는 책은 우리로 하여금 '원인자'(the Cause)[1]에 더욱 주목하게 한다는 것을 느낀다.
>
> 첫 번째 책 『갈보리 언덕』에서는 그리스도인의 경험적인

---

1) 모든 일을 발생케 하는 동인이 되신 예수님을 의미함. 역자 주.

측면을 강조했는데, 예를 들면 깨어짐, 성령 충만, 성도의 교제, 회개, 순종, 거룩함 그리고 그와 같은 종류의 경건들을 강조했다. 하나님이 우리에게 부어주시는 그러한 경험적인 효력들은 우리에게 도전을 주는 좋은 요소이다. 그러나 그 경험적인 '효과'에만 너무 큰 강조점을 두면 잘못된 방향의 인간적인 노력에 의한 '힘씀'으로 빗나갈 수도 있다.

이 『예수님을 바라보라』라는 책을 통해서 우리는 이러한 모든 경험적인 효력들을 발생케 하는 경이로우신 원인자 (the wonderful Cause)되신 주 예수님 자신을 묵상하게 된다. 여기에서 우리는 그리스도인의 삶에 필요한 항목들을 열거할 필요가 없다.

그것은 예수님을 바라보는 것으로 충분하다. 예수님은 우리 모두가 추구하는 축복인 동시에 그 축복으로 들어가는 것을 가능케 하는 길이 되신다. 만약 우리가 어떠한 측면에서 '인간적인 노력'으로 뭔가를 이루기 위해 집중하게 된다면, 그것은 우리에게 하나의 공식이 될 것이고 그것으로 인하여 우리는 올무에 얽매이게 될 것이다. 그러나 주 예수님은 우리를 얽어매고 있는 모든 올무의 멍에를 벗겨주셨을 뿐만 아니라, 자발적이고 새로운 심령으로 주님을 섬길 수 있도록 우리를 죄에서 해방시켜 주셨다.

이 모든 것들은 주님을 만나는 단순한 경험에 의해 주어진 것이며, 성령께서는 가난하고 상한 심령들에게 기꺼이 이 주님을 만나는 경험을 허락해 주신다. 그러므로 『예수님을 바라보라』라는 책은 『갈보리 언덕』의 주제에서 많이 벗어나지 않았다. 다만 이 책에서는 『갈보리 언덕』의 '효과'라는 주제가 영화로우신 '제1원인'이라는 주제로 바뀐 것뿐이다.

다시 말해서 『갈보리 언덕』에서는 '회개'를 근거로 한 하나님의 은혜에 강조점을 두고 적용한 것이다. 그러나 『예수님을 바라보라』에서는 '은혜'를 근거로 한 회개에 강조점을 두고 적용한 것이다.

어느 날 나는 다른 나라에서 한 그룹의 그리스도인들이 그들의 언어로 번역된 『갈보리 언덕』을 읽고 크게 영향을 받은 얘기를 우연히 듣게 되었다. 그 책을 읽은 지도자들이 서로를 정직하게 숨김없이 터놓고 고백하자고 제안을 했을 때, 그들은 서로를 향해 자신들을 숨김없이 터놓았다. 그들이 서로 나눈 것들이 그들의 연약함이라는 사실을 깨달았을 때, 오히려 그로 인하여 그들은 절망에 빠지게 되었다. 그러나 그들이 하나님의 은혜를 분명하게 깨달았더라면, 그들의 그러한 연약한 면들이 오히려 하나님의 은혜를 입기에 합당한 조건이 된다는 것과 그들이 죄인들의 친구이신 예수님께 더 합당한 자로 여김을 받게 된다는 것을 이해하였을 것이다.

그들이 하나님의 은혜를 깨달았더라면, 깨끗케 하는 예수님의 보혈을 경험했을 것이다. 예수님의 보혈은 양심에 의해 부정하다고 정죄를 받은 그들을 깨끗하게 했을 뿐만 아니라, 그 보혈의 능력으로 말미암아 그들은 성령 안에 거할 수 있었을 것이다. 찬양의 노래가 그들의 입술에 가득했을 것이다. 그것이 진정한 부흥이라고 할 수 있다.

본회퍼(Bonhoeffer)는 그의 『말씀 아래 더불어 사는 삶』(*Life Together*, 빌리브, 2010)이라는 책에서 그리스도인들이 너무 자주 성도의 교제를 소홀히 하고 있는 것을 지적하고 있으며, 그렇게 함으로써 진정한 성도의 교제가 갖는 본래의 이미지를 흐리게 하고 있다고 아래와 같이 신랄하게 지적하고 있다.

> 그리스도인들이 연합하여 예배를 드리고, 함께 기도하고, 함께 성도의 교제를 한다고 하지만 그들은 여전히 홀로 고독한 가운데서 예배를 드리고 있다고 볼 수 있다. 그들이 비록 서로 교제를 나눈다고는 하지만, 그 교제의 조건은 믿는 신자의 자격으로 혹은 헌신하는 사람으로서 하는 교제일 뿐이고 자신을 죄인으로 솔직하게 인정하거

나 제대로 헌신하지 못한 사람으로 인정하는 가운데 나누는 교제가 아니다. 그렇기 때문에 진정한 성도의 교제는 이루어지지 않는 것이다. 경건한 교제에는 죄인이 설 자리가 없다. 그러므로 모두가 자신은 죄가 없는 것처럼 자신의 죄를 숨겨야만 하고, 성도의 교제에서도 자신의 죄를 숨겨야 한다.

하지만 어떻게 우리가 서로를 솔직하게 털어놓는 공적인 교제를 이룰 수 있단 말인가? 우리가 빙 둘러앉아 어떤 일정한 공식을 만들고, 그 규칙을 따라서 서로가 서로에게 정직해지려고 노력해야 하는가? 우리가 이렇게 하다가 어리석게 무너지고 크게 절망한 것이 전혀 이상한 일이 아니다. 그러한 공개적인 성도의 교제는 아래에 밝히고 있듯이 오로지 하나님의 풍성한 은혜의 상황이 조성될 때만 가능하다.

은혜가 강물처럼 흐르고 있네.
한없이 큰 은혜가 넘쳐나네.
항상 새로웠던 것처럼 생생한 은혜가 여전히 흐르고 있네.
구세주의 상하신 옆구리에서 은혜가 흐르고 있네.

오로지 사람들 위에 십자가의 그림자가 드리울 때만이 각자가 자신을 죄인이라고 고백할 수 있는 것이다. 그런 가운데 나누는 공개적인 간증은 억지로 고통스럽게 자신의 비밀을 말하기 보다는 예수님이 주시는 평화를 따라 하는 간증이기 때문에 비교할 수 없을 만큼 즐거운 간증이 된다. 십자가에는 크나큰 자비와 자유를 누리게 하는 은혜가 있는데, 이 십자가를 깨닫는 것은 정직함에 가장 큰 보상이 된다. 이런 가운데 누리는 성도의 사랑의 교제가 얼마나 아름답겠는가!

『갈보리 언덕』이 훨씬 더 많은 독자층을 보유하고 있다는 사실은 평범한 그리스도인들이 어디서부터 신앙생활을 시작해야 하는지를 안내하는 역할을 하는데 기여하고 있다고 볼 수 있다. 평범한 신자는 자신의 죄와 그리고 자아를 통찰하고 깨닫는 데 많은 설명을 필요로 한다. 개인의 삶과 다른 사람들과의 관계성의 문제에 있어서도 그렇다. 만약 그 신자가 정직한 마음을 가졌다면, 그는 그 책으로부터 더 많은 것들을 깨닫게 될 것이고 그것을 좋아하게 될 것이다. 그리고 조만간에 그는 예수님을 보게 될 것이다.

다른 책들도 계속하여 출간되었다. 1967년에 조금 얇은 분량의 『지금 충만을 받으라』(*Be Filled Now*, CLC, 2011)라는 책을 출간하였다. 이 책의 제목을 이루고 있는 세 단어들은 재미있고 외우기 쉬운 것 이상의 의미를 갖고 있다. 이 책을 성령 충만함이라는 주제와 관련하여 생각해 볼 때, 그 단어들은 은혜의 핵심 메시지를 요약하고 있다. 이 책의 제목이 주는 의미는 우리가 발전하기를 바라면서 장차 충만함을 받으라는 것이 아니라, 우리의 있는 모습 그대로, 그리고 우리가 어느 곳에 있든지 바로 지금 충만함을 받으라는 것이다. 또한, 우리가 실패하여 도움이 절실한 그 한 가운데서도 바로 지금 충만함을 받으라는 것이다. 바로 지금 채움 받고, 다음에 또 채움 받으라는 계속적인 의미가 있다. 곤궁한 자들을 위한 '오늘 현재의 축복'에 대한 경험은 오로지 하나님의 은혜에 대한 새로운 자각이 우리에게 있을 때만이 가능하다.

하나님의 은혜에 대한 새로운 자각으로 말미암아 우리는 우리가 생각할 수 있는 모든 축복을 누릴 수 있다. 그 책은 완성되지 않은 상태로 수년간 내 파일속에 사장되어 있다가 출간되었다. 그러나 하나님이 이 책을 통하여 미국 전역에 특별한 계획을 이루신다는 것을 보여주셨을 때, 하나님이 이 책에 큰 관심을 가지고 계셨다는 것을 분명히 알게 되었다.

내 원고는 그 유명한 신앙월간지 「크리스채너티 투데이」 (*Christianity Today*)의 편집장에게 보내졌다. 그는 내 원고를 집에 가지고 가서 읽고 많이 생각한 끝에 책으로 발간하기로 결정을 했다. 내 책이 그 출판사가 새로 가입한 구독자들에게 선물로 보내 줄 수 있는 성격의 책이었던 것이다. 따라서 「크리스채너티 투데이」의 편집장은 CLC에 15,000부의 특별증보판 인쇄를 요청했다.

후에 나는 독자들로부터 온 한 묶음의 편지를 보게 되었다. 그 편지의 내용은 어떻게 하나님이 이 책을 사용하고 계시는지와 더 많은 책을 출간하라는 요구가 들어있었다. 이 편지 내용은 하나님이 모든 구석구석에 이 책을 보내기를 원하신다는 것이었다. 만약 증보판을 더 찍어내지 않으면, 언제 이 책이 필요한 독자들의 손에 들어갈지 모르기 때문이었다.

몇 년 후인 1975년에 『주를 뵈올 때』(When I See Him, CLC, 2011)라는 책을 출간하였는데, 이 책의 제목은 요한계시록의 "내가 그를 보았을 때에 내가 죽은 자와 같이 되매"(계 1:17)라는 본문을 근거로 하여 정한 것이었으며, 부제목은 "부흥이 시작되는 곳"이라고 정했다.

일 년 후에 『당신의 옷자락으로 나를 덮으소서』(Our Nearest Kinsman, CLC, 2011)이라는 제목의 책을 발간했으며, 그 책의 부제목은 "룻기의 구원과 부흥의 메시지"로 정했다. 성경에서 룻기만큼 실패한 성도에게 역사하는 하나님의 은혜에 대해 잘 묘사한 곳은 없다고 본다. 성경전체에서 룻기처럼 예수님을 우리의 가장 가까운 기업 무를 친족으로 잘 표현한 곳은 없다. 가장 크게 실패한 그 순간에도 예수님은 우리에게 하늘의 보아스(Boaz)가 되어주셔서, 우리가 잃어버렸던 모든 것을 도로 찾아주시려고 준비하신다.

1976년에는 전문서적을 집필하고 있었는데, 원고 완성이 늦어지고 출간도 여러 번 연기되었다. 그 책은 전문서적으로 제목은 『더 깊은 회개』(Forgotten Factors, CLC, 2013)이었으며, 그 부제목은 "우리가 간과했던 성적 악행에 관해 더 깊은 회개로 이끄는 길잡이"였다. 이 책도 이전에 강조했던 하나님의 은혜의 메시지를 포함하고 있다. 그러나 이 책은 성적인 부도덕으로 인해 초래된 혼란스럽고 비참한 상황들을 적용하여 다루고 있었다. 원고를 타이핑하던 자매가 말하기를, "만약 이 책이 죄인들에게 소망을 주지 못하면 어쩌지요? 나도 잘 모르겠네요!"라고 했다. 아멘, 소망을 주고 말고요! 자매님. 내가 바라는 것은 이 책이 이러한 성적인 문제로 고민하는 사람들에게 도움이 될 뿐만 아니라, 이러한 문제와 관련하여 상담 사역을 하기 원하는 사람들에게도 도움이 되는 것이다.

그리고 1977년에는 『그림자에서 실체로』(From Shadow to Substance, CLC, 근간)라는 책을 출간했다. 이 책은 유대인들을 위한 히브리서의 숨겨진 내면적 메시지를 재발견하는 책이라고 할 수 있다. 이 책은 히브리서의 "완전한 데로 나아갈지니라"(히 6:2)라는 말씀을 기초로 하고 있다. 다른 모든 책들은 그다지 많은 힘이 들어가지 않았는데, 이 책은 다른 책들보다 훨씬 더 심혈을 기울여 완성하였다. 하지만 이 책은 그 위대한 히브리서에 대한 학문적인 연구를 염두에 두고 쓴 것이 아니라, 사모하는 갈급한 심령들을 생각하며 쓴 책이다. 나는 이 책을 절실하게 필요로 하는 사람들이 그들에게 용기를 줄 수 있는 많은 것들을 이 책 속에서 발견하고 그들의 삶에 그것들을 적용하여 용기를 얻을 것이라고 확신한다.

내 아내가 말하기를, 내가 수없이 했던 설교의 대부분이 이 책 안에 다 들어있는 것 같다고 했다. 히브리서가 신기하게도 신축성이 있고 다루기 쉽다는 것을 내가 발견한 것일까? 그렇지 않다.

만약 하나님의 은혜와 그리스도의 보혈이 히브리서의 주된 내용이 아니고, 또한 이 주제들이 성경전체의 주요한 메시지가 아니라면, 나는 그 주제들을 취급하지 않을 것이다. 그러나 나는 하나님의 은혜와 그리스도의 보혈이라는 주제가 성경전체에 걸쳐 면면히 붉은 줄처럼 뻗어나간다는 것을 깨달았다. 그렇다. 그 붉은 줄을 따라가다 보면 성경전체를 꿰뚫어 보는 열쇠를 얻게 될 것이다.

어떤 사람들은 내가 왜 여기에서 이렇게 후에 출간된 책들에 대해 애써 말하고 있는지 궁금해 할 수도 있을 것이다. 이렇게 한 이유는 각각의 책들이 예수님에 관한 나 자신의 비전이 점점 발전하고 있는 것을 나타내고 주고 있을 뿐만 아니라, 부흥을 불러오는 메시지에 대한 이해의 폭을 넓혀주었다는 것을 나타내고 있기 때문이다. 그러므로 이러한 후속편 책들은 내 인생의 순례여정을 종합해 놓은 것이라고 할 수 있다. 내가 감히 말할 수 있는 것은, 책들의 내용이 역동적이라는 것이다. 왜냐하면, 그 책들 속에 내포된 부드러운 은혜의 메시지가 도덕적이고 영적인 기적들을 불러오는 하나님의 능력이 되기 때문이다.

    이쯤 해서 나는 내가 쓴 책들을 돌아보는 것을 멈추려고 한다. 한 가지 염려가 되는 것은 혹시나 내가 집필한 책들에 묘사된 나의 모든 활동들이 설교와 저술활동같은 영적인 것에만 전적으로 집중되어 있다는 인상을 주고 있지 않은가 하는 것이다. 전혀 그렇지 않다. 우리가 그의 나라와 그의 의를 먼저 구할 때, 주님은 우리가 이 땅에서의 삶을 즐길 수 있는 은혜를 부어주신다.

    내가 믿음생활을 처음 시작했을 때 주님이 나의 세상 취미들이 우상과 같은 것이고, 또 그것들이 주님을 대신해서 내 삶의 주인으로 자리잡고 있다는 것을 깨닫게 해 주신 일이 있었다. 내가 이 모든 취미들을 끊고 주님께 항복하였을 때, 내가 하는 일은 오직 주님을 섬기는 일 말고는 없었다. 실제적으로 그 어떤 것도 나의 관심을 끌지 못했다. 그러나 수년 후에 내가 주님 안에서 성숙했을 때, 주님은 내가 다른 것들이나 취미들에 관심을 갖도록 자유를 주기 시작하셨다. 그러한 취미들이 삶에 균형을 유지시켜 주는데 필요하다고 생각한다.

    예를 들면, 나는 사진에 열렬한 취미를 갖게 되었다. 나는 슬라이드에 음성기능을 조합한 새로운 아이디어를 처음 개발한 사람 중의 한 사람이었다. 컬러로 된 컬러 슬라이드에 음성을 녹음하여 조합한 새로운 아이디어였다. 해외에 나가 모임을 인도할 때 나는 카메라와 렌즈와 마이크 등 온갖 화려한 장비들을 동원해서 모임진행의 모든 것을 녹화했다. 우리가 치열한 영적전투를 벌이고 있을 때, 이 모든 외적인 장비들이 어떤 면으로라도 방해가 되지 않을까 하는 마음의 거리낌을 가끔 느끼기도 했다. 그러나 그 녹화필름을 완성하여 집에 돌아와서 보았을 때 그것이 우리의 하기복음집회뿐만 아니라, 다른 그룹의 사람들에게도 역시 영적인 축복이라는 것이 증명되었다. 그것으로 나는 위안을 받았다.

하지만 우리 모두는 적절한 것과 적절하지 못한 것 사이의 구분을 명확히 해야만 한다. 우리가 가진 취미가 적절한 것인지 성령께 물을 수 있다. 조 처지 박사가 이 문제에 대해 내게 지적해 준 적이 있었다. 비록 그가 능력 있는 의료선교사요 부흥의 선구자였지만, 그 자신 역시 취미의 대가였다. 조 처치와 그의 아들들은 르완다 선교센터 가까이에 있는 호숫가에서 배를 만드는 일을 정말 좋아했다. 그가 말하기를, 우리의 특별한 취미와 열정이 옳은 것인가를 결정하는 것은 우리가 우리의 취미를 통해 사람들을 이끌어들일 수 있고, 또 그 취미들이 사람들에게 유익과 즐거움을 줄 수 있어야 한다는 것이다.

나의 사진취미에 있어서는 조 처치의 조언이 도움이 되었지만, 내가 스테레오에 빠졌을 때는 어려움을 느꼈다. 내가 스테레오에 빠지게 된 것은 거대한 사이즈의 오래된 스피커를 선물받았기 때문이었다. 나는 그 스피커를 녹음기와 연결하여 사용해 봤지만, 최상의 충분한 소리가 나오지 않았다. 그래서 나는 꽤 질 좋은 앰프(amplifier)를 하나 샀다. 그것이 내가 미끄러운 언덕으로 굴러 떨어지는 시작이었다. 앰프까지 구입했는데, 스테레오 분배기가 있는 턴테이블도 사야 되지 않겠는가? 이 모든 것을 갖추었는데 서로 맞지도 않는 저 이상한 두 개의 스피커도 버리고 새로 사야 되지 않겠는가? 그래야 되지 않겠는가…? 그래서 하나를 새로 구입하고 나면 또 다시 더 좋은 다른 것을 계속하여 구입했다. 그러나 내가 그토록 열정적으로 구입해서 소장한 이러한 장비들을 아내가 거들떠보지도 않는 것을 보고 실망했다. 오히려 아내는 그것들을 귀찮게 생각했다. 그 점이 나를 괴롭혔다.

내가 과연 옳은 일을 하고 있는 것인가? 그 날 밤에 아내는 잠에 곯아 떨어졌지만 나는 잠을 이룰 수 없었다. 잠자리에서 일어난 나는 다른 방으로 가서 주님을 찾았다. 나는 거기에서 아침저녁으로 묵상할 수 있도록 성경구절들을 뽑아놓은 『매일의 빛』(Daily Light)이라는 소책자를 뽑아들었다. 나는 그 소책자에서 두 구절의 말씀을 보았는데, 그 말씀들은 성경의 다른 부분에서 뽑아놓은 것임에도 불구하고 서로 완벽한 결합을 이루고 있었다.

> 나의 하나님이 그리스도 예수 안에서 영광가운데 그 풍성한 대로 너희 쓸 것을 채우시리라(빌 4:19).

이 말씀은 나에게 용기를 주었다. 그러나 그 다음 구절의 말씀은 나에게 도전을 주었다.

> 너희 행위에 욕심이 들어가지 않게 하고 있는 바를 족한 줄로 알라(히 13:5).

곧바로 이 말씀은 내가 가진 것에 대해 만족하지 못한 나에게 큰 찔림이 되었다. 내 마음 속에 탐욕의 영이 있었다는 것을 깨닫게 해준 말씀이었다. 나는 이것을 주님께 고백하였고, 그 모든 장비들을 예수님의 보혈 아래 두었다. 그러고 나서 나는 하나님과의 평화를 회복하였다. 신기하게도, 예수님의 보혈 아래 모든 장비들을 두었다는 것이 내가 그것들을 다 버린다는 것을 의미하지는 않았다는 것이다. 오히려 주님은 내게 자유를 주시고 그것들을 즐길 수 있도록 도로 돌려주셨다. 그 이후로 나는 점차적으로 나와 함께 연주를 했던 사람들이 애용했던 세계적으로 명성 있는 악보들을 모아 악보집을 만들었다.

그러므로 그리스도인의 삶이 높고 거룩한 것들에만 관련이 있는 것이 아니라, 이와 같은 세상에 속한 사소한 것들과도 관련이 있다는 것을 알 필요가 있다.

제17장 | 부부의 일체감

이제 나는 내가 겪은 고통스런 경험을 함께 나누고자 한다. 비록 하나님의 은혜로 말미암아 이것이 치유되었을지라도, 소상히 밝히는 것이 좋을 것 같다. 이것은 우리부부의 일체감을 심각하게 위협하는 사건이었다.

지금 하나님의 빛 가운데로 행하기를 기꺼이 원하는 부부는 날마다의 삶에서 말과 행동으로 다른 사람에게 얼마나 자주 상처를 주고 있는가를 밝히 보여주는 주님을 만나게 될 것이다. 이것에 대하여 주님께 용서를 구하여야 할 것이다. 내가 이해하고 있는 바로는, 만약 부부가 깊은 단계의 교감을 가지고 하나가 되어 있다면, 그러한 상처는 자연스런 경쟁심 때문에 생겨난 것이라고 볼 수 있을 뿐만 아니라, 영적으로 어떤 고차원적인 것들을 추구하는 것 때문에 생겨난다고도 볼 수 있는 것 같다. 또한 그런 부부는 자주 함께 예수님의 발 앞에 나아가 회개하기 때문에 그들의 모든 죄를 그의 피로 씻음을 받는다. 다만 서로에게 상처를 주는 일이 생길 때 생기는 장벽들을 곧바로 제거해야 한다는 것이다. 이 같은 방식은 부흥운동을 하는 가운데 하나님이 아내와 나를 만나주신 이래로 우리가 줄곧 해왔던 삶의 방식이다.

그러나 내가 겪은 일은 날마다의 삶 속에서 하는 회개의 경험보다 더 심각하고 더 고통스러운 것이었다. 내가 여기에서 이 이야기를 함께 나누려고 하는 이유는 나의 이 경험이 중요한 영적 원리들을 제공해 주기 때문이다. 어떤 사람들은 이 원리들을 자신들의 상황에 적용하여 도움을 얻게 될 수도 있을 것이다. 그러므로 친애하는 독자들이여! 이것은 전적으로 여러분 자신을 위한 것이다. 그렇지 않다면 나의 이 개인적인 문제를 묻어두는 편이 더 좋을 것이다.

우리는 미국을 여러 번 방문하였는데, 그 중의 한 경우를 예로 들려고 한다. 우리가 어느 한 곳에서 최근에 성령의 은사들을 체험한 한 그룹의 사람들을 대상으로 집회를 인도하고 있을 때의 일이다. 그 성령의 은사라고 하는 것은 초기의 은사운동이 한창일 때 유행하던 방언을 말하는 것이었다. 우리가 그들과 함께 기도를 하고 있었는데, 어느 시점에서 아내는 그 무리들이 자신을 향하여 방언으로 기도하기를 바라면서 기다리고 있다는 느낌, 혹은 자신이 방언으로 기도하도록 그들이 하나님께 기도하고 있다는 느낌을 받았다고 한다. 정말 그것이 맞는 것인지 아닌지는 나도 잘 모른다. 나는 방언에 대하여 잘 몰랐다. 그곳에 모인 무리들에게는 방언기도가 특별한 것이 아니었다. 그러나 그것이 아내에게 끼친 영향으로 말미암아 그 이후로 아내는 방언이 자신에게 주신 은사인지 아닌지를 주님께 물었다. 주님이 아내에게 "네가 정말로 원하는 것이 무엇이냐"고 물으시는 것 같았다. 아내가 기도하기를, "내가 그 무엇보다 더 원하고 필요한 것은 사랑입니다. 주님, 당신을 사랑하는 것이고 또한 다른 사람들을 사랑하는 것입니다"라고 했다. 주님이 응답해 주셨다. "그것이 네가 원하는 것이라면, 너는 이미 그 방법을 알고 있다."

이것은 그녀의 마음에서 나온 단순한 경건의 기도가 아니었다. 아내는 오랫동안 자신이 부족하다고만 생각하고 있었다. 아내는 좀 특이한 인상을 가졌으며, 항상 차분함을 유지하고 있었다. 그래서인지 어떤 사람들은 아내를 좀 다가가기 힘든 대상으로 여기곤 했다. 언젠가 어떤 사람이 내게 찾아와서 고백하기를, 사람들이 그녀를 무섭게 여긴다고 말하면서 미안해 하기도 했다. 그렇게 서로에게 터놓고 말하는 것이 이상하게 보일 수도 있지만, 주님이 빛 가운데 계신 것 같이 빛 가운데 행하고 주님과 깊은 교제를 나누는 사람들에게는 그러한 개방적인 고백이 이상한 것이 아니다.

'그 빛 안에서는' 모든 가로막는 장벽들이 죄로 여겨진다. 심지어 두려움도 죄이다. 이 모든 것들은 예수님의 피로 씻음을 받아야 한다. 비록 아내에 대해 이렇게 말한 사람들의 행위가 자신들의 죄를 고백하는 것이 되었지만, 이것으로 인하여 아내는 항상 자신의 마음을 살필 수 있게 되었다. 아내는 만약 사람들이 자신을 두렵게 느꼈다면 그것은 그녀가 그들을 사랑하지 않았기 때문이라고 생각했다. 아내는 일반적인 사람들이 가지고 있는 친절함도 없고 외향적인 성격이 아니었다. 그래서 아내가 "나는 사랑을 원하고 있다"고 말할 때는 심각하게 얘기했던 것이다.

  그런데, 주님은 아내에게 "네가 그 방법을 알고 있다"고 말씀하셨다. 주님도 역시 심각하게 말씀하셨다. 아내는 정말로 그것을 알고 있었다. 그것은 아내가 사랑의 부족함을 죄로 고백하는 것이었다. 그리고 예수님의 십자가 밑에 나아가서 그 죄를 씻음 받는 것이었다. 아내는 지금까지 그 문제를 다른 여타 문제들과 함께 취급해버렸고, 구체적으로 명확하게 다루지 않았다. 그러나 이제 아내는 그 문제를 고백했다. 아내는 사랑이 없음이 죄라는 것을 알았고, 십자가 밑에 나아가서 그녀가 부족하다고 고백했던 것의 정반대의 것, 곧 사랑을 받았다. 비록 아내가 드라마틱한 경험을 한 것은 아니었지만 그 후로부터 아내의 삶에 점점 사랑이 넘쳐나기 시작하였다. 그녀가 전에는 하지 못했던 남들을 돌보는 사역을 이제 시작하게 된 것이다.

그러나 남을 돌보는 이 사역으로 말미암아 나에게 문제가 생겼다. 내가 소외감을 느끼기 시작한 것이다. 아내는 내가 모르는 사람들과 친하게 지냈고, 나는 항상 그들이 누구인지 궁금했다. 한번은 아내가 편지를 쓰고 있을 때 그 방에 들어간 적이 있었는데, 아내는 본능적으로 그 편지를 덮고 손으로 가렸다. 내가 부드럽게 아내의 손을 그 편지에서 떼어냈을 때, 나는 그 편지가 어떤 한 사람이 위로를 필요로 하는 다른 한 사람에게 사랑과 정성을 담아서 써 보내는 편지라는 것을 알았다. 내가 자초지종을 들으면서 왜 아내가 그 편지를 숨겼는지 그 이유를 알게 되었다.

외국의 많은 나라들로부터 부흥회를 인도해 달라는 요청이 쇄도했다. 나는 충만한 열정에 젖어 세계 순회복음집회팀을 구성하였다. 먼저, 조 처치와 나는 인도와 서파키스탄에 함께 팀을 이루어서 가기로 했다. 그런 다음 그는 우간다로 돌아갔고, 나는 계속해서 호주와 뉴질랜드에서 집회를 인도했다. 거기에서 또 하와이로, 하와이에서 미국 서부해안지역으로 집회를 인도했다. 거기에서 다시 미 동부해안지역으로, 동부해안지역에서 대서양의 본고장으로 돌아왔다.

전체 여정이 5개월이나 걸렸다. 그러한 장기여행은 아내에게 건강상의 너무 큰 무리가 되기 때문에, 아내는 나와 함께 가려 하지 않았다. 아내는 하기복음집회에 참가자들을 등록받는 일과 그 밖의 많은 일들에 대한 책임을 지고 있었다.

그러나 아내는 내가 장기간 진행하는 순회집회를 좋아하지 않았다. 한번은 아내가 나에게 말했다. "로이, 나를 집에 혼자 남겨두고 당신이 계속 장기집회를 인도하러 나간다면, 우리는 아마도 서로 서먹해지게 될 거예요. 나는 내 테두리 안에서 교제의 폭을 넓혀나갈 것이고 활동 영역도 또한 이 목적에 맞게 발전되어 갈 것이고요. 당신이 집에 돌아오면, 우리는 서로 소원함을 느끼게 될 것이고 질투도 하게 될 거예요"

아내의 이 말은 너무도 선견지명한 말이었다. 그러나 그 당시에 나는 세계 순회복음집회에 너무 깊숙이 관여하고 있어서 포기할 수 없었다.

내가 파키스탄으로 떠나기 전날 밤, 몇 통의 전화가 걸려왔는데, 모두 다 아내를 찾는 전화였다. 그 전화들은 아내의 돌봄사역(caring ministry)과 관련이 있는 것들이었으나, 당시에 나는 그것에 대해 전혀 알지 못했다. 카라치(Karachi)로 가는 비행기에 몸을 싣고 공중에 높이 올랐을 때, 마귀가 내 마음에 사악하게 속삭였다. 나의 온 마음은 너무도 쉽게 무너졌다.

"왜 아내가 이 사람들하고 접촉을 하는 것일까?" 나는 속으로 속삭였다. "왜 아내는 그것을 내게 말하지 않았을까?"

내가 비행기 안에 앉아 몇 시간 동안 그 생각에 잠겨 있을 때, 그것은 점점 더 크게 다가왔고 나는 그 생각 외엔 다른 것을 생각할 수 없었다. 물론, 내 마음 속에서는 분명히 아내가 잘못하고 있다는 생각으로 가득했다.

내가 카라치에 도착하여 조 처치를 만났을 때, 나의 모습은 처참했다. 조 처치 역시 영적전투를 치르고 있었는데, 나와는 조금 다른 종류의 것이었다. 조 처치는 어떤 사람으로부터 심하게 부당한 대우를 받고 있었기 때문에 고통스러워 했다. 그 날 밤, 우리는 둘만의 시간을 가지면서 자신들이 가지고 있는 마음의 고통과 감정들을 다 토해냈다. 그것이 서로에게 많은 도움을 줬다고는 생각지 않는다. 내가 필요로 한 것은 나의 잘못된 태도에 대한 명확하고 올바른 깨달음이었다.

그러나 그럼에도 불구하고, 우리 주님은 상상할 수 없을 정도로 이 순회 집회를 크게 축복해 주셨다. 나는 매 집회에 나가기 전에 십자가 밑에 기다시피 처절한 모습으로 나아가서 나의 고통을 호소했다. 즉시 성령의 능력이 집회 가운데 임했다. 파키스탄 목회자들이 모인 대규모 집회에서 마지막 기도시간에 거의 절반이 넘는 목회자들이 무릎을 꿇고 주의 자비를 구하며 기도했다. 어떤 목회자들은 그들이 이제 거듭났다고 고백하기도 했다.

그러나 그러한 모임들이 끝나고 나면 옛날 생각들이 다시 밀려오기 시작했고, 분노가 치밀어 오르는 전쟁에 다시 말려들었다. 그 두 달 동안 인도에서 당한 고통보다 더 큰 고통을 당한 적이 없는 것 같다. 나는 절박한 심정으로 아내와의 관계를 바르게 하려고 온갖 노력을 기울였다. 거의 매일 아내에게 편지를 써서 보냈고, 아내의 답변을 초초하게 기다렸다. 그러나 항공우편으로 편지를 보냈는데도 한 1년은 걸리는 듯했다. 그 편지들은 늘 예정보다 늦게 도착하였다. 두 번이나 인도에서 런던으로 전화를 걸었지만 아내와 통화를 할 수 없었다. 우리는 서로에게 더 불행한 상황으로 치닫고 있었다.

이제 나는 이 모든 것을 분명히 알 수 있게 되었다. 나는 그저 아내에 대해 질투를 한 것이었다. 내게 필요한 것은 회개하고 그것을 고백하는 것이었다. 나는 실제적으로 질투심이 내 안에 있는 것을 인식했고, 그것을 회개하려고 노력했다. 그렇지만 아내도 잘못이 있다는 생각을 굽히지 않았다. 다른 사람의 죄를 지적하면서 하는 회개는 진정한 회개가 아니다. 다른 사람을 비난하는 것이 나의 모든 고민의 원인이었다. 그러한 상황 속에 있었던 나, 곧 그 죄 가운데서는 하나님과 평화를 유지할 수 없다. 상대를 비난하는 동안에는 우리의 문제에 대한 해답을 결코 얻을 수 없었다.

우리가 서로 편지를 교환하면서 왜 아내가 다른 사람들에 관한 다양한 관심사들을 나와 터놓고 나누지 않았는지 그 이유를 알았다. 예를 들면, 아내가 그 편지를 숨긴 것도 바로 그런 이유에서였다. 아내는 내가 그 다양한 사람들의 관심사들을 다룰 수 없을 것이라고 생각했고, 또 내가 그들의 고통을 돌보고 있는 아내를 무시할까봐 그 편지를 숨겼던 것이다. 그러나 이 일로 인하여 내가 어떤 사람인지가 드러나고 말았지 않는가? 너무도 분명한 것은 사랑이 없는 사람은 아내의 그러한 일을 이해할 수 없다는 것이다. 내가 이것을 인정할 준비를 하고 있는데 마음속에서 분노가 끓어올랐다. "그렇다면 아내가 왜 다른 사람들을 도와 왔던 것처럼 나를 돕지 않았을까?"

나는 더 이상 집회를 강행할 수 없다는 것을 깨달았다. 내가 수없이 가르쳤듯이, 아내와 나의 관계가 온전치 못한 상황에서 다른 사람들에게 하는 설교가 무슨 소용이 있단 말인가? 그래서 나는 세계 여러 나라에서 내가 오기를 기다리며 준비하고 있는 사람들에게 편지를 써서 나 대신 신실한 형제를 보내겠다고 통보를 했다. 인도에서의 모든 일정을 다 취소하고 나머지 집회를 조 처치에게 맡겨놓고, 나는 항공편으로 런던으로 돌아왔다.

나는 아내를 공항에서 만났다. 우리는 집으로 가기 전에 바로 옆에 있는 호텔라운지에 가서 계속 대화를 했다. 나는 하나님이 아내에게 보여주신 것을 듣고도 여전히 분이 가라앉지 않았다. 아내가 온전하게 신뢰하는 절친한 친구 한 명이 말하기를 "로이에게 필요한 것은 더 사랑을 받는 것"이라고 했다는 것이었다. 아내는 그 말을 듣고 깨달았다. 아내가 비록 다른 사람들을 사랑할 수 있는 사랑을 달라고 하나님께 요구하여 그 사랑을 받았을지라도, 정작 자신의 남편에 대해 적절한 사랑을 유지하지 못했다는 것을 깨달은 것이다.

아내는 다른 사람들에 대해서는 헌신적인 사랑을 가지고 돌보았지만 나에 대해서는 그렇게 사랑을 쏟지 않았다. 아내가 미안해 하면, 내가 용서해 줄 수 있을까? 그런 일이 자주 일어날 때마다, 아내는 나를 십자가 앞에 무릎 꿇게 만들었다. 이 경우에 아내는 더욱 앞장서서 그렇게 했고, 나는 더욱 더 크게 용서함을 받았다. 그렇게 두 죄인들은 십자가 밑에서 서로 화해하고 하나가 되었다. 예수님의 피가 모든 죄책감과 수치를 다 깨끗케 하셨으며, 아내와 나는 서로에 대한 사랑이 더 강렬해졌고, 우리는 그 어느 때보다 더 하나가 되었다.

집으로 돌아온 지 얼마 안 되어서 나는 어떤 모임에 참석하여 그곳에서 많은 친구들을 만났다. 거기에서 나는 내가 실패하고 돌아온 사람이라는 느낌을 받았다. 물론 나는 실패했었다. 그리고 모든 사람들이 나를 그런 실패한 사람으로 여기지나 않을까 하는 생각이 들었다. 결국, 나는 모인 사람들을 차례로 만나 자유스럽게 인사를 나누었으며, 그들에게 나를 위해 기도해 달라고 요청했다. 내가 중도에 그들에게 나타났을 때 그들이 나에 대해 뭐라고 말했을 지가 궁금해진다.

처음 나에게 인사한 몇 사람 중에 한 명이 바로 윌리엄 나겐다였다. 그가 말했다. "로이, 주님을 찬양을 찬양하세요. 당신은 너무도 연약해서 중도에 돌아온 것입니다. 무슨 말이 더 필요하겠습니까?" 그러나 윌리엄이 그렇게 말하는데는 이유가 있었다. 그는 아프리카의 부흥현장에서 나와 같이 실수한 형제들을 수없이 많이 보았고, 연약함을 인정하는 것이 승리를 얻는 길이라는 것을 분명히 보았기 때문에 그렇게 말을 한 것이었다. 이 사실 때문에 그는 나를 꼭 안아주었다.

My Calvary Road

제18장 | 주님은 주시며 주님은 거두신다

1967년에 나는 아내 레블을 잃은 심리적인 충격을 경험했다. 나는 "주신 이도 여호와시요, 거두신 이도 여호와시라"고 욥처럼 말할 수밖에 없었다.

아내가 세상을 떠난 스토리를 간략하게 설명하려고 한다. 우리가 서머셋(Somerset)지역의 클리브던(Clevedon)에서 한 달간의 집회를 마치고 집으로 돌아오는 도중에 일이 벌어졌다. 4주간 진행된 집회에 수많은 사람들이 참여해서 새롭게 주님을 만나는 경험을 했다. 전국에 흩어져 있던 복음집회사역팀들이 다 그곳에 모였다. 영적으로 볼 때, 그곳의 집회는 놀라운 축복의 시간이었다. 아내와 나 두 사람 모두에게 중차대한 임무가 주어졌는데, 아내는 식사 준비하는 일을 맡았고 나는 집회를 전체적으로 진두지

휘하는 총괄업무를 맡았다.

아내 레블도 이번 집회에서는 하나님께 특별하게 쓰임을 받았다. 집회가 진행되는 4주 동안 아내에게 매주 한 번씩 말씀을 전할 수 있는 기회가 주어졌다. 부엌에서 손수 식사를 준비하다가 강단에 올라 선포한 아내의 메시지는 매주 집회에 전환점을 부여해주는 계기가 되었다. 아내가 가장 적절한 시기에 가장 적절한 메시지를 전할 수 있었던 것은 하나님의 선물이었다. 아내의 메시지는 집회의 모든 관계자들에게 크게 인정을 받았다. 아내는 하나님이 내게 주신 메시지를 전하는 것뿐이라고 약간 더듬거리면서 말했다. 집회의 모든 관계자들이 아내에게 말씀을 전할 수 있는 기회를 준 것이다.

집회의 모든 일정이 다 끝나고 모인 사람들이 모두 다 집으로 돌아갔다. 몇 일간의 휴식을 취하고 나서 우리도 역시 차에 장비를 싣고 집으로 향했다. 임무를 깔끔하게 수행하고 돌아가는 기분이 좋았다. 우리가 브리스톨(Bristol) 외곽의 포트웨이(Portway)를 지날 때 갑작스럽게 사고가 났고 나는 의식을 잃었다. 깨어보니 나는 구급차 안에 누워 있었다. 사고가 났다는 것 외에는 아무 것도 기억나지 않았다. 반대편 도로를 달리던 큰 화물차가 미끄러지면서 중앙분리대를 넘어 우리 차선으로 들어왔고, 그 화물차와 우리 차가 충돌했다는 것을 나중에 들었다. 그 과정에서 화물차에 실려 있던 4톤짜리 컨테이너가 떨어져 나와 우리 차를 덮쳤고, 우리 차는 그 컨테이너에 납작하게 눌렸다. 다행스럽게도 나는 그 사고에 대해 아무것도 기억하지 못한다.

지난 날 주님이 그의 본향으로 사람들을 부르시는 것을 보면서, 주님이 우리를 그의 본향으로 부르시는 것이 우리를 향해 베푸시는 최고의 호의라는 것을 알게 되었다. 아마도 "성도의 죽는 것을 여호와께서 귀중히 보시는도다"(시 116:15)는 말씀이 이런 경우를 일컫는 말인 것 같다.

비록 아내의 갑작스럽고 비극적인 죽음이 크신 호의라고 보기에는 무리가 있는 것처럼 보일지라도, 아내가 주님 품으로 간 사건이 실로 주님의 사랑과 자비였다는 것이 여러 가지로 증명되었을 때, 나는 그 충격에서 벗어날 수 있었다. 그 극적인 날 밤에 일어난 사고는 마치 우리를 돌보고 있었던 주님의 천사가 길을 가는 도중에 다른 천사에게 우리를 건네준 것 같은 느낌이었다.

아내와 나는 단 한 번도 주님의 백성들을 돌보는 일에서 벗어나 본 적이 없었다. 우리 차 바로 뒤로 따라왔던 차에는 그리스도인들이 타고 있었는데, 그들은 모든 사고과정을 목격했다. 내가 의식이 없는 상태로 길가에 누워 있을 때, 나를 팔로 안아 돌보아 줬던 부인 역시 그리스도인이었다.

그 날 밤 구급차의 출동 지휘를 했던 사람도 그리스도인이었는데, 그는 우리가 인도하는 클리브던(Clevedon) 집회에 저녁마다 참석해서 큰 은혜를 받은 사람이었다. 그는 무전기 너머로 "포트웨이에 충돌사고다, 앰뷸런스를 급파하라"는 말을 들었다고 한다. 그는 무슨 이유에서인지 마음속에 '혹시 로이가 집으로 돌아가다가 사고를 당한 것은 아닐까'하는 생각이 들었다고 한다. 조금 후에 잡음이 섞인 무전기에서 소리가 들려왔다. "우리가 사고자들을 확인하고 있다. 사고자의 성은 헷슨인데 그들의 이름도 모르고, 그들의 주소도 아직 모른다."

클리브던 집회에서 은혜를 받은 그 구급차 지휘관은 "내가 그들의 이름도 알고 그들의 주소도 안다"고 무전기를 통해 말했다. 유일하게 이 사람이 우리가 누구인지를 알아보고 아는 그리스도인 친구들에게 전화를 걸어 이 사실을 알렸다.

병원에 도착했을 때, 나는 사람들에게 "나를 어디로 데려왔느냐"고 물었다.

그들이 대답하기를, "여기는 브리스톨 왕립병원"이라고 했다. 그곳은 내가 50대 때 살았던 곳이라 잘 알 뿐만 아니라, 믿는 친구들도 많았다.

응급실의 의사가 나에게 말을 건넸다.

"내가 당신을 알 것 같습니다." 나는 그에게 되물었다. "그리스도인이십니까?"

그가 대답하기를, "예, 그리스도인입니다"라고 했다. 나는 그에게 다시 부탁했다.

"혹시 멜빌 카퍼(Melville Capper)를 아세요, 만약 그를 아시면 그를 불러주실 수 있나요?"

"그는 브리스톨에 있는 나의 가장 친한 친구 중의 하나이고 외과의사입니다"

이 일은 거의 우연처럼 일어났다. 내 친구 멜빌 카퍼가 바로 그 시간에 바로 그 병원에서 근무를 하고 있었던 것이다. 몇 분도 채 지나지 않아서 그 친구가 내 곁으로 달려왔다. "멜빌, 내 아내 레블이 어떻게 되었는지 한번 살펴봐줘." 멜빌은 아내의 상태를 보고 돌아와서 슬피 통곡하면서 그녀가 주님 품으로 갔다고 말했다. 우리는 흐느끼면서 함께 기도했다. 멜빌이 말하기를, 아내는 사고 당시 즉사했다고 했다. 순간의 고통도 없이 바로 주님께로 갔다고 말해줬다. 처음 그녀를 나에게 주신 하나님께 나는 그녀를 도로 돌려보낼 수밖에 없었다.

한편, 멜빌의 부인이 지인들에게 전화를 넣었고, 하나님의 통신망을 통해 그 소식이 널리 전해졌다. 그 날 밤에 나의 의사 아들 마이클과 가까운 친구들과 그리고 한때 르완다에서 의료선교사였던 켄 모이나 박사(Dr. Ken Moynagh) 등 여러 사람들이 영국 전역으로부터 그 병원에 도착했다.

하마터면 비극적인 사고라고만 여겨질 수 있었던 이 일에 주님의 특별한 호의가 있었다는 것을 의사인 나의 아들 마이클과 켄 모이나의 말을 듣고 알게 되었다. 마이클과 켄은 의사로서 아내 레블의 건강을 오래전부터 크게 염려해 왔다는 것이었다. 16

년 전을 회상하면서 아내가 유산될 당시 거의 목숨을 잃을 수도 있었다는 것이다. 그 이후로 아내는 매우 위험한 상태의 혈압을 견디며 살아왔다는 것을 설명하면서, 만약 심장에 조금이라도 무리가 가면 곧바로 목숨을 잃을 수도 있었다는 것이다.

아들과 켄이 "그러나"라고 하면서 말을 이어갔다. "레블의 건강이 그리 오래가지는 못했을 겁니다. 얼마 못가서 레블은 뇌졸중으로 쓰러져서 몸을 못 쓰게 되었을 겁니다. 그렇게 되면 당신도 역시 레블을 돌보아야 하는 일 때문에 순회 집회를 포기해야만 했을 것입니다. 하나님이 당신에게 주어진 이 복음전파의 사명을 계속 감당하라고 레블을 먼저 데려가신 것입니다."

나는 주님의 자비하심을 깨달았다. 아내의 사명이 다 끝났을 때, 주님은 나만 남겨두고 곧바로 아내를 그의 본향으로 불러가신 것이다. 이것은 내가 할 일이 아직 끝나지 않았다는 것을 의미했다. 모든 것은 전능하신 예수님의 사랑과 자비의 손길 안에 있었으며, 예수님은 변함 없으신 그 사랑으로 이 일을 행하셨던 것이다.

아내의 장례를 치르면서 나는 놀라운 형제애를 경험했다. 사고가 난 바로 그 다음날 아침에 다른 지역에 사는 존 콜린슨(John Collinson)이 조문을 하였으며, 뒤이어 수많은 사람들이 원근각처로부터 와서 조문을 했다. 그제야 나는 애곡하기 시작했는데, 아내를 잃은 슬픔 때문이 아니라, 형제애를 통해서 나타난 하나님의 특별한 사랑에 마음이 녹아내렸기 때문이었다. 아내를 잃은 것이 나 혼자만의 상실이 아니었다는 것을 깨달았을 때, 그것은 내게 위로가 되고 힘이 되었다.

아내 레블은 많은 사람들에게 축복의 통로였으며, 돌보는 교제의 사역을 통해서 사람들과 아주 가깝게 지냈다. 아내를 잃은 이 사건은 내가 느끼는 큰 슬픔 못지않게 많은 사람들에게도 크나큰 상실의 슬픔이 되었다. 어떤 사람은 내게 '그녀는 진정으로 우리 모두에게 속한 사람'이었다고 편지를 보내왔다. 사람들이 아내를 잃은 것에 대해 그토록 놀라고 크게 가슴아파 하는 것을 보면서 나는 눈물을 쏟았다. 그러나 하나님은 참으로 놀라운 방법으로 아내를 천국으로 데려가셨다. 사역팀원 중의 한 사람이 내게 아래와 같이 편지를 써 보냈다.

> 우리가 레블이 살아왔던 순수하고 깨끗하고 빛나는 삶을 높이 기릴 때, 그동안 수년에 걸쳐 피상적으로 이어지던 당신과의 교제가 갑자기 참된 교제로 바뀌었습니다. 하나님이 레블을 부르신 목적이 이제 너무나도 분명해졌습니다. 우리는 전에 결코 없었던 진정한 사랑의 교제를 통해서 서로 사랑하는 것을 배우고 있습니다.
> 레블의 소천 소식을 전화로 듣고 우리는 함께 마음이 녹아내렸습니다. 교회 문 앞에서, 집에서 우리는 함께 울었

습니다. 우리 중의 많은 사람들은 남은 생애의 모든 부분들을 다 주님께 드려야겠다는 생각을 하고 있습니다. 레블이 세상을 떠난 사건이 내게 어떤 영향을 미치고 있는지 정확히 설명할 수는 없습니다. 그것은 마치 모든 것이 변화되었는데도 그 무게중심은 흔들리지 않는 것이라고 말할 수 있습니다. 만약 이 일이 다른 누구에게 일어났다면, 그 결과는 참담했을 것입니다.

장례식은 브리스톨에 있는 알마 로드(Alma Road) 교회에서 거행되었다. 이 교회는 내가 브리스톨에 거주 할 때 출석하던 교회로 조지 뮐러(George Müller)가 창설한 형제교단에 속한 교회이다. 나는 휠체어를 타고 장례식에 참여할 수 있었다. 클리브던의 집회를 마치고 집으로 돌아간 상당수의 사람들이 영국 전역으로부터 와서 장례식에 참석했는데, 수백 명이 족히 넘었고 그 중 두 사람은 스코틀랜드에서 왔다. 켄 모이나와 스탠리 보크, 그리고 존 콜린슨이 조사를 했는데 레블을 천국으로 부르신 것은 주 예수님의 충만한 사랑의 승리라고 했다. 많은 사람들이 큰 감동을 받았다. 이 장례식은 가장 감동적이고 승리에 찬 장례식 중의 하나였다. 장례식 설교를 했던 사람 중 하나가 아래와 같이 내게 편지를 보냈다.

당신이 그 장례식장 단상에 올라가서 거기 모인 사람들이 당신 아내의 죽음에 대해 애도하는 모습을 보았어야 했는데 아쉽습니다. 그 장례식은 마치 비오는 날 구름을 뚫고 갑자기 나타난 태양과 같았습니다. 마지막 찬송, "수금과 유리잔을 들고 큰 무리들이 맞이하기 위해 서 있도다"가 울려 퍼질 때, 어떤 사람들의 얼굴은 마치 천국을 보는 듯 했답니다. 하나님이 친애하는 레블을 삼손처럼 그녀가 살아있을 때보다 그녀가 죽었을 때 더 크게 사용하셨습니다. 나는 레블의 죽음이 우리의 교제에 전환점을 마련해 주는 계기가 되었다고 확신합니다. 최근 수년간 우리 서로간의 교제가 서로 얼굴을 보는 정도로 지지부진했는데, 레블의 죽음으로 갑자기 완전하게 꽃을 피우게 되었습니다. 다시 말해서, 진정으로 서로를 사랑하는 교제가 이루어졌다는 것입니다.

아마도 그 장례식의 가장 절정의 순간은 모두가 무덤가에 둘러서서 로렌스 발함의 주 예수 안에 있는 약속된 부활에 관한 말씀을 듣고, 나의 제안으로 모두 함께 이 찬송을 부를 때였을 것이다.

영광, 영광, 할렐루야

영광, 영광, 어린양께

오, 깨끗케 하는 그 피가 내게도 넘쳐나네

영광, 영광, 어린 양께.

    레블(Revel)과 나는 29년간 해로하며 아름답게 살았다. 살아오면서 우리는 예수님과 동행하는 법을 함께 배웠고, 회개하는 법을 배웠다. 우리는 하나님의 은혜를 새롭게 깨닫기도 했다. 우리가 얼마나 영적으로 빈곤한가를 깨닫는 것만이 오로지 그 하나님의 은혜를 받는 조건이었다. 새롭게 깨달은 하나님의 은혜는 우리가 수년간 영국과 미국 전역에서 전한 말씀의 중요한 주제였다.

    18년 동안 아내는 하기복음집회들이 성공리에 마칠 수 있도록 힘을 쓴 공신이었고, 또한 진정한 영적 동기부여자였다. 아내는 쉴 틈도 없이 식당에서 식사준비를 하면서 고생을 하였으며, 그 준비하는 중간 중간에 말씀도 선포했다. 하나님이 아내에게 말씀을 전할 기회를 주셨을 때, 그 기분이 너무도 짜릿했다고 아내는 말하곤 했다. 이러한 복음집회에서는 팀원 중 어떤 사람에게 저녁에 말씀을 전해 달라고 부탁하는 일이 거의 없었다. 만약 우리를 위해서 하나님이 말씀을 허락하신 사람이 있다면 그를 세워 말씀을 들을 수도 있었다. 만약 그런 사람이 있다 하더라도 주님 앞에서 결정을 해야 했다. 심지어 자유로운 분위기에서도 여자를 강단에 세우는 일은 쉽지 않았다. 당시에 우리 팀에는 수많은 말씀사역자들이 있었기 때문에, 아내가 말씀을 전할 수 있었던 것은 하나님의 은혜였다.

아내는 결코 늙는 것을 원치 않았다. 실제로 아내는 그런 몸 상태로는 나이 들도록 오래 살지 못한다는 것을 알고 있었기에 이런 말을 한 것이었다. 한번은 아내가 아내의 친구와 대화하면서 "자신이 누군가와 얘기하고 있을 때 하나님이 자기를 데려갔으면 좋겠다"고 말했다고 한다. 아내의 이런 소원을 아시고 하나님이 아내를 그렇게 데려가신 것이었다. 내가 기억하기로 그 운명적인 날에 아내에게 했던 마지막 한 가지가 있었는데, 그것은 내가 아내를 어떤 문제와 관련하여 바로잡으려고 했던 일이다. 브리스톨의 복잡한 도로로 우리가 들어섰을 때, 나에게 충고를 하는 아내의 말을 정말 듣고 싶지 않았다. 결과적으로 나는 나 스스로를 정당화하면서 내가 옳다고 생각했다. 아내는 아무 말도 하지 않았다. 물론, 나는 그 문제와 관련하여 내 자신이 옳다고 생각하면서 더 이상 그 문제를 생각지 않았다. 그러나 성령께서는 그 문제를 그냥 두면 안 된다고 내게 속삭였다.

나는 아내에게 사과를 했다.

"미안해 여보, 조금 전에 오면서 말한 그 문제에 대해 내가 아주 크게 잘못 생각했어!"

아내가 말했다. "고마워 여보."

우리는 충돌사고가 나기 전까지 평화로운 여행을 했다.

나는 여기에서 아내의 죽음과 관련하여 두 가지 간증을 하려고 한다. 이상하게도 두 간증들이 다 미국과 관련이 있는 일들이다. 첫 번째는 캘리포니아의 침례교 목사인 마이크 마크함(Mike Markham)으로부터 온 편지이다.

> 내가 기억하기에 1953년쯤이었을 것입니다. 오클랜드에서 레블이 말씀을 선포하는 것을 처음 들었을 때, 그 말씀은 내게 새 생명처럼 다가왔습니다. 당시에 나는 신학교에 다니고 있었지만 내 마음은 주 예수님으로부터 멀어져서 텅 빈 상태였습니다. 그녀의 부드럽고 낭랑한 목소리와 그녀의 헌신과 사랑이 그녀의 심령 속에서 우러난다는 것을 느꼈습니다. 그녀의 회개의 은혜의 메시지는 나의 기대를 충족시키기에 충분했습니다. 나는 드디어 길을 찾은 것입니다. 그 날 폴 피터슨(Paul Peterson) 목사님과 내가 점심도 거르면서까지 얘기를 나누었던 기억이 납니다. 피터슨 목사님은 나에게 "마이크, 나는 더 이상 나의 사역을 밀어붙이지 않을 것입니다. 나는 내 성도들을 변화시켜 그들이 그리스도를 사랑하도록 만들 것입니다"라고 말했습니다.
>
> 그 후 몇 년이 지나서 턴록(Turnlock)이라는 곳에서 집회

가 열렸는데, 로이 당신이 메시지를 전한 다음에 당신의 아내 레블이 이어서 말씀을 전했었죠. 그 말씀의 제목은 주 예수님이 우리를 위해서 죽으신 "영문 밖"(Outside the Camp)이라는 주제였습니다. 그 설교말씀이 그 날 내 마음을 녹여버렸습니다. 나는 해방되었고 내 안에 은혜의 물결이 흐르기 시작했었죠. 그 날 아침에 당신이 내게 축도를 부탁했지요? 그 때 나는 "주님이 임하셨다"고 소리를 지를 뻔 했습니다. 그것이 내 인생과 목회 전반을 바꾸는 계기가 되었습니다. 그때부터 나는 회개와 믿음의 원리 안에서 주님과 함께 걷기 시작했습니다. 지난 수년간 나는 기도하면서 나 혼자 힘으로 사다리를 오르려고 어지간히 힘을 썼습니다. 그러나 주님은 이미 사다리 아래로 내려오셨다는 것을 알게 된 거죠. 주님은 나의 죄성의 가장 낮은 곳까지 내려오셨고 내게 은혜를 베풀어 주셨습니다.

다음은 시애틀에 사는 베티 맥전킨(Betty McJunkin)이라는 분으로부터 온 편지를 소개하려고 한다.

당신과 레블은 5년 전에 내 남편과 나를 철저히 회개시키기 위해 하나님이 사용하신 분들입니다. 그때 내가 레블이 하는 것을 가까이에서 보려고 그녀 옆에 앉으려고 했던 일을 기억해요. 나는 그녀의 삶 가운데서 그녀가 누리고 있는 평화와 안식을 분명히 목격할 수 있었고요. 그녀에게서 눈을 뗄 수가 없었습니다. 레블에게는 내가 가지지 못한 그 어떤 것이 있었고, 그것은 내가 아는 다른 신자들에게서는 결코 보지 못한 것이었습니다. 그녀는 여왕처럼 자애로운 자태를 가졌습니다. 그런데 내가 그녀와 대화를 하면서는 꼭 내 언니 같고 참 소박하다는 것을 느꼈습니다. 우리가 서로를 오픈하고 간증을 할 때 그녀는 하나도 거리낌 없이 정직하게 털어놓았던 걸 기억합니다. 비록 내가 영적으로 소경으로 살아왔기 때문에 그런 것이 필요 없다고 생각했을지라도, 성령께서는 그녀를 사용하셔서 내 속 깊은 곳에 있는 것을 드러내셨습니다.

내 아들 마이클과 그의 아내가 이제 나를 잘 돌보고 있다. 마이크는 병원에 있는 나를 곁에서 돌봐주고, 그의 휴가까지 나를 돌보는 데 쓰고 있다. 아들 마이크는 아주 훌륭하게 장례의 모든 절차를 도맡아서 잘 처리했다. 내가 몸을 가누고 일어서게 되었을 때는 아들과 며느리는 나를 따뜻하게 맞아주었고, 나는 잘 회복할 수 있었다. 그들은 내가 빨리 회복해서 다시 내 인생을 살아갈 수 있도록 하기 위해 그들이 할 수 있는 모든 것을 했다.

제19장 | 주님은 거두시고 다시 주신다

　자비하신 주님은 내가 홀로 오랫동안 몸부림치는 것을 허락하지 않으셨다. 주님은 팸 그리브스(Pam Greaves)를 내게 보내주셨다. 1968년에 우리는 결혼했다. 그 때 나는 욥의 말을 다른 방향으로 돌려서 말할 수 있었다. "취하신 여호와께서 다시 주시는도다. 여호와의 이름을 찬양하라" 이렇게 찬양한 이유는 단지 주님이 내게 다시 아내를 주셨다는 것 때문이 아니라, 주님이 내게 맡기신 사역이 너무도 중대하기 때문 이었다. 주님은 이 사명을 완수하기 위해서는 내게 동역자가 필요하다는 것을 알고 계셨다.

　팸은 동부아프리카에서 9년 간 교회선교협회의(the Church Missionary Society) 사무직원으로 사역을 했으며, 그곳의 부흥운동의 주역들과도 마음이 잘 맞았다. 그녀는 우리가 런던 남부지역에 있는 아파트에서 살 때 우리 집 위층에서 5년이나 살다가 그 집을 마침내 구입했다. 팸과 레블은 아주 가깝게 지냈는데, 특히 내가 집회를 위해 집을 비울 때면 더욱 그랬었다. 팸은 홀몸으로 선교사역 현장에서 일하면서 많은 고난을 당했다. 팸은 자신에게 남편이 없어도 예수님만으로 만족한다고 간증한 것에 대해 회개했다. 팸은 오래전인 1947년에 동부아프리카에서 선발대로 온 부흥사역 팀이 그녀가 출석하던 서비튼(Surbiton)에 있는 교회를 방문했을 때 주님을 만났다. 그 이후로 그녀는 율법에 얽매인 신앙생활을 벗어나서 그녀만의 은혜의 순례여정 길을 걸어왔다.

보통 대부분의 재혼은 가족들의 반대에 부딪히는 경우가 많다. 내 경우는 오히려 가족들이 강권적으로 밀어붙여서 재혼한 케이스이다. 어느 날 아들 마이클이 내게 "아버지, 재혼할 생각 없으세요?"라고 물었다. 나는 대답했다. "아니, 생각해본 적 없다. 누구하고 말이냐?"

아들이 대답했다. "팸 그리브스하고요"

아들부부가 팸을 알고 지낸 것이 얼마나 감사한지 모른다고 말했다.

아들의 말을 염두에 두고 팸을 다시 한 번 보았는데, 내가 팸을 그런 마음으로 쳐다본 것은 정말로 처음이었다. 내 마음속에서 사랑이 싹트기 시작했고, 주님이 내 귀에 "너를 위해 내가 그녀를 선택했다"고 속삭이시는 것 같았다. 물론, 그때까지도 나는 팸에게 아무 말도 하지 않았다.

아내 레블이 세상을 떠난 지 얼마 되지도 않았는데 하나님이 이런 방향으로 인도하시는 것은 문제가 되었다. 함께 사역하는 동료들에게 이 사실을 알릴 필요가 있었다. 그러나 나는 모든 동료들에게 이 사실을 알릴 수가 없었다. 마치 드라마의 주연배우가 행복에 겨워 자신의 역할이 무엇인지 깨닫지 못하고 있는 것처럼 어찌할 바를 몰랐다. 그래서 나는 우리 사역 팀의 대표인 켄 모이나 박사(Dr. Ken Moynagh)와 그의 부인 웬디(Wendy)에게 이 모든 사실을 털어놓기로 결정했다.

내가 아들 마이클 집에서 회복 중에 있을 때 켄 모이나 박사 부부에게 여러 차례 장거리를 전화를 했다. 그들은 아프리카에 있을 때 팸을 알게 되었다고 했다. 켄 모이나 부부는 만약 열심히 헌신하는 주의 종을 위해 하나님이 이 일을 예정하신 것이라면 이것은 주님의 크신 사랑의 발로라고 하면서 전율을 느꼈다. 그 이후로 우리는 매 단계마다 서로 힘을 합하여 열심히 기도했다. 내가 팸에게 불쾌감이 들지 않게 먼저 말을 꺼내는 것이 적절하다고 우리는 생각했다. 그녀와의 접촉은 정말 신기하게도 옷을 사는 문제로 연결이 되어 성사되었다. 나는 그녀가 일하고 있는 르완다 선교사무실에 전화를 걸어 말을 건넸다. "내가 양복을 한 벌 사러 가려고 하는데 색깔에 대한 감각이 없어도 너무 없습니다. 같이 가서 옷 고르는 것을 도와주실 수 있나요?" 나는 이것을 대책 없는 남자가 여성의 마음을 여는 최소한의 방법이라고 생각했다.

웬디 모이나 부인이 내게 부탁했다. "옷 사고 나면 그녀를 꼭 집으로 데리고 와야 해요. 차 한 잔 나누게요" 그 일이 있은 지 얼마 지나지 않아 우리는 서로에 대한 감정을 털어놓을 수 있었고, 또 서로를 향한 주님의 의도를 깨달았다. 이것은 단순히 한가한 결혼의 문제만은 아니었다. 이 결혼을 통해서 나는 사역을 계속해 나갈 수 있었다. 우리에게 주신 사랑은 처음 결혼할 때처럼 순수하고 새로웠다.

하나님의 인도하심에 관한 많은 증거들도 있었다. 경건한 친구들이 우리 결혼에 대해 응답을 받은 것 같았다. 그것은 일어날 일에 대한 '예감'이라고 말할 수 있다. 이 일을 하나님이 미리 계획하셨다는 것을 알았기 때문에, 사람들이 그것을 들어도 최소한 놀라지는 않았다는 것이다. '예감'을 훨씬 뛰어넘는 응답이 있었다. 몇 사람의 옛 친구들과 함께 식사를 나누면서 나는 약간 머뭇거리면서 재혼할 생각을 가지고 있다고 그들에게 말했다. 그 친구 중 한 명이 "나는 알고 있어, 이미 들었다"고 말하는 것이 아닌가!

"누가 말해주던?" 나는 대답했다.

그녀가 대답했다.

"어느 날 밤 꿈을 꾸었는데, 천국에서 말할 수 없는 기쁨 속에 휩싸인 레블을 보았어. 그때 나는 레블에게 물었지. '로이는 어떻게 해야 하니?' 레블이 말하기를, '로이는 팸 그리브스와 결혼하게 될 거야'라고 하더군."

우리가 결혼한다는 얘기는 아무에게도 말하지 않고 비밀을 유지하고 있었고, 또 지금 나와 식사를 하고 있는 이 친구들은 전에 레블을 거의 만난 적이 없었기 때문에, 이 이야기는 정말로 놀라운 것이 아닐 수 없었다. 우리의 결혼을 확증하는 증거들이 속속히 나타났다. 이 모든 것들이 운명적으로 너무도 확실하게 예정이 되어있는 것 같았다.

그러한 증거들은 분명히 필요했다. 우리의 결혼문제가 곧 논쟁거리가 된다는 것을 알고 있었기 때문이다. 우리가 재혼 시기는 보통의 전통적인 상식선에서 생각하는 것보다 보다 훨씬 빨랐다. 우리의 재혼은 레블이 세상을 떠나고 난 지 6개월만의 일이었다. 그래서 우리는 하나님이 미리 우리 결혼에 대해 알려주셨지만, 민감한 사람들을 존중하려는 의도에서 그것을 비밀로 유지해야 할 필요성을 느꼈다. 우리는 점차적으로 우리 사역 팀에 속한 친한 사람들에게 우리의 결혼에 대해 알리기 시작했다. 이 소식을 듣고 대부분의 사람들은 기뻐하면서 용기를 북돋아 주었다. 특별히 팸을 아프리카에서부터 알게 된 사람들은 더욱 그랬다. 하지만 어떤 사람들은 충격을 받고 마음이 상하기도 했다. 물론, 그들이 재혼에 반대하거나 팸을 싫어해서도 아니었다. 다만 재혼시기가 너무 빠르다는 것이었다. 그들이 말하기를, 내가 너무 빨리 일 년도 지나지 않아 재혼하게 되면 앞으로 나의 간증을 망치게 된다는 것이었다. 내년 하기복음집회에 모일 성도들이 내가 다른 부인하고 함께 있는 것을 어떻게 볼 수 있겠느냐는 것이었다. 그들이 얼마나 레블을 사랑하고 좋아했는데 이렇게 빨리 재혼을 하느냐는 것이었다. 아내 레블이 세상을 떠났을 때보다 사역 팀의 몇몇 형제들로부터 받는 이 반대가 더욱 큰 고통으로 느껴졌다.

그러나 주님은 관례상 기다리는 일 년을 기다리지 말고 결혼을 하라는 응답을 계속 주셨기 때문에 나는 거듭 위로를 얻었다.

첫째로, 켄 모이나가 그의 심오한 자연의 이치에 대한 이해력을 가지고 이 사태를 진단해주었다. 그가 말하기를, '1년이라는 기간'은 단순히 죄 때문에 세상이 만들어낸 협약에 불과하다는 것이다. 만약 재혼을 관례상의 1년보다 더 빨리 하게 되면, 첫 부인이 죽기도 전에 뭔가 잘못된 일을 저지를 수도 있다는 염려 때문에 사람들이 만들어 낸 것이라는 설명이었다. 그러나 빛 가운데로 하나님과 함께 동행하는 성도들은 그 제약을 받을 필요가 없다는 것이다. 켄 모이나의 조언은 "초등학문 아래에 있어서 종노릇 하였다"(갈 4:3)고 한 사도바울의 말을 이해하는 데 도움을 주었다.

두 번째 응답은 어떤 분이 우리의 결혼과 관련하여 내게 보낸 확신에 찬 편지였다. 그 편지는 18세기의 위대한 복음주의자인

J. C. 라일(J. C. Ryle)이 재혼한 이야기를 인용하였는데, 라일은 두 번이나 아내를 먼저 떠나보내고 재혼을 했다. 라일이 말하기를, 아내를 잃으면 즉시 하나님께 다른 아내를 허락해 달라고 구하여야 한다는 것이다. 그렇게 함으로써, 경건한 아내가 갖는 중요성이 높이 평가될 수 있다는 것이었다. 만약 내 옆에 라일이 있었다면 나는 너무 좋아서 그를 부둥켜 안았을 것이다.

또 다른 응답은 우리가 수년 동안 친밀하게 지내온 친구인 피터 매로우(Peter Marrow) 목사와 그의 부인 바버라(Barbara)를 방문했을 때 확인했다. 피터와 나는 부흥사역을 이끌어가는 팀과 자주 합류해서 일을 했으며, 팸 역시 피터 매로우 목사가 사역하고 있는 서비튼(Surbiton) 교회에서 수년 전부터 함께 협력사역을 했기 때문에 그들을 잘 알고 있었다. 우리가 방문하던 그 날 바버라는 아주 중요한 얘기를 했다.

"두 분이 그렇게 빨리 재혼을 한다는 얘기를 듣고 처음에는 충격을 받았습니다. 그리고 얼마 후에 나는 결혼은 오로지 이 땅에 살 때만 필요하고 이 땅에 사는 동안 서로를 돕기 위해 하는 것이라는 것을 깨달았습니다. 천국에는 장가가고 시집가는 일이 없으며…천사와 동등하다(눅 20:35-36)고 했지요. 성도들이 우리 믿는 자들의 결혼에 대해 너무 많이 고민하는 것 같아요. 또한 지상에서의 결혼이 천국과도 연결이 되는지에 대해 너무 많이 생각하는 것 같아요."

어느 날 마음이 좀 울적해서 교회밖에 서있는데 나이가 원숙하게 든 한 커플을 만나게 되었다. 그들은 둘 다 그리스도인이었으며, 현재 약혼한 상태이고 곧 결혼할 것이라고 행복에 겨워 말했다. 첫 번째 아내를 잃은 그 남자는 정확하게 내 아내가 세상을 떠난 날 그의 아내를 잃었다고 했다. 그리고 나는 그에게 재혼을 언제쯤 하려고 마음먹고 있느냐고 물어보았다. 그가 말한 그들의 결혼 예정일은 우리가 결혼하는 날과 똑같은 날이었다. 이것은 우리에게 용기를 주시기 위한 또 하나의 주님의 속삭임이었다.

사탄은 우리의 결혼 문제를 꼬투리 잡아 또 다른 방법으로 우리를 괴롭히기 시작했다. 팸은 염려증후군에 빠지게 되었으며, 무슨 안 좋은 일이 일어나서 우리가 영영 결혼하지 못하게 되지는 않을까 하는 두려움에 휩싸이게 되었다. 사탄이 속삭였다. "이미 한 가지 재앙은 일어났지! 또 다른 재앙이 기다리고 있는 것을 너희는 모르느냐?"

팸의 건강에 무엇인가 심각한 일이 벌어지기 시작했다. 우리는 주님 앞에서 함께 울었다. 나는 팸에게 말했다. "내가 의학적으로는 잘 모르지만 이것은 유황냄새야. 이것은 분명 사탄에게서 온 것이야. 우리 주님이 우리 입술에 부어주시는 잔은 향기롭고 즐거운 잔인데, 사탄이 이 마시려는 잔을 빼앗아가려는 것이 분명해"

주님이 좀 더 현대적인 감각으로 기록된 예레미야 29장 11절을 우리에게 주셨다.

> 너희를 향한 나의 생각은 내가 아나니 평안이요 재앙이 아니라 너희에게 미래와 희망을 주는 것이니라(렘 29:11).

이 말씀은 정말로 우리에게 필요한 말씀이었다. 이것은 하늘로부터 온 것이었다. 우리는 더 이상 눈물을 흘리지 않았다. 다시 믿음으로 걷기 시작했다. 어떻게 우리가 최악의 것을 그렇게도 쉽게 믿었단 말인가! 하나님의 사랑을 멸시하고 하나님에 대해 어둡게만 생각했단 말인가!

약간 낙심하긴 했지만 나는 팸을 데리고 가서 정밀검사를 받게 했다. 그런데, 그리스도인 의사가 말하기를 팸에게 아무런 증상도 없다는 것이었다. 그 의사가 "아무것도 아니니까 잊어버려요"라고 말한 대로 우리는 아무것도 아닌 것으로 생각하고 잊어버렸다. 팸에게 나타난 모든 증상들이 사라졌고, 몸에서 나던 유황냄새도 사라졌다.

마지막 응답은 이상 없다는 의사의 소견을 들은 그 날 저녁에 받았는데, 정말로 믿을 수 없을 만큼 놀라운 일이었다. 그 날 저녁에 전에 언급했던 우리와 같은 날 결혼하기로 한 커플과 저녁을 같이 하러 나갔다. 그들을 만나서 내가 처음 내뱉은 말이 "우리는 이제 한시름 놓았네요!"라는 말이었다. 나는 그들에게 의사가 말한 소견을 전해줬다. 내 얘기를 들은 그도 역시 비슷한 말을 했다. "나 역시 한시름 놓았습니다." 그가 우리에게 말하기를, 그들이 재혼을 하기로 방향을 잡자마자 가슴에 큰 통증이 일기 시작했다는 것이었다. 그의 아내 될 사람도 같은 가슴의 통증을 앓기 시작했다는 것이었다. 그는 자신이 폐암에 걸린 것으로 확신하였고, 결코 재혼을 할 수 없을 것이라고 생각했다고 한다. 그는 최고의 의료진에게 가서 검진을 하게 되었고, 의사는 아무 증상도 찾지 못했다고 하면서 "아무것도 아니니 잊어버려요"라고 말했다는 것이다. 그의 가슴통증도 역시 다 사라졌다.

우리가 서로 겪은 일들을 터놓고 얘기했을 때, 그것은 마치 주님이 우리에게 말씀하시는 것 같았다. "이것이 너희를 위한 나의 마지막 확증이니라. 더 이상 다른 생각을 할 필요도 없고 의사가 혹시 잘못 본 것이 아닐까하고 염려할 필요도 없단다. 이 분명한 확증은 내게로부터 나온 것이란다."

1968년 3월 2일, 그러니까 아내 레블이 주님 품으로 떠나고 난 6개월 후에 팸과 나는 거룩한 결혼예식을 올렸다. 결혼식은 몇 사람의 친한 친구들과 주안에 있는 형제자매들이 참석한 가운데 에섹스(Essex) 지방의 사프론 월든(Saffron Walden) 근처에 있는 11세기에 지어진 작은 예배당에서 거행되었는데, 그곳은 팸의 동생이 사는 곳이기도 하다. 당시에 성공회 주교였던 로렌스 발함이 결혼예식을 진행했으며, "하나님의 길은 완전하시다"라는 제목으로 말씀을 전했다.

우리가 결혼문제로 고통을 당할 때 우리를 든든히 지원하면서 용기를 북돋아준 우리의 최고의 친구인 켄 모이나도 참석했으며, 우리가 사랑하는 윌리엄 나겐다와 그의 부인 살라(Sala)가 참석했는데 나겐다는 많이 아픈 상태였다. 우리가 신랑신부로서 예배당의 작은 복도를 내려가면서 새 출발을 할 때 친애하는 프레드 바프가 오르간을 연주했다. 프레드는 멘델스존의 결혼행진가를 연주한 것이 아니라, 부흥찬양을 코러스로 연주했다.

영광, 영광, 할렐루야
영광, 영광, 어린 양께

그 이후로 내가 언급했던 그 거룩한 사람들이 한 사람씩 주님의 부름을 받고 우리를 떠나갔다. 살라 나겐다는 우리가 기대했던 것보다 훨씬 먼저 세상을 떠났다. 우리와 함께했던 사람들 중 일부가 이 요단강을 이미 건너갔고, 일부는 이제 건너려고 한다.

결혼문제로 잠시동안 협력사역이 중단되었지만 팸은 레블(Revel)이 닦아놓은 사역의 터전을 잘 이어받아 쉽게 적응했다. 레블과 팸은 릴레이 경기를 하는 선수로서 레블이 건네주고 간

바통을 팸이 이어받아 달리는 것같이 사역을 착수했다. 팸과 나는 영국 전역과 세계를 누비면서 하나님의 말씀을 함께 전했다. 몇 년 동안은 하기복음집회에서 함께 말씀사역을 하기도 했다. 주님이 우리 서로를 인격적으로 하나되게 해 주신 것에 대해 놀라움을 금치 못했으며, 또한 하나님의 진리를 이해하는데도 우리 서로에게 일치된 마음을 주신 것에 대해 놀랄 수밖에 없었다.

비록 우리 서로의 성격이 확연히 다르고 개성이 있을지라도, 영적인 깊은 면에서 볼 때 우리는 항상 같은 생각을 하게 되었다. 우리가 세계를 돌아다니면서 말씀을 전할 때, 가끔 팸은 레블이 했던 것하고 똑같이 내 메시지의 강조점을 파악해서 짚어주었다. 나의 사역과 인생 여정에서 우리는 거의 아무런 문제없이 잘 지냈다.

제20장 | 미지의 땅으로 가다

우리가 전하는 부흥의 메시지를 통하여 많은 축복을 경험하고 있을 때, 다른 이국땅에서도 말씀을 전해달라고 하는 요청이 들어오기 시작했다. 우리가 살고 있는 영국도 다른 나라에서 볼 때는 '이국땅' 중에 하나이다. 동부아프리카에서 처음으로 부흥사역 팀이 이국땅인 영국으로 들어왔다. 우리가 그곳에서 온 비전을 붙잡은 것같이, 이제는 우리가 다른 나라에 부흥의 메시지를 전해줘야 할 차례가 되었다. 교회의 사역에 얽매이지 않고 순회사역을 할 수 있는 상황이 되었기 때문에 나는 다른 나라에서 들어온 요청들에 부응하여 집회를 인도할 수 있었다. 이러한 외부집회를 통해 『갈보리 언덕』을 널리 소개하고 보급하는 계기로도 삼을 수 있었다.

그러나 얼마 지나지 않아 우리는 이 책을 더 이상 의지하지 않아도 된다는 것을 깨달았다. 예수 자신이 중심이 되는 은혜의 메시지가 곧 메시지의 '자기 권위'를 세워준다. 사람들이 어떤 책을 읽는가 하는 것이 문제가 아니다. 사람들은 집회를 통해서 선포되는 메시지에 더 관심을 기울여야 한다. 사람들은 부흥의 말씀에 더 목말라 했고, 교회들도 우리의 메시지를 더 듣고 싶어서 초청을 했다. 또한, 다른 이국땅에서도 초청이 쇄도했다. 그래서 나는 많은 시간을 외국에서 보냈다.

몇 년간은 정말로 내 아내와 나는 영국에서보다 외국에서 더 많은 시간을 보냈다. 그 몇 년간 나는 유럽나라들을 비롯해서 북미, 남미, 그리고 아시아와 아프리카 등 14개국을 누비면서 부흥의 메시지를 전했다. 이국땅을 방문하는 것은 경치를 구경하는 관광여행이 아니었으며, 엄격하고 중요한 과제를 수행하는 것이었다. 그러나 우리가 주님을 위해 변함없이 헌신해 나갈 때 그러한 수고로운 여행도 즐거운 경험으로 다가왔다.

물론, 이러한 외국순회집회에서는 통역을 통해 말씀이 선포되었다. 통역을 통해 말씀을 전하는 과정에서 어떤 내용도 빠짐이 없이 다 전달되는 것 같았다. 심지어 영어를 동시에 프랑스어와 독일어로 통역하기도 했다. 항상 그랬듯이 통역사들은 대단한 능력을 가진 사람들이었는데, 선포된 말씀의 어느 부분도 놓치지 않고 그대로 전달하고 이해시켰다.

회중들의 다양한 반응들을 통해서 그들의 통역실력이 증명되었다. 대개 통역사들은 우리와 영적으로 하나가 되었으며, 그들은 전하는 메시지 속에 푹 빠져서 통역을 하였다. 확신에 찬 그들의 얼굴 광채가 선포된 말씀에 의미를 한층 더해주었다. 정말 그랬었다. 그들은 단순히 메시지를 통역한 것이 아니라, 내가 현장감 있게 말씀을 전파하는 것처럼 그 선포된 말씀을 자기의 것으로 소화해서 그것을 다시 조목조목 선포했다.

예를 들면, 스위스의 통역사 에른스트 크레브스(Ernst Krebs)는 몇 시간동안 내 곁에 서서 통역을 하였는데, 우리 둘 사이에 놀라운 사랑의 유대감이 형성되기도 했다. 회중들은 우리가 통역을 하기도 전에 무엇을 말할지를 이미 알고 있는듯했다. 내가 떠나온 후에도 그들이 그러한 메시지들을 오래도록 잊지 않고 있다고 확신한다. 바로 이 말을 듣는 것보다 더 큰 기쁨은 없을 것이다. 이상하게 보일 수도 있겠지만, 지난 수년간 나는 통역을 통하여 말씀을 선포할 때 성령께서 가장 강력하게 역사하시는 것을 목격했다.

이러한 해외집회들은 대개 팀을 이루어 진행했다. 초창기에는 레블과 또 다른 형제를 대동하고 순회 집회를 했었는데, 이제는 팸과 같이 진행했다.

우리는 영국에 있을 때 동부아프리카에 온 형제들을 통해 부흥목회에 필요한 팀 사역의 원리를 배웠다. 우리는 처음으로 동부아프리카에서 온 4명의 선교사들로 구성된 사역 팀을 만났다. 그때 우리는 윌리엄 나젠다와 요시야 키누카가 조 처치와 함께 모임을 주관하는 것을 보았다. 우리 중 몇 사람이 아프리카를 방문했을 때, 이런 식의 팀 사역은 아주 자연스러운 것이라는 것을 알게 되었다. 그래서 우리는 이 팀 사역의 원리를 영국에 수용해서 우리의 다양한 활동영역에 적용했다. 특별히 하기복음집회에 이 원리를 적용했다. 한 두 사람의 목격자들을 통해서 이 팀 사역의 원리가 알려지게 되었고, 가끔 메시지를 통해서도 소개되었다. 결과적으로, 이 팀 사역은 아주 거부할 수 없는 원리가 되었다. 더욱이, 이 팀 사역의 원리는 사역의 다양성과 사역의 깊이를 더욱 확대해 준다. 그래서 우리에게 새로운 사역의 기초를 놓는 임무가 주어질 때, 우리는 적어도 한 팀을 이루어 일하는 것을 좋아하게 되었다.

그렇게 구성된 팀 사역은 대가가 따르기 마련인데, 최소한 개개인에는 그럴 것이다. 팀 사역을 하다보면 가끔 속에 내재되어 있는 미묘한 욕구가 드러나서 질투와 비난을 유발하는 경우가 있다는 것을 알 수 있다. 그럴 때에는 우리는 주님께 기꺼이 함께 나아가서 하나가 되게 해달라고 주님께 기도해야 한다. 그러나 우리의 팀 사역의 진수는 팀 안에서 선포되는 말씀이었다. 그것은 살아있는 말씀의 표출이었다. 주님은 우리가 함께 할 때 도우신다는 것을 우리가 자주 증거했다.

내게 주어진 이러한 해외순회집회의 비전은 내가 가는 곳마다 단순히 말씀의 씨를 뿌리는 것만을 의미하는 것은 아니었다. 물론, 그 일은 유익한 일이었다. 사람들이 말씀을 통하여 새롭게 변화되고 주님을 만나는 경험을 하는 것은 항상 놀라운 일이었다. 우리가 바라는 비전은 새롭게 은혜를 받은 개개인들이 서로 가깝게 하나로 연결되어서 팀을 이루는 것이었다. 그들이 하나의 팀을 이루어서 그 나라를 품을 수 있는 비전을 갖도록 하거나, 최소한 한 지역을 감당하는 팀을 만드는 비전을 갖게 하는 것이었다. 다시 말해서, 비록 작을지라도 부흥의 교두보를 구축해야 한다는 것이다. 그 부흥의 교두보를 통해서 서로가 갈보리의 사랑을 경험해야 할 것이다. 그 교두보를 통해서 주님이 더 일하시도록 해야 할 것이다. 물론, 이 일은 성령께서 이루실 수 있는 것이며 시간이 걸리기도 한다. 어떤 경우에는 많은 시간이 소요되기도 한다. 그러나 이 교두보를 구축하는 일은 다양한 나라에서 다양한 각도로 일어나고 있다.

나는 내가 본 것만을 말할 수 있다. 다른 형제들은 나보다 더 많은 것들을 보았다. 예를 들면, 동부아프리카 부흥의 열매인 나의 친구 페스토 키벤제레 주교는 내가 경험한 것보다 훨씬 광범위하게 부흥을 경험했으며, 내가 세계 여러 곳에서 경험한 부흥의 축복에 관한 것보다 훨씬 많은 것들을 말해줄 수 있을 것이다. 더욱이, 사역에는 다양성이 존재한다. 그러나 이 모든 것 안에서 모든 것을 이루시는 분은 동일하신 하나님이시다.

이러한 해외순회집회를 진행함에 있어서 홀로 독주하는 사역은 있을 수 없는 일이었다. 내가 해외순회사역을 한 것을 회상하면서 이것을 언급하는 것은 내 개인의 순례의 여정에서 경험한 일들이 오늘을 살아가는 우리에게 어떤 경각심을 주기 때문이다.

프랑스에서의 사역

내가 처음 해외에서 부흥사역을 경험한 것은 1949년이었다. 윌리엄과 조가 아프리카에서 돌아와 나에게 제안하기를, 피터 매로우와 내가 한 팀을 이루어서 프랑스로 가야 한다고 했다. 프랑스 게브빌러(Guebwiller)에서 우리 사역팀이 오기를 기다리고 있다는 것이었다.

당시 프랑스 성서유니온의 사무국장인 레오나드 브레셰(Leonard Brechet)는 우리처럼 3년 전에 동부아프리카에서 온 선교팀을 통해 주님을 만났다. 프랑스 게브빌러에 본거지를 두고 있는 성서유니온은 아주 넓은 캠프장소를 소유하고 있었다. 레오나드가 그의 여름캠프집회의 마지막 한 주간을 우리 4명의 강사를 초청해서 부흥회를 인도하는 계획을 세웠다. 그곳에서 처음으로 나는 통역을 통해 말씀을 선포했는데, 영어를 독일어와 프랑스어로 통역했다. 또한 이 프랑스 여행은 처음으로 내가 비행기를 타본 여행이기도 했다. 이 부흥집회는 나에게 날개를 달아 주었다. 메시지는 하나가 아닌 여러 언어로 전파되었다. 강렬한 관심을 불러일으켰고, 캠프집회장은 프랑스, 독일, 스위스, 그리고 그 주변의 국경지역에서 온 사람들로 가득 찼다.

당시를 떠올리는 세 가지 특별한 기억들이 있다.

첫째는, 집회를 진행하면서 사람들이 말씀에 완전히 녹아져서 뭔가가 터질 것 같은 분위기가 조성되었던 순간이 있었다. 모임이 끝나가는 무렵에 어떤 사람이 일어나서 간증을 할 수 있느냐고 물었다. 조가 시계를 보고 말하기를, "좀 갑작스럽네요. 내 생각에는 지금은 아닌 것 같습니다. 우리가 시간이 없습니다"라고 했다. 그때 나는 좀 화가 나서 조에게 말했다.

"이봐요 조, 당신은 지금 성령께서 이제 막 일을 시작하려고 하시는데 성령을 근심하게 하고 있는 것입니다."

조가 대답했다. "이봐요 로이, 간증에 대해서는 당신이 걱정할 필요가 없어요. 시간이 되면 간증하지 말라고 해도 간증을 하게 될 것입니다"

조의 말이 입증이 되었다. 하루 이틀이 지나고 나서 모인 회중들에게 간증의 기회가 주어졌는데, 그들이 이 주님을 만나는 새로운 경험을 할 수 있는 분위기가 정점에 이르렀다. 우리는 사람들이 하나님이 그들을 어떻게 다루셨는지 간증할 때 자리에 앉아서 경청했다. 영어 통역을 통하여 그들이 하는 간증들을 들을 수 있었다. 그 모임은 두 시간이나 지속되었다. 그래도 간증이 끝나지 않자, 또 다른 모임을 시작하기로 했다. 그 모임 또한 두 시간이나 지속되었다. 바로 이것이 성령이 사람들을 자유롭게 하신다는 말을 의미하는 것이다. 나는 이 집회를 통해 밀어붙이지 않는 것을 배웠고, 그 교훈을 아직도 간직하고 있다.

두 번째 기억은 부흥집회 때 있었던 특이한 간증과 관련이 있다. 어떤 사람이 자리에서 일어나서 자신은 제1차 세계대전 때 참전한 프러시안 사람이고 카이저(Kaiser) 황제 밑에서 "하나님이시여, 잉글랜드를 벌하소서!"(Gott straf England)라는 구호를 배웠다고 했다. 전쟁이 끝났을 때 그의 잉글랜드에 대한 증오는 사라졌다. 그런데, 그 후에 그는 히틀러 밑에서 제2차 세계대전에 참전하게 되었고, 다시 "하나님이시여, 잉글랜드를 벌하소서!"라는 구호를 외치면서 잉글랜드를 증오하게 되었다. 역시 전쟁이 끝나고 나서 그 증오심은 다시 사라졌다.

그가 말을 이어갔다. "그러나 나는 잉글랜드인들이 단상에 올라왔을 때 그 중의 한 사람이 꼭 윈스턴 처칠 같이 느껴졌습니다. 그때 내 속에 있는 모든 원한이 솟구쳐 올랐습니다." 그는 나를 손가락으로 가리키면서 이 말을 했다. 그러나 그는 울먹이면서 말을 덧붙였다. "내가 회개합니다. 당신에게 용서를 구합니다."

그런 후에 곧바로 그는 단상 위로 올라와서 양팔로 피터 매로

우와 나를 끌어안고 덥수룩한 콧수염을 양쪽 볼에 비비면서 입맞춤을 했다. 이 광경을 본 모든 회중들은 하나님을 찬양하며 노래했다. 나중에 깨달은 것인데, 이 사건은 그가 단순히 주님을 새롭게 만났다는 것을 의미할 뿐만 아니라, 그 날 그가 처음으로 영적으로 거듭났고 진정한 그리스도인이 되었다는 것을 의미한다.

세 번째로 기억할 만한 일은 집회가 끝나고 나서 일어난 사건이다. 이 사건은 부흥을 위해 기도하는 사람들에게 특별한 의미를 주는 것이었다. 집회가 끝나고 사람들이 기쁨이 충만한 가운데 집회장을 빠져나가고 있었다. 많은 사람들이 서로를 부둥켜안고 감격을 나누기도 했다. 한 무리의 사람들이 가까운 마을에 머물고 있는 우리에게로 돌아와서 말했다.

"우리는 부흥을 위해 3년 동안 일주일에 3번씩 기도해 왔습니다. 물론, 우리는 이 일에 앞으로도 더욱 박차를 가할 것입니다. 내일 우리의 기도모임이 있습니다. 내일 기도모임에 오셔서 말씀을 전해주시면 좋겠습니다."

우리는 망설임 없이 그렇게 하겠다고 했다. 그러나 다음 날 우리가 기도모임에 막 가려고 하는데 모든 관심이 윌리엄에게 집중이 되었다. 윌리엄이 조의 팔을 붙잡으면서 말했다. "지금 멈추세요. 그들이 3년이나 부흥을 위해 기도했다는 사실을 아시지요? 이제 그들은 부흥을 경험하고 싶어 합니다. 그들은 아직 그 부흥의 원리를 경험하지 못했습니다."

윌리엄이 말한 의도는 예수님이는 우리 모두를 만나주실 때 똑같은 방법이 아닌 각자에게 새로운 방법으로 찾아오신다는 것이었다. 결과적으로, 예수님은 잡힌 자들을 해방시켜주시고, 영적으로 소경된 자들을 볼 수 있게 해주시고, 또한 도덕적으로 절름발이 된 자들을 다시 걷게 해 주신다는 것이다. 이것이 부흥이 아니면 무엇이 부흥이겠는가? 부흥을 열망하며 기도하던 그들은 여전히 그들의 마음속에 품고 있던 부흥에 관한 고정관념을 버리지 못했다. 그들은 예수님 자신이 부흥에 관한 최종적인 답이 된다는 것을 아직 깨닫지 못하고 있었다. 그래서 그들은 예수님 안에 있는 부흥이 아직 임하지 않았다고 생각하면서 지금도 계속 부흥을 위해 기도하고 있는 것이다.

윌리엄이 기도모임이 진행되는 방에 들어와서 "지금 당장 올무를 벗어라"라는 놀라운 메시지를 전했다. 그는 복음서에 나오는 모든 유대인들이 어떻게 오실 메시아를 기다리고 있었는지를 말했다. 유대인들 모두가 메시아를 기다리고 있었는데, 그중 어떤 사람들은 예수님이 이미 그들 중에 오셨는데도 불구하고 계속 그분을 기다리며 간절하게 기도했다. 메시아가 오신 줄도 모르고 계속 기다리고 있는 그 무리 가운데 그 메시아가 서 계셨다. 그 기다리는 사람들에게 필요했던 것은 이미 그들 중에 오신 메시아를 알아보고 그를 환영하는 것이었다.

윌리엄이 부흥을 위해 기도하는 그들의 기도모임에 이것을 예로 들어 설명을 했다. 마치 유대인들이 이미 오신 예수님을 알아보지 못한 것 같이, 자기들이 원하는 부흥이 아직 오지 않았다고 생각하고 계속 기도하고 있는 그들을 지적하면서 "주님의 발 앞에 엎드려라"고 교훈했다. 이 얼마나 위대한 메시지인가! 진정으로 위대한 메시지임에 분명한데, 또 하나의 같은 맥락의 의미를 내포하고 있는 비유를 들 수 있다. 예수님을 만난 수가 성 여인의 이야기이다. 그녀가 말하기를, "메시아 곧 그리스도라 하는 이가 오실 줄 내가 아노니 그가 오시면 모든 것을 우리에게 알려 주시리라"고 했을 때, 예수님이 여자에게 "네게 말하는 내가 그라"고 말씀하셨다.

너무도 자주 성도들이 부흥에 대해서 말하고 간절히 기도하면서 하는 말이, "부흥이 오면 이런 저런 일들이 일어날 것이다"라고 한다는 것이다. 예수님은 말씀하신다. "네게 말하고 있는 내가 곧 부흥이다. 이제 나와의 관계를 바르게 하라. 그러면 너희에게 부흥이 임할 것이다." 프랑스 게브빌러에서의 집회는 몇 년간 연례행사로 열렸으며, 하나님은 그 집회들을 크게 축복해주셨다. 나는 계속해서 그 집회에 참여하여 서로 은혜를 나누었으며, 레오나드 브레셰와는 아주 친한 친구사이가 되었다.

스위스에서의 사역

레오나드와 내가 1957년 어느 날 독일의 아우토반 도로를 달리고 있을 때, 하나님이 우리에게 국제부흥집회를 개최하라는 생각을 주셨다. 국제집회라면 스위스 말고 더 좋은 곳이 세계 어디에 있단 말인가? 그래서 1958년 6월에 한 주간 집회를 열기로 계획하고 제네바호수 위의 높은 산들이 내려다보이는 레잔(Leysin)에 있는 그랜드호텔을 예약했다. 우리는 잉글랜드에서 전세 낸 항공편으로 스위스로 들어왔고, 동부아프리카에서 집회를 개최할 때처럼 유럽 각국에서 사람들이 몰려들었다. 심지어 캘리포니아에서도 두 명의 목회자가 참여했다.

매년 국제집회를 개최하리라고는 전혀 예상하지 못했던 유럽에 있는 형제들이 스위스집회를 자기들의 연례행사로 매년 열기로 결정했다. 이 스위스 국제집회는 21년간 지속되었으며, 나는 10여년 이상 그 집회에 참여하여 유럽사역 팀과 함께 부흥집회를 이끌었다. 또한, 잉글랜드 사역 팀의 다른 형제들도 함께 스위스집회에 참여하였으며, 이로 인하여 유럽사역 팀과 잉글랜드 사역 팀 간에 끈끈한 유대관계가 형성되었다.

결과적으로 나는 스위스에 있는 교회들로부터 많은 초청을 받게 되었으며, 아내와 나는 특별히 잉글랜드와 스위스를 안방 드나들듯이 다녔다. 세 종류의 다른 연례집회를 확대 개최하기로 했는데, 이 연례집회는 상이한 연령대의 사람들과 상이한 언어를 사용하는 사람들을 위한 것이었다. 몇 사람의 심령 안에서 구축된 교두보는 서서히 확장되어 나가는데, 중요한 새생명운동이 교회들 가운데 퍼져나가기까지 확장된다는 것을 이 확대된 연례집회개최가 말해주고 있었다.

확대된 교두보를 설명하는 또 다른 비유는 차가운 대서양을 가로지르면서 밀려오는 멕시코 만의 따스한 해류라고 할 수 있다. 멕시코 만에서 밀려오는 따뜻한 조류는 잉글랜드와 북유럽 국가들의 해변을 따뜻하게 적셔주고 온화한 기온을 만들어준다. 부흥은 바로 이와 같은 것이라고 할 수 있다. 부흥을 특별하게 어떤 것이라고 규정할 필요는 없을 것 같다. 또한 이전에 이미 일어났던 것과는 다른 것이라고 분명하게 말할 수도 없다. 부흥은 대서양을 가로질러 밀려드는 멕시코 만의 해류와 그다지 다르지 않다. 부흥은 형제애를 싣고 오는 따뜻한 조류와 같다. 그 따뜻한 조류는 갈보리로부터 흘러나와서 너무도 냉랭해진 우리 유럽교회들 가운데 흐르고 있다. 그러한 나라들 가운데에 이 따뜻한 부흥의 조류를 흐르게 해주신 하나님께 감사를 드린다. 스위스는 분명히 그 나라들 중 하나이다.

독일에서의 사역

독일은 다른 곳과는 너무도 다르게 은혜의 복음을 받아들이는 데 적극적이었다. 내가 어떻게 처음 초청을 받고 독일에 가게 되었는지 기억할 수는 없지만, 나는 성령의 이끄심을 따라 독일에서 또 하나의 색다른 삶을 경험했다. 나는 복음주의 출판사로 잘 알려진 브로크하우스 페어라크(Brockhaus Verlag) 출판사와 아주 긴밀한 관계를 유지했다. 이 출판사는 내 책 중에서 몇 권을 독일어로 번역하였으며, 그 책들을 필요한 곳에 보내어 그리스도인들에게 은혜를 끼쳤다.

독일의 성도들은 윌리엄을 너무 좋아했는데, 영향력 있는 목회자기도연합회는 윌리엄에게 6개월이 넘는 기간동안 기도모임을 이끌어달라고 했다. 여기에 모인 목회자들은 신학적으로 깐깐한 사람들이었음에도 불구하고, 이 소박한 아프리카 사람이 전해주는 천상의 메시지를 배우기 위하여 그의 발밑에 앉아서 듣는 것을 마다하지 않았다.

동부아프리카에서 온 또 다른 한 사람 성공회 주교인 페스토 키벤제레는 빌리 그래함과도 가끔 교제를 하였는데 최근에 독일을 방문했다. 그는 긍정적이고 결단을 촉구하는 강력한 메시지를 전하였다. 주님은 그에게 은혜와 진리를 충만하게 부어주셨으며, 이로 인하여 독일의 성도들은 은혜를 받았다. 그의 메시지에 특별히 젊은 그리스도인들이 열광하였다.

브라질에서의 사역

　브라질은 남미의 모든 나라 중에서 가장 크고 가장 중요한 나라이다. 브라질은 너무도 풍부한 자연자원을 가지고 있는 나라여서, 만약 부정부패만 척결한다면 언젠가는 미국을 앞지르는 경제 강국이 될 수도 있는 나라이다. 오로지 예수 그리스도의 복음의 영향력만이 그 부패를 척결하고 경제 강국이 되게 할 수 있다고 본다. 충분히 가능성이 있는 일이다.

　복음으로 인하여 더 많은 그리스도인들을 생겨나고 있으며, 세계 어느 곳보다 더 빠른 복음화율을 보이고 있는 곳이 아마도 브라질일 것이다. 브라질은 전체적으로 로마 가톨릭이 지배적인 나라이다. 브라질의 개신교가 매 10년 마다 두 배로 그 숫자를 늘린다는 계획을 가지고 있다고 들었다. 회심의 방편을 통하여 그렇게 한다는 것이다. 계속 새로운 교회들이 설립되고 있는데, 처음에는 창고 같은 장소에서 시작하였다가 얼마 안가서 크게 성장하여 자기들만의 교회건물을 갖기도 한다.

　그러나 이러한 열정적인 분위기와 성장에는 위험요소가 따르기도 한다. 주된 위험은 성령의 사역을 인간이 '노력하는 것'으로 대치하려는 시도가 그것이다. 잘못된 것에 강조점을 두게 되면 불협화음이 생길 수 있다.

브라질에 상주하고 있는 미국 선교사 돈 필립스(Don Philips)로부터 청소년사역을 소개해달라는 요청을 받았다. 1958년에 그가 휴가를 받아 로스앤젤레스에 왔을 때 우리와 만나게 되었는데, 그는 내가 전하는 메시지가 브라질에도 꼭 필요하다는 것을 깨달았다고 한다. 그가 강하게 권하면서 나를 브라질로 초청하였고, 그곳에서의 일정은 그가 준비한다고 하였다. 나는 우쭐해져서 내가 그것을 해야겠다고 생각했다.

그러나 하나님은 때때로 사역에 관한 요청이 들어올 때 우리 스스로 갔던 경우와 달리, 그리고 팀 사역에 있어서도 구속받지 않았던 반면에 이번에는 형제들에게 나누도록 하셨다. 주님은 말씀하셨다. "만일 네가 동역자들 없이도 할 수 있다고 생각한다면, 그것은 네가 나 없이도 할 수 있다고 생각하는 것과 마찬가지다."

고민은 끝이 났다. 나는 곧바로 조 처치에게 이 초청에 함께 할 것을 제안을 했다. 그렇게 한 것이 얼마나 감격스런 일인지 모른다. 이 사역이 우리가 알고 있는 가장 전략적인 과제중의 하나였다는 것이 판명되었기 때문이다. 주님이 이미 기초 작업을 다져 놓으셨으며 우리가 가는 곳마다 계시의 영을 부어주셨다. 수많은 사람들이 철퍽거림 없이 "말끔하게 요단강을 건넜다." 수영을 할 필요도 없었다. 그들은 이미 그리스도께서 성취하신 구원의 역사를 디딤돌로 해서 건너갔다.

브라질집회를 통해 목격한 잊을 수 없는 한 가지가 있다. 한 사람의 삶이 완전히 바뀐 아주 중요한 이야기이다.

조와 내가 상파울로 근처에 있는 집회장에서 목회자들을 위한 집회를 인도하고 있을 때, 장로교선교단체에 속한 젊은 미국선교사 어니 길모어(Ernie Gilmore)가 선교용 항공기를 타고 집회 장소로 날아왔다. 심령의 갈급함이 그를 이끌어 온 것이다. 우리와의 대화 중에 그는 그의 선교본부 안에 서로간의 장벽이 생겨 제대로 생활할 수 없을 정도가 되었다는 것을 토로했다. 그곳 선교사들의 심령이 너무도 냉랭해져 있어서 만일 어떤 한 사람이 주님에 대해 심각하게 얘기를 하면 다른 사람들은 농담하듯이 "저사람, 선교사처럼 얘기하고 있네!"라고 비꼬면서 말한다는 것이었다.

그는 최근에 돈 필립스가 그에게 『갈보리 언덕』이라는 책을 주었다는 것과 주님이 그의 심령 안에서 다시 역사하기 시작하셨다는 것을 말했다. 뿐만 아니라, 주님은 그가 바로잡아야 할 것들을 보여주셨으며, 특히 그의 동료들과의 관련하여 고쳐야 할 것을 보여주셨다는 것이다. 결과적으로 선교사들 간의 교제가 다시 회복되었고 선교사역에 하나님의 새로운 축복의 역사가 나타났다는 것을 말했다. 우리는 그 날 저녁에 집회에서 간증하도록 그에게 제안을 했다. 그는 그 날 저녁집회에서 간증을 했다. 주님이 그를 십자가로 이끄셔서 회개하도록 했다는 간증을 마칠 때쯤 그는 고백했다. "그러나 나는 아직 성령의 충만을 받았다고 말할 수 없습니다. 나는 성령의 충만을 구하고 있는 중입니다"

나는 그를 따로 데리고 나와 그에게 말했다. "내가 당신의 간증을 들으면서 하나님을 찬양했지만, 당신이 '나는 아직 성령의 충만을 받지 못했다'고 말한 것을 듣고 실망했습니다." 내가 그와 더 자세한 얘기를 나누었을 때, 그는 성령의 충만을 받기 위해 십자가보다 더 나아갈 필요가 없다는 것을 깨닫기 시작했다. 십자가에서 주님은 그의 모든 필요를 채워주셨다. 그가 십자가로 나갔을 때, 하나님은 진정으로 그에게 성령의 충만을 허락해 주셨다. 그가 믿음으로 그리스도의 보혈의 능력을 받아들이면 성령의 충만은 이루어지는 것이기 때문이다. 십자가에서 그는 예수님의 보혈의 가치가 자신에게 얼마나 중요한가를 알고 믿기 시작했던 것이다.

계속되는 집회기간동안 그는 조용한 곳이나 나무그늘 같은 곳을 찾아 예배하는 경건한 마음으로 엎드려 기도했다. 그는 그리스도의 피가 모든 것을 깨끗케 하고 그로 인하여 성령의 충만이 이루어진다는 것을 믿었으며, 그가 필요한 모든 것은 예수님이시고 하나님 앞에서 그의 의(righteousness)도 예수님으로 말미암은 것이고, 그의 거룩함 또한 예수님 안에 있는 것이라는 사실을 믿었다. 그는 올무에서 해방되어 밝은 얼굴로 선교본부로 돌아갔다. 그가 돌아가서 겸손하게 그의 간증을 하였을 때, 주님은 그의 간증을 통하여 다른 선교사들이 영적 갈급함을 갖도록 역사하셨다. 간증을 들은 사람들이 회개하기 시작했고, 어떤 사람들은 그리스도를 처음으로 찾기 시작했다. 어니 길모어에게서 답장이 왔다. "로이, 생수의 강이 흘러넘치고 있어요." 성령의 충만을 이루시는 하나님의 방법은 우리가 다 이해할 수 있는 것이고 얼마나 단순한지 모른다.

어니에게 일어난 변화를 보고 그의 몇몇 동료선교사들이 후에 모임을 가지게 되었는데, 그들도 역시 어니와 같이 우리의 도움을 필요로 했다. 결과적으로 이 일로 인하여 브라질 선교회에서는 공식적으로 우리에게 브라질을 재방문해 줄 것을 요구해왔다. 초청이 있은 바로 그 다음해인 1960년에 윌리엄 나겐다와 함께 나는 브라질을 재방문했다.

주님은 윌리엄과 나를 순수한 사랑의 끈으로 묶어주셔서 영적으로 심도 있는 연합을 이루게 해주셨다. 우리의 메시지는 마치 가위의 양날과 같았다. 명약관화한 백인과 아프리카흑인의 하나 됨은 브라질 사람들에게 큰 영향을 끼쳤으며, 그들은 우리의 메시지에 거부감을 느끼지 않았다. 메시지는 통역을 통해 선포되었는데, 아르투르 곤살베스(Artur Gonçalves)라고 하는 젊은이와 복음주의자 월터 카쉘(Walter Kaschel), 은행원 다닐로 바스콘셀로스(Danilo Vasconcellos), 그리고 경건한 자매 클레멘 모레이라

(Clemen Moreira)가 통역으로 봉사했다. 그들은 무더위 속에서 우리 곁에 서서 몇 시간동안 거의 기진맥진할 정도로 통역을 하였지만, 기쁜 마음으로 우리가 하는 말을 통역했다. 그들에게 이 통역봉사는 색다른 각도의 경험이 되었다. 나중에 브라질을 방문했을 때 통역으로 도왔던 그들을 비롯해서 많은 사람들이 나와 내 아내 팸을 반겨 맞아주었다. 그러나 이 일은 브라질을 방문한 초창기의 일이었고, 하나님이 그의 사역을 계속해 나가신다는 생각을 우리는 마음에 염두에 두지 않았다.

그 후로 12년의 공백 기간 동안 해외의 어느 누구도 브라질에 있는 그들을 방문하지 않았다. 우리가 잉글랜드에서 부흥사역을 이끌던 초창기에 동부아프리카의 형제들이 얼마나 자주 우리를 방문해 주었는지를 생각하면서 우리가 그들에게 빚진 자라는 것을 깨닫게 되었을 때, 우리가 브라질에 있는 형제들을 소홀히 했다는 생각이 들었다. 결국, 1972년에 나와 내 아내가 브라질을 방문했을 때, 십수 년 전에 은혜를 받은 그 형제들이 아직도 그때 배운 말씀대로 신실하게 행하고 있는 것을 발견했다. 전에 말씀을 들었던 대부분의 사람들은 그 때의 감동을 결코 잊지 않고 있었다.

우리가 다시 방문했다는 소문이 돌았다. "그 사람들이 다시 여기에 왔다. 당신들도 알다시피, 12년 전에 우리가 그들의 메시지를 듣고 얼마나 큰 감동을 받았는지 모른다." 집회장소로 사람들이 몰려왔다. 우리가 상파울로에 있는 교회들을 순회할 때도 그들은 우리를 따라다녔다.

그리고 3년 후에 우리는 3주간 머무르는 계획을 세우고 다시 브라질을 방문했다. 이번에는 오로지 상파울로 시에만 머무르면서 사역했다. 이번 방문 집회는 내 생애에 있어서 하나님의 역사가 가장 많은 집회 중의 하나였다. 그 역사는 우리의 역사가 아닌 하나님의 성령의 행하시는 역사였다. 드디어 우리는 하나님이 교두보를 구축하셨다는 것과 우리가 처음 브라질을 방문한 1959년 이래로 잊어버리고 있었던 모든 소망들을 성취하셨다는 것을 깨달았다. 그러나 이 성취가 무려 16년이나 걸렸다. 하나님은 서두르지 아니하신다. 그 부흥의 발판이 오늘날 점점 깊이 구축되고 있으며 더 강해지고 있다. 부흥의 범위 또한 확장되고 있으며, 그 부흥의 교두보를 통해 온전한 부흥의 비전을 가진 참으로 존귀한 지도자들이 배출되었다.

아르투르 곤살베스에 대해 좀 더 얘기하려고 한다. 그는 우리가 처음 방문했을 때 통역으로 우리를 도왔던 젊은이로 그 후로도 나는 그를 늘 아껴왔다. 이 젊은이에게는 많은 사람들이 인정하는 좋은 점들이 있었기 때문이다.

오랜 공백 기간이 있은 후 1972년에 나와 내 아내는 브라질을 다시 방문했다. 나는 그를 간절히 보기를 원했고, 그가 옛날처럼 나를 위해 통역해주기를 기대하면서 기뻐했다. 그러나 그는 1주

일이 지나도 나타나지 않았으며 2주일이 지나도 모습을 드러내지 않았다. 마지막 목회자를 위한 집회에 모습을 드러냈다. 나는 따뜻하게 그에게 인사를 건네면서 말했다. '나를 위해 통역해 줄 거죠?' 그는 매우 자신 없는 표정을 지었다. 통역한다는 확신이 전혀 없었다. 그의 빛나는 생명력은 온데간데 없었다. 그는 내가 이전에 알던 그 형제가 아니었고 그의 성격을 특징지었던 기쁨을 완전히 상실해 버렸다.

그런데도 그에게 통역을 하게 했다. 그러나 그에게 불편한 기색이 역력했다. 그런 후에 그는 그가 겪은 일을 내게 말했다. 우리가 방문하지 않는 공백 기간에 그는 가정불화로 그의 아내와 심각한 갈등을 겪었다고 했다. 이 일이 목회자 친구들에게도 다 알려지게 된 것이다. 주님을 도와주셔서 그 일이 잘 해결되었지만 아직도 수치심을 떨치지 못하고 있었다. 그는 그를 알고 있는 그의 동료 목회자들이 다 참석한 가운데 감히 내 곁에 서서 통역을 할 엄두를 낼 수 없었다.

이 수치심은 곤살베스의 담력을 빼앗아갔고, 그는 자신에게 낙인이 찍혔다고 느끼고 있었다. 우리와 함께 대화를 하면서 그는 예수님의 보혈의 능력을 깨닫고 감사했다. 예수님이 그가 저지른 근본적인 죄를 용서하셨을 뿐만 아니라, 특별히 그 후유증으로 나타난 수치심을 완전히 제거해 주신 것에 대해 감사했다. 그는 다른 사람들이 그에 대해 무어라 말할까 하는 두려움을 떨

처버렸다. 그는 이제 간증을 해도 되겠다는 것을 깨달았다. 간증의 초점은 그가 저지른 근본적인 문제가 아닌 그 죄로 인하여 생겨난 얽어매는 올무에 두었으며, 또한 그 올무로부터 예수님이 자신을 어떻게 자유롭게 해방시켜 주셨는지를 말하는 데 초점을 두었다.

그 후 몇 달간 그는 자신의 간증이 알려지는 것에 개의치 않았고, 그의 동료 목회자들도 그를 이해하게 되었다. 신기하게도, 그들은 그들이 가지지 못한 것을 곤살베스가 가졌다고 생각하고, 그의 교단 밖의 다른 영역에서 곤살베스를 세워 집회를 이끌어가도록 했다.

3년 후에 나와 내 아내가 브라질을 다시 방문했을 때, 곤살베스는 우리를 위해 집회의 모든 것을 계획했다. 예수님의 보혈의 능력 안에 있는 하나님의 새로운 통찰력을 받은 이 젊은이로 인하여 브라질 교회들과 목회자들이 큰 축복을 경험하게 되었다. 곤살베스는 내 곁에 서서 그를 해방시켜준 바로 그 메시지를 기쁨으로 통역하며 전하였다. 메시지를 듣는 회중들은 그 말씀이 그를 해방시켜주었다는 것을 다 알고 있었다. 예수님은 죄를 용서해 주실 뿐만 아니라, 그 상황을 변화시켜 주시고 또한 우리가 잃어버렸던 것보다 훨씬 더 많은 것을 돌려주신다.

인도와 파키스탄에서의 사역

동부아프리카에서부터 흘러온 축복이 인도에까지 이른 이야기는 오로지 성령의 계획하심으로 된 것이었다. 1951년에 남인도교회의 주교 아파사미(Appasamy)가 부흥이 무엇이냐에 관해 관심을 갖기 시작했다. 그는 부흥을 위한 컨퍼런스를 개최하였고, 참여한 다양한 복음주의 지도자들은 부흥에 관한 과거의 자료들과 현재의 자료들을 통하여 부흥을 설명했다. 아파사미는 각 사람들이 들려주는 부흥에 관한 내용들을 연구했다.

성서교회선교사연합(the Bible Churchmen's Missionary Society) 소속으로 인도에 파송되어 그곳에서 청년사역의 선구자로 활동하고 있는 시릴 톰슨(Syril Thomson) 선교사에게 동부아프리카에서 일어난 부흥에 관해 연구를 하는 특별한 과제가 주어졌다. 그는 동부아프리카 부흥에 관해 아는 것이 아무것도 없었다.

그는 부흥에 관한 어떤 자료라도 찾기 위해 잉글랜드로 들어왔다. 그는 충분하지 않은 자료들로 연구를 진행하면서, 부흥의 대한 자신의 태도가 관심을 갖는 관망자 수준에서 완전히 부흥에 깊이 심취하는 적극적인 태도로 바뀌어 있다는 것을 깨달았다. 간단히 말하면, 그는 죄를 깨닫고 자복하게 되었고, 주 예수님을 그 어느 때보다 더 심도 있게 만나게 되었다. 그는 그가 연구한 자료의 지면을 통하여 동부아프리카의 부흥에 관해 말했을 뿐만 아니라, 그의 생생한 간증을 통해서도 그 부흥을 설명할 수 있었다.

시릴 톰슨의 보고로 인하여 곧바로 동부아프리카에 있는 조 처치와 윌리엄 나겐다가 초청을 받아 인도로 들어오게 되었고, 그들은 인도의 다양한 장소에서 그들이 경험한 하나님을 갈급한 영혼들과 함께 나누었다. 이것은 많은 사람들에게 영적인 혁명이 되었다. 어떤 지도자들에게는 이것이 그들 생애의 기념비적인 사건이 되기도 했다.

조와 윌리엄의 두 번째 인도 방문이 이어졌고, 그 후에는 두 사람의 동부아프리카 형제 페스토 올랑(Festo Olang)과 에리카 사비티(Erica Sabiti)가 인도에서의 사역을 수행했다. 나중에 이 두 사람은 성공회 대주교가 되었다. 이들의 사역의 열매는 인도 전역의 다양한 지역들에서 수많은 지도자들이 십자가에 대해 새로운 경험을 했다는 것이다.

1960년에 시릴은 나와 또 다른 형제 요시야 키누카를 초청했다. 요시야는 르완다 부흥운동의 첫 열매로 가장 먼저 회심하고 그리스도께 돌아온 사람이었다. 이 일은 가히 역사적인 사건이라고 할 수 있는데, 요시야는 그 이후로 영적인 지도자 중의 한 사람이 되었다.

1947년에 요시야가 영국에 온 이래로 우리 사이에는 특별한 시도가 있었다. 그는 단상에 올라가서 몇 마디 밖에 하지 않았다. 그야말로 그는 간결함의 모델이었다. 그러나 그의 간결한 메시지는 심오했으며, 하나님은 그의 메시지를 능력 있게 사용하셨다. 그의 소박한 메시지의 예화들은 잊을 수 없는 것들이었고, 그 예화들 속에 담겨진 의미들은 결코 버릴 수 없는 것들이었다. 그가 고백하기를, '나의 메시지는 결코 간단한 것이 아니다'라고 했다.

그는 언제나 변함없이 나에게 말했다. "로이, 당신이 먼저 하세요. 당신의 성경말씀 중의 하나를 들려주세요. 그 다음에 제가 하겠습니다." 그는 항상 나의 메시지들을 '성경봉독'이라고 부르곤 했다. 나는 먼저 내가 필요한 만큼의 시간을 할애하여 상당히 길게 말씀을 전했으며, 요시야는 간략하게 결론을 말하면서 마무리했다. 그는 이런 방식을 매우 만족해 했다.

그러나 어떤 사람들은 "왜 요시야는 짧게 말씀을 전하는데, 로이 당신은 길게 하느냐"고 내게 와서 따지기도 했다. 그들은 내가 요시야에게 충분한 시간을 주지 않는다고 생각했다. 그래서 나는 그 다음에 이어지는 집회에서 적어도 몇 번 요시야에게 먼저 말씀을 전하라고 요구했다. 그가 먼저 전하고 나면 내가 따라서 전하겠다고 했다. 그러나 그가 먼저 말씀을 전하였는데, 항상 하던 대로 그는 아주 간단하게 말씀을 전했다. 우리는 서로 피식 웃고 말았다. 우리는 항상 하던 대로 그렇게 메시지를 전했다.

또 한 가지 겪은 일은 요시야와 내가 인도 공항에서 비행기를 탑승하기 위해 오래 기다리고 있을 때 생긴 일이다. 비행기를 기다리면서 우리는 활주로를 함께 걸으면서 얘기를 나누었다. 비행기에 탑승하였을 때, 인도의 한 신사가 우리의 대화에 끼어들었다. 그는 곧바로 우리가 누구이며 무슨 일을 하느냐고 물었다. 인도사람들은 항상 이런 식으로 질문을 한다. 우리가 답변을 하자 그가 말했다.

"내가 생각한 대로 딱 맞았군요. 당신들 두 사람이 올라갔다 내려갔다 하면서 깊은 대화를 나누는 것을 보고 내가 말했지요. 세상에 백인과 흑인이 가질 수 있는 공통분모가 무엇일까? 그래서 나와 함께 한 친구에게 말했죠. 그들이 분명히 선교사들 아니면 그와 비슷한 사람들일 것이라고."

우리는 기뻐하면서 우리 서로가 갖는 공통분모는 바로 예수님이시라고 그에게 말했다. 피부색을 초월하는 주님 안에서의 성도의 교제는 항상 세상에 대하여 강력한 영향을 발휘한다. 그런데, 질문한 그 사람이 바로 남인도교회의 재정담당관이라는 것을 알게 되었다.

또 한 가지 겪은 일은 우리가 순회 집회를 진행하면서 우리 가운데 나타난 성령의 역사였다. 파키스탄에서 내가 말씀을 선포할 때, 통역을 하던 카라치(Karachi)의 성공회 주교 샨두 레이(Chandu Ray)가 나의 말을 잠깐 멈추었다. 그는 회중들에게 내가 전하는 메시지의 내용과 관련하여 자신이 겪은 간증을 하였다.

그러고 나서 나는 계속하여 말씀을 전하고 그는 통역을 해나갔다. 그 사실적인 간증을 통하여 성령께서 사람들을 감동시켰다.

인도네시아에서의 사역

1963년에 윌리엄 나겐다와 나에게 인도네시아로부터 초청이 들어왔다. 이 시기는 1967년에 그 땅에 하나님이 큰 부흥을 주시기 전이었다. 1967년의 인도네시아의 대 부흥은 전 세계의 그리스도인들에게 크게 화제가 되었다. 그 초청은 WEC 선교회 소속의 젊은 선교사 데트마르 슈너먼(Detmar Scheunemann)으로부터 왔다. 우리는 그를 독일에서 처음 만나서 알게 되었다. 그는 인도네시아의 주도적인 복음주의자인 팩 옥타비아누스(Pak Octavianus)와 함께 자바의 바투(Batu)지역에 있는 성경학교를 경영해나가는데 중요한 역할을 감당하고 있었다. 후에 이 바투 성경학교는 1967년의 인도네시아 부흥을 확산시킨 본거지가 되었다.

인도네시아는 세계에서 인구가 다섯 번째로 많은 거대한 나라이다. 인도네시아는 수천 개의 섬으로 연결된 나라로 아시아로부터 호주에 이르기까지 그 섬들이 분포되어 있다. 대부분의 섬들은 본래 화산분화에 의해서 생겨난 것들이며, 지금도 화산활동이 진행 중인 섬들도 있다. 저 멀리 산에서 뭉게뭉게 연기가 피어

오르는 것을 보는 것이 신기하기도 했다. 나중에 방문한 우리 그룹의 사람들은 직접 활화산에 올라가서 지옥 불처럼 끓어오르는 용암을 내려다보았다. 내가 카메라의 렌즈를 막 바꿔 끼우려고 하다가 잘못하여 손에서 떨어졌는데, 우리는 그 렌즈가 분화구로 굴러 떨어지는 것을 힘없이 보고만 있어야 했다. 렌즈가 굴러 떨어지다가 분화구 중간지점 쯤에 돌출된 동굴위에 걸려있었다. 보크하트 슈너먼이 내가 놀라는 모습을 보고 현지 가이드들에게 누가 내려가서 렌즈를 가져올 사람이 있느냐고 물었다. 예상한 대로 아무도 자원하는 사람이 없었다. 위험한 것은 차치하고라도 인도네시아 사람들은 화산을 신들의 처소라고 생각하고 접근하는 것을 두려워했다. 인도네시아 화산들 중 어느 한 곳에 나의 렌즈가 있다. 지금까지 남아있을지 모르겠다!

윌리엄과 나는 처음에 인도네시아의 자바섬에 위치한 수도 자카르타에서 사역을 시작했다. 그곳의 열기와 습도는 견딜 수 없을 정도였다. 아프리카 기후에 익숙한 윌리엄도 오히려 나보다 더 더위를 이기지 못했다. 데트마르는 "오직 할 수 있는 것은 '날씨 좋네'라고 말하는 것 뿐"이라고 말했다. 나는 내키지 않았지만 "날씨 좋네"라고 의도적으로 말하자 조금 견디기가 쉬워졌.

우리는 열기와 습기로 가득한 날씨 속에서도 다양한 장소에서 집회를 인도하였으며, 많은 결실을 거두었다. 어느 곳에나 푸르고 무성하게 채소들이 자라고 있었으며, 그곳에는 가뭄이라든가

기근은 찾아보기 어려웠다. 우리는 정교하게 테라스처럼 계단식 논을 만들어 언덕위에서부터 물이 흐르도록 하는 벼농사 방식을 보고 감탄했다.

우리가 드디어 자바 섬의 동쪽 끝에 위치한 바투에 도착했을 때, 우리는 본능적으로 여기에 온 목적이 바투성경학교(Batu Bible School)를 방문하는 것이라고 생각했다. 그곳에서 근처에 있는 일반대학인 말랑대학(Malang University) 학생들을 위한 집회가 개최되었다. 이 집회에서 바투 성경학교 학생들이 주도적인 역할을 하고 있었다.

약 150여 명의 깐깐한 대학생들이 집회에 참여하여 4일 동안 캠퍼스에 머물렀다. 어떤 사람들은 전혀 복음에 대해 무지했으며, 심지어 그들 중에는 많은 회교도들도 있었다. 윌리엄과 나는 그곳에서 모든 메시지를 전할 수 있는 특권을 부여받았다. 하나님이 얼마나 우리를 축복하셨는지 모른다! 죄인들을 위한 복음의 메시지가 우리 속에서 그토록 살아 역사하신 일도 드물었다. 우리는 주 예수님을 보았다. 젊은이들에게 역사하시는 주님을 보았다. 많은 젊은이들이 처음으로 주님을 만났으며, 주님으로부터 멀어진 사람들은 회개하면서 다시 돌아왔.

그러한 변화들은 외적인 것이었다. 내가 주님 앞에서 새로운 겸손을 배운 숨겨진 이야기가 있다. 윌리엄의 메시지는 그곳에 참여한 여학생들의 심금을 울렸다. 그들 중의 많은 학생들은 정말로 도움이 절실하게 필요했다. 집회가 끝났을 때, 윌리엄에게 상담을 받기 위해 사람들이 길게 늘어서서 긴 줄이 생겼다. 데트마르(Detmar)는 윌리엄이 사람들을 상담하도록 따로 장소를 마련해 주고 중년부인이 동석하여 통역으로 돕게 했다. 그는 밤이 맞도록 그 여학생들을 상담했다. 그러나 나에게 상담을 받겠다고 줄을 선 사람은 한 사람도 없었다. 나는 배회하기 싫어서 잠자리에 들었다. 잠자리에 들었는데 한심하고 비참한 생각이 들어 나 자신에게 말했다. "윌리엄이 일부러 여학생들을 겨냥하여 메시지를 전한 것이 분명해!"

물론, 그것은 나의 질투심이었다. 내가 특별히 여학생들을 상담하는데 관심이 있었던 것이 아니라, 내 앞에는 한 사람도 상담을 원하는 사람이 없는데 윌리엄 앞에 많은 사람들이 줄을 지어서 있는 것을 보고 내 마음이 곪아 터진 것이다. 결국, 주님 앞에 나아가 윌리엄이 잘못이 아니라 내가 잘못한 것이라고 고백해야만 했다. 주님은 내게 말씀을 주셨다. 마리아와 마르다가 그의 오라비 나사로가 아파 누웠을 때 예수님께 사람을 보내어 "주여 보시옵소서. 사랑하는 자가 병이 들었나이다"(요 11:3)라고 고하는 말씀이었다. 나는 주님께 "주님, 내가 아픕니다. 내 힘으로 벗어날 수가 없습니다"라고 아뢰었다. 그러나 주님은 여전히 나를 사랑해 주셨다. 이 아픈 사람은 그 날 밤에 주님의 가슴에 안겨 평안한 안식을 취할 수 있었다.

그 다음 날 아침에 나는 이 일을 윌리엄에게 말했다. 윌리엄이 내게 말했다.

"로이, 여기에는 이 여성들이나 여학생들을 도울 사람이 없어요. 심지어 그들을 도울 나이 든 그리스도인 여성들조차도 없는 것을 아시지요. 나는 내가 할 수 있는 것을 한 것뿐입니다. 이 일이 나에게도 쉬운 일이 아니에요. 위험한 일일 수도 있다는 것을 나도 알고 있습니다. 가끔 상담하는 여학생이 통곡하여 울면 인간적인 생각이 들 때도 있습니다. 그때마다 회개하면 예수님은 나를 다시 정결하게 해주셔서 그 일을 계속 할 수 있었습니다. 나는 나 자신을 오히려 전쟁터에서 상처 입은 군인이라고 생각해요. 사명이 있어서 포기하지 않고 싸우는 그런 군인이라고 생각합니다. 상처를 싸매고 다시 전쟁터로 다시 나가는 그런 군인 말입니다."

1972년에 나는 다시 인도네시아로부터 초청을 받았다. 이번에는 내 아내 팸과 동행하였으며, 페스토 키벤제레도 우리와 합류했다. 세 명으로 이루어진 환상의 팀은 크게 즐거워했다.

이번 초청도 역시 바투 성경학교의 데트마르 슈너먼 선교사로부터 온 것이었다. 하나님은 부흥이 일어나기 5년 전에 성령을 부어주셨다. 하나님의 성령의 역사는 죄를 깨닫고 회개하는 데서부터 시작되도록 하셨다. 그 회개는 학생들에게서 시작되었고, 그들에게 구원의 역사가 임했다. 새로운 은혜를 경험한 학생들이 복음을 들고 인도네시아의 섬들로 나갔다. 성령의 능력이 그들 위에 임했다. 그들이 주님을 증거했을 때, 주님이 능력을 행하시는 것을 목격했으며, 가끔 어떤 곳에서는 그 지역 전체가 그리스도께로 돌아오는 일이 벌어지기도 했다. 어떤 곳에서는 회교도들의 강한 반대에 부딪히기도 했다. 이렇게 사람들이 주님께 돌아오는 데는 특이한 일들이 자주 동반되기도 했다. 주님은 꿈을 통하여 사람들에게 말씀해주셨고, 사람들은 자주 꿈을 통해 그리스도를 만나기도 했다. 이런 직접적인 증거가 없이는 절대로 복음을 받아들이지 않을 사람들이 있었다.

그러나 그러한 특이한 일들 중에는 기적이라고 부를 수 있는 일들도 있었다. 인도네시아의 부흥이 진행되는 몇 년간 신약시대에 일어났던 기적들이 일어났는데, 특별히 티모르 지역에서 일어났다. 그러한 기적들은 결코 나의 관심을 끌지 못했다. 나는 기적에 초점이 맞춰지는 부흥을 두려워했다. 만약 그들이 기적에 강조점을 두고 부흥을 원한다면 그들의 시선이 주 예수에게서 떠나게 될 것이고, 그렇게 되면 그것으로 부흥은 끝나버리고 말기 때문이었다.

그런데, 염려했던 일이 벌어지고 말았다. 특별히 티모르 섬에서 들려오는 대부분의 기적들이 그것이었다. 성숙하지 못한 그리스도인들은 기적에 너무 심취하게 되었고, 바라던 어떤 기적들이 일어나지 않을 때 그들은 억지로 기적을 만들려고 했으며, 혹은 기적흉내를 내기도 했다. 이 일이 교회지도자들에게 퍼져나 갔고, 모두가 다 부흥운동에 동정적이지만은 않았다. 그리하여 교회지도자들은 바투 성경학교출신 사역자들을 더 이상 쓰지 않을 것이라고 맹세를 하기도 했다. 우리는 티모르로 가기로 되어 있었는데, 이런 이유 때문에 방문계획이 취소되었다.

그 성경학교 역시 도움이 필요한 때가 있었는데, 특별히 교직원들에게 도움이 필요했다. 부흥의 열기를 경험하지 못한 새로운 선교사들이 그 학교에서 배출되어 나왔다. 이 새로운 선교사들은 부흥의 시기에 형성된 교제의 수준에 대해 이해하지를 못했다. 어떤 사람들은 자신들에게 도움이 되지 않는 것들에 대해서는 미묘한 태도를 보이면서 적응하기도 했다. 처음에 우리는 그것을 분명하게 알아차리지 못했다. 그러나 페스토와 내가 아무 상황도 모르고 있을 때, 주님은 그분의 방법으로 문제의 근원을 밝히 보여주셨고, 그것을 고쳐주셨다. 페스토는 이번 방문에 관한 보고를 담은 그의 선교편지를 통해, 부흥과 기적의 전반적인 문제에 대하여 아주 명확하게 아래와 같이 지적했다.

부흥이 일어나는 초창기에는 특이한 역사들이 나타난다. 주님은 그런 특이한 역사가 있은 후에 사람들의 관심이 온전한 구원으로 집중되기를 원하신다. 이렇게 되는 것이 지극히 당연한 것이다. 부흥이 일어나는 시기에 하나님이 성령의 은혜를 부어주시는 초기단계에서 그러한 특이한 현상들은 당연히 나타나기 마런이다. 그러나 항상 그랬듯이, 여기 자바에서 일어난 그러한 특이한 현상들도 수그러들었다. 우리가 아는 한, 이것은 지극히 정상적인 경향이라고 볼 수 있다. 아주 특별하고 기적적인 감동을 갈망하는 어떤 사람들은 이곳에서 일어나고 있는 부흥의 주변이야기를 과장하여 말하고 있다. 이제 정상적으로 영적인 규모가 세워지고 있으며, 오직 주 예수님이 부흥의 중심이 되고 있다. 이것은 영화로우신 주 예수님께로부터 오는 신비이며, 주님은 지속적으로 새롭게 하시는 은혜를 부어주신다.

얼마 후에 우리는 티모르의 기적과 관련된 문제가 해결되었다는 것을 들었다. 적절한 시기에 일어난 그곳의 기적들은 예수 자신을 중심에 받아들이는 진정한 부흥이 지속되도록 하기위해 준비된 것들이라고 우리는 확신한다. 주님이 행하시는 어떠한 형태의 기적이든, 그것이 특별하거나 그렇지 않거나 할 것 없이 다 예수님을 중심에 모시는 것에 목적을 두고 있다. 너무 지루하지 않도록 하기 위해 1968년에 우간다를 방문한 것에 관한 얘기는 생략하려고 한다.

1971년에 남아프리카공화국 도로테아선교회(Dorothea Mission)의 후원으로 우리는 탄자니아 다레살람(Dar-es-Salaam)을 방문했다. 아주 특별한 사명이 주어진 이 방문은 페스토 키벤제레와 다른 동료들이 함께 동행했다. 여기에서 나는 매일 밤 계속해서 로마가톨릭 성당에서 말씀을 전했는데, 메시지가 선포될 때 하나님의 은혜가 흘러 넘쳤다. 그곳에서 성공회 주교들과의 대화는 정말로 유익했다. 일 년 동안(1971-72) 팸과 나는 세 개의 대륙을 다녔는데, 여기에서는 마지막으로 방문한 대륙에 대해서만 얘기하려고 한다.

북아메리카에서의 사역

이곳 미국과 캐나다에서 나는 해외 어느 곳에서보다 더 많은 시간을 보냈다. 총 13번이 넘게 북미지역을 방문했는데, 보통 체류기간이 3주에서 길게는 8개월 정도까지였다. 그 기간 동안 전 대륙을 순회하였다. 너무도 긴 시간을 이곳에서 보냈으며, 너무도 방대한 지역들을 순회했다. 여기에서 경험한 다양한 영적인 경험들을 다 수록하려면 족히 책 한권은 될 것이다.

1952년 내가 처음 북미를 방문한 이래로 나는 수년간 아메리카의 은혜의 날들을 누렸다. 그리고 그 은혜에 젖어서 하나님을 예배했다. 계속되는 방문이 이어지면서 그 은혜 또한 더해갔다. 그 어떤 나라에서보다 이곳 미국에서 복음이 더 많이 선포되었으며, 그 복음을 귀하게 여겼다. 주님께로 돌아오는 영혼들의 결실은 항상 알 수 없는 규모로 이루어졌다. 이 특별한 시기에 갈급한 심령으로 주님께로 돌아오는 나라가 있다면 곧 그 나라는 미국이라고 말할 수 있다. 미국인들이 그들의 삶 전체를 통하여 주 예수님을 구세주로 받아들이는 자세는 내게 하나님을 끊임없이 찬양할 근거가 되었다.

우리가 전하는 은혜의 메시지에 대한 반응은 세계 어느 곳에서도 찾아 볼 수 없을 만큼 열렬했다. 또한, 『갈보리 언덕』과 나의 또 다른 책들도 큰 파장을 불러일으켰다.

이러한 방문을 통하여 나는 그리스도 안에서 사랑의 끈으로 맺어진 수많은 형제자매들을 얻은 것 같은 느낌을 받는다. 미국이라는 나라는 너무 커서 그곳에 한 팀 혹은 하나의 복음의 교두보가 있다고 말하는 것은 불가능하다. 미국전역에 축복받은 교두보들과 축복받은 복음단체들이 널려있다. 부흥의 거대한 조류는 아주 먼 곳까지 흘러들어갔다. 이 물결이 내가 전혀 알지 못하는 곳까지 흘러들어갔다. 그리고 주님이 깊이 역사하시는 아메리카의 은혜의 때가 도래하였음에도 불구하고, 여전히 부흥에 대해 관심을 보이지 않고 냉랭한 태도를 가진 정통보수파 성경중심의 교회들에도 이 거대한 부흥의 물결이 흘러들어갈 필요가 있었다. 또한, 너무 자유주의를 표방하는 세상적인 교인들로 넘쳐나는 교회들에도 이 부흥의 물결이 흘러들어갈 필요가 있었다.

대부분의 북미순회여행은 레블 혹은 팸과 함께 했으며, 때때로 다른 형제들을 대동하고 순회 집회를 하기도 했다. 1965년과 1971년에 나는 나의 가장 절친한 친구이자 런던 남부 서레이 지역의 침례교 목사인 스탠리 보크(Stanley Voke)와 미국을 방문한 적이 있었다. 스탠리와 나의 팀 사역은 즐거운 경험이 되었으며, 함께 사역하는 동안 하나님은 특별한 방법으로 은혜를 베풀어 주셨다. 그러나 가끔 내가 회개 없이 팀 사역했던 것에 대해 여기에서 지금 말하려고 한다.

스탠리와 나는 성경본문을 고르는데 있어서 생각과 취향이 같은 것 같았고, 말씀을 선포하는 방식도 비슷했다. 이런 경우가 너무 많아서 말씀을 전하는데 어려움을 많이 겪었다. 같은 집회에서 설교를 할 때, 다른 사람의 설교내용과 중복 없이 설교하는 것은 매우 어려운 일이었다. 한 설교자가 설교한 주제는 다른 설교자에게도 역시 중요한 주제로 여겨지기 때문이다. 물론, 팀 사역을 하면 큰 도움이 되는 것이 사실이다. 팀 사역의 원리는 어떤 집회에서든지 서로가 선포해야 할 말씀을 서로 상의하여 선택해야 하고, 또한 전해야 한다. 이것은 우리에게 좋은 교훈이 되었다.

대개 사람들은 더 많은 시간을 할애하여 전하는 것을 좋아한다. 우리는 다른 사람이 말씀을 마무리 지을 수 있도록 자신의 메시지 전하는 시간을 줄이는 것을 배워야한다. 우리가 이러한 부분에 실패하면 듣는 회중들은 인내심을 잃게 된다.

두 사람의 설교자가 있을 때, 어떻게 팀워크를 이루어 일하는 것이 가능한가? 누가 먼저 말씀을 전할 것인가를 결정하는 것이 가장 중요하다는 것을 우리는 깨달았다. 즉, 마음속에 분명한 메시지를 받은 사람을 첫 설교자로 세워야 한다는 것이다. 그러니까 두 번째 설교자는 말씀 준비에 너무 신경 쓸 필요가 없고, 다만 그냥 앉아서 차분하게 첫 번째 설교자가 전하는 말씀을 들으면 된다. 그렇게 함으로써 그 사람은 전해지는 말씀에 의해 은혜를 받게 되고, 그 듣는 것으로 인하여 즐거워하게 된다는 것이다.

그리고 나서 자기 차례가 되어 말씀을 전하게 되면, 그는 첫 번째 설교자가 전한 메시지를 완전히 파악한 상태이기 때문에 그 메시지를 마무리 지으면 된다. 가끔 팸은 간증으로 끝을 맺기도 했다. 한 집회에 두세 명의 설교자가 있어도 문제될 것이 없는 것은 바로 이런 방식을 따라서 모두가 한 주제로 메시지를 전했기 때문이었다. 캘리포니아에서 열린 어느 집회가 끝나고 나서 아르민 게스바인(Armin Gesswein)이 남긴 인상적인 말을 기억하고 있다. "그 집회에는 하나님의 강력한 임재가 있었습니다."

1965년 미국 순회 집회 때에 스탠리와 나 사이에 개인적인 문제가 있었다. 그 문제는 우리가 생각했던 것보다 더욱 심각했다. 우리가 좋은 차를 렌트해서 순회여행을 할 때 고속도로에서 누구나 겪을 수 있는 평범한 교통사고를 당했다. 그 사고는 결코 유쾌한 것이 아니었다. 우리는 심하게 다치지는 않았지만 내 허리의 근육이 좀 뒤틀려서 매우 고통스러웠다. 그럼에도 불구하고, 우리는 집회를 계속 진행해 나갔다.

우리는 몇 주간 계속하여 집회를 인도했다. 그러던 도중 허리를 다친 것을 핑계 삼아 남은 두 주간의 집회일정을 스탠리에게 맡기고 아내가 있는 집으로 돌아가고 싶다는 생각을 하게 되었다. 이상하게도 어떤 남자들은 일이 생기면 아내에게로 돌아가 의지하려고 한다. 스탠리는 나의 제안을 반대하지 않았다. 그것은 내게 큰 위안이 되었다. 사람들은 나의 허리를 고쳐달라고 계속해서 주님께 기도하고 있다고 말했다. 그런데, 내 마음 깊은 곳에서는 내 허리가 고쳐지지 않고 집으로 돌아갔으면 하는 마음이 도사리고 있었다. 내가 집으로 돌아가려는 계획을 세우고 있을 때, 내 마음속에서 점점 평안이 사라졌다. 이 불안한 마음은 내가 도망치려고 했던 것을 완전히 회개하고, 나의 육신의 생각을 물리치기 위해 엎드려 죽지 못한 점을 회개하기까지 계속되었다. 스탠리와 나는 동네에 근접한 숙소에 머물렀는데, 나는 그의 방에 찾아가서 내 고민을 털어놓았다.

스탠리는 내 말에 크게 감동을 받아 눈물을 글썽이면서 대답했다. "나 역시 잘못한 것이 있어요. 나는 당신이 가버렸으면 했거든요. 팀 사역에 너무 피곤해져 있어서 나 혼자 집회를 마무리하기를 원했거든요. 형제님, 용서하세요." 우리 둘 다 동등하게 죄인이었다. 나는 한 가지를 회개하였고, 그는 또 다른 한 가지를 회개하였다. 그리고 우리는 예수님의 십자가에서 다시 연합하였다.

그래서 우리는 함께 집회를 인도했고, 얼마나 서로 기뻤는지 모른다. 남은 기간 동안 우리는 함께 서부 해안을 지나 캐나다로 올라갔다. 그곳에서 하나님은 우리가 전혀 상상도 못했던 일을 행하셨다. 궁극적으로 그 행하신 일의 반향이 서부 캐나다까지 미치게 되었다.

우리는 앨버타(Alberta) 지방의 쓰리 힐즈(Three Hills)에 위치한 프레어리성경학교(Prairie Bible Institute)를 방문하였다. P.B.I 라고 불리는 이 신학교는 북미지역의 유명한 성경학교 중의 하나로 알려져 있다. 이 성경학교가 도시에서 수마일 떨어진 초원에 위치하고 있지만 그 규모는 제일 크다. 지난 수년간 여기에서 배출된 수많은 학생들이 세계 여러 곳의 선교지로 파송 받아 나갔다.

그곳에서 우리는 특별한 집회를 개최하지 않고 그저 평범한 주일 예배를 인도했다. 그럼에도 불구하고, 그 예배에 무려 1,200여 명의 사람들이 참석했는데, 그 성경학교의 학생들과 교수들과 직원들, 그리고 그 지역의 사람들까지 몰려왔다.

예배를 마치고 나온 사람들은 그 주일오전예배가 너무도 중요한 시간이었다는 것을 깨달았다. 나는 그 예배에서 다니엘서 5장 27절의 "저울에 달아보니 부족함이 보였다"라는 말씀과 빌립보서 3장 9절의 "그리스도 안에서 발견되려 함이라"는 말씀을 대조해 가면서 설교를 했다.

성경적 의미로 볼 때 "발견되려 함이라"는 말의 의미는 흠 없는 자로 발견되어진다는 것이 아니다. 우리는 결코 흠 없는 사람이 될 수 없다. 다만, 그리스도 안에서 발견되어진다는 의미는 회개한 사람에게 주어지는 논쟁의 여지가 없는 의를 근거로 한 것이다. 나는 "그리스도 안에서 발견된 사람"을 구약시대에 부지중에 사람을 죽인 자가 원수 갚는 자의 추격을 피하여서 들어가는 도피성과 연관시켜 설명하였다. 도피성에는 원수 갚는 자가 들어갈 수가 없다.

스탠리는 내가 전하는 메시지의 주제를 따라 비슷한 예화를 들어 말씀을 이어갔으며, 그것을 즉흥적으로 민수기 35장에 나오는 도피성 주제와 연결하여 강력한 은혜의 메시지를 전했다. 그가 요약한 내용을 지금도 기억한다. "그는 도피성으로 피해야 하고(run)…그는 사람 죽인 사실을 말해야 할 것이며(tell)…그는 거기에 머물러야 할 것이라(stay)"

비록 우리가 주님을 영접한 사람들을 앞으로 나오게 하여 고백하는 공개초청을 하지 않았을지라도, 스탠리와 나는 하나님이 그 모인 무리 가운데서 강력하게 역사하셨다는 것을 알았다.

그 회심자 중의 하나가 빌 라이너(Bill Liner)라는 사람이었는데, 그는 작은 도시에 본부를 둔 국내선교기관의 사역자로 일하고 있었다. 그는 예수님의 십자가로 다시 돌아오게 된 것에 감격하여 눈물을 흘렸다. 집회를 마칠 무렵에 그의 얼굴에는 광채가 가득했다. 그 다음에 우리가 그곳에 갔을 때, 그는 우리의 가까운 친구가 되었고 동료가 되었다. 그가 부흥에 기여한 공은 아주 특별했다. 그러나 내가 그의 얘기를 계속 하는 것보다는 그가 그 날 받은 은혜를 직접 듣는 것이 나을 것 같다.

1965년은 내 인생에 있어서 기념비적인 한 해였습니다. 하나님께 깨어지고 압도당한 야곱과 같이 나 역시 깨어졌고, 주 예수님을 만났습니다. 만약 하나님이 잉글랜드로 돌아가려는 로이 헷숀과 스탠리 보크의 순회 집회 여정을 변경하여 캐나다 앨버타의 쓰리 힐즈로 이끌지 아니하셨다면, 이런 일은 결코 일어나지 않았을 것입니다. 로이와 스탠리가 오기 몇 주 전에 나는 내 아내에게 말했습니다.
"이제 주님의 일을 그만둬야 겠어. 더 이상 할 수가 없어. 난 완전히 실패한 거야." 내가 이런 말을 한 것은 심사숙고한 성찰의 결과로 된 것이 아니라, 3주 동안 회개하는 가운데 성령께서 내가 누구인가를 보여주셨기 때문이었습니다. 미국으로 돌아오는 항공편을 예약을 하였으며, 돌아가서 나는 세상 직업으로 돌아가려고 했습니다. 지난 20년간의 대부분 사역은 육신적인 생각에 사로잡혀 해왔습니다. 소경이 소경을 인도하듯이 나는 끝이 나고 만 것입니다. 내 인생은 완전히 실패로 끝났습니다. 주님을 위한 나의 헌신도 바닥이 났습니다. 내 마음은 공허합니다. 처절한 절망과 좌절을 안고 이제 지난 20년간의 목회를 접고 떠나기로 결정했습니다.

그러한 절망적인 결정은 목사로서 해외선교기관에서 주도적인 역할을 했던 나의 자부심을 여지없이 망가뜨리고 말았습니다. 하나님이 부흥을 위해 기도하는 우리에게 응답해주시기 전까지는 나도 꽤 큰 업적들을 성취했던 사람이라고 자부했습니다. 하나님이 이런 식으로 응답하시리라고는 상상도 못했습니다. 하나님은 무너져 내린 나의 내면의 인성과 선교기관에서 함께 일하는 동료들에 대한 나의 독하고 어그러진 태도를 드러내어 다루셨습니다.

3주간의 집회기간동안 나는 거의 음식을 먹을 수도 없었고, 잠을 잘 수도 없었다. 어떤 모임에도 가고 싶지 않았고, 어느 누구도 만나고 싶지도 않았습니다. 당시에 나는 정신이상이 생기지 않을까하는 생각을 했었습니다.

로이 헷손이 프레어리성경학교(P.B.I) 집회에 강사로 왔다는 얘기를 들었지만 나는 가고 싶지 않았습니다. 나는 사실 속으로 움츠리고 있었습니다. 12년 전에 로이가 처음 미국을 방문하여 워싱턴포트에서 집회를 할 때, 나는 그를 만난 적이 있었습니다. 그 집회에서 나는 큰 감동을 받고 내 개인간증까지 했었습니다. 그러나 12년이 지난 지금 내 인생의 종착역에서 만나고 싶은 마지막 사람이 로이였습니다.

그러나 하나님은 내 생각을 뒤집어 엎으셨죠! 첫 번째 집회에 참석하여 말씀을 듣고 있었는데, 마치 로이와 스탠리가 나의 삶의 모든 것을 다 아는 것처럼 보였습니다. 그들이 말씀을 전할 때 한줄기 소망의 빛이 비쳐오기 시작했습니다. 로이와 스탠리는 죄인들이 하나님께로 돌아오는 분명한 원리를 인격적으로 깊이 공유하고 있었는데, 그것이 내게 도움이 되었습니다. 그들이 말씀을 전하는 동안 정말로 나는 예수님의 발 앞에 나아가 펑펑 울었습니다.

집회가 끝나고 나서 나는 로이에게 다가가서 내가 누구인가를 밝혔습니다. 로이는 내가 광야에서 방황하던 날들에 대해 책망하기보다는 오히려 가장 따스하게 나를 대해주면서 제게 말했습니다. "당신이 어려움을 통과했다는 것을 정확하게 알고 있어요. 내가 여기에 오길 잘했습니다." 예수님 안에서 죄인인 그가 또 다른 죄인인 나에게 용기를 주었습니다. 이 무거운 짐을 벗은 느낌을 무엇으로 설명할 수 있을까요!

내 인생에 새 날이 시작되었습니다. 내 인생이 어떻게 펼쳐지든 어디로 인도를 받든, 다 주님의 손 안에 있게 되었고, 이제 나는 주님의 보혈로 인하여 고개를 들 수 있게 되었습니다.

주님은 우리가 꼭 있어야 할 곳에 있으면서 그분의 성실하심을 증명하는 삶을 살아야한다고 우리에게 말씀해 주셨습니다. 이것을 위해 나는 수많은 개인들과 교회를 찾아가서 나의 교만과 위선과 사랑이 없는 독한 마음을 회개하였습니다. 그리고 그들에게 옛 사람 빌을 보지 말고 예수님을 보라고 얘기하면서 "잃었던 생명 찾았고 광명을 얻었네" 찬양을 함께 불렀습니다.

후에 빌과 그 날 집회에서 주님을 만난 학생 중의 하나인 레스 시몬즈(Les Simons)는 매주 서로 가까워졌으며, 그들은 주님의 부르심에 응하여 함께 팀을 이루어 교회들을 찾아다니면서 간증을 하였다. 그들의 간증은 그 날 받은 은혜의 메시지로 인하여 그들의 삶이 변화된 것을 전하는 것이었다. 그들이 이렇게 간증으로 말씀을 전했을 때, 하나님은 성도들에게 부흥을 허락해 주셨으며, 은혜를 받은 한 교회가 자극을 받아 다른 교회들에게 알리게 되었고, 그들은 이 사역을 계속해 나갈 수 있었다.

그들이 가는 곳마다 부흥의 족적을 남겼으며, 기쁨의 새 노래가 울려 퍼졌다. 특별히 목회자들이 모인 집회에서는 더욱 그랬다. 빌과 네스의 사역의 범위는 서부캐나다까지 확장되어 나갔다. 빌은 나중에 로키산맥에서 하기야외집회를 계획하고 은혜를 받은 사람들과 영적으로 갈급한 사람들을 초청하기 시작했다.

그 집회에서 모든 사람들이 너무도 큰 은혜를 받아서 해마다 계속 그 야외집회를 개최하기로 결정했다. 그리하여 이 로키산맥 야외집회는 매년 열리는 연례행사로 자리잡게 되었고, 수많은 사람들이 몰려왔다. 이제 우리는 이 캐나다 야외집회를 영국에서 매년 개최되는 하기야외집회와 필적할만한 집회로 보게 되었고, 가끔 강사를 교환하여 집회를 개최하기도 했다.

그 날 캘리포니아에서 스탠리와 내가 기꺼이 예수님의 십자가 밑에 함께 나아가 엎드려져 회개한 것이 얼마나 기쁜 일인지 모른다!

이 책을 저술하고 있는 지금 이 시간에도, 국내와 해외 여러 나라에서 집회초청이 계속 들어오고 있고, 다양한 순회 집회 일정들이 계획되어 있다. 이 모든 초청들은 이 작은 책 『갈보리 언덕』이 널리 알려진 덕택으로 된 것이다. 더욱이, 내 아내 팸과 나는 여전히 영국과 해외를 왔다 갔다 하면서 사역을 하고 있지만, 목회사역의 주요 본거지를 영국에 두고 있다. 오로지 우리가 우리의 고국에 있는 형제들과 함께 회개와 부흥에 대한 교훈들을 더욱 깊이 배워나갈 때만이, 해외에서 얻은 그러한 교훈을 함께 나눌 자격이 우리에게 주어지는 것이다.

분명한 것은 이 저자의 순례는 아직 끝나지 않았다는 것이다. 빌립보서 3장에서 바울은 말한다.

형제들아 나는 아직 내가 잡은 줄로 여기지 아니하고 오직 한 일 즉 뒤에 있는 것은 잊어버리고 앞에 있는 것을 잡으려고 푯대를 향하여 그리스도 예수 안에서 하나님이 위에서 부르신 부름의 상을 위하여 달려가노라(빌 3:13-14).

이 말씀이 내게 주는 의미는 내가 정로를 벗어나는 위험을 안고 어떤 새로운 추상적인 진리로 옮겨가거나 그것에 강조점을 둔다는 것이 아니다. 다만 이미 시작한 십자가로 나아가는 결단을 더욱 심도 있게 한다는 것과, 또 그 십자가 밑에서 더 깨어지고 주님을 더 깊게 만나는 것을 의미한다.

이 말을 하면서 내 마음속에 남아프리카공화국의 골드러시가 한창일 때 한 작은 금광회사에서 있었던 옛이야기가 생각이 난다. 광부들은 금을 찾기 위해 갱도를 계속하여 파고 내려가다가 원하는 만큼의 금을 발견하지 못하면 또 다시 다른 갱도를 뚫었다. 그들은 결국 자신들에게 가장 필요한 일은 그들이 처음 뚫은 갱도로 돌아와 그것을 더 깊게 파고들어가야 된다는 것을 깨달았다. 그렇게 하였을 때, 그들이 엄청난 양의 금을 찾게 되었다는 얘기이다.

비록 내 생애에 더 큰 업적들을 남기기 위해 모든 종류의 금맥을 수없이 뚫었을지라도, 내가 추구하는 모든 것의 궁극적인 목적은 그리스도가 되셨다. 내게 있어서 부흥이 의미하는 바는 내가 처음 시작했던 그 자리로 돌아가서 거기에 머무르는 것이다. 또 다른 길이 있다고 생각하지 않는다. 다만 주님의 십자가로 더 깊이, 더더욱 깊이 내려가는 것이 필요할 뿐이다.

My Calvary Road

제21장 | 마지막 회상

　지금의 나를 되돌아 볼 때, 나에게 부흥과 은혜의 복음을 전하는 사역의 문이 전 세계적으로 열려 있는 것을 본다. 하나님은 내가 힘쓴 것보다 더 많은 일을 할 수 있도록 은혜를 베풀어 주셨다. 잉글랜드의 모든 문들이 내게 대하여 다 닫혀버렸던 1951년을 되돌아보게 된다. 그것을 아이러니라고 해야 할까? 혹은 참으로 이상한 일이라고 말할 수도 있겠지만, 잉글랜드에서 내게 대한 모든 문들이 다 닫힌 것으로 말미암아 전 세계로 향하는 다른 문들이 내게 열려졌다는 것이다. 이것이 내가 아무 흠이 없다는 것을 증명하는 것은 아니다. 그러나 이것은 하나님이 내게 은혜를 베풀어 주셨을 뿐만 아니라, 회개한 사람을 자기 소유로 삼아 주셨다는 것을 의미한다. 이를 인하여 하나님께 감사드린다.

잉글랜드에서 어떤 일을 겪었는가? 그때 우리는 모든 정죄와 비판을 다 받으면서 처절하게 살았다고 말할 수 있다. 우리는 은혜로 그 세월을 이겨나갔다. 나와 나의 동역자들은 하나님의 백성들을 향한 모든 문이 우리에게 다 열려지기를 소망했다. 우리가 전에는 결코 가지지 못했던 영국성도들에 대한 이해력을 가지게 되었다. 어느 날 상이한 교리들과 상이한 신앙의 강조점을 가진 우리가 처음 시작했던 곳, 즉 주 예수 그리스도의 십자가로 돌아왔다. 우리의 형제 켄 모이나가 한 말을 우리도 할 수 있다고 생각한다.

> 상이한 교리로 인하여 분쟁의 바람이 일어날 때,
> 모두가 자기들이 원하는 대로 항해를 해나간다.
> 그러나 나는 갈보리의 외로운 언덕길로 기꺼이 갈 것이다.

그리고 확신하건대, 분쟁의 먼지가 가라앉고 나면 사람들은 우리가 어디 있는지를 알게 될 것이다.

지난 27년 동안 계속되어 온 하기복음집회를 통하여 우리 중 어떤 사람들은 직접적인 부흥을 경험하기도 했으며, 전 세계 수천 명의 사람들이 그들의 영적인 삶을 새롭게 다졌다.

1974년에 존 콜린슨(John Collinson)이 그의 교구목회사역을 사임하고 내가 맡고 있었던 중차대한 직무를 이어받았다. 물론, 나는 영적인 협력사역을 하는데 있어서 그와 깊은 유대관계를 유지했다. 사람을 이끄는 그의 리더십으로 인하여 매년 하기복음 집회에는 수많은 사람들이 몰려왔을 뿐만 아니라, 영적인 능력도 나타나는 결실을 거두었다. 어린아이들을 포함하여 거의 2천 명에 가까운 사람들이 매년 그 집회에 참석했다. 그렇다. 부흥의 조류가 영국에 흐르고 있는 것이다.

지난날을 뒤돌아보면서 나에 관해 두 가지를 말하려고 한다.

첫째로, 나는 사랑을 받아왔다는 것을 말하고 싶다. 주님뿐만 아니라, 나의 동료형제들로부터도 사랑을 받아왔다. 스위스에서 통역으로 우리를 도왔던 에른스트(Ernst)의 부인 이디 크레브스(Idi Krebs)가 세상을 떠났다는 소식을 듣고 내 아내 팸은 "그녀가 나를 사랑해 줬는데…"라고 말하며 슬퍼했다.

내가 또 다른 많은 친구들과 가까이 지낸 사람들을 생각할 때, 내게는 고향 같은 사람들이 있었다. 윌리엄 나겐다, 켄 모이나, 프레드 바프, 레오나드 브레셰, 로렌스 발함 그리고 에마뉴엘 보먼(Emmanuel Baumann)이 그런 사람들이었는데, 그들 모두 나를 사랑해주었다.

내가 고향이라고 부르는 그들뿐만 아니라, 전 세계에 흩어져 있는 다양한 사람들이 여전히 우리와 함께 하고 있다고 말할 수 있다. 그들의 나를 향한 사랑과 관심, 그리고 나를 위해 끊임없이 드리는 그들의 기도를 생각할 때, 나는 얼굴을 들 수 없다. 그들이 왜 그토록 나를 위해 기도하고 사랑하는지 그 이유를 잘 모른다. 내가 항상 사랑을 받았다고는 말할 수 없다. 나는 본래 그렇게 매력적인 사람이 아니다. 이유는 아직도 모른다. 그들의 예수님을 향한 사랑이 내게 흘러넘쳤다고 본다. 그들의 마음속에 그들이 사랑하는 예수님과 함께 나 역시 사랑해 주어야 할 사람으로 여겼던 것 같다. 나는 나의 동료 형제들에게 불만이 없다. 나는 그들의 사랑을 받았다.

그리고 나는 용서를 받았다. 광야의 이스라엘 백성들처럼, 얼마나 자주 내가 주님을 노엽게 했는지 모른다. 광야에서 이스라엘 백성들이 했던 모든 것을 나도 했다. 그러나 모세는 주님께 말했다. "주님, 당신께서는 이 백성을 애굽에서부터 지금까지 용서하셨나이다." 나도 모세와 똑같이 말할 수 있다. 애굽에서 받은 용서가 지금까지도 이어지고 있다. 언젠가 나는 파선한 배에서 탈출하여 홀로 안전한 해안에 도착하게 될 것이다.

제22장 | 친구들의 회상

- 스탠리 보크

1992년 5월 15일에 로이는 드디어 그 항구에 도착했다. 별 고통 없이 그는 세상을 떠났다. 그러나 우리가 확신할 수 있는 것은 그가 생전에 그렇게 신실하게 섬겼던 구주께서 그를 기쁨으로 맞아주셨다는 것이다. 이제 그가 남긴 역사를 다시 출간할 때가 되었다. 새롭게 출간된 참으로 귀한 그의 책을 읽으면서 나는 몇 번이나 눈물을 쏟을 뻔 했음을 고백하지 않을 수 없다. 그의 열정, 참회, 즐거움, 그리고 사랑하는 우리 형제들에 대해 미안해 하는 그의 마음이 느껴지면서 나는 울컥했다.

갈라디아서에서 사도바울이 자신에 대해 "기둥같이 여기는 야고보와 게바와 요한도 내게 주신 은혜를 알므로 나를 인하여 그들이 하나님을 찬양하였느니라"(갈 2:9)고 말한 것처럼 로이에 대해서도 그렇게 말할 수 있을 것 같다. 본래 로이는 강직한 성품을 지닌 사람이었다. 1946년에 전국청년선교회에서 로이와 함께 일한 적이 있는 피터 엘포드(Peter Elford)는 로이에 대해 아래와 같이 묘사했다.

> 그는 타고난 리더요, 최고의 기획자요, 아주 유능한 전문설교가 이었고, 어리석은 자들을 기쁘게 용납하지 않는 사람이었다. 그의 존재감은 너무 강력해서 마치 '군대의 사령관' 같았다. 그가 한 치의 오차도 없이 기획한 행사에 대해 우리 중 어느 누구도 감히 다른 의견을 제시하지 못했다. 주님이 그를 새롭게 만나주신 후에 우리는 전혀 다른 로이를 보았다. 로이는 여전히 유능한 기획자였지만, 그가 심령이 완전히 무너져 내리는 믿을 수 없는 회개의 축복을 받은 후에 우리 사역 팀의 진정한 요원이 되었다.

내가 로이를 만난 것은 복음운동이 한창 진행되고 있던 시기에 런던에서 전국청년선교회의 주최로 감사주일행사가 개최되어 공동설교자로 우리 둘이 참가하게 되었을 때였다. 그의 메시지는 매우 명확하고 강력해서 결코 잊을 수 없었다. 그러나 그는 나를 냉담하고 교만하게 대했고, 심지어 잘 가라는 인사조차 하는 것도 귀찮아 했다. 아마도 그가 너무 바빠서 다른 사람에게 말할 시간조차 없었을 것이라고 생각하기도 했다.

그러나 그보다 더 교만했던 나는 다시는 그를 보지 않을 것처럼 무시했다. 조금 후에 되어질 일을 전혀 모르고 그렇게 생각한 것이다. 나중에 그를 만났을 때, 그는 완전히 딴 사람이 되어 있었다. 하나님이 그를 깨트리셨다. 로이는 명랑하고 겸손한 형제가 되어 나를 양팔로 안아주면서 환영했다. 그러나 그 후에 역시 하나님은 나를 만나주셨다. 거기에서 나는 로이를 따라 갈보리 언덕으로 함께 가는 법을 배웠다.

로이는 많은 재능들을 가졌으며 다양한 것에 관심이 있는 사람이었다. 그는 고전음악과 기독교음악 모두를 좋아했다. 그는 집에 있을 때나 집회를 할 때 그의 방대한 양의 음반으로 사람들을 즐겁게 해주는 것을 좋아했다. 비록 우리가 집회 때 그가 연주하는 것을 한 번도 들어본 적이 없지만, 그는 훌륭한 트럼펫 연주자였다. 그러나 그는 열정을 쏟아 부어 노래하는 것을 좋아했다.

스포츠에도 재능이 있어서, 그는 집회를 진행하면서 자주 테니스나 수영 레크리에이션을 주도하기도 했다. 또한 그는 유머에도 감각이 뛰어나서 우리가 미국에 방문했을 때, 윈스턴 처칠 흉내를 내기도 했다. 빌려온 모자와 시가담배로 그럴싸하게 호전적인 모양을 꾸민 그는 처칠의 목소리를 흉내냈다. 물론, 처칠의 습관인 '브이'(V)자 사인을 잊지 않았다. 사냥 모자를 눌러 쓴 기괴한 모습을 한 셜록 홈즈의 흉내를 내기도 했다. 미국인들은 마냥 그런 것을 좋아했다.

잉글랜드에서 열린 집회에서는 이 정도의 유머는 아무것도 아니었다. 우리는 다양하고 재미있는 게임들과 유머들을 즐겼다. 수년 동안 로이와 함께 사역했던 존 콜린스는 그에 대해 아래와 같이 묘사하고 있다.

> 하기복음집회에 열리는 동안 우리는 일주일에 한 번씩 로이의 전혀 다른 면을 보았다. 하루의 집회일과가 다 끝나고 나면 로이는 우리 모두를 초청해서 소위 "일요일 밤은 피아노와 함께"라고 부르는 작은 공연을 벌였다. 로이는 넘쳐나는 활력과 재치를 보였다. 그는 수줍어하는 사람들과 젊은이들과 나이든 사람들까지 무대 위에 오르게 하여 노래를 부르게 하여 흥을 돋우었다.
> 뿐만 아니라, 시를 읊조리게 하고 혹은 재미나는 이야기를 하도록 유도하기도 했다. 보통 이 작은 공연은 그의 애창곡인 "이 작은 오두막집"(This Little ol' House)이라는 노래를 부름으로 끝을 맺었다. 이 노래를 부르면서 로이는 만장의 박수갈채를 받았다.

하지만, 로이는 설교가와 의사소통의 귀재로서 특별한 재능을 가지고 있었다. 그는 말하고 쓰는 것 모두에 크나큰 언어적 재능을 가졌다. 문장의 특이한 변형, 유머 감각, 그리고 적절하게 요점들을 부각시키는 재능이 뛰어났다. 이 모든 재능들이 그의 강력한 목소리와 너무도 선명하게 표현되는 그의 얼굴 표정에 의해 전달되었다. 로이가 설교를 할 때는 어느 누구도 지루해 하거나 조는 사람이 없었다. 로이는 영적인 것 외에도 수많은 장점들을 가지고 있었다.

이러한 자연적인 재능들은 그가 누구인가를 보여주는 성격의 특성을 나타내주고 있다. 그는 활력이 넘쳐나는 열정주의자로 다른 사람들의 즐거움을 위해 온 몸을 던지는 사람이었다.

로이는 전에도 미국을 여러 번 방문한 적이 있었는데, 1965년에 내가 로이와 함께 미국을 처음 방문했을 때 그의 열정을 발견했다. 그런 로이에게 나는 홀딱 빠져들었으며, 로이는 마치 새 장난감을 가지고 노는 아이처럼 열광적이었다.

로이는 카메라와 녹음기를 가지고 내가 새로운 것들을 보면서 놀라움을 감추지 못하고 표현하는 "우와, 세상에!"하는 나의 모든 표정들과 소리들을 다 녹음하고 사진으로 남겼다. 그러나 그의 최고의 기쁨은 그가 전하는 부흥의 메시지를 듣고 반응하는 사람을 찾는 것이었다. 그가 말한 대로, '잃어버린 드라크마 한 닢'은 회개와 은혜의 길을 깨닫고 예수님과 함께 동행하기 시작한 사람을 의미한다.

그는 굉장히 통찰력이 있는 사람이었으며, 사람들 중에서 가능성 있는 사람을 항상 찾았다. 그가 자주하는 말이 있었는데, 만약 한 사람이 은혜를 받으면 그것이 곧 부흥의 시작이라고 했다. 어떤 그룹이 은혜를 받으면 더 큰 부흥의 시작이라고 말하곤 했다. 로이는 이것을 복음의 '교두보'라고 생각했고, 여기에 그의 사역과 교제의 초점을 맞추고 주님을 신뢰하면서 계속 교두보를 확대시켜 나가려고 했다. 그의 이 비전은 끝을 몰랐다. 미국의 믿음의 형제들은 그가 전한 메시지가 전 세계를 위한 것이라고 독려해주었다.

그리하여 로이는 아무리 먼 거리라도 '부흥에 굶주린' 사람들이 있는 곳이라면 어디든지 찾아가서 그가 가진 것을 남김없이 전해주었다. 그는 계속해서 전 세계를 돌아다니면서 그가 즐겨 부르는 "죄인들을 위한 복음"을 더 열정적으로 전했다.

이 모든 일에 수행함에 있어서, 그는 주도적이고 적극적인 행동주의자였다. 사실상, 그는 '발전기'와 같은 사람이었다. 로이와 함께 21년 동안 일해 온 빈센트 키저-프리스톤(Vincent Kidger-Preston)은 로이에 대해 아래와 같이 묘사하고 있다.

> 그는 주님으로부터 재능을 받은 사람이었다. 전쟁이 나기 전 젊은 시절에 그가 복음주의자로 사역할 때, 주님은 그의 재능을 사용하셔서 많은 사람들을 주님께로 돌아오게 했다. 그는 주 예수님을 새롭고 심도 있게 만나고

난 후 그의 사역에 대해 새로운 눈을 뜨게 되었다. 그 비전은 교회지도자들을 모아 소규모집회를 열어 그들과 하나님의 말씀을 함께 나눌 뿐만 아니라, 그와 그의 아내 레블(Revel)이 주님과 동행한 날마다의 삶을 나누는 것이었다. 이 비전으로 말미암아 휴가철에 열린 집회에 갈급한 영혼들이 대거 몰려들어 대형집회를 개최하여야만 했다. 13년 동안 진행된 이러한 집회를 통해서 수천 명의 사람들이 축복을 누렸으며, 멀리서 이 축복을 나누기 위해 온 믿음의 형제들에게는 이 집회가 은혜의 본거지가 되었다. 그리하여, 그들은 국제규모의 집회를 개최하게 되었으며, 유럽과 북미지역에서도 이 집회를 본 따서 대형집회를 열었다.

로이가 국내외를 순회하며 집회를 인도하고 있을 때, 국내에서는 작은 교제모임이 로이의 주관으로 생겨나기 시작했다. 이 작은 모임의 시작으로 말미암아, 전 세계적으로 그의 부흥에 관한 비전과 영적인 목회에 대한 비전을 나누기 위한 세계적인 단체가 생겨났다.

이러한 집회들을 통해서 주신 축복을 과대평가 할 수 없다. 피터보로우시티교회(Peterborough City Church)의 목사인 마크 워너(Mark Warner)는 로이에 대해 아래와 같이 간증하고 있다.

나는 10여 년이 넘게 매년 하기복음집회 때마다 로이 바로 곁에서 그의 사역을 돕는 특권을 누렸다. 로이와 그의 아내 팸과의 개인적인 친분을 통해 많은 도움을 받을 뿐만 아니라, 그들의 따뜻한 배려와 조언이 내게 큰 도움이 되었다. 그들이 너무도 많은 것들을 내게 베풀어주어서 후에 많은 결실을 거두었다. 로이와 그의 사역 팀이 내게 주입시켜준 '죄인들을 위한 복음'의 중심메시지를 아직까지도 하나님이 중요하게 사용하시는 것을 보고 나는 기쁨을 감출 수 없다.

로이가 말했던 것을 지금도 기억하고 있다. "정결한 마음으로 예수님의 보혈로 나아가 회개할 때, 나는 세상에서 가장 거룩한 사람이 된다." 내가 이것을 스스로 경험하지 못했더라면 나는 아마 오래전에 믿음생활에 실증을 느꼈을 것이 분명하다. 그러나 역으로 예수님의 보혈을 경험한 이 일은 내게 생명을 공급하는 진리가 되었다.

내가 이 진리를 붙들고 나갔을 때 우리 가족과 우리 교회도 번영할 수 있었다. 오늘날 우리가 보는 성령이 주시는 표징들과 모든 은사들을 인하여 하나님께 감사드린다. 하지만 '은사'(*charismata*)만 가지고 부흥이 오는 것은 아니다. 내가 예수님과는 너무나도 다른 사람이라는 것을 깨달았을 때, 나의 모든 노력들과 교만 그리고 경쟁심을 내버렸고, 일이 잘못되었을 때 다른 사람들을 비난하는 것을 그치고 내가 대신 책임을 졌다. 그렇게 했을 때 내게 부흥이 일어났다.

우리교회 성도들이 이것을 이해하기 시작했을 때, 주님의 영광이 우리가운데 임했다. 그러나 우리는 경계해야 한다. 왜냐하면, 우리는 쉽게 변명거리를 만들어내고 심지어 신학적인 변명거리를 찾아 진정한 회개의 필요성을 비켜나가려고 하기 때문이다. 그렇게 되면 교회는 성령의 충만함보다는 인간의 지혜와 인간적인 노력에 의해 움직이게 된다. 복음에 충실하고 예수님께 초점을 맞춘 로이의 그 확고함이 우리에게 다시 한 번 필요하다.

로이는 진정한 복음주의자였는데, 항상 사람들을 그리스도께로 돌아오게 하는 직무를 위해서 사람들을 참여시키고 그들을 독려했다. 1947년부터 몇 년간 로이와 함께 전국청년선교회(NYLC)에서 직원으로 일한 적이 있는 레이 카스트로(Ray Castro)는 로이에 대해 다음과 같이 말하고 있다.

> 로이는 이상적인 리더였다. 그는 결코 주요사역을 혼자서 독단적으로 하지 않았다. 그의 동료 팀원들을 동참시켜 일을 해나갔는데, 심지어 자기보다 경험이 더 없는 사

람에게 일을 맡기기도 했다. 그는 아주 훌륭한 조련사였으며 내게 큰 영향을 끼쳤다. 그는 언제나 기꺼이 충고를 해주었으며, 바로잡을 일이 있으면 사랑스런 마음으로 충고하는 것을 두려워하지 않았다.

로이는 그가 선포한 복음에 대한 사랑과 열정이 누구보다 컸고, 그것을 생명보다 더 귀중하게 여겼다. 다른 많은 사람들도 같은 생각을 가지고 있듯이, 로이에 대한 나의 개인적인 평가는 그가 그의 시대에 가장 능력 있고, 가장 결실을 많이 남긴 복음주의자 중의 하나였다는 것이다. 그 결실들이 계속 이어지고 있고 더 풍성해지고 있다.

로이와 그의 아내 레블은 복음사역에 전폭적으로 몸을 던져 헌신했으며, 함께 일하는 동료들도 그들과 똑같이 영적인 도전을 받아 힘써 일하기를 기대했다. 그에 대한 나의 최고의 묘비명으로 '로이, 그는 그의 주님을 깊이 사랑했었노라'는 말이 적절할 것 같다. 그리고 나처럼 로이와 함께 사역하면서 그에게 배운 모든 것에 대해 감사하는 사람들이 많이 있다.

로이는 성경에 몰두한 성경학구파였다. 그는 성경을 사랑했다. 그는 날마다 성경을 연구했는데, 마치 성경은 그에게 '고기와 음료' 같았다. 심령을 열어 성경을 연구하여 그것으로부터 많은 것을 배웠으며, 그 배운 진리를 그의 삶과 행동에 구체적으로 적용하였다. 이 성경연구를 통하여 훌륭한 교훈을 담은 목회지침서를 만들어 내기도 했다. 예를 들면, 『예수님을 바라보라』와 『그림자에서 실체로』(*From Shadow to Substance*)라는 이 책들이 그것인데, 이 책들은 요한복음과 히브리서를 기초로 해서 저술되었다. 여러 다른 책 중에서 이 두 권의 책은 본래 집회 때마다 성경봉독순서에 채택되어 읽혀졌다.

그가 가르치고 서술한 모든 것들은 정확하게 그리고 효율적으로 성경과 연관이 되어있었으며, 그는 바로 그 성경을 열어 여러 나라의 많은 성도들에게 말씀을 전파하였다. 10권의 책이 그의 손을 통하여 집필되었다. 로이는 다른 버전의 성경을 사용하지 않고, 흠정역(the Authorized Version)을 주로 사용하였다. 물론, 다른 버전의 성경들을 언급하기도 했다. "흠정역은 조금도 생략한 부분이 없고, 그것으로부터 원하는 모든 것을 이끌어낼 수 있기 때문"에 선호했다.

그는 성경에 매우 정통했을 뿐만 아니라, 성경구절을 기반으로 작곡된 찬송가를 좋아해서 설교를 할 때나 글을 쓸 때 그것들을 끊임없이 인용했다. 생키(Sankey)와 무디(Moody)의 복음성가와 웨슬리(Wesley)와 보나(Bonar)의 위대한 성가곡들은 그가 가장 선호하는 노래들이었다. 그는 이러한 찬양 곡들을 사용하여 진리를 더욱 효과적으로 강조하였다.

그는 미국에서 "자비로우신 우리 주님의 놀라운 은혜" (Marvellous grace of our Loving lord)와 "그런 사랑, 그런 놀라운 사랑"(Such love, such wondrous love) 같은 복음성가들을 들여와 부르기도 했다. 이런 복음성가를 부른 다음에는 "나를 위한 그 보혈이 넘쳐나네"(The Blood is sufficient for me)와 "그가 내 곁에 오셨을 때 그의 모든 명예를 내려놓으셨네"(He laid aside his reputation when he came and stood by me)와 같은 곡들을 합창으로 모두 함께 불렀다. 이러한 복음성가들은 예수님을 중심에 모시는 것과 은혜에 관한 주제를 충분히 담고 있다. 집회 시에 우리는 아주 특별한 노래들을 배워서 불렀다.

로이는 그가 전한 메시지를 불신자들에게뿐만 아니라, 그리스도인인 자신에게도 적용해야 된다는 것을 알고 있었기 때문에, 그의 목회사역은 효과와 활력이 넘쳐났다. 그의 복음의 메시지는 단순히 회심에만 초점을 둔 것이 아니라, 전 삶을 통해서 적용해 나가는데 초점을 두었다.

로이는 이것을 동부아프리카에서 온 부흥의 선구자들로부터 배웠다. 동부아프리카에서 복음은 그들이 날마다 경험하는 삶이었다. 죄를 자각하는 것, 회개, 잘못을 고백하는 것, 그리스도의 피로 씻음 받는 것, 그리고 성령의 새롭게 하시는 역사 등 이 모든 것들이 회심의 기본요소들이다. 로이는 이러한 것들을 항상 경험하는 삶을 살았다. 그러나 어떤 복음주의자들은 이 원리를 잘 이해되지 못했다. 믿음생활을 시작했지만 꾸준히 지속하지 못하고, 회개하는 삶도 살지 못하는 사람들에게는 이 원리가 버거운 것이었다.

로이가 더램(Durham)에서 복음설교자로 수많은 청중들 앞에서 처음 설교를 할 때 이 삶의 원리를 말했는데, 그것이 위기를 초래했다. 그의 설교주제는 "탕자의 비유"였는데, 로이는 이것을 불신자들에게 적용한 것이 아니라, 하나님 아버지를 떠나 '먼 나라'로 나가버린 그리스도인들에게 적용하였다. 아버지에게서 멀어진 그리스도인들이 다시 돌아와야 된다는 것을 말하였다. 그가 계속하여 강조한 이 주제는 아주 강력한 메시지가 되었으나, 운영위원회의 어떤 구성원들이 반발하고 일어나서 로이에게 사임할 것을 요구했다.

우리에게 본서의 13장의 내용을 말하던 몇 일간 그는 많은 고통을 당했다. 그러나 그는 그를 비판하는 사람들에 대해 미워하는 어떤 감정도 드러내지 않고 오히려 자신에게 그 책임을 돌렸다. 그때 비로소 나는 '깨어짐'이 무엇인가를 이해하기 시작했다. 내가 어느 곳에서도 보지 못한 것을 로이에게서 보았다. 나는 로이에게 있는 그것을 통하여 예수님을 보았다.

로이는 결코 그의 메시지에서 벗어나지 않았다. 그에게 부흥은 날마다 십자가 밑에 나아가는 것을 의미했으며, 또한 그가 말한 대로 "지금 예수님과 함께 걷는 것"을 의미했다. 그에게 그리스도는 광야에 있는 이스라엘 백성들에게 주어진 신선한 만나와 같은 생명의 떡이었다. 예수님은 우리에게 무언가가 더 필요한 대상이 아니라, 모든 충만으로 가득한 분이라고 그가 말하곤 했다. 그래서 그는 '은사적인' 경험을 추구하는 데 결코 욕심을 부리지 않았다. 비록 그의 마음은 은사운동과 관련된 사람들에게 언제나 열려져 있었지만, 그는 은사적인 경험들에 대해 의심을 품고 있었다. 나중에 그가 겸손하게 말했다. "하나님은 내가 알고 있는 것보다 혹은 내가 이해하는 것보다 훨씬 위대한 일들을 행하신다는 것을 나는 고백할 수밖에 없습니다."

로이는 자신이 발견한 부흥의 단순한 원리를 끈질기게 붙잡고 있었다. 그 부흥의 원리는 도덕적인 내용과 관련이 되어있다. 왜냐하면, 그 원리가 사람들에게 있는 죄를 다루시고, 그것을 안전하게 해결하시는 하나님의 행하심에 근거하고 있기 때문이다. 로이는 이 원리를 확신하고 믿었다. 그는 '부흥'이라는 이름하에 수많은 것들이 강조되고 수많은 행사들이 치뤄지지만, 교회는 십자가와 회개와 그리고 생명의 수여자이신 유일하신 예수님을 경험하는 것에 중심을 두어야 한다고 주장했다. 그는 이것을 선지자적인 예지를 가지고 말했으며, 오늘날 우리는 그가 말한 것이 성취되고 있는 것을 본다.

로이는 지나칠 정도로 '은혜'를 옹호하는 사람이었다. 정말로 로이만큼 이 은혜의 진리에 대해 잘 아는 사람이 또 있을까? 그는 은혜를 어떤 메마른 교리로 알고 있는 것이 아니라, 살아 있는 능력으로 알고 있었다. 그가 은혜에 대해 설교를 할 때, 얼마나 열광하는지 모른다! 그는 '은혜'를 회심한 사람이든지 아니면 회심한 자가 아니든지 간에 하나님이 직접 죄인들을 도우러 오시는 것이라고 이해했다.

존 콜린슨(John Collinson)이 다시 그에게 아래와 같이 말한다.

> 설교자로서 로이의 메시지는 하나님의 은혜에 큰 강조점을 둔 엄격한 그리스도 중심적인 설교였다. 그는 이 주제를 강조하기 위해 수많은 기념비적인 금언들을 강구해 냈다. 내가 기억하고 있는 한 가지는 "무엇이든지 은혜가 아닌 것은 하나님께로 온 것이 아니다"라는 말이다. 그가 성경의 어느 곳이나 기록되어 있는 '은혜'를 발견하고 그것을 충실하게 전하는 것은 놀랄 일이 아니었다.

이 은혜에 대한 강조는 자신의 경험으로부터 생겨난 것이었다. 많은 하나님의 성인들처럼, 로이 역시 자신의 죄에 대한 완전한 자각이 있었다. 그가 어떤 자세로, 어떤 말로, 그리고 어떤 목소리 톤으로 기도하는지 들었어야만 한다. 그는 주님의 발밑에 내려가서 그의 필요를 고백했으며, 오로지 그리스도의 의만을 구했다. 로이는 늘 자신이 부족하다는 것을 깨닫고 있었으며, 또한 인간의 노력에 의해 "흠 없이 발견되려 하는" 것의 위험성도 잘 알고 있었다. 그러나 그는 언제나 "그리스도 안에서 발견되어" 거기에서 안식을 누렸다. 그는 그리스도의 품에서 즐거움과 평화와 사랑과 거룩 등, 모든 종류의 축복을 다 받아 누렸다. 그는 마틴 루터의 말을 빌려 말했다. "주 예수님, 당신은 나의 의가 되십니다. 나는 전적으로 죄인입니다. 그러나 당신이 나의 죄를 가져가셨나이다. 그리고 당신의 것을 내게 주셨습니다."

이런 고백 때문에 성령께서는 로이에게 성경에 나와 있는 은혜에 관한 모든 저장고를 다 열어주셨고, 그것을 그의 사역현장에서 효과적으로 모두와 나누었다. 그리하여, 대서양 양편에 있는 유럽 사람들과 북미 사람들이 하나님의 은혜를 이해하게 되었을 뿐만 아니라, 은혜를 경험하고 전하게 되었다. 이것은 전에 결코 없었던 일이다. 이것을 인하여 우리는 항상 감사한다.

내가 로이와 함께 처음으로 미국을 방문했을 때의 일을 기억한다. 로이와 나는 그 유명한 요세미티 폭포(Yosemite Falls) 밑에 함께 서 있었다. 600m가 넘는 높은 곳에서 폭포수가 떨어져내려 큰 호수를 이루고 있었다. 우리가 목이 말라 로이를 바라보고 있었는데, 로이가 말했다. "이 얼마나 아름다운 은혜의 그림인가! 하나님이 높고 높은 곳에서 우리에게로 내려오셔서 우리로 하여금 구푸려 생수를 마시게 하고 살게 하시는구나!"

그에게 은혜는 미가 7장 18절에서 "주께서는…인애를 기뻐하신다"고 말씀하셨던 그 하나님이 씌워주시는 영광의 면류관이었다. 로이는 은혜의 메시지를 전할 때 심판을 결코 가볍게 다루지 않는 반면에, 하나님의 주된 관심이 죄인들에게 자비를 베푸시는 것이라는 것을 특별히 강조하였다.

하나님이 베푸시는 은혜를 거부할 때는 하나님은 심판의 수단을 사용하신다. 심지어 심판이 진행되는 도중에도 회개한 죄인들에게는 하나님은 자비를 베푸신다. 내가 항상 궁금해 하는 한 가지가 있었는데, 네팔이나 페루 같은 나라에서 어떻게 사람들이 배가 다닐 수 없는 강을 카누를 타고 사고 없이 내려갈 수 있을까 하는 것이었다. 어느 날, 한 카누전문가를 만나면서 이 궁금증이 풀렸다. 그가 말하기를 사고 없이 항해하는 데는 비밀이 있다고 했다. 먼저 강의 지류에 카누의 진로를 고정시키고, 강하게 흐르는 물살이 바위에 부딪혀 돌면서 잔잔해 지는 그 지점을 돌아, 그 조류를 따라 폭포를 타고 내려가다가 소용돌이를 지나면 바다에 도착한다는 것이었다. 나는 하나님의 강의 지류가 곧 은혜라는 것을 깨닫게 되었다. 로이는 이 은혜의 강의 지류를 결코 벗어나지 않았으며, 그의 평생 사역을 하나님의 은혜 안에서 이끌어왔다.

그 결과 그는 은혜의 사람이 되었다. 우리는 이 사실을 여러 가지 측면에서 보았다. 그는 철저하게 양심적인 사람이었다. 그는 겸손하여 언제든지 회개할 준비가 되어있었다. 그가 나에게 했던 것처럼, 다른 사람들과도 자신과 자신의 사역을 기꺼이 공유하였다. 로이는 나를 '팀 동료'로 여겨 나를 미국집회에 초청해 주었고, 모든 면에서 나를 돌보아 주었을 뿐만 아니라, 용기도 북돋아 주었다. 그는 하나님의 가족 안에 있는 사람들을 사랑하는 큰 형 같았다. 멀리까지 가는 수고를 마다하지 않고 찾아가서 그들을 찾아가서 만나고, 그들과 함께 삶을 나누고 그들을 도와주었다. 우리가 그를 만날 때마다, 우리는 그의 진정한 사랑과 열정을 느꼈다.

로이의 전 사역을 통틀어서 얼마나 많은 사람들이 그가 강조하면서 전한 하나님의 은혜에 대한 메시지에 은혜를 받았는지는 결코 알 수 없을 것이다. 국내외적으로 셀 수 없는 사람들이 그가 전하는 메시지를 듣고 은혜를 받았다. 여기에서 한두 가지 간증을 말하려고 한다.

캐나다 프레어리성경학교의 장년학생이었던 레스와 조안 시몬스(Joan Simons)는 로이와 내가 전하는 메시지를 듣고 반응했다. 그 이후로 줄곧 그들은 하나님의 은혜의 지류 안에서 가장 능력 있는 목회사역을 했다. 레스는 로이에 대해 기록하기를, "여기 미국에서 로이 헷숀의 은혜의 메시지와 그의 삶의 간증은 많은 사람들의 심령을 변화시켰는데, 그 많은 사람들 중에 조안과 내가 포함되어있다"고 했다.

약 15년 동안 하기복음집회를 개최할 때마다 협력사역을 했던 수 린-알렌(Sue Lynn-Allen)이 로이에 대해 다음과 같이 말하고 있다.

> "수많은 좋은 설교를 들어도 당신을 여전히 몸부림치며 고민하는 방관자로 있습니다. 여전히 당신은 눈이 어두워 절뚝거리면서 실패와 불신에 빠져있습니다." 이것은 바로 내가 경험한 이야기이다. 그러나 로이에게는 또 다른 길이 있었다. 끊임없이 실패한 그리스도인에게도 주님과 함께 동행 하면서 변화될 수 있는 유일한 길이 있는데, 그것은 갈보리 십자가 밑에 나아가 '뉘우칩니다'라고 회개하는 것이다. 이 비밀이 나의 인생을 바꾸었다.

목회자와 집회강사로 잘 알려진 짐 그래함(Jim Graham)은 해마다 그의 가족과 함께 스코틀랜드에서 내려와 연례집회에 참석하였다. 그는 로이에 대해 아래와 같이 간증하고 있다.

> 내가 큰 교회를 이끌어가면서 너무도 바쁜 가운데서 영적으로 메말라 있을 때, 로이 헷숀이 내 인생 안으로 들어왔다. 나는 내 마음속에 교만이 도사리고 있는 것을 깨닫지 못했다. 로이가 내게 가르치기를, 성령께서 오신 것은 내 죄를 정죄하기 위한 것이 아니라, 내 죄를 깨닫게 하기 위한 것이며, 더 나아가 성령께서는 나를 예수님께로 인도하여

죄를 씻고 용서를 받도록 하신다고 했다. 또한, 로이는 양심적인 회개는 진정한 거룩함에 이르게 한다는 것을 가르쳐주었다.

부모님을 대동하고 집회에 참석했던 작은 꼬마였던 그래함 켄드릭(Graham Kendrick)의 노래들은 지금 전 세계적으로 불리고 있다. 그는 로이 헷손에 대해 다음과 같이 말한다.

> 로이 헷손의 복음사역은 수천 명의 사람들에게 삶의 기초를 놓아주는 사역이었다. 로이는 작은 마을에 있는 작은 교회에까지 찾아왔다. 나는 십대 때 처음 로이를 만났는데, 그가 준비한 집들이 파티에 가서 성경공부와 신앙의 삶에 대해 배운 것이 계기가 되었다. 나는 계속하여 그 모임에 참석하였고, 십자가의 교리는 내 삶에 강력한 충격으로 다가왔다. 나는 수년간 작곡을 하는 과정에서 이 십자가 주제와 연관하여 많은 곡들을 작곡했다.

그래함이 그의 형과 여동생을 동원하여 집회 때 찬양을 인도했던 초창기의 그의 노고를 우리는 다 기억하고 있다. 로이가 그에게 많은 용기를 북돋아주었다. 당시에 우리는 그가 얼마나 위대한 찬양사역을 할 지 전혀 알지 못했다. 그리고 그가 로이의 설교를 근거로 작곡한 복음 성가를 들으리라고는 전혀 예상하지 못했다.

부흥사역 초창기에 피아노 반주를 하였을 뿐만 아니라, 전 세계적으로 찬양사역을 하고 있는 데이비드 피콕(David Peacock)은 로이가 그에게 얼마나 위대한 후원자였는가를 말하고 있다. 언젠가 데이비드가 피아노 연주하는 것을 로이가 보고 지대한 관심을 보였다고 한다. 음악이 흘러나올 때 로이는 몸을 앞으로 기울이면서 큰 관심을 가지고 들었다고 한다. 그리고 나서 로이는 눈을 반짝이면서 말했다고 한다. "우리는 저 소년이 필요하다. 그의 재능은 하나님 나라를 위해서 사용되어야 한다."

나중에 로이는 데이비드와 깊은 대화를 나누게 되었고, 그가 그리스도를 위해 그의 삶을 완전히 드리는 결단을 하도록 동기부여를 해주었다. 후에 로이는 그에게 집회에서 찬양을 인도하는 사역을 맡겼다. 데이비드는 말하기를, '나의 찬양사역뿐만 아니라, 나의 삶에 큰 교훈을 준 로이에게 나는 엄청난 빚을 졌노라'고 했다.

부흥집회는 수천 명의 사람들의 삶에 영향을 끼쳤다. 평신도들뿐만 아니라, 지도자들과 장차 지도자가 될 사람들에게 영향을 끼쳤다. 수많은 성공회사제들과 목사들과 교회사역자들이 집회에 참석했다. 그들은 육신적으로 치지고 또한 영적으로 자주 메마르고 갈급한 사람들이었는데, 떠날 때는 은혜를 받고 즐거워하면서 돌아갔다. 수년간 진행된 부흥집회의 영향력은 실로 놀라웠다.

감리교목사인 조프 존스(Geoff Jones)는 아래와 같이 서술하고 있다.

> 젊은 신학생인 로이가 내 삶과 목회에 끼친 영향력은 실로 대단하였다. 나는 로이가 클라렌던(Clarendon) 학교에서 집회를 인도하고 있을 때 그를 만났는데, 충만한 믿음과 성경에 대한 지식이 넘쳐났다. 또한, 우리 가족의 개인적인 복지에 대해서도 지대한 관심을 보였다. 심지어 아기를 위해 높은 의자를 어디에 놓을지 걱정해주었고, 우리 가정의 재정적인 필요에도 관심을 가져주었다.
> 로이의 성격은 대단했는데, 말하는 것이나 생김새가 마치 윈스턴 처칠 같았고, 심지어 일을 추진하는 면도 그와 같았다.
> 그가 선포한 말씀을 들은 수많은 사람들에 대해서는 그렇게 자상할 수가 없었다. 그는 행사를 잘 준비하는 기획의 귀재였다. 집회에서 어떻게 하면 재미와 관심을 불러일으킬지를 잘 아는 사람이었다. 특별히 가족들이 대거 참석한 하기수련회에서는 다른 곳에서 했던 것과는 달리

가족분위기에 잘 맞는 설교를 했다. 로이가 설교 팀에게 용기를 북돋아 줄때는 겸손한 자세로 그 시간에 무엇이 필요한지를 잘 알아 시기적절하게 대처하도록 해주었다. 훈련 중에 있는 이 순수하고 가난한 신학생이 예술적인 면에서도 진가를 발휘했다. 너무 평범한 목소리로 노래를 부르면 사람들에게 비웃음을 당할 수 있는데도, 그는 전혀 기죽지 않고 음악가들과 전문싱어들이 함께한 300여 명의 군중 앞에서 새롭고 활기 넘치는 고난도의 멜로디를 선보이면서 무대를 압도했다. 이 자신감은 그가 하나님 앞에서 정기적으로 자신을 점검하고 가꾸었다는 것을 보여주는 명백한 증거이다.

그는 성격이 너무 강해서 선교기관에 있는 다른 사람들의 견해를 묵살하기도 했다. 나중에 그가 옳았다는 것이 증명이 되었는데도 불구하고, 그는 자신이 '너무 강한 것'에 대해 회개했다. 로이는 "내가 잘못했다"고 인정하는 능력을 갖추었으며, 항상 "주님의 발밑에서 겸손히 배우고 있다"고 말했다. 팀 사역을 하는데 있어서, 하나님은 그를 사용하여 서로를 다시 하나로 묶고 하나님의 일을 추진해 나가도록 하셨다.

로이의 설교를 살펴보면, 그는 강해적인 설교를 좋아했으며 본문의 말씀이 의도하고 있는 것을 직접적으로 적용했다. 나는 로이가 주중의 어느 때에라도 설교를 해주기를 내심 바랬다. 왜냐하면, 하나님은 로이를 통해서 너무도 분명하게 그분의 뜻을 드러내 주셨기 때문이었다. 나는 내 아내 메리(Mary)와 들로 나가 자주 산책을 하면서 서로의 다름을 인정하고 오해를 풀기도 했는데, 우리에게 너무도 분명하게 계시해주신 십자가로 나아가 우리의 문제를 해결받았다.

로이는 정말로 인간미가 넘치는 사람이었다. 그의 결점들과 까다로운 면들이 그대로 드러나 있었다. 집회에서 관현악단과 성가대를 지휘했던 그는 빌 게이더(Bill Gaither)로부터 들여 온 현대복음성가 곡들을 잉글랜드에 소개시켰다. 나는 맨체스터에 있는 사람들에게 이 현대복음성가 곡들을 소개해주는 특권을 누리기도 했다. 로이는 자신을 "교양 없는 실리주의자"라고 부르지만, 예술 면에 있어서 그는 찬양음악의 양상을 바꾸어놓은 도구였다고 확신한다. 로이는 현대복음 성가들이 나오기 시작한 최초단계에서 이 일을 시도하였다. 그는 휴양지 리조트나 라운지에서 특별 제작한 음반을 통해 많은 사람들에게 고전음악을 소개하기도 했다.

로이는 내게 예술작품들을 소개해 주겠다고 했다. 내셔널 갤러리(National Gallery, 런던 중심에 있는 국립미술관)에 한 번도 가본적이 없는 나는 그의 집을 방문하러 가는 길에 그곳에 함께 들렀다. 우리는 명화들이 걸려 있는 15개의 고전미술관과 현대미술관을 쭉 훑어보았다. 우리는 그를 통하여 명화들에 관한 설명을 들었다.

우리가 조드렐 뱅크(Jodrell Bank, 맨체스터에 있는 영국 천체물리학의 메카, 역가 주)에 있는 우주과학관에 들렀을 때, 로이는 별 관심 없이 지나쳤다. 그래서 우리는 로이를 다시 데리고 와서 대형천체망원경을 보도록 했다. 그런데, 로이는 오히려 그의 새 차 중의 하나에 우리를 태우고 드라이브를 나갔다.

그의 운전 실력은 실로 전설로 우리에게 알려져 있었다. 그의 아내 팸은 우리에게 로이를 설득하여 서서히 운전하라고 부탁하기도 했다. 로이가 운전을 하면서 흥분하여 길게 얘기를 늘어놓으면 우리는 그의 어깨너머로 얼마나 속도를 내고 있는지 보았다. 고속도로에서 50마일[1]로 달리는 로이의 차를 대형트럭이 피하기 위해 방향을 바꾸면 나는 집회를 위한 기도보다는 안전하게 도착하게 해달라고 절박하게 기도하였다.

로이는 음식을 즐기는 식도락가였다. 맨체스터 민로우

---

[1] 50마일은 시속 80km로 당시에는 과속에 달하는 속도였음, 현재 제한속도는 시속 70마일, 역자 주.

(Milnrow)에 있는 우리 목사관에서 로이가 아침으로 계란과 베이컨을 허겁지겁 정말 맛있게 먹던 날을 결코 잊을 수 없다.

감리교단 소속이었던 내가 교단 문제와 관련하여 논란의 중심에서 곤란을 당한 일이 있었다. 성공회교단이 말하기를, 우리가 성공회교단에서 재임명을 받으면 함께 연합하여 일할 수 있다는 것이었다. 이 일로 인하여 나는 감리교단 안에서 비난을 받는 처지가 되었다. 로이가 나를 쳐다보면서 나의 중요한 사역의 본질이 무엇이냐고 질문을 했다. "사람들이 그리스도를 알도록 돕고, 그들의 믿음이 자라도록 세워주는 것이 사역의 본질입니다. 그 어떤 것도 당신을 그 목적으로부터 벗어나게 해서는 안 됩니다." 처칠 같은 모습으로 이 말을 선포하고 로이는 다시 씩씩하고 당당하게 계란과 베이컨을 먹으러 돌아가는 것이 아니겠는가! 그렇다. 그것이면 충분하다. 그 일이 있는 지가 30년이 넘었다. 그는 참으로 육체를 가진 인간인 동시에 영적으로는 하나님의 사람이요 영의 사람이었다.

로이는 젊은이들에게 많은 관심을 쏟았다. 그는 전국청년선교회에서 처음 젊은이들에게 관심을 갖기 시작했으며, 젊은이들에 대한 그의 관심은 식을 줄 몰랐다. 수년간 집회에 참가하여 스포츠 활동분야에서 우리를 도왔던 크리스 보크(Chris Voke)는 그 젊은이들이 언제나 변함없이 그들의 재능을 왕성하게 보여주었다고 회상한다. 로이는 세대차이가 나는 젊은이들이 시합을 하자고 제안해도 기꺼이 응하였다. 그는 때때로 친근하게 잘 들어주기도 했지만, 특이한 표현들로 젊은이들의 마음을 사로잡았다. "그래요, 감사하면서 주님을 찬양합시다." 이것은 로이가 즐겨 쓰던 말이다. 로이는 결코 다른 사람을 낙담시키지도 정죄하지도 않았으며, 언제나 사람들의 마음을 헤아렸다.

그가 프로그램을 짤 때 어린이들과 젊은이들을 위한 여지를 남겨두었다. 젊은이들이 하나님과 함께 동행하고, 그들이 하나님을 섬기는 것을 보기를 열망하였다. 로이는 그가 필요하다고 생각되면 젊은이들과 함께 앉아서 그들의 문제들을 상담해 주었는데, 도덕적인 문제들에 대해서는 단호하게 선을 그어주었다. 또한, 그들이 바른 행동을 할 수 있도록 촉구했다. 젊은 시절에 그를 알고 있었던 많은 사람들의 기억 속에는 아직도 로이가 생생하게 남아있다.

> 대화를 할 때 로이는 항상 가까이 있는 어린아이를 끌어들여 말했다. 한번은 로이가 집회장 밖에서 화가 나서 엉엉 울고 있는 작은 아이를 만난 적이 있었다. 로이가 그 꼬마에게 왜 그러느냐고 물었을 때, 그 꼬마가 울면서 대

답하기를 자기 형이 자기를 때렸는데 자기가 어떻게 해야 할 지를 모르겠다는 것이었다. 로이가 그 꼬마에게 말했다. "뭔가 할 수 있는 것이 있을 거야." 그 꼬마가 그의 말에 관심을 보이기 시작했다. "네가 형을 용서하면 어떨까? 그러면 네 형이 반응을 하지 않을까? 그렇게 할 거야." 그 꼬마는 즉시 용기를 얻었고, 아주 행복한 모습으로 종종걸음을 하면서 걸어갔다. 아마도, 이것이 로이가 끊임없이 즐거워하면서 행복한 삶을 살았던 이유인 것 같다. 그는 용서받은 사람으로 살았으며, 또한 날마다 부어주시는 은혜의 강물에 젖어서 용서하는 삶을 살았다.

『나의 갈보리 언덕』을 다 쓰고 나서, 로이는 꾸준히 국내외를 넘나들면서 주님이 인도하시는 곳이면 어디든지 가서 '복음'을 함께 나누었다. 그는 유럽부흥에 대한 큰 비전을 갖고 있었다. 이를 위해 로이는 유럽을 수없이 방문하였으며, 수년간 진행되는 부흥집회를 통하여 많은 목회자들과 성도들이 넘치는 축복을 받았다. 이 유럽 부흥에 대해 잘 알고 있는 니콜라스 케살리(Nicolas Kessaly)는 "프랑스여, 그리스도를 위하라"(France for Christ)는 기치를 내걸고 유럽대륙에서 능력 있는 목회를 했다. 그는 특별히 젊은이들을 중심으로 사역을 했다. 그는 로이에 대해 아래와 같이 말하고 있다.

로이가 내 삶에 들어왔다. 우리의 교회와 선교사역에 있어서 가장 필요한 순간에 그를 만났다. 우리는 부흥에 목말라 있었고, 우리 힘으로 부흥을 일으키기 위해 부단히 힘썼다. 그러나 그것은 불가능한 일이었다.

로이는 새로운 각도에서 예수님을 바라보도록 우리를 깨우쳐 주었다. 그는 우리와 주님과의 교제를 막고 있는 장애물들을 볼 수 있도록 도왔으며, 우리는 그것들을 주님께 고백하였다. 나는 부흥이 어떤 완벽함의 경지에 이르기 위해 고통스럽게 몸부림치는 것이 아니라, 오히려 주님의 임재 앞에 정직한 모습으로 낮아지려는 몸부림이라는 것을 점차 깨닫게 되었다. 또한, 주님 앞에서 죄를 죄라고 인정하고 그것을 통하여 내가 은혜 받을 자격을 얻는 것이 부흥이라는 것을 깨닫기 시작했다. 그래서 나는 이제 부흥을 위한 인간적인 노력을 내려놓았다. '특별한 경험들'을 하고 난 후, 나는 주님과의 바른 관계를 유지하면서 날마다, 매시간 마다, 그리고 어떤 상황에 처했든지 부흥을 경험하고 있다.

로이는 우리의 젊은이들에게 말씀을 전했으며, 그의 교회개척컨퍼런스에서는 많은 교회지도자들과 사역자들이 큰 은혜를 받았다. 우리는 영적광야인 이곳 프랑스에서 살고 있었는데, 로이가 우리에게 생명의 샘이 넘치는 길을 보여주었다. 이를 인하여, 우리는 주님을 찬양한다.

1981년 11월에 로이가 그의 기도하는 친구들에게 보낸 「기도편지」라는 소식지에 쓴 내용을 아래와 같이 소개한다.

> 우리 나이가 되면 우리가 추구하는 모든 계획들을 이루지 못한 것에 대한 변명을 늘어놓는 글을 쓸 수밖에 없습니다. 그러나 우리는 앞에 주어진 경주의 마지막 목표지점까지 달려가는 것을 포기할 수 없습니다. 12월부터 2월까지 순회 집회 일정이 잡혀있다는 것을 여러분도 알 것입니다. 3월의 절반을 우리는 우리의 고향인 영국에 있었고, 그 후 5주 동안은 미국에서 순회 집회를 인도했으며, 그리고 그 다음 5주 동안은 유럽에서 집회를 인도했습니다. 8월에는 사우스올드에서 개최될 집회에 집중하게 될 것입니다. 9월에는 집에서 쉬었다가 다시 가을에는 미국으로 건너가 집회를 인도할 것입니다.
>
> 이러한 해외로부터 온 초청집회들은 단순한 여행이 결코 아닙니다. 방문 집회를 할 때마다 뒤에 들려오는 소식을 접하는데, 그들이 거부할 수 없는 큰 은혜를 받는다고 합니다. 부흥집회를 통해서 한 교회가 축복을 받으면 그 교회는 옆에 있는 교회에 자신들의 부흥의 경험을 함께 나

늪니다. 이것이 진정한 부흥의 확산이라고 말할 수 있습니다. 우리는 그저 '희미한 빛을 따라 갈' 뿐입니다. 우리 스스로는 아무것도 할 수 없다는 것을 느낍니다. 우리가 목격하고 있는 것과 사람들이 말하는 그들에게 일어난 일들은 우리가 평생을 두고 기다려왔던 것입니다. 그 어느 때보다 더 많은 은혜가 흘러 넘쳤습니다. 우리가 전에 해오던 것에 한 가지라도 더 보탠 것이 없습니다. 우리가 더 많은 것을 성취했다고 기록에 남기지도 않고 있습니다. 마치 늙은 시므온이 하나님이 고백하였듯이, 우리에게도 하나님이 그 기회를 주신 것 같이 느껴집니다. "주재여, 내 눈이 주의 구원을 보았사오니 이제는 말씀하신대로 종을 평안히 놓아 주시는도다."

이 소식지는 로이가 1981년 말에 쓴 것이다. 로이는 1983년 12월 2일까지 계속해서 '희미한 빛'(follow the gleam)[2]을 따라 살았으며, 로이와 그의 아내 팸은 셔어햄(Shoreham, 영국 남단 켄트에 있는 항구) 항구에 정박하고 있는 OMF선교회(Oversea Missionary Fellowship) 소속 배에서 개최되는 회의에 참석하러 가다 큰 사고를 당했다. 둘 다 크게 다쳐서 6개월 간 사역에 참여하지 못했다. 그러나 그 후에 이 두 사람은 다시 회복하여 잉글랜드와 유럽, 그

---

[2] 주님의 인도하심을 따라 살아간다는 시적인 표현, 역자 주.

리고 미국까지 다니면서 집회를 인도했다. 로이와 가까이 지낸 우리는 그가 하나님의 영광의 문에 이를 때까지 앞에 놓인 '경주를 계속해 나간다'는 것을 깨달을 수 있었다.

그러나 주님은 다른 계획을 가지고 계셨다. 1989년 3월 31일에 그는 중풍으로 쓰러져 심한 고통을 당했다. 그의 오른 쪽 전신이 마비가 되었다. 얼마간은 그의 팔이나 다리를 조심스럽게 움직일 수 있었지만, 언어장애가 와서 '예'와 '아니오'를 완전히 발음할 수 없을 정도로 어눌해졌다. 로이의 동료 설교가인 친구도 똑같이 중풍을 맞았는데, 여전히 말을 할 수 있었다. 로이가 쓰러지기 바로 얼마 전에 그 친구가 로이에게 "로이, 가장 어려운 싸움은 마지막에 기다리고 있네!"라고 말했다는 것이다. 언어를 사용해서 사람들과 얘기하고 나누기를 너무도 좋아했던 로이에게 그런 일이 임한 것이다. 로이가 교제 가운데 수없이 불렀던 노래가 있다.

나의 마지막 순간에
주님의 이름을 부를 수 있다면 행복하겠네.
나는 모두에게 주님을 전하며
사망 가운데 있는 사람들에게 소리치리라.
바라보라, 어린 양을 바라보라!

그러나 이제 로이는 이 노래조차 부를 수 없게 되었다.

그의 두 번째 아내인 팸은 그와 함께 20년간을 헌신했다. 그가 가는 곳이면 어디든지 가서 그녀의 간증으로 은혜를 끼쳤다. 로이의 마지막 인생의 3년간, 팸을 전적으로 의지했는데, 팸은 아내이자 비서였고, 또한 간호사였다. 팸은 로이를 돌보는 일을 결코 소홀이 하지 않았다. 쇠약해진 로이를 팸이 조수석에 앉혀 그 아름다운 데본(Devon, 영국의 서남부 지역)의 시골길을 드라이브 할 때 로이는 한없이 행복해 보였다.

팸은 로이의 『갈보리 언덕』 마지막 부분이 가장 완성하기가 어려웠다고 말한다. 그렇게 바쁜 가운데서도 그의 모든 삶을 함께 나누었던 예수님이 그를 너무도 흡족하게 해주셨다는 것을 깨달았다고 한다. 그는 한없이 주님의 평화와 기쁨을 뿜어냈다. 그리하여 이 시대의 많은 사람들은 로이에게서 빛나고 있는 예수님의 사랑과 기쁨을 보고 더 힘 있게 일어설 수 있게 되었다. 아마도 로이가 어려움을 극복하는데 도움이 된 것들 중의 하나가 그가 너무도 좋아했던 이 작은 소절이 아닌가싶다.

나를 둘러싼 하나님의 뜻의
한 가운데 나는 서 있네.
거기에는 다른 명분들이 필요 없네.
모든 것들은 그의 자비로우신 손으로부터 나온다네.

1992년 3월 15일 주일, 로이는 팸과 함께 주일예배를 드리러 갔다. 설교자는 요한계시록 3장의 라오디게아 교회에 대한 메시지를 강력하게 선포했다. 설교가 끝날 무렵에 '심령이 미지근한 사람'이 있으면 일어나서 회개하라는 촉구를 하였을 때, 가장 먼저 로이는 고개를 숙이고 자리에서 일어났다. 그토록 주님의 일에 열심이었던 그가 여전히 회개할 필요를 느끼고 의로우신 예수님 앞에 홀로 선 것이다.

그는 기쁨이 충만하여 집으로 돌아왔다. 그 날 주님은 로이를 천국으로 데려가셨다.

그가 우리에게 남긴 위대한 본보기는 언제나 부족하다는 것을 인정하는 것이며, 항상 은혜 가운데서 풍성함을 누리는 삶이다. 로이는 그가 예수님 안에서 발견한 풍성함을 다른 사람들에게 끊임없이 나누어 주었다. 그리고 우리 역시 그와 같이 행하도록 부르고 있다.

My Calvary Road

나의 갈보리 언덕
My Calvary Road

2014년 01월 25일   초판 발행

지 은 이 | 로이 헷숀
옮 긴 이 | 조상원

편   집 | 박상민, 박예은
디 자 인 | 박희경, 이보람
펴 낸 곳 | 사)기독교문서선교회
등   록 | 제16-25호(1980. 1. 18)
주   소 | 서울시 서초구 방배로 68
전   화 | 02) 586-8761~3(본사) 031) 942-8761(영업부)
팩   스 | 02) 523-0131(본사) 031) 942-8763(영업부)
홈페이지 | www.clcbook.com
이 메 일 | clckor@gmail.com
온 라 인 | 기업은행 073-000308-04-020, 국민은행 043-01-0379-646
           예금주: 사)기독교문서선교회

ISBN   978-89-341-1345-4 (03230)

* 낙장 · 파본은 교환해 드립니다.

이 도서의 국립중앙도서관 출판시 도서목록(CIP)은 서지정보유통지원시스템 홈페이지(http://seoji.nl.go.kr)와
국가자료공동목록시스(http://www.nl.go.kr/kolisnet)에서 이용하실 수 있습니다.(CIP제어번호: CIP2013028951)